feng shui total

feng shui total

Aporta, salud, riqueza
y felicidad a tu vida

LILLIAN TOO

ILUSTRACIONES DE JIM PILSTON,
RAY MARTIN Y NADINE FAY-JAMES

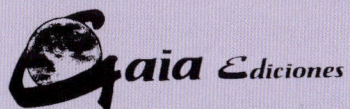

Primera edición en español: septiembre de 2006
Quinta edición en español: junio de 2015

Las ilustraciones de las páginas 16, 21, 24, 30, 32, 40, 46, 47, 48, 78, 98, 99, 126, 128, 129, 133 y 150 fueron creadas por Bridgewater Book Company, que ostenta su copyright 2004. No obstante, los diagramas y la información original en que se basan fueron creados por Lillian Too, que es la poseedora de su copyright.

Publicado originalmente en 2005
Título original: *Total Feng Shui*

© Bridgewater Book Company Ltd.
Texto © Lillian Too

Traducción: Alejandro Pareja
Fotocomposición: Versal (Madrid)

Director creativo: Terry Jeavons
Director de arte: Sarah Howerd
Edición: Mark Truman
Diseño: Frances Marr
        Nicola Liddiard

De la presente edición española
© Gaia Ediciones, 2006
    Alquimia, 6
    28933 Móstoles (Madrid)
    Tel.: 91 617 08 67
    Fax: 91 617 97 14
    e-mail: alfaomega@alfaomega.es - www.alfaomega.es

ISBN: 978-84-8445-148-8
Depósito legal: M. 6.083-2015

Impreso en China

Cualquier forma de reproducción, distribución, comunicación pública
o transformación de esta obra solo puede ser realizada con la autorización
de sus titulares, salvo excepción prevista por la ley. Diríjase a CEDRO
(Centro Español de Derechos Reprográficos, www.cedro.org)
si necesita fotocopiar o escanear algún fragmento de esta obra.

ÍNDICE

INTRODUCCIÓN		6
PRIMERA PARTE	**PRINCIPIOS GENERALES**	11
CAPÍTULO 1	UBICACIONES DE FENG SHUI	12
CAPÍTULO 2	EL FENG SHUI DE LAS CASAS	20
CAPÍTULO 3	EL FENG SHUI DE LOS EDIFICIOS Y LAS OFICINAS	26
CAPÍTULO 4	EL FENG SHUI DE LOS APARTAMENTOS Y LOS PISOS	32
SEGUNDA PARTE	**TÉCNICAS PRÁCTICAS**	37
CAPÍTULO 5	TÉCNICAS DE FENG SHUI PARA LA PROTECCIÓN Y LA MEJORA	38
CAPÍTULO 6	LOS INSTRUMENTOS DEL FENG SHUI	46
TERCERA PARTE	**MEJORAR TU CALIDAD DE VIDA**	51
CAPÍTULO 7	EL ÉXITO, EL RECONOCIMIENTO Y LOS ASCENSOS	52
CAPÍTULO 8	EL ÉXITO EN LAS RELACIONES PERSONALES	60
CAPÍTULO 9	AMOR, FAMILIA Y FELICIDAD EN EL MATRIMONIO	68
CAPÍTULO 10	EL ÉXITO EN LOS NEGOCIOS Y LA RIQUEZA	76
CAPÍTULO 11	EDUCACIÓN Y DESARROLLO	84
CAPÍTULO 12	SALUD Y LONGEVIDAD	88
CUARTA PARTE	**LAS FÓRMULAS SECRETAS**	97
CAPÍTULO 13	LA TEORÍA DEL PA KUA DE LAS OCHO ASPIRACIONES	98
CAPÍTULO 14	LA FÓRMULA DEL KUA DE LAS OCHO ORIENTACIONES	114
CAPÍTULO 15	FENG SHUI DE LA ESTRELLA VOLADORA O PERÍODOS	124
CAPÍTULO 16	AFLICCIONES ANUALES DEL FENG SHUI	148
QUINTA PARTE	**TÉCNICAS DE POTENCIACIÓN**	159
CAPÍTULO 17	TÉCNICAS DE POTENCIACIÓN DEL AGUA	160
CAPÍTULO 18	ACTIVAR LA SUERTE DE LA ESTRELLA DE LA MONTAÑA	166
CAPÍTULO 19	EMPLEO DE LOS SÍMBOLOS DE BUENA SUERTE	168
CAPÍTULO 20	MÉTODOS PARA LA ACTIVACIÓN DE LA RIQUEZA	174
SEXTA PARTE	**SÍMBOLOS Y RITOS PROTECTORES**	179
CAPÍTULO 21	EL EMPLEO DE LOS SÍMBOLOS PROTECTORES	180
CAPÍTULO 22	RITOS PARA LIMPIAR EL ESPACIO PERSONAL	184
FENG SHUI: DE LA A A LA Z		199
APÉNDICE: CALENDARIO CHINO		284
ÍNDICE POR MATERIAS		286

INTRODUCCIÓN

✱ EL FENG SHUI ES, POR ENCIMA DE TODO, UNA CIENCIA VIVA. OFRECE UNA SERIE INTEGRADA DE DIRECTRICES QUE SE PUEDEN APRENDER Y LLEVAR A LA PRÁCTICA. LAS DIRECTRICES TRASCIENDEN LAS LIMITACIONES DE LA CULTURA Y DE LA RELIGIÓN. DURANTE MUCHOS AÑOS, ESTA CIENCIA DE LOS ANTIGUOS SABIOS CHINOS ESTUVO CASI EXCLUSIVAMENTE AL ALCANCE DEL PUEBLO CHINO (CON LA ÚNICA EXCEPCIÓN DE UNOS CUANTOS ERUDITOS EXTRANJEROS) Y DE SOCIEDADES MUY INFLUIDAS POR LAS PRÁCTICAS CULTURALES CHINAS, TALES COMO LAS DE COREA, JAPÓN, TAIWÁN, HONG KONG Y SINGAPUR. ACTUALMENTE, SIN EMBARGO, ESTA SITUACIÓN ESTÁ CAMBIANDO.

En nuestra época actual de increíble desarrollo y de grandes vínculos a nivel global, prácticamente cualquiera tiene a su alcance la filosofía y las prácticas del feng shui. Actualmente es posible condensar sus complejos principios fundamentales reduciéndolos a técnicas fácilmente comprensibles y aplicables.

Se ha eliminado una buena parte del misticismo de la práctica del feng shui, que recibe cada vez mayor aceptación como ciencia del espacio vital. Sin embargo, el feng shui no es un tema que se preste fácilmente al análisis lógico. Exige, al menos en un principio, un cierto grado de aceptación de la visión china del universo, que incluye el concepto de los cinco elementos, el simbolismo de los trigramas y la filosofía del yin y el yang de la energía, por citar sólo tres de sus principios fundamentales.

Muchas personas de todo el mundo aceptan ya el feng shui y están comprometidos con él. Obtienen ventajas integrando este compromiso en su manera de organizar su espacio vital y de observar el marco temporal de los hechos significativos de sus vidas. Los que se sirven del feng shui para organizar su espacio también suelen valerse de él para actualizar la energía de su espacio, de año en año y de período en período. Si estás abierto a las ideas del feng shui, tendrás mucho que ganar aplicando sus ideas a tu vida y a tu entorno.

✱ ¿QUÉ ES EXACTAMENTE EL FENG SHUI?

El feng shui caracteriza a la ciencia china en el mismo sentido en que el espectro electromagnético caracteriza a la ciencia occidental, que aplica los términos de las emisiones luminosas visibles e invisibles del espectro electromagnético para definir lo que nos rodea.

Las líneas de energía chi, a las que se suele hacer referencia en el feng shui, son la base de toda su práctica. Se las puede comparar con las líneas de energía invisible que constituyen el espectro de las ondas electromagnéticas, que quizá se puedan definir mejor de «corrientes terrestres» en la atmósfera.

En términos del feng shui, el chi consiste en unas líneas de energía que se describen de manera curiosa diciendo que son el «aliento cósmico» del dragón celestial. No cabe duda de que el chi no es diferente de las corrientes terrestres que nos rodean por todas partes, según han demostrado los descubrimientos científicos modernos.

Los ordenadores ya son inalámbricos. Se envían mensajes, datos e incluso imágenes de un lado del mundo al otro por medio de las ondas y de la energía radioeléctrica. Seguramente, es posible que las líneas chi a las que hace referencia el feng shui no sean más que unas fuerzas dinámicas que todavía no ha descubierto la ciencia, y que provocan el bienestar o la enfermedad, la buena fortuna o la desgracia, ejerciendo así un impacto sobre la vida de las personas.

La potencia del feng shui y sus efectos visibles son afines, por tanto, al manejo por medio de la tecnología de las energías electromagnéticas, tal como se ve en los hornos microondas, los reproductores de CD, los aparatos de radio y los televisores. Del mismo modo que estas emisiones pueden ser productivas o destructivas, también el chi y el feng shui pueden producir resultados, tanto beneficiosos como desastrosos: ¡es lo que los chinos interpretan como buena o mala suerte!

Para el lector no chino, el rico folclore tradicional chino, con sus mitos y creencias, sus anécdotas y sus interpretaciones sencillas, es un elemento añadido de interés, y los lectores más creativos pueden descubrir paralelismos en su propio medio cultural y en la sabiduría popular de su tierra.

Así pues, este libro se puede concebir como el punto de partida maravilloso de un viaje a lo ilimitado, pues ayuda al lector a comprender la existencia de la humanidad dentro del espacio vital, al tiempo que llega a comprender hasta cierto punto los conceptos apasionantes de las técnicas para mejorar la suerte.

✱ ¿DE QUÉ MANERA PUEDE MEJORAR MI VIDA EL FENG SHUI?

El feng shui no cambiará por completo tu destino o tu hado, y no deberás practicarlo con esta expectativa poco realista. Tampoco es una práctica pseudorreligiosa ni espiritual. No es magia ni chamanismo. Es una habilidad vital que requiere la adquisición de unos conocimientos y de una experiencia práctica, y que requiere también aceptar y comprender las fuerzas invisibles de energía que rodean a la humanidad.

Por medio de la práctica del feng shui, cualquier persona puede modificar la gravedad de las desventuras que se encuentra, reduciendo así su impacto y haciendo más llevaderos los problemas. Lo que es más interesante es que el feng shui ofrece también la capacidad de potenciar la magnitud de los buenos tiempos. En suma, es posible controlar el feng shui para potenciar los puntos altos y modificar los puntos bajos de nuestra experiencia vital.

La aplicación de los principios del feng shui nos hará ser conscientes de las fuerzas energéticas que nos rodean, al tiempo que nos ayudará a aceptar todos los momentos vitales de la existencia. En la sencillez de la práctica del feng shui se puede encontrar un despertar profundo a las fuerzas que influyen sobre nuestras vidas.

Nuestras vidas reciben la influencia de la cualidad del chi que llena nuestros espacios vitales. Esto afecta a nuestro modo de vibrar en consonancia con los ritmos de nuestro entorno. El viento y el agua, componentes del feng shui según la traducción literal del nombre, enfocan nuestra conciencia sobre esta energía invisible que emana del entorno natural: de las montañas, ríos y paisajes que componen la Tierra. Al entender la naturaleza intrínseca del chi y sus variaciones, aprendemos a distinguir entre el chi propicio y el chi desfavorable, entre el chi que trae una buena salud radiante y el chi que trae las enfermedades.

El chi vivo del entorno natural tiene el poder de nutrirnos o de destruirnos. Cuando conseguimos integrarnos en él armoniosamente, hemos conseguido depurar un planteamiento vital que mejora nuestra calidad de vida. Esta es la práctica del feng shui: captar el buen chi, la suerte de la tierra.

Podemos aprovechar el feng shui de muchas maneras y desde puntos de vistas diferentes. Puede servir para evaluar el entorno externo que rodea las casas y los edificios, y puede usarse también para planificar espacios interiores. El feng shui nos aporta unos conocimientos valiosos a los que podemos dar buena aplicación a la hora de elegir, diseñar y mejorar los espacios en que vivimos y trabajamos. Las fórmulas del feng shui nos permiten también ajustar nuestra suerte a la medida de nuestras necesidades.

El feng shui ofrece unas directrices prácticas que permiten a cualquiera elegir terrenos e inmuebles idóneos, cuyo chi no esté afectado por colinas hostiles y cuya suerte no esté bloqueada por estructuras dañinas, y cuya energía yang sea vibrante y fuerte.

Descubrirás que el conocimiento del feng shui te ofrece muchas soluciones y recomendaciones adecuadas para ti, en virtud de tus aspiraciones en la vida. Que este libro te abra una puerta valiosa y amplia al mundo fascinante del feng shui…

PRIMERA PARTE
PRINCIPIOS GENERALES

LA PRÁCTICA DEL **FENG SHUI** COMIENZA SIEMPRE POR PRINCIPIOS BÁSICOS QUE RECALCAN LA IMPORTANCIA DE LA UBICACIÓN. SI LA UBICACIÓN DE TU CASA ES PROPICIA, SEGÚN LAS NORMAS FUNDAMENTALES DEL **FENG SHUI,** ENTONCES TU FAMILIA Y TÚ TENDRÉIS ASEGURADA UNA VIDA FELIZ, Y UNA SUERTE EXCELENTE ACOMPAÑARÁ VUESTRAS ACTIVIDADES. EL ENTORNO NATURAL ES MUY PODEROSO, DE TAL MANERA QUE INCLUSO SI EL INTERIOR DE TU HOGAR PADECE ERRORES DE **FENG SHUI,** SUS EFECTOS QUEDARÁN DOMINADOS SI LA UBICACIÓN DE TU HOGAR GOZA DE UN BUEN **FENG SHUI,** SEGÚN LA ESCUELA CLÁSICA DE LAS FORMAS. EL **FENG SHUI** DE LA ESCUELA DE LAS FORMAS ATIENDE AL ENTORNO FÍSICO DE TU CASA O, SI VIVES EN UN PISO O APARTAMENTO, AL ENTORNO FÍSICO DEL EDIFICIO EN QUE ESTÁ SITUADO ÉSTE, PARA DETERMINAR SI LA UBICACIÓN TIENE BUEN **FENG SHUI.**

CAPÍTULO 1
UBICACIONES DE FENG SHUI

✳ EL FENG SHUI DEL PAISAJE SUPONE UN ESTUDIO DEL TERRENO NATURAL. EL ENTORNO ESTÁ LLENO DE CHI VIVO Y SU CARÁCTER PROPICIO O NO, DEPENDERÁ DEL MODO EN QUE LOS VIENTOS Y LAS AGUAS HAN CONFORMADO EL PAISAJE A LO LARGO DEL TIEMPO.

✳ TIPOS DE UBICACIONES

Existen muchos tipos de ubicaciones; algunas están dotadas de una buena fortuna intrínseca que beneficia a todos los que viven allí, mientras que otras parecen asediadas por la mala suerte y acarrean desventuras a todos los que residen en sus proximidades.

Algunas zonas tienen mejor feng shui que otras: las personas que viven allí parecen bendecidas por un chi benévolo que aporta éxito y serenidad. La vida transcurre con tranquilidad y sin grandes obstáculos.

Por otra parte, hay otras ubicaciones que hacen que sus residentes padezcan desventuras de muchas clases. Son lugares donde el chi está dañado, estancado o viciado; por tanto, son dañinos para los residentes.

El desafío para los que quieren incorporar el feng shui a su búsqueda de una buena ubicación es adquirir el conocimiento de un conjunto de directrices sobre las que basar su búsqueda, unas directrices que les permitan distinguir rápidamente las ubicaciones buenas de las malas. Esta escuela del feng shui se llama Feng Shui del Paisaje, y consiste en el estudio del terreno natural. El aroma de los vientos; los contornos del terreno y de las masas de tierra, y las cualidades de los suelos, de la vegetación y de los cursos de agua se combinan entre sí de manera armónica o no armónica para producir buen o mal feng shui. El feng shui es una cuestión de vivir en armonía con el entorno de la tierra y con su energía, de tal modo que se consiga un equilibrio.

Las colinas de forma curvada que rodean este edificio, que tiene además vistas a un río sinuoso, hacen que su ubicación sea francamente propicia.

La casa del centro está ubicada de una manera propicia, entre los cuatro guardianes celestiales. Obsérvese que en el entorno de la ciudad moderna, los edificios y las casas asumen la esencia del chi de los cuatro guardianes celestiales.

✳ LA FORMACIÓN DE LOS GUARDIANES CELESTIALES

Las formaciones propicias suelen ser lugares ligeramente elevados, donde el Dragón Verde del Este (véanse páginas 181 y 228-229) se recuesta suavemente con el Tigre Blanco del Oeste (véanse páginas 181 y 279), y los cuerpos de ambos trazan suaves curvas, el uno hacia el otro, creando una forma de herradura o de sillón.

Esta formación está protegida al mismo tiempo de los vientos del norte por una hilera de colinas que simbolizan la Tortuga Negra (véanse páginas 181 y 280), mientras que la presencia del Ave Fénix Carmesí (véanse páginas 181 y 207), al sur, favorece considerablemente al lugar. En la tradición del feng shui, a estos cuatro guardianes se les llama «las cuatro criaturas celestiales». Están representados por colinas o por formaciones terrestres, y su presencia en cualquier ubicación es la primera señal de un feng shui propicio.

Si ante esta configuración maravillosa de colinas de las criaturas celestiales se encuentra también una vista de agua que fluye sinuosa o despacio, y si la vegetación de la zona es verde y exuberante, entonces la casa que se construya allí tiene asegurado el buen feng shui; por tanto, una abundancia de buena suerte, de gran comodidad y de riqueza enorme. Esta casa aportará todos estos beneficios a la familia durante muchas generaciones sucesivas. Si se construye allí la sede principal de una empresa, se garantizará el desarrollo regular y beneficioso de toda su actividad.

Dado que las criaturas celestiales son puramente simbólicos, los dragones y los tigres no se reducen únicamente a colinas y montañas, ni tampoco la tortuga y el ave fénix

LOS CUATRO GUARDIANES CELESTIALES

LA TORTUGA NEGRA. Es el animal celestial del norte; aporta apoyo, longevidad y protección contra la mala suerte.

EL DRAGÓN VERDE. Es el animal celestial del este; el dragón de la tierra se asocia a las colinas y a las montañas, y es el máximo símbolo de la buena suerte.

EL AVE FÉNIX CARMESÍ. Es el animal celestial del sur; puede estar representado por colinas bajas o por edificios ante tu casa, o hacia el sur.

EL TIGRE BLANCO. Es el animal celestial del oeste; complementa al Dragón Verde del Este (aunque está subordinado a él) y ejerce un papel protector hacia la casa.

tienen que consistir necesariamente en terrenos ondulados. En el entorno de una ciudad, los dragones y los tigres son edificios de muchos pisos, y las calles y carreteras representan a los ríos. Los edificios menores representan a las tortugas y a las aves fénix.

Los expertos en feng shui del siglo actual suelen observar los colores, las formas y los tamaños de las construcciones para determinar si son edificios de dragón o de tigre. Por ejemplo, un edificio alto y rectangular, que es predominantemente de color verde o azul, bien puede ser el Dragón Verde, mientras que un edificio blanco, próximo y de menor altura, puede ser el Tigre Blanco.

Para tener buen feng shui, la colina o edificio del dragón debe estar a la izquierda (mirando desde el interior de la casa hacia la puerta de salida) y debe estar algo más alto

Un amplio espacio abierto ante un edificio permite que se recoja el buen chi antes de entrar en él. Esto se llama efecto del salón brillante (véase página. 273).

que la colina o edificio del tigre (a la derecha). Si no lo es, se considera que el feng shui está desequilibrado.

Las colinas o edificios de la tortuga, en la parte trasera, deben ser redondeados y anchos, para indicar apoyo, mientras que en la parte delantera cualquier edificio o escultura puede representar al Fénix Carmesí, que aporta las oportunidades de éxito. Lo ideal es que exista una extensión de espacio abierto delante para crear el efecto del salón brillante, que aporta una suerte maravillosa (véase página 273).

Cuando están presentes al menos tres de estas formaciones, la ubicación se ajusta a las directrices básicas del feng shui. Se considera que una ubicación de este tipo resulta altamente propicia.

En lo que se refiere a la orientación, no tiene importancia que el dragón no esté verdaderamente en el punto cardinal este, tal como lo indica la brújula. El dragón es siempre la hilera de colinas o el edificio grande a la izquierda del edificio o de la casa (mirando desde dentro de ésta). El tigre está siempre a la derecha.

LEVANTAR LA ENERGÍA

✱ **LUCES FUERTES:** Si el lado del dragón de tu edificio es más bajo que el lado del tigre, una luz fuerte en el lado del dragón tendrá el efecto de «levantar la energía» del dragón.

ELEGIR BUENAS UBICACIONES E INMUEBLES

✲ SI ESTÁS BUSCANDO UNA PARCELA PROPICIA PARA CONSTRUIR EN ÉL UNA CASA NUEVA, O SI BUSCAS UNA CASA YA CONSTRUIDA, EXISTEN VARIOS FACTORES QUE DEBES TENER EN CUENTA PARA ASEGURARTE EL BUEN FENG SHUI.

1. OBSERVA EL TERRENO que rodea la propiedad. Atiende a la distribución de las calles y carreteras. Ver si hay en los alrededores calles y carreteras que apuntan directamente a alguna parte de la parcela o del edificio. Como norma general, no debe haber nada recto, ni de bordes afilados ni puntiagudos, que apunten hacia la propiedad o hacia el edificio. Si lo hay, determina si puedes diseñar el edificio de modo que se disimulen esas «flechas envenenadas». Si resulta difícil disolver esas flechas, será mejor buscarse otra propiedad.

2. BUSCA EL AGUA NATURAL PRÓXIMA. Cuanto más limpia sea el agua, mejor resultará a efectos de traer un flujo de buena suerte. El agua debe correr; no estar estancada. Como regla general, es mejor el agua en la parte delantera de la propiedad que en la trasera, aunque existen fórmulas avanzadas de feng shui que se pueden aplicar para transformar el agua a la espalda en una fuente de suerte para la riqueza. Sin embargo, una corriente de agua detrás de tu casa suele indicar, en general, la incapacidad de aprovechar las oportunidades que se presentan en tu camino.

3. COMPRUEBA SI EL TERRENO ESTÁ A NIVEL de las carreteras y calles próximas, o si está más alto o más bajo que éstas. La tierra que está por debajo del nivel de la carretera resulta, en general, más difícil de urbanizar, y también son menos favorables para el buen feng shui. Siempre es mejor construir en una ubicación que esté más alta que la carretera. Por otra parte, se considera mal feng shui estar situado en la cumbre misma de una colina o en lo alto de un risco, con carreteras tanto por la parte delantera de la casa como por la trasera. Esto indica una grave falta de apoyo, y puede producir pérdidas para la familia que vive allí.

4. OBSERVA LA GAMA DE PAISAJES LOCALES. Un campo abierto ante el solar de la casa aporta un feng shui excelente, ya que representa el salón brillante, que es beneficioso. Allí puede asentarse y acumularse ante la casa el chi favorable, que aporta buena suerte. Siempre es excelente dar frente a un río

UBICACIÓN JUNTO A UN RÍO
Una casa sobre un terreno suavemente ondulado, que domina un río de curso lento, no contaminado, o un arroyo sinuoso, tiene muy buen feng shui y atraerá la buena suerte.

AGUA LIMPIA. Se considera que el agua limpia cerca de un edificio, ya sea de origen natural o artificial, es una fuente excelente de chi, sobre todo si fluye.

CARRETERAS. Las carreteras o las calles no deben apuntar directamente a la casa. También es mejor evitar vivir cerca de cruces o intersecciones de carreteras.

TERRENO ELEVADO. Siempre es preferible vivir sobre terreno ligeramente elevado respecto de la carretera. El terreno completamente llano se considera poco propicio.

SALÓN BRILLANTE. Un «salón brillante», o espacio de terreno abierto y despejado ante el edificio, es propicio para sus habitantes, sobre todo si la vegetación es verde y exuberante.

que fluya ante la casa, aunque esté a cierta distancia. Por otra parte, dar frente a un edificio o colina hostil sugiere obstáculos y desventuras.

5. COMPRUEBA SIEMPRE LAS ORIENTACIONES RESPECTO DE LOS PUNTOS CARDINALES y calcula, a continuación, las orientaciones de la propiedad que estás estudiando, para comprobar si armonizan con tus orientaciones personalizadas de buena suerte. Cuando compruebas las orientaciones de un terreno, te estás preparando para empezar a aplicar más adelante las aplicaciones del feng shui de la brújula. Para ello, tendrás que utilizar la fórmula Kua (véase capítulo 14), que indica las orientaciones propicias y no propicias de cada persona basándose en su fecha de nacimiento.

Las orientaciones personalizadas forman parte de la fórmula de las Ocho Mansiones (véase capítulo 14), que es una fórmula poderosa, aunque fácil de aplicar, cuyo efecto se puede sentir casi de inmediato. De hecho, resulta imposible aplicar las buenas orientaciones del feng shui sin conocer esta fórmula.

CONSEJOS PARA ENCONTRAR BUENAS UBICACIONES DE FENG SHUI

CUANDO BUSQUES UN TERRENO PARA CONSTRUIR EN ÉL LA CASA DE TUS SUEÑOS, TU PRIMERA PRIORIDAD HA DE SER LA ELECCIÓN DE LAS ORIENTACIONES. FAMILIARÍZATE CON EL FENG SHUI DE LAS FÓRMULAS DE LA BRÚJULA (VÉASE CAPÍTULO 13), CUYA PRÁCTICA RESULTA MUCHO MÁS FÁCIL (YA QUE DEPENDE MENOS DE LOS JUICIOS DE VALOR Y MÁS DE LA TÉCNICA); POR TANTO, PERMITE UNA MAYOR FLEXIBILIDAD DE OPCIONES Y OFRECE RESULTADOS RÁPIDOS MUCHO MÁS ESPECTACULARES. ANTES DE QUE TENGAS LOS CONOCIMIENTOS NECESARIOS PARA SELECCIONAR UBICACIONES CON BUEN FENG SHUI, DEBES APRENDER EL MÉTODO Y COMPRENDER EL MODO EN QUE LAS ORIENTACIONES AFECTAN AL FENG SHUI DE CUALQUIER EDIFICIO. ADVIERTE QUE EN LA PRÁCTICA DEL FENG SHUI CHINO EL ESPACIO SE EXPRESA SIEMPRE EN TÉRMINOS DE LOS PUNTOS CARDINALES, QUE SE BASAN, A SU VEZ, EN LAS ORIENTACIONES DE UNA BRÚJULA MAGNÉTICA.

EVITA DAR FRENTE A EDIFICIOS ALTOS

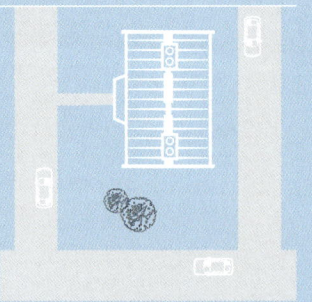

EVITA EL TERRENO ENTRE DOS CARRETERAS

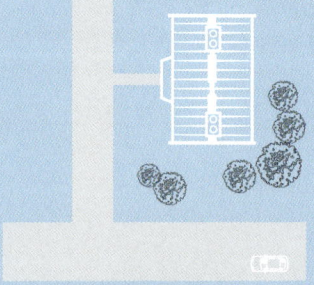

ELIGE LAS CARRETERAS SECUNDARIAS

✱ **EDIFICIOS ALTOS:** Evita que tu edificio dé frente directamente a otro que sea más alto que el tuyo, pues esto puede hacer que se manifiesten obstáculos.

✱ **EL NIVEL DE LA CARRETERA:** Si tu casa está por debajo del nivel de la carretera, procura que los dormitorios estén en el piso superior para que queden por encima del nivel de ésta. Cuando la carretera está más alta que el lugar donde duermes, te resultará difícil progresar en tu carrera profesional elegida.

✱ **TERRENO ONDULADO:** Este es el mejor tipo de terreno, pues en él se aloja energía positiva de la tierra.

✱ **TERRENO ENTRE DOS CARRETERAS:** No compres un terreno situado entre dos carreteras, sobre todo si son principales. Esta ubicación da a entender que cualquier casa que construyas allí estará «encajonada». La energía de estas carreteras es demasiado fuerte y se puede volver dañina, enviando energía aflictiva a habitaciones importantes de tu hogar.

✱ **PROXIMIDAD DEL MAR:** Es mejor evitar vivir demasiado cerca del mar, pero tener una vista del mar a lo lejos es buen feng shui. Aunque los vientos marinos pueden ser benignos, suelen ser demasiado fuertes y es mejor vivir tierra adentro, a no ser que pienses construir un palacio.

✱ **CARRETERAS SECUNDARIAS:** Procura elegir un terreno adjunto a una carretera secundaria mejor que a una principal. Un exceso de tráfico te arrebatará la buena suerte.

✱ **LOS EDIFICIOS CIRCUNDANTES:** Observa los edificios y las formaciones de colinas circundantes para comprobar que no exista nada a tu alrededor que pueda resultar amenazador. Las aflicciones físicas en forma de bordes afilados, de estructuras triangulares y de protuberancias rectas semejantes a flechas pueden ser muy dañinas, y es mejor evitarlas.

¿DEBES CONTRATAR A UN MAESTRO DEL FENG SHUI?

✱ CUANDO ERES UN PRINCIPIANTE EN EL FENG SHUI, TU PRIMER ENTUSIASMO TE PUEDE CONDUCIR A LLAMAR AL PRIMER SUPUESTO EXPERTO QUE SE CRUCE EN TU CAMINO. PODRÍAS LLEVARTE UNA DESILUSIÓN. HASTA UN MAESTRO DEL FENG SHUI CON MUCHOS AÑOS DE EXPERIENCIA PUEDE REALIZAR EVALUACIONES CORRECTAS O IMPRECISAS.

Resulta difícil encontrar a un experto que sea verdaderamente capaz de aplicar todo lo que sabe sobre la base de una sola consulta. Sencillamente, a cualquier persona le llevaría demasiado tiempo estudiar todo lo que hay que desarrollar para presentar una serie de recomendaciones verdaderamente completa.

Las pocas horas que se dedican a una consulta profesional suelen resultar insuficientes, porque ninguna persona de fuera conoce tu casa como la conoces tú, y una consulta no puede rematarse en una sola sesión o con un único estudio sobre el terreno. El seguimiento y el replanteamiento de opciones sobre los remedios para las aflicciones de feng shui sirven casi siempre para mejorar la aplicación. Y por mucha paciencia que pueda tener el experto, no será capaz de responder a todas tus preguntas en una sola reunión.

Recuerda que un maestro de feng shui profesional tiene muchos clientes, y que la cantidad de tiempo que te dedique es un factor francamente económico. Cuando el experto realiza el trabajo de manera precipitada, puede cometer errores por descuido.

Un maestro de feng shui, por bueno que sea, nunca podrá ser tan bueno como tú. Cuando estudias tu propio espacio, es lógico que lo hagas con una dedicación y un cuidado especiales. Además, tú te conoces a ti mismo (y conoces tus aspiraciones) mejor que nadie. Por eso, es mejor que emprendas tu propio análisis de feng shui y que realices tu propio diseño y mejoras de feng shui. El propósito de este libro es mostrarte el modo de hacerlo. Dedícale el tiempo necesario para leerlo, reflexiona sobre los principios, y después aplícalos a tu espacio. Al principio puedes encontrarte algo confuso, pero la ciencia del feng shui no es difícil y, con algo de perseverancia, el tiempo dedicado te servirá para producir grandes mejoras en tu vida y en tu forma de vida.

CAPÍTULO 2
EL FENG SHUI DE LAS CASAS

✳ ES CONVENIENTE TENER EN CUENTA QUE LAS VIVIENDAS DE NUESTROS TIEMPOS SE PARECEN POCO, O NADA, A LAS CASAS DE LA TRADICIONAL CHINA. MUCHAS DIRECTRICES DEL FENG SHUI QUE SE ACEPTAN EN NUESTROS TIEMPOS SON UNA SÍNTESIS DE LO QUE SE TRANSMITIÓ POR TRADICIÓN ORAL DE GENERACIÓN EN GENERACIÓN Y DE LO QUE SE HA EXTRAÍDO DE LIBROS ANTIGUOS.

No todos los «textos auténticos» contienen información correcta. Por ejemplo, en los primeros años de la dinastía Ming, su fundador, el emperador Chu Yuan Chuan, temía que se aplicara el feng shui para derrocarle. No sólo persiguió a los practicantes del feng shui y los hizo matar, sino que hizo circular tratados falsos de feng shui. Durante el período Ming, la práctica taoísta del feng shui pasó a la clandestinidad. Sin embargo, en la dinastía Ching el feng shui conoció un renacimiento, y su popularidad se ha mantenido desde entonces.

Los orígenes del feng shui, tal como se practican hoy, se pueden buscar en Taiwán, Hong Kong y Singapur: tres lugares que se convirtieron en modelos del éxito económico durante los últimos años del siglo XX... gracias al buen feng shui, en opinión de muchos. Los chinos que vivían en estos territorios incorporaron la práctica del feng shui en sus hogares y en sus negocios, aplicando una combinación de diversos métodos. Solían acudir a expertos para que se ocuparan de sus casas, para que les indicaran las orientaciones correctas y para que pusieran al día su feng shui todos los años para estar protegidos de las estrellas de mala suerte.

Al diseñar sus casas, tenían en cuenta las directrices del Feng Shui de las Formas y del Físico para asegurarse de evitar los elementos ofensivos, tales como las alineaciones indebidas de puertas, las esquinas que asoman y los pilares aislados. Al decorar las habitaciones y al disponer los muebles hacían

HONG KONG
En casi todos los edificios de gran altura de Hong Kong se han tenido en cuenta elementos de diseño basados en las buenas prácticas del feng shui. Esto, además de la situación de la ciudad alrededor de una bahía, ha contribuido a su éxito económico.

CAPÍTULO 2 ◐ EL FENG SHUI DE LAS CASAS   21

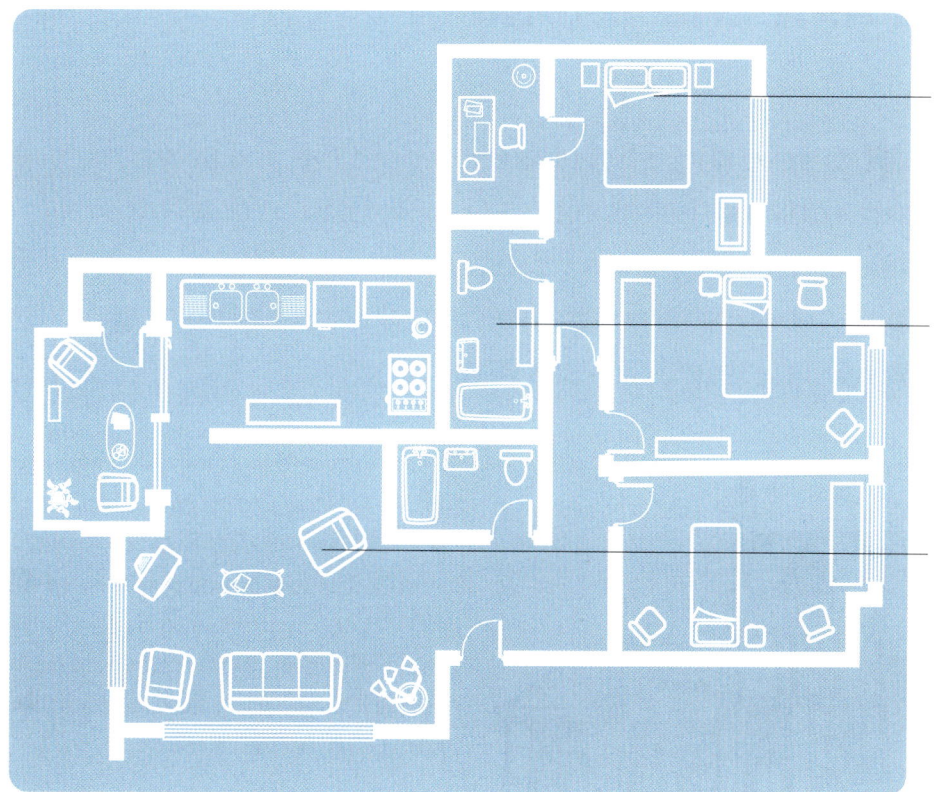

DORMITORIO PRINCIPAL
El feng shui del dormitorio principal ejerce un gran efecto sobre la armonía, el bienestar y la situación económica de la casa.

CUARTO DE BAÑO
Los cuartos de baño deben ser pequeños, discretos, y no deben ser visibles desde la puerta principal.

MUEBLES
La distribución de los muebles utilizando los principios del feng shui puede mejorar el flujo de energía en una habitación.

uso de elementos decorativos con un profundo significado simbólico para el feng shui. Esta tradición se basa en la Teoría de los Cinco Elementos (véanse páginas 40 y 217), que utiliza los símbolos como curaciones y remedios, y en los símbolos de buena suerte aceptados tradicionalmente para mejorar el chi de un rincón o de una habitación, o como protectores de una casa. Al mismo tiempo, se disponían todos los muebles con el fin de facilitar las orientaciones correctas, personalizadas para beneficiar a los dos habitantes más importantes de la casa: el patriarca y la matriarca. Esta combinación de métodos no sólo garantizaba que el flujo de chi por las habitaciones de la casa fuera benévolo y propicio, sino que beneficiaba también a las dos personas más importantes de la familia.

Este planteamiento de la práctica del feng shui para el hogar resulta eficaz, con independencia del tipo de casa. La esencia del feng shui es mucho más importante que su estilo, y cualquier persona podrá practicar el feng shui sin gran dificultad con tal de que comprenda adecuadamente las directrices del empleo de cada uno de sus métodos. Antes de profundizar en los diversos métodos, familiarízate con los principios básicos del feng shui de las casas.

El mobiliario se orienta en la casa para beneficiar al patriarca y a la matriarca de la familia.

FENG SHUI BÁSICO PARA LAS CASAS

✱ EL FENG SHUI DE UNA CASA SUFRE LOS EFECTOS DE FACTORES TALES COMO SU UBICACIÓN EN RELACIÓN CON LOS ELEMENTOS DEL PAISAJE, LAS CARRETERAS Y CALLES, Y LAS DEMÁS CASAS; LA ORIENTACIÓN DE SU PUERTA PRINCIPAL; LA REGULARIDAD DE SU FORMA, Y LA VISTA DESDE SUS VENTANAS.

Son preferibles las casas a mitad de una cuesta a las que están en lo más alto o al fondo.

✱ Cuando investigues el feng shui de una casa, observa con atención los contornos del entorno. Ten en cuenta que cuando la calle está en cuesta, son mejores las casas situadas entre el punto más alto y el más bajo que las de arriba o abajo del todo. La parte superior está expuesta a los elementos, y la inferior da a entender que se está en el punto de partida.

✱ Si tu parcela está por debajo del nivel de la carretera, construye una casa de dos pisos —cuya planta superior esté por encima del nivel de la carretera—, situando los dormitorios en el piso superior. Orienta la casa de tal modo que las puertas del lado izquierdo destaquen más que las del lado derecho.

✱ Una casa construida sobre «zancos» trae mala suerte, sobre todo cuando se ve sobre el fondo de una ladera desnuda. Así, se produce un espacio vacío que simboliza unos cimientos inadecuados. Cierra los niveles inferiores y construye allí habitaciones completas. Que tu casa abrace la ladera, pues así se evoca la guarida del dragón y se puede convertir una casa potencialmente no propicia en propicia.

✱ La puerta principal no debe dar frente a una calle o carretera que viene directamente hacia ella. El chi que fluye hacia ti es una flecha envenenada. Cambia de ubicación tu

FORMAS DE CASA

LAS CASAS DE FORMAS REGULARES SON MEJORES QUE LAS QUE TIENEN FORMAS IRREGULARES. CUALQUIER EDIFICIO QUE SEA UN CUADRADO O UN RECTÁNGULO PERFECTO, YA SEA EN CUANTO A PLANTA O EN CUANTO A ALZADO, SE CONSIDERA AFORTUNADO. RESULTA FÁCIL MEJORAR EL FENG SHUI DE LOS EDIFICIOS DE ESTAS CARACTERÍSTICAS.

CASA DE FORMA IRREGULAR   CASA DE FORMA REGULAR

✽ Las formas irregulares producen «esquinas ausentes» (véanse páginas 24 y 233) y siempre acarrean problemas de una u otra clase. La gravedad del problema dependerá de cuál es la esquina ausente, y este dato se expresa en función de los puntos cardinales.

Si divides la distribución de tu casa en una cuadrícula de nueve sectores iguales y compruebas la orientación de cada uno de los sectores por medio de la brújula, podrás identificar la orientación de la esquina ausente. El sector afectado indicará una falta del tipo de suerte correspondiente. Por ejemplo, la ausencia de la esquina suroeste tendrá repercusiones negativas sobre tu situación económica.

Las esquinas ausentes se pueden corregir, a veces, por medio de espejos de pared o de luces que se instalan en el exterior para ampliar simbólicamente la pared. Pero estos remedios sólo tienen un efecto parcial; la mejor solución es añadir una habitación más para que la casa vuelva a adquirir una forma regular.

✽ Las casas de forma cuadrada son las mejores. El cuadrado simboliza el elemento tierra y ofrece las mejores posibilidades para el feng shui beneficioso. La forma cuadrada se presta con facilidad a las mejoras de feng shui basadas en las fórmulas de la brújula. Estas casas son las más equilibradas, tienen intactos todos los sectores de la suerte y representan un tercio de la Trinidad divina, compuesta por el cielo, la tierra y la humanidad. Por todo ello, aportan una base especialmente estable y sólida.

✽ Las estructuras de forma redonda indican la suerte del dinero. El círculo es la forma del dinero (de las monedas), y los chinos respetan mucho la forma redonda. Sin embargo, es fácil que los edificios redondos se vuelvan demasiado fuertes. Como la forma redonda simboliza el chi del cielo, si se utiliza para una vivienda residencial puede llegar a abrumar a los que la habitan. Es mejor utilizar las formas redondas para edificios grandes, tales como bancos, hoteles y centros de convenciones.

FORMAS DE CASAS NO PROPICIAS   FORMAS DE CASAS PROPICIAS

puerta principal o planta unos árboles para bloquear la vista de la carretera negativa.

✱ Es fundamental protegerse del Shar Chi (energía negativa) que viene hacia ti de cualquier borde afilado, carretera recta o punto triangular que asoma de un edificio del otro lado de la calle, del borde del tejado de un vecino o de algún paso elevado que discurra hacia la casa. La energía hostil se puede bloquear tapándola a la vista con árboles, con un muro o, en el caso de las ventanas, con una cortina. Es más importante protegerte de este tipo de Shar Chi que dedicarte a potenciar tu Sheng Chi (energía positiva). De nada sirven en un hogar los elementos más excelentes de feng shui positivo contra las fuerzas negativas del Shar Chi grave. Una casa que ha sufrido los embates continuados del Shar Chi empezará a adquirir un aspecto decaído, y con el tiempo dará muestras de deterioro. Es posible que la energía del Shar Chi no salte a la vista de inmediato; por tanto, deberás prestar atención al investigar el entorno.

✱ Si tu casa está situada en la parte interior de una curva, de tal manera que la carretera la abrace, tendrá un feng shui excelente. Si está situada en la otra parte de la curva, la carretera «ataca» a la casa. Advertirás que las casas que están protegidas por el abrazo de una carretera tienen un aspecto más próspero que las que están en el borde exterior. Si tu casa está en el lado malo de la carretera, dispón un espejo de tal modo que refleje los faros de los vehículos que vienen hacia la casa. Esto protegerá tu casa de manera eficaz.

✱ Si tienes delante de tu casa una carretera elevada en curva, será mejor que te traslades a otro barrio menos problemático.

✱ Las esquinas que asoman refuerzan la fuerza de la esquina, y el efecto puede resultar propicio. Cuando se añaden ampliaciones a la casa, puede aumentarse la suerte de la esquina. Por ejemplo, una ampliación de la esquina sudeste de cualquier casa refuerza la suerte de la hija mayor de la familia. Tam-

Izquierda: *Elige una casa situada en la parte interior de una curva, mejor que en la parte exterior, para tener buen feng shui.*

Derecha: *Si se construye una ampliación en la esquina suroeste de esta casa, mejoraría la suerte de la hija mayor y la economía familiar.*

bién mejora la suerte relacionada con la riqueza.

✻ No vivas en una calle sin salida, porque el chi se estanca en ese lugar y, cuando surjan los problemas, no tendrán salida. El remedio para el que vive en una calle sin salida es tener encendidas durante toda la noche las luces de la entrada principal, así como las de la parte trasera de la casa. Así, se simula la presencia de energía yang y se evita que se asiente en la casa el chi hostil.

✻ Tu casa no debe estar emparedada entre dos edificios que la empequeñezcan: esta situación te impediría gozar de una sola bocanada de viento de buena suerte. En este caso, la solución es poner una luz fuerte al nivel más alto del tejado.

✻ Activa siempre el lado del dragón de tu casa, el lado este, poniendo allí una imagen de un dragón. Puede tratarse de un cuadro o de una talla decorativa de madera o de cerámica. El dragón es el más popular de los símbolos de buena suerte.

✻ Mantén bien iluminado el lado sur de la casa, sobre todo por la noche, para cosechar la suerte del reconocimiento social para los residentes de la casa. Este elemento de feng shui también asegura que se conserve y se proteja el buen nombre de la familia. Si permites que tu lado sur esté oscuro y sucio, el chi se quedará estancado, y la consecuencia será la formación de espíritu yin, que provocará desgracias contra el buen nombre de tu familia.

Si vives entre dos edificios altos, es esencial para la buena suerte que tengas encendida una luz fuerte al nivel más alto del tejado.

✻ La vista desde tu casa nunca debe estar bloqueada, sobre todo justo delante de la puerta principal. No debe haber estructuras ni colinas en una distancia mínima del doble de la longitud de la casa. Un pequeño alto o elevación a lo lejos, o incluso una roca pequeña en el jardín, representa al Ave Fénix Carmesí, que es un buen elemento de feng shui.

CONSEJO

✻ **MUESTRAS DE ÉXITO**
Busca las muestras de prosperidad en el barrio. Investiga la historia y los antecedentes de la gente que ya vive ahí. Normalmente, una zona que tenga buen feng shui tendrá aspecto de prosperidad. Los jardines estarán cuidados y florecientes, las casas estarán en buen estado de conservación y las calles estarán limpias. Hay un aire de prosperidad que se ve y se nota.

CAPÍTULO 3
EL FENG SHUI DE LOS EDIFICIOS Y LAS OFICINAS

✱ AL ESTUDIAR EL FENG SHUI DE LOS PAISAJES URBANOS, RECUERDA QUE ESTAMOS HACIENDO EQUIVALENTES LOS EDIFICIOS A LAS ONDULACIONES DEL TERRENO MONTAÑOSO. TEN PRESENTE, NO OBSTANTE, QUE LOS EDIFICIOS DE LAS CIUDADES EMITEN MUCHÍSIMAS MÁS FLECHAS ENVENENADAS, QUE ENVÍAN SHAR CHI EN TODAS DIRECCIONES.

El mayor Shar Chi de las ciudades puede explicar, en parte, las mayores tasas de delincuencia y de desgracias que se producen en las ciudades respecto del campo. Esto se debe a que hay más edificios altos, más bordes agudos y estructuras puntiagudas que envían el chi negativo de las flechas envenenadas ocultas.

✱ EL FENG SHUI DE LOS EDIFICIOS GRANDES

El feng shui de los edificios grandes resulta siempre más difícil de controlar que el de las casas y los interiores. Los métodos y las fórmulas que se aplican al estudiar el feng shui para los edificios grandes son exactamente los mismos que se utilizan para las casas. Para conseguir los máximos beneficios, adopta las mismas precauciones (observando, por ejemplo, la presencia de flechas envenenadas ocultas) y atiende a la posición correcta de los edificios circundantes (que, en condiciones ideales, deben reflejar la formación en figura de sillón de las cuatro criaturas celestiales).

Los edificios deben dar frente siempre al punto cardinal que se corresponda con el sector de la riqueza del mayor de sus accionistas, del presidente de la empresa o de su director general, en función de a quién se desea que beneficie el edificio. También se deben decidir con cuidado las formas y los colores de los edificios. Los edificios que reflejan un feng shui incorrecto pueden provocar pérdidas de ingresos para las empresas y para las personas particulares.

CASO 1: EL CENTRO COMERCIAL

Un empresario de éxito decidió construir el mayor centro comercial de la ciudad. Contrató a los mejores arquitectos y a los asesores más expertos, pero olvidó tener en cuenta en su planificación el feng shui correcto. El centro comercial estaba diseñado de modo que diera frente al noroeste. En términos de feng shui, esto significa que estaría «situado» en el sudeste, por lo que sería un edificio del elemento madera. Según el ciclo de los elementos, a este edificio le resultaría beneficioso un color dominante verde o un tono azul acuoso, ya que el agua produce la madera.

Por desgracia, al propietario le gustaban las baldosas rojas, y quería que su centro comercial reflejara el elemento fuego, porque creía (erróneamente) que éste era el mejor color para superar la energía chi dañina que procedía del terreno contiguo. En dicho terreno se había levantado antiguamente una cárcel, y creía que si su edificio fuera todo rojo, su energía yang se impondría a la energía yin de la antigua cárcel.

Olvidó tener en cuenta que su centro comercial era un edificio del elemento madera, y que el elemento fuego consume la madera. Si quería tener un edificio rojo, debería haberlo orientado cara al norte, haciéndolo así un edificio del elemento fuego (situado en el sur). No es de extrañar que su proyectado centro comercial le produjera grandes gastos casi desde el primer día. Mes tras mes, según se iba alzando el edificio en construcción, su energía de fuego consumía progresivamente los fondos del empresario, hasta que llegó a sufrir grandes dificultades económicas. Mientras tanto, su centro comercial se terminó de construir, pero el público sólo lo acogió con tibieza.

CASO 2: AFLICCIÓN POR EL SHAR CHI

Cierto edificio contenía unas escaleras mecánicas que trazaban una enorme «X» justo ante la entrada principal de otro edificio que estaba frente a él, al otro lado de la calle. La empresa de enfrente sufría graves consecuencias por el Shar Chi que emanaba, y sus ventas se resintieron de inmediato. Según se contó, el director de ventas consultó a un experto del feng shui, que le recomendó que instalara un cañón que apuntase a las escaleras mecánicas en forma de «X». Siguiendo la recomendación, se montó un cañón antiguo. Las ventas se recuperaron en seguida, pero se resintieron los beneficios de la compañía que servía de «blanco» al cañón. También ellos consultaron a un maestro del feng shui, que les recomendó que se sirvieran de un espejo para reflejar el cañón. El espejo no tuvo la fuerza suficiente, y con el tiempo acabaron vendiendo el edificio. El nuevo propietario instaló en lugar visible el logotipo de la empresa (un león), y resultó que éste era tan fuerte como el cañón. Ahora parece que ninguna de las dos partes sufre aflicciones de feng shui.

CASO 3: AFLICCIÓN POR FLECHA ENVENENADA

Un ejemplo todavía más espectacular fue el de un edificio alto, anguloso, de bordes agudos, que tenía la fachada cubierta de grandes cruces. Tenía el aspecto de una flecha envenenada puntiaguda, y sus lados parecían verdaderamente mortíferos. Parecía que los lados del edificio apuntaban directamente a la residencia oficial del gobernador. Como era de esperar, el gobernador sufrió mal feng shui durante todo su mandato. Cuando éste se marchó, el nuevo gobernador no usó nunca la residencia oficial. El nuevo gobernador gozó de un feng shui tan excelente que, a pesar de ser una persona incompetente y poco estimada, parecía que era invulnerable.

LOS COLORES Y LAS FORMAS DE LOS EDIFICIOS

 LA MANERA MÁS SENCILLA Y EFICAZ DE DETERMINAR CUÁLES SON LOS MEJORES COLORES Y FORMAS PARA LOS EDIFICIOS ES DETERMINAR EL ELEMENTO DE SITUACIÓN DEL EDIFICIO. ÉSTE DEPENDE DE SU ORIENTACIÓN DE SITUACIÓN, QUE ES LA OPUESTA DE LA ORIENTACIÓN A QUE DA EL FRENTE.

CÓMO DETERMINAR LA ORIENTACIÓN DE SITUACIÓN DE UN EDIFICIO

1. Empieza por determinar cuál es la parte frontal del edificio; ésta suele ser aquélla donde está situada la entrada principal. Después, por medio de una brújula, determina la orientación a que da frente el edificio.

2. La orientación de situación es la opuesta a la orientación del frente. Así pues, si la orientación del frente es el este, la orientación de situación es el oeste, y si la orientación del frente es el suroeste, entonces la situación es el nordeste (y viceversa, y así sucesivamente).

3. Cuando hayas determinado la orientación de situación de un edificio, podrás identificar su elemento de situación (véase tabla en página siguiente), a partir del cual podrás determinar el color y la forma mejores, así como los más dañinos.

Cuando la orientación de situación es el sur, se trata de un edificio del elemento fuego. La forma más conveniente es la triangular. Los mejores colores dominantes son el rojo o el verde.

Cuando la orientación de situación es el norte, se trata de un edificio del elemento agua. Las formas mejores son la circular y la modular. Los mejores colores dominantes son el negro y el azul o el blanco.

Cuando la orientación de situación es el suroeste o el nordeste, es un edificio del elemento tierra. La forma mejor es la cuadrada; también la rectangular. Los mejores colores dominantes son el amarillo o el rojo.

Cuando la orientación de situación es el este o el sudeste, se trata de un edificio del elemento madera. La forma mejor es la rectangular. Los mejores colores dominantes son el verde o el azul.

Cuando la orientación de situación es el oeste o el noroeste, es un edificio del elemento metal. La forma mejor es la circular; también la rectangular. Los mejores colores dominantes son el blanco o el amarillo.

CAPÍTULO 3 • EL FENG SHUI DE LOS EDIFICIOS Y LAS OFICINAS 29

SIGNIFICADOS DE LAS ORIENTACIONES DE SITUACIÓN

ELEMENTO	FORMAS MEJORES	COLORES MEJORES	COLORES PEORES
FUEGO	triángulo, rectángulo	naranja, verde	amarillo, azul, negro
AGUA	círculo, ondas	negro, azul, blanco	verde, amarillo
TIERRA	triángulo, rectángulo	amarillo, naranja	verde, blanco
MADERA	rectángulo, ondas	verde, azul	naranja, blanco
METAL	círculo, rectángulo	blanco, amarillo	naranja, azul, negro

SUR · **NORTE** · **SUROESTE/NORDESTE** · **ESTE/SUDESTE** · **OESTE/NOROESTE**

CÓMO EVITAR EL SHAR CHI EN LA OFICINA

EL SHAR CHI, O MALA SUERTE, SE PUEDE PRODUCIR EN EL LUGAR DE TRABAJO POR UNA MALA POSICIÓN DE LA MESA DENTRO DE LA OFICINA, Y LA RELACIÓN DE LA MESA CON OTROS ELEMENTOS DEL MOBILIARIO PUEDE DEJARTE SUJETO AL SHAR CHI DE LAS FLECHAS ENVENENADAS (VÉASE PÁGINA 238). DENTRO DE LA OFICINA DEBERÁS EVITAR LO SIGUIENTE:

✱ Sentarte bajo una viga descubierta del techo. Si te encuentras en tal posición, retírate de allí y busca otro lugar donde situarte. Cuando estás situado bajo una viga, ésta aplasta tu suerte y tiene un efecto negativo sobre tu salud.

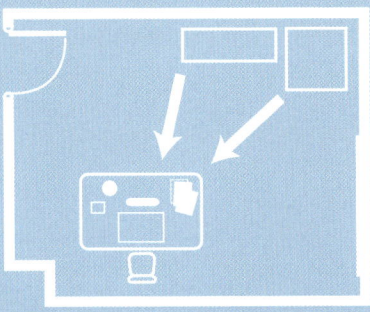

✱ El «empuje» del borde agudo de un pilar cuadrado o de una esquina saliente envía Shar Chi hacia ti, con el efecto de una mala suerte continuada. Coloca una planta entre ti y el borde agudo. Desconfía también de los bordes agudos de elementos del mobiliario, tales como las librerías, los archivadores y los tableros de las mesas. Si bien no son tan graves como los bordes de los pilares, también requieren modificaciones.

✱ Si estás sentado al fondo de un pasillo largo, estás en la «línea de tiro» del chi dañino. Reduce la velocidad del chi que viene hacia ti poniendo en el pasillo cuadros o plantas. Cualquier persona que se siente en el despacho al final del pasillo padecerá mal feng shui. La persona deberá trasladar su mesa de trabajo al lado opuesto de la habitación, o cambiar de sitio la puerta de entrada de la misma.

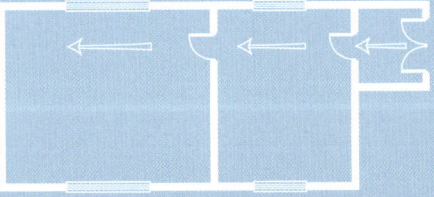

✱ Tres puertas en línea recta en la oficina. En este caso, es buena idea poner algo delante de la segunda puerta. Con tres puertas en línea se introduce mal chi en la oficina. Si recibes directamente el embate de la energía de la larga recta, tendrás problemas en tu trabajo.

CÓMO MEJORAR EL SHENG CHI EN LA OFICINA

EL PROFESIONAL O EL EMPRESARIO PUEDE SERVIRSE DEL FENG SHUI EN LA OFICINA PARA AUMENTAR EL ÉXITO EN EL TRABAJO, PARA MEJORAR LAS PERSPECTIVAS PROFESIONALES Y PARA FOMENTAR LA SUERTE EN LOS NEGOCIOS. HE AQUÍ ALGUNOS CONSEJOS IMPORTANTES QUE OS DARÁN A TUS COMPAÑEROS Y A TI MEJOR SUERTE EN EL CENTRO DE TRABAJO Y EN VUESTRAS CARRERAS PROFESIONALES.

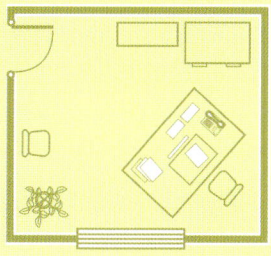

✱ Siéntate de frente a la puerta del despacho. La ubicación mejor para la mesa es en diagonal. Evita tener tras de ti un rincón, pero si es inevitable pon a tu espalda un cuadro que represente una montaña.

✱ Si es necesario que te sientes cerca de tus compañeros, sentaos uno al lado del otro. Es mejor no sentarse de frente unos a otros, pues esto produce chi de hostilidad que puede provocar tensiones en vuestra amistad.

✱ Cubre las estanterías con puertas correderas. Las estanterías descubiertas, ya estén delante o detrás de ti, son semejantes a unas hojas cortantes que te amenazan y producen mal Shar Chi.

✱ Pon un cuadro que represente un ave fénix, o un ave de alguna otra clase (o, mejor todavía, un cuadro que represente cien aves), en la entrada de tu despacho para abrir muchas oportunidades beneficiosas en potencia.

✱ La imagen de un gallo sobre tu escritorio o mesa de trabajo puede contribuir a protegerte de las maquinaciones dentro de la empresa.

✱ Pon en tu despacho un barco de vela lleno de lingotes de oro. Si parece que el barco viene navegando de una de tus orientaciones de buena suerte, aportará éxito y mayores ingresos.

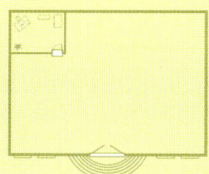

✱ La esquina que está en diagonal a la entrada y en la parte más profunda del edificio es el punto de poder. Si eres el director ejecutivo de tu empresa, tu despacho deberá estar situado en la esquina noroeste. Ese es el lugar del líder.

✱ Siéntate siempre dando el frente a una de tus orientaciones mejores cuando trabajes. La oficina es uno de los lugares donde la fórmula de las Ocho Mansiones de las orientaciones personalizadas puede tener resultados verdaderamente mágicos.

CAPÍTULO 4
EL FENG SHUI DE LOS APARTAMENTOS Y LOS PISOS

✱ EN GENERAL, RESULTA MÁS DIFÍCIL MAXIMIZAR EL FENG SHUI EN LOS PISOS, PUES EXISTEN POCAS OPCIONES PARA INTRODUCIR MEJORAS. EN ESTOS CASOS, EL FENG SHUI SE PUEDE INCORPORAR EN LA DISTRIBUCIÓN Y EN LA DISPOSICIÓN DEL MOBILIARIO, ASÍ COMO EN EL EMPLEO DE SÍMBOLOS DECORATIVOS QUE ACTIVAN Y ATRAEN EL BUEN CHI.

El planteamiento mejor es centrarse en la aplicación de los métodos que hacen uso de la brújula, ya que estos métodos a base de fórmulas se pueden aplicar en espacios pequeños y estrechos, y no dependen tanto del entorno general que tiene en cuenta las montañas, los edificios y las estructuras externas, que no tenemos posibilidades de controlar. En el feng shui de los pisos y apartamentos, el planteamiento práctico consiste en atender a las cuestiones que sí podemos controlar.

Existen varios puntos importantes que conviene tener en cuenta al aplicar los principios del feng shui a los pisos.

En general, debes considerar tu piso como una parte dentro del edificio de pisos en general, a no ser que esté en un piso a partir del noveno, inclusive. Empieza por tener en cuenta las orientaciones del frente y de situación del edificio mismo. Cuando un edificio residencial de pisos está afectado por estructuras físicas dañinas que envían Shar Chi hacia el edificio, sus residentes sentirán las consecuencias negativas.

También es importante tener en cuenta la entrada del edificio, así como la forma y distribución de los jardines y de la piscina. Cuando el entorno del edificio residencial favorece el buen feng shui, todos los residentes del edificio recibirán los beneficios. Si sólo eres propietario de uno de los pisos, quizá te resulte difícil corregir alguna aflicción, a no ser que seas capaz de convencer a tus vecinos para que se realicen los cambios necesarios.

CÓMO DETERMINAR LA ORIENTACIÓN DEL FRENTE DE LOS PISOS

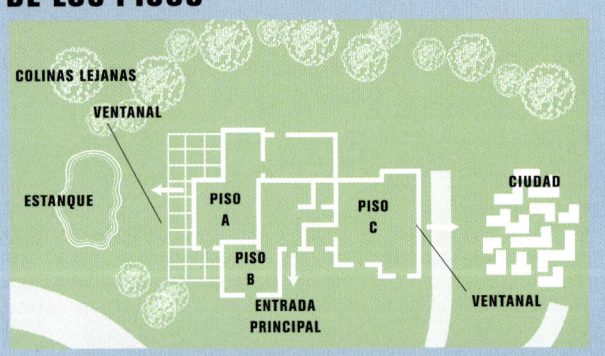

PISO A: Los pisos y apartamentos que están a partir del noveno piso, y que tienen ventanales y/o grandes balcones, pueden tener una orientación del frente y de situación distinta de la del edificio principal. El gran ventanal del piso A, con vistas a las colinas lejanas, determina sus orientaciones.

PISO B: Esta vivienda es un estudio sin ventanales, de manera que, con independencia del piso en que se encuentre, sus orientaciones del frente y de situación serán las mismas que las del edificio en su conjunto.

PISO C: Este piso tiene un ventanal grande con vistas a la ciudad. Si está en el piso noveno o superior, sería la orientación del frente de este ventanal la que determinaría las orientaciones del frente y de situación de la vivienda, más bien que la orientación de la entrada principal del edificio.

Cuando se aplica la fórmula del Feng Shui de la Estrella Voladora (véase capítulo 15), la orientación del frente de todo el edificio determinará la carta relevante para el edificio y también, en términos generales, para cada una de sus viviendas. Es importante no utilizar las orientaciones del frente de las puertas de entrada de cada uno de los pisos individuales.

El Feng Shui de la Estrella Voladora es un método poderoso de feng shui que permite delimitar los sectores de suerte dentro de los edificios, y dentro de los módulos individuales en el interior de los edificios. Incorpora a la práctica del feng shui la dimensión temporal, y ofrece unos datos valiosos para el diagnóstico de las aflicciones y para la implantación de remedios.

Es el mejor de todos los tipos de feng shui, pues ofrece métodos para prevenir la aparición de enfermedades y de desventuras, así como de accidentes.

Observa que para los pisos y apartamentos que están a partir del noveno piso ya no se considera que la orientación del frente es la de la entrada del edificio. En vez de ello, la orientación del frente se toma mirando desde el balcón o desde el ventanal principal del piso. Así, se considera que el piso da el frente a la energía yang máxima, creada por la visión panorámica del entorno.

Un método basado en la brújula y que resulta muy útil en los pisos es el que sirve para determinar tus orientaciones personales propicias: la fórmula de las Ocho Mansiones. Este método te permitirá disponer los muebles de tal modo que tu familia pueda dormir y sentarse mirando hacia sus orientaciones más propicias. Esta fórmula se explica con detalle en el capítulo 14. La fórmula se puede usar con éxito, tanto en los centros de trabajo como en las casas.

EL BUEN CHI POR LA DECORACIÓN

ES POSIBLE DECORAR ZONAS DE TU PISO PARA REDUCIR AL MÍNIMO LAS ENERGÍAS CHI NEGATIVAS Y MAXIMIZAR LA ENERGÍAS CHI POSITIVAS.

Se pueden utilizar símbolos, colores, formas e imágenes propicios para activar las diversas esquinas del piso, de manera que la buena energía fluya de una habitación a otra. Aplica el método de las Ocho Aspiraciones del Pa Kua (véase capítulo 13), que ofrece indicaciones concretas sobre el modo de potenciar los atributos de elementos y trigramas de cada esquina, para aportar formas concretas de buena suerte. Este método del feng shui da mejores resultados al combinarlo con el feng shui simbólico.

LOS TAI CHI PEQUEÑO Y GRANDE

✻ UN CONCEPTO DE FENG SHUI QUE RESULTA ESPECIALMENTE ÚTIL PARA LOS PISOS E INTERIORES DE CASAS ES EL DEL TAI CHI PEQUEÑO Y DEL TAI CHI GRANDE, QUE EXPRESAN EL YIN Y EL YANG DEL ESPACIO.

La energía chi se expresa con el símbolo Tai Chi, que consiste en un círculo con un símbolo blanco y negro con forma de embrión. El blanco representa el chi yang y el negro, el chi yin. Adviértase que dentro del yang hay algo de yin, y viceversa.

El practicante del feng shui define el espacio, que puede ser el de una simple habitación pequeña, según el Tai Chi. O quizá se desee aplicar el feng shui sobre toda la vivienda, en cuyo caso el símbolo Tai Chi se superpone sobre toda la planta de la misma. Este es el concepto del Tai Chi pequeño y del Tai Chi grande: la habitación es el Tai Chi pequeño, y el conjunto de toda la vivienda es el Tai Chi grande.

Cuando hayas comprendido esta manera de concebir el espacio, te resultará mucho más sencillo aplicar y utilizar las diversas fórmulas del feng shui. Esto es así porque el concepto del Tai Chi pequeño y del Tai chi grande se aplica a todas las fórmulas del feng shui.

Una consecuencia práctica de este concepto es que puedes superponer sobre cualquier espacio cualquier carta de feng shui, ya se trate de una carta de aspiraciones de Pa Kua (véase capítulo 13), de una carta de las Ocho Orientaciones o Mansiones (véase capítulo 14), o de una carta de la Estrella Voladora (véase capítulo 15).

El espacio puede ser el de una habitación individual o el de toda la vivienda. Puede aplicarse a una ciudad, a todo un país o incluso hasta a un continente entero. La universalidad del espacio no tiene límites. Te resultará más fácil aplicar el feng shui en tu hogar cuando hayas comprendido este concepto.

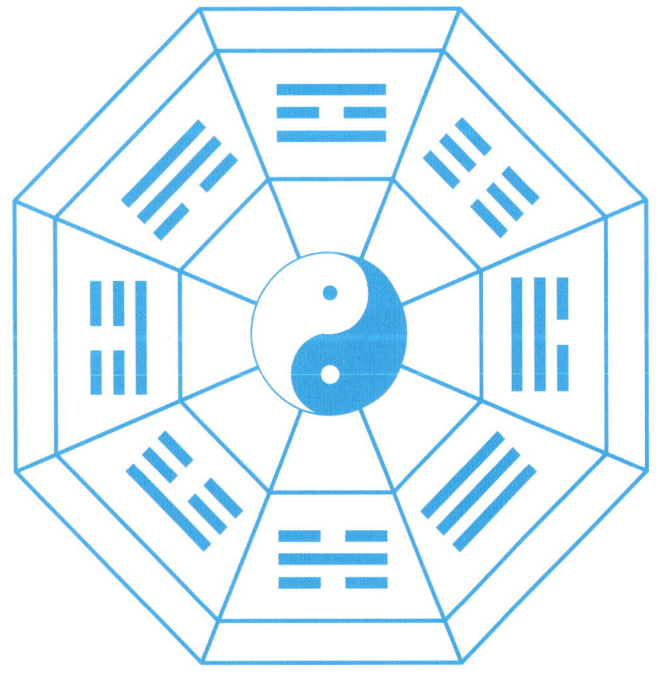

El Pa Kua se utiliza en la Escuela de la Brújula del Feng Shui, y contiene los ocho trigramas y el símbolo Tai Chi (yin-yang).

CAPÍTULO 4 • EL FENG SHUI DE LOS APARTAMENTOS Y LOS PISOS

Por ejemplo, si quieres activar la esquina suroeste para fomentar la suerte de las relaciones sentimentales, pero se da el caso de que falta la esquina suroeste porque tu piso tiene una forma irregular, entonces no podrás activar el suroeste del Tai Chi grande. En vez de ello, elige una habitación de uso frecuente, como por ejemplo el cuarto de estar, y que tenga forma regular e identifica el suroeste de esa habitación. Entonces podrás activar el Tai Chi pequeño del cuarto de estar. Si sueles ocupar esa habitación con frecuencia, entonces es indudable que te beneficiarás de la esquina suroeste mejorada y activada; en consecuencia, de su suerte para las relaciones sentimentales.

Puedes conseguir activar del mismo modo cualquier esquina de cualquier habitación, incluido el dormitorio, con sólo aplicar el concepto del Tai Chi pequeño.

Si te detienes a reflexionar sobre este principio, advertirás que abre unos caminos fabulosos para las posibilidades de aplicación de las fórmulas del feng shui.

En el recuadro de la derecha se ilustran ejemplos del modo en que puedes aplicar los principios del Tai Chi pequeño y del Tai Chi grande al método feng shui de las Ocho Aspiraciones del Pa Kua, por el cual cada uno de los ocho lados del Pa Kua representa las diversas aspiraciones (véase capítulo 13).

Naturalmente, necesitarás una buena brújula para establecer las orientaciones del Pa Kua y superponerlas correctamente sobre la planta de tu vivienda, pero pronto aprenderás a aplicar esta fórmula útil a tu piso o apartamento.

CÓMO ACTIVAR EL TAI CHI PEQUEÑO Y EL TAI CHI GRANDE

✱ **EL TAI CHI PEQUEÑO:** Para activar el Tai Chi pequeño en este ejemplo, se superpone el Pa Kua sólo sobre el espacio del cuarto de estar, en lugar de sobre el conjunto del piso.

✱ **EL TAI CHI GRANDE:** En este ejemplo se superpone el Pa Kua sobre todo el piso. Se está activando el Tai Chi grande.

SEGUNDA PARTE
TÉCNICAS PRÁCTICAS

EL **FENG SHUI** ES UNA HABILIDAD VIVA QUE SE PUEDE APRENDER. NO ES RELIGIOSO NI ESPIRITUAL, Y SUS PRÁCTICAS YA NO SON UN MISTERIO. EL **FENG SHUI** ABARCA DIVERSAS TÉCNICAS EN LAS QUE SE APLICAN DIRECTRICES Y FÓRMULAS QUE ATIENDEN AL EQUILIBRIO ÓPTIMO DE LA ENERGÍA CHI EN LOS ESPACIOS RESIDENCIALES Y DE TRABAJO. ESTAS TÉCNICAS RECALCAN LA PROTECCIÓN DE NUESTROS HOGARES Y OFICINAS, Y LA MEJORA Y ACTIVACIÓN DE LA BUENA SUERTE. CUANDO LOS MÉTODOS SE APLICAN DE MANERA CORRECTA, SE CONSIGUEN RESULTADOS RÁPIDOS. LA PRÁCTICA DEL **FENG SHUI** ERA UNA PROFESIÓN MUY RESPETADA, Y LA MAYORÍA DE SUS EXPERTOS ESTABAN FAMILIARIZADOS CON LOS DIVERSOS MODOS DE EMPLEAR LA BRÚJULA TRADICIONAL Y OTROS INSTRUMENTOS.

CAPÍTULO 5
TÉCNICAS DE FENG SHUI PARA LA PROTECCIÓN Y LA MEJORA

✳ PARA PRACTICAR EL FENG SHUI ES PRECISO CONOCER SUS DIVERSAS FÓRMULAS Y SUS DIRECTRICES GENERALES. SE EMPLEAN, EN SU CONJUNTO, PARA PROTEGER Y MEJORAR LA FORTUNA DE LOS ESPACIOS VITALES. NO OBSTANTE, EL ESTUDIO DE LAS DIVERSAS FÓRMULAS NO ES MÁS QUE EL PRIMER PASO.

Antes de que puedas aplicar estas fórmulas de manera práctica, deberás comprender bien los conceptos básicos en los que se apoya su práctica. Estos conceptos son la base de los remedios formulados, y en ellos se basa también la disposición estratégica de elementos de mejora simbólicos dentro de un espacio vital o de trabajo. Ya hemos visto la importancia de una buena ubicación de la vivienda, que es el primer concepto importante. Otros conceptos fundamentales son los siguientes:

1. CREAR UN BUEN FLUJO DE CHI. Se describe el chi como «el aliento cósmico del dragón»; es la energía intrínseca que aporta buena fortuna. Toda recomendación de feng shui se basa en la necesidad de captar esta energía propicia, que se encuentra presente en el entorno cuando los elementos están equilibrados y el yin y el yang están en armonía.

A la buena suerte se le suele dar el nombre de *Sheng Chi,* término que viene a significar «energía de desarrollo y expansión». Está presente cuando sopla la brisa y cuando la energía es sana y vibrante; en general, es más yang que yin. Se dispersa y se disipa cuando los vientos soplan con demasiada fuerza o velocidad. Se asienta y se expande cuando hay suave brisa. El Sheng Chi se evapora cuando queda atrapado en un río de curso violento, pero circula suavemente cuando el flujo del agua es tranquilo y sinuoso.

El Sheng Chi se transforma en energía negativa cuando se le obliga a desplazase con demasiada rapidez o en línea recta. Los espacios constreñidos, tales como los pasillos largos y estrechos, generan chi dañino. El Sheng Chi mantiene su carácter benévolo cuando se le permite que se desplace de manera sinuosa. El buen flujo del chi aporta una fortuna inmensa, y la abundancia se multiplica cuando el chi tiene la posibilidad de recogerse y de acumularse.

Todo aspecto de toda estructura afecta al flujo del chi en cualquier espacio vital. En el entorno exterior, el chi está afectado por las formas, los contornos y la elevación del terreno, así como por la orientación de las montañas y de los ríos, y por las estructuras construidas por el hombre.

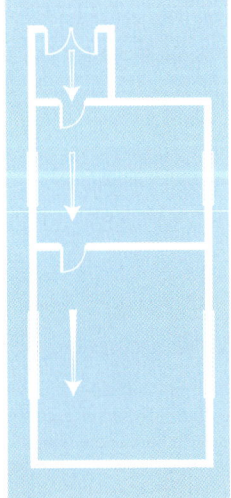

Es preferible que el chi discurra de manera sinuosa (abajo, derecha) *en vez de que se precipite sin trabas por espacios estrechos* (abajo).

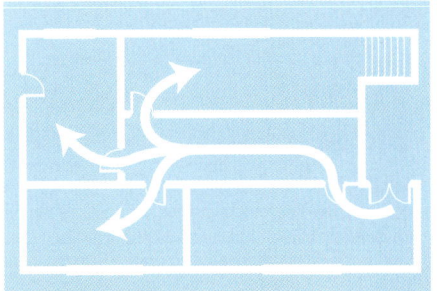

CAPÍTULO 5 · TÉCNICAS DE FENG SHUI PARA LA PROTECCIÓN Y LA MEJORA

Cuando estas estructuras se fusionan con el entorno natural sin que exista ningún factor que produzca energía negativa (como por ejemplo bordes agudos, carreteras rectas y elevaciones de forma triangular), existe un flujo propicio del chi. Cuando se crean notas discordantes, el flujo del chi se vuelve maligno y acarrea desventuras. Dentro de los edificios y de los hogares, el flujo del chi viene determinado por el flujo que se crea de manera natural como consecuencia de la distribución de las paredes y de las habitaciones, y también de la distribución del mobiliario. Cuando esta distribución es regular y permite que el chi fluya sin obstáculos y de manera sinuosa, se crea buen feng shui; pero cuando el flujo está bloqueado o sujeto a una aflicción, produce tanto obstáculos como desventuras para los que viven o trabajan dentro de ese espacio.

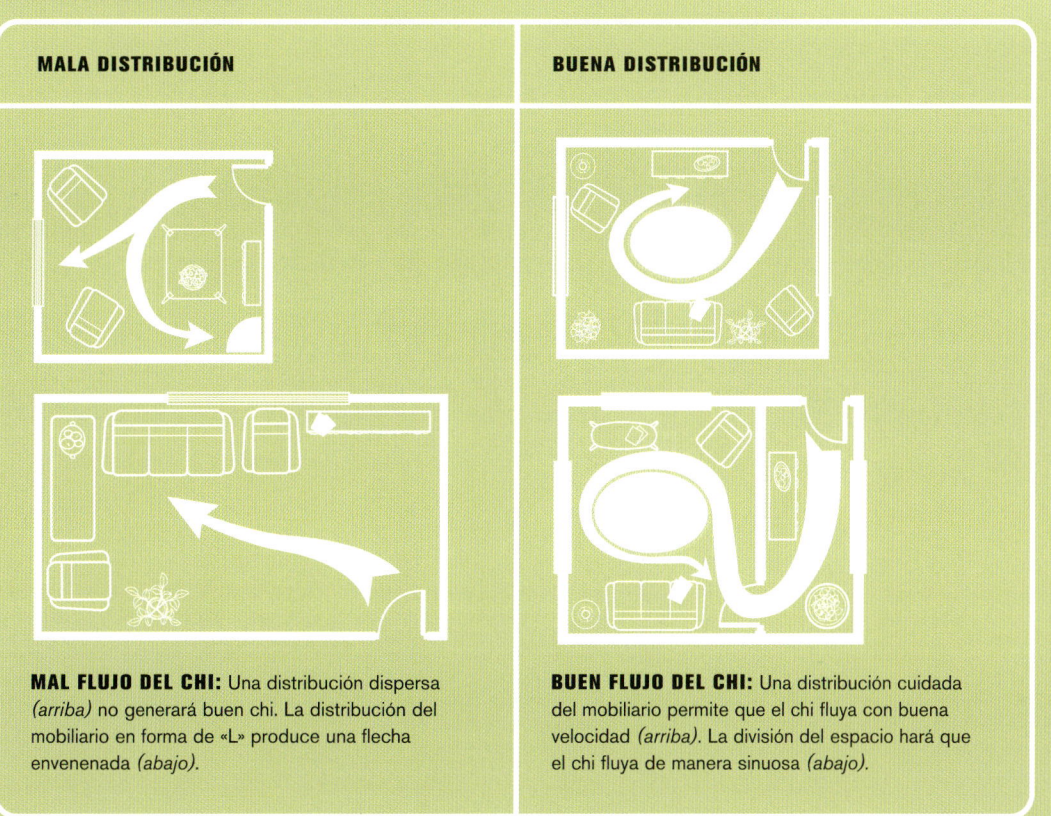

EL FLUJO DEL CHI Y LA DISTRIBUCIÓN DEL MOBILIARIO

MALA DISTRIBUCIÓN

BUENA DISTRIBUCIÓN

MAL FLUJO DEL CHI: Una distribución dispersa *(arriba)* no generará buen chi. La distribución del mobiliario en forma de «L» produce una flecha envenenada *(abajo)*.

BUEN FLUJO DEL CHI: Una distribución cuidada del mobiliario permite que el chi fluya con buena velocidad *(arriba)*. La división del espacio hará que el chi fluya de manera sinuosa *(abajo)*.

2. DESVIAR EL ALIENTO DAÑINO DEL SHAR CHI. Una buena parte de la práctica del feng shui se dirige a desviar, disolver y dispersar el chi dañino, llamado también Shar Chi. Antes de ponerse a mejorar el feng shui, es más importante protegerse de la acumulación de Shar Chi. Hasta los elementos más excelentes de feng shui que se pueden introducir en el hogar o en la oficina son impotentes contra el Shar Chi grave. Por supuesto, los practicantes experimentados del feng shui empiezan siempre por observar el cuadro general para determinar qué es lo que está haciendo daño a una vivienda o a una oficina, y arreglarlo antes de empezar con las técnicas de mejora.

3. CREAR ARMONÍA CON LOS CINCO ELEMENTOS. La mayoría de las curaciones y mejoras espaciales del feng shui se basan en la Teoría de los Cinco Elementos: la madera, el fuego, la tierra, el metal y el agua. Según la visión china del universo, todo lo que hay en el mundo (tanto físico como abstracto) se puede caracterizar con uno de estos cinco elementos, y todos ellos mantienen relaciones mutuas entre sí. La naturaleza de las interacciones entre los cinco elementos produce armonía o disonancia en cualquier área.

Para aplicar en el feng shui la teoría de los elementos, es preciso comprender los atributos asociados a cada uno de los cinco ele-

LOS CINCO ELEMENTOS

TODO EN EL MUNDO ESTÁ HECHO DE ALGUNO DE LOS CINCO ELEMENTOS. LAS RELACIONES MUTUAS ENTRE LOS ELEMENTOS PUEDEN PRODUCIR ENERGÍA PROPICIA O NO PROPICIA. EXISTEN DOS CICLOS DISTINTOS DE FLUJO CIRCULAR ENTRE LOS ELEMENTOS: EL CICLO PRODUCTIVO Y EL CICLO DESTRUCTIVO. EL FENG SHUI SE SIRVE DEL ESTUDIO DE ESTOS CICLOS PARA FOMENTAR LA ARMONÍA Y DISIPAR LA FALTA DE ARMONÍA.

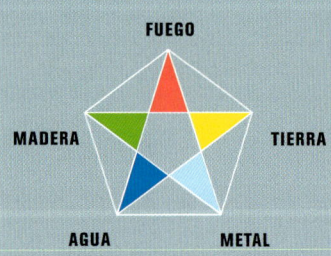

1. EL FUEGO se asocia al sur. Su color es el rojo. Produce la tierra y, por tanto, la mejora; y, a su vez, es producido, y por tanto agotado, por la madera. El fuego destruye el metal y es destruido por el agua.

2. EL AGUA se asocia al norte. Su color es el azul o el negro. Produce la madera y, por tanto, la mejora; y, a su vez, es producida, y por tanto agotada, por el metal. El agua destruye el fuego y es destruida por la tierra.

3. LA TIERRA se asocia al sudeste, al nordeste y al centro. Su color es el amarillo. Produce el metal y, por tanto, lo mejora; y, a su vez, es producida, y por tanto agotada, por el fuego. La tierra destruye el agua y es destruida por la madera.

4. EL METAL se asocia al oeste y al noroeste. Su color es el blanco o el metálico. Produce el agua y, por tanto, la mejora; y, a su vez, es producido, y por tanto agotado, por la tierra. El metal destruye la madera y es destruido por el fuego.

5. LA MADERA se asocia al sudeste y al este. Su color es el verde. Produce el fuego y, por tanto, lo mejora; y, a su vez, es producida, y por tanto agotada, por el agua. La madera destruye la tierra y es destruida por el metal.

mentos, así como las tres relaciones interactivas entre ellos.

4. EQUILIBRAR EL YIN Y EL YANG. Todas las energías de la tierra son yin o yang. El yin es el aspecto oscuro, frío, femenino y pasivo de la vida; el yang es el aspecto luminoso, cálido, masculino y activo de la vida. Para que haya buen feng shui, estas dos energías complementarias, aunque opuestas, deben estar equilibradas.

La intensidad relativa de las dos fuerzas debe ajustarse con precisión en función del empleo que se dé a las habitaciones y a los edificios, y, dado que estamos estudiando las viviendas de los seres vivos, debe existir siempre un predominio del chi yang. Sin embargo, un exceso de energía yang hace que la energía yin quede anulada; cuando sucede esto, llegan las desventuras, porque si el yin se reduce hasta desaparecer, también desaparece el yang: las dos energías tienen una dependencia mutua.

Cuando existe una formación de espíritu yin (es decir, un estado de predominio total del yin), las consecuencias pueden traer enfermedades graves o quizás incluso la muerte.

Una buena parte del aprendizaje del feng shui consiste en desarrollar la experiencia y la visión necesarias para calibrar el equilibrio del yin y el yang en cualquier espacio vital y para establecer las correcciones necesarias. Por ejemplo, cuando una vivienda es demasiado oscura y empieza a acumularse la energía yin, puede bastar con iluminar el espacio para corregir el desequilibrio, mejorando así el feng shui.

CAUSAS DEL SHAR CHI

MUCHAS COSAS DEL ENTORNO PUEDEN PROVOCAR EL SHAR CHI, EN FORMA DE FLECHAS ENVENENADAS QUE PRODUCEN DESVENTURAS Y MALA SUERTE.

* Un edificio imponente.

* La pared de un vecino.

* Una torre de transmisiones.

* Una cruz.

* Cualquier cosa alta, recta u hostil que esté situada directamente en frente de tu casa o de tu edificio puede enviar flechas envenenadas.

* Una calle o carretera recta, o un paso elevado, también puede enviar hacia ti chi dañino.

El remedio para superar el efecto de estas estructuras dañinas es levantar una barrera para desviarlas u ocultarlas a la vista. Existen diversos métodos para apartar el Shar Chi que se basan en la Teoría de los Cinco Elementos (véanse página anterior y 217).

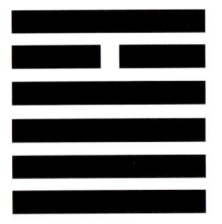

El hexagrama Ta Yu (Abundancia) se basa en los trigramas para el Fuego y el Cielo, que se caracterizan en la herramienta común del feng shui, el Pa Kua.

5. APRECIAR EL SIMBOLISMO DEL FENG SHUI. El lenguaje del feng shui es simbólico, y su fuente, el maravilloso *I Ching*, describe una serie de sesenta y cuatro combinaciones de seis líneas truncadas o enteras (llamadas hexagramas; véanse páginas 243-244). Cada una de las combinaciones representa un poderoso mensaje simbólico. Cada una de las líneas es yin (las truncadas) o yang (las enteras), y aporta una gran cantidad de información en su combinación con los demás. También existe el símbolo Pa Kua, de ocho lados, a cada uno de cuyos lados corresponden atributos de diversos símbolos y elementos. El cuadrado Lo Shu, que contiene nueve casillas con números (véanse páginas 48 y 220-221), y el simbolismo de las cuatro criaturas celestiales (dragón, ave fénix, tortuga y tigre) han pasado a integrarse como herramientas de interpretación del feng shui.

6. COMPRENDER EL SIGNIFICADO DE LOS PUNTOS CARDINALES. En el feng shui, todo el espacio se expresa en términos de los ocho puntos cardinales de la brújula, y en las fórmulas avanzadas éstos se subdividen en veinticuatro orientaciones, a las que se denominan «las veinticuatro montañas». Las maneras propicias y no propicias de situarse, dormir, trabajar, etc.; siempre se expresan en términos de orientaciones. Resulta útil comprender estas definiciones antes de pasar a estudiar las fórmulas, que siempre se expresan como tales.

Además, también es importante comprender a qué orientaciones se refieren diversos sectores. Los sectores suelen corresponder a las diversas esquinas de una casa o de una habitación, y se expresan habitualmente como orientaciones de la brújula; por ejemplo, sector norte o sector sur. Para demarcar los sectores de una habitación, sitúate en el centro de la misma con tu brújula y divide el espacio en nueve casillas iguales (ocho sectores más el centro). Entonces, si se tiene la recomendación de «activar el sector norte con agua», por ejemplo, sabrás en qué parte exacta de la habitación deberás situar este elemento.

En vista del papel fundamental que desempeñan las orientaciones de la brújula en la práctica del feng shui, es necesario adquirir una brújula fiable y bien construida. Si bien la mayoría de los practicantes profesionales del feng shui utilizan la brújula Luo Pan, también servirá una brújula occidental normal que señale al norte magnético.

Todas las fórmulas que indicamos en este libro se pueden aplicar por igual tanto al hemisferio norte como al sur. Cuando indicamos orientaciones, éstas son respecto del norte magnético.

La brújula es una herramienta esencial para la práctica del feng shui. Sus veinticuatro orientaciones se llaman «las veinticuatro montañas».

LOS PUNTOS CARDINALES

CÓMO USAR TU BRÚJULA

Cuando hayas utilizado tu brújula para conocer la orientación de tu puerta principal (desde dentro, mirando hacia fuera), puedes preparar un cuadrado Lo Shu (véanse páginas 48 y 220-221) y superponerlo sobre un plano de la planta de tu casa. Cada sector se asocia a un elemento, tal como se indica aquí, y el elemento tiene importancia a la hora de activar la buena suerte del sector correspondiente.

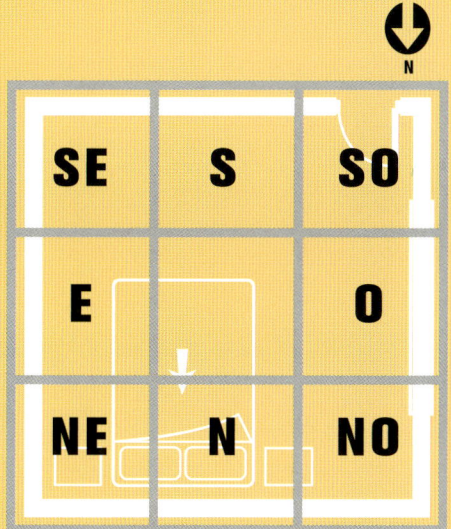

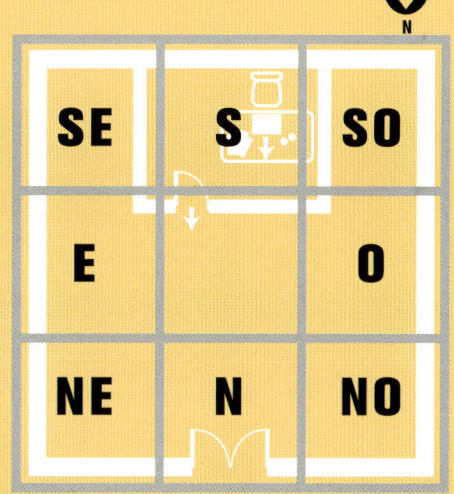

ORIENTACIÓN PARA DORMIR

Si calculas tu número Kua (véase página 114), éste te indicará cuál es la parte más propicia de tu casa para poner en él tu dormitorio. Si tu dormitorio no está en el lugar más propicio para ti, dispón tu cama de manera que tengas la cabeza apuntando hacia tu orientación mejor.

ORIENTACIÓN PARA TRABAJAR

La orientación hacia la que das el frente, y aquella en la que pones tu mesa de trabajo dentro de la habitación, son factores importantes para el feng shui. Puedes mejorar tu suerte general y tus perspectivas profesionales sentándote en tu sector más propicio y dando el frente a tu orientación mejor, y evitando tu orientación menos propicia (véanse páginas 120-121).

7. LA DIMENSIÓN TEMPORAL DEL FENG SHUI. Además de los conceptos e influencias espaciales, también tiene una importancia fundamental para el feng shui comprender su dimensión temporal, y el hecho de que las cualidades del espacio cambian en virtud de los cambios de los períodos temporales.

La dimensión temporal forma parte del Feng Shui de la Estrella Voladora (véase capítulo 15), que divide el tiempo en ciclos de 180 años. Cada uno de estos ciclos se subdivide en nueve períodos de veinte años cada uno, y cada período viene definido por un número.

El Período Siete comprendió del 4 de febrero de 1984 al 4 de febrero del 2004, de manera que el feng shui del mundo se encuentra ahora en el Período Ocho. Este cambio de período significa que todas las casas y edificios construidos en los períodos anteriores perderán energía, y deberán revitalizarse utilizando métodos especiales para reactivar el chi celestial, terrenal y humano de los edificios. Realizando ciertos cambios, puedes modificar tu casa del Período Siete para hacerla del Período Ocho (véase página 137). Esto servirá para que el chi del interior de la casa no se estanque.

Debido al cambio de período, el año 2004 fue testigo de cambios de orientación en las empresas, en los gobiernos y, sobre todo, en las actitudes de las personas. El Período Siete fue una era de creación de riqueza y orientada predominantemente al oeste.

En el Período Ocho, la orientación es el nordeste. Por ejemplo, si consideramos el caso de Estados Unidos, vemos que el Período Siete favoreció al oeste y a su elemento, el metal (los californianos se hicieron ricos con los ordenadores). En el Período Ocho aumentará la preponderancia del nordeste (Nueva York, Boston, Washington, etc.). En el 2004 cambiaron de gobierno muchos países del mundo.

El Feng Shui de la Estrella Voladora ofrece también métodos para analizar las cartas de cada Año Nuevo, así como de cada uno de los meses del año. Es como un horóscopo que aporta advertencias valiosas contra las aflicciones anuales y mensuales.

También se prescriben remedios para protegerse de las enfermedades, las disputas, los pleitos y otras desventuras. Recuerda que las fechas de actualización de la Estrella Voladora no dependen del Yhue Li (calendario lunar) chino. Utilizan, en cambio, el Hsia Li (calendario solar) chino, en el que se basa toda la dimensión temporal del feng shui.

PERÍODOS TEMPORALES

PERÍODO SIETE
4 de febrero de 1984 a
4 de febrero de 2004.
Orientación: Oeste.

PERÍODO OCHO
4 de febrero de 2004 a
4 de febrero de 2024.
Orientación: Nordeste.

CAPÍTULO 5 ◐ TÉCNICAS DE FENG SHUI PARA LA PROTECCIÓN Y LA MEJORA   45

EJEMPLOS DE CARTAS DE LA ESTRELLA VOLADORA

CARTAS DE LA ESTRELLA VOLADORA. HE AQUÍ EJEMPLOS DE UNA CARTA DEL PERÍODO SIETE Y DE OTRA DEL PERÍODO OCHO. LOS NÚMEROS QUE SE CONTIENEN EN CADA CASILLA DE LA CUADRÍCULA INDICAN LAS CUALIDADES DEL CHI DE LA ZONA CORRESPONDIENTE DE LA CASA.

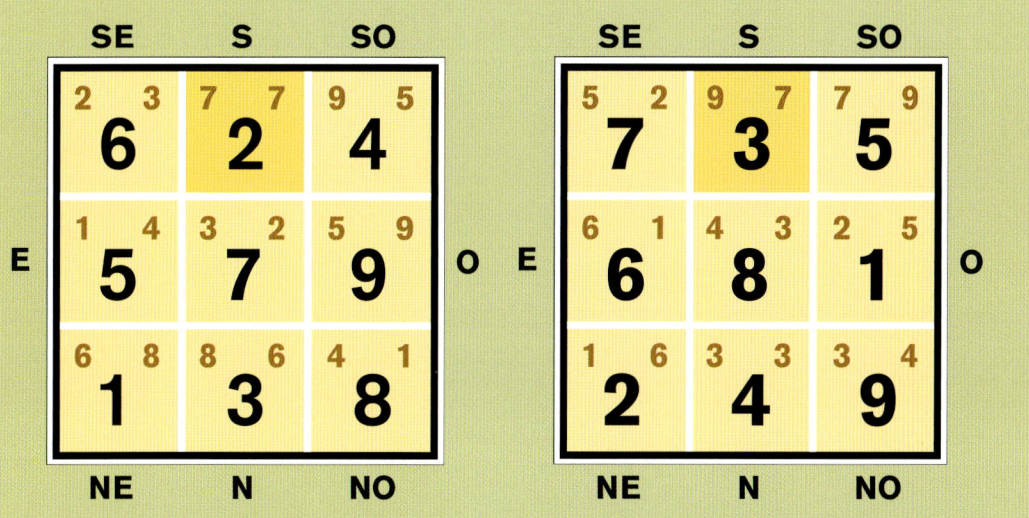

CARTA DEL PERÍODO SIETE. La mayoría de los edificios modernos son del Período Siete, es decir, se construyeron o se reformaron entre el 4 de febrero de 1984 y el 4 de febrero del 2004. Para elegir la carta adecuada para tu casa, consulta las páginas 138-141. Durante el Período Siete, las casas que tenían la puerta principal en el sector propicio «siete doble» gozaron de buena suerte de la riqueza.

CARTA DEL PERÍODO OCHO. Las casas construidas o reformadas después del 4 de febrero de 2004 pertenecen al Período Ocho, que durará hasta el 4 de febrero de 2024. El número ocho ya es de por sí un número afortunado según la numerología china, y en el Período Ocho resulta especialmente afortunado y dará buena suerte a los que aprovechen su potencia. Para elegir la carta adecuada para tu casa, consulta las páginas 142-145.

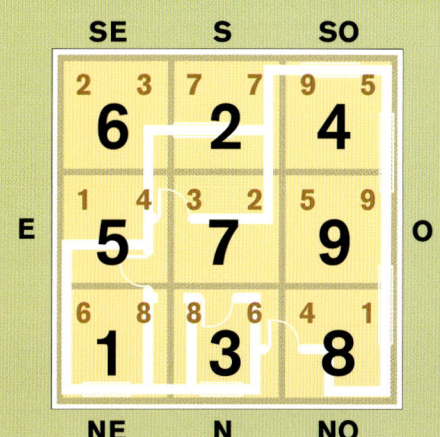

SUPERPOSICIÓN DE LA CARTA DE LA ESTRELLA VOLADORA. Para elegir la carta de la Estrella Voladora adecuada para tu hogar, debes determinar primero la orientación del frente de tu casa (véanse páginas 128-129). Después, podrás superponer la carta sobre un plano de tu casa y analizar los números para descubrir qué medidas debes tomar para mejorar el buen chi y reducir el mal chi.

CAPÍTULO 6
LOS INSTRUMENTOS DEL FENG SHUI

LOS CINCO INSTRUMENTOS IMPORTANTES DEL FENG SHUI SON:

1. EL SÍMBOLO PA KUA, PARA EL ANÁLISIS Y SU EMPLEO EN DIVERSAS FÓRMULAS.
2. LOS OCHO TRIGRAMAS Y SUS SIGNIFICADOS, PARA LA COMPRENSIÓN DE LOS SECTORES.
3. LA BRÚJULA LUO PAN, LA REFERENCIA DEL FENG SHUI, PARA EL ANÁLISIS.
4. EL CUADRADO LO SHU Y SU DISPOSICIÓN DE LOS NÚMEROS, PARA EL ANÁLISIS.
5. LA REGLA DE FENG SHUI, PARA MEDIR LAS DIMENSIONES PROPICIAS.

EL PA KUA

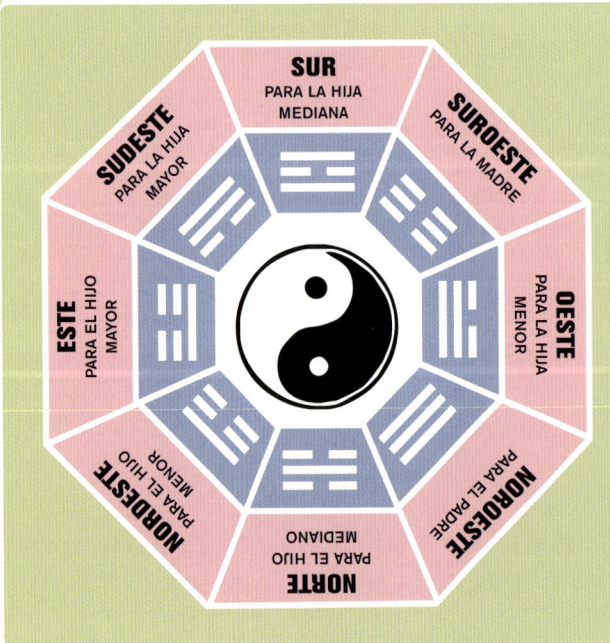

EL PA KUA ES UN SÍMBOLO DE OCHO LADOS, Y CADA UNO DE LOS KUA, O LADOS, REPRESENTA UNA DE LAS OCHO ORIENTACIONES DE LA BRÚJULA.

Los ocho trigramas están dispuestos en los lados del Pa Kua para darle su significado. El Pa Kua yin tiene los trigramas dispuestos a su alrededor siguiendo la disposición del Cielo Anterior y se utiliza, sobre todo, como instrumento potente de protección para desviar las flechas envenenadas secretas y para superar el Shar Chi. El Pa Kua yang tiene los trigramas dispuestos según la disposición del Cielo Posterior, y se utiliza para analizar y practicar el feng shui yang en las casas de los vivos. El Pa Kua yang tiene mayor importancia para nosotros.

LOS OCHO TRIGRAMAS

LOS OCHO TRIGRAMAS QUE ESTÁN DISPUESTOS ALREDEDOR DEL PA KUA OFRECEN ATRIBUTOS A SUS ORIENTACIONES RESPECTIVAS. LOS TRIGRAMAS, QUE SON LOS SÍMBOLOS RAÍZ DEL *I CHING,* REFLEJAN LAS PAUTAS DEL CAMBIO A LO LARGO DEL TIEMPO SOBRE LA SUERTE DE CADA ORIENTACIÓN. EL TRIGRAMA REINANTE EN EL PERÍODO ACTUAL, EL OCHO, ES EL KEN, LA MONTAÑA, QUE ANUNCIA UNA ÉPOCA EN QUE SERÁN RESPETADAS LAS INVESTIGACIONES Y EL CONOCIMIENTO. EL KEN REPRESENTA TAMBIÉN QUE SE DARÁ MÁS IMPORTANCIA A LAS RELACIONES PERSONALES QUE A LA RIQUEZA.

Trigrama	Nombre	Orientación	Característica	Miembro familiar	Naturaleza
☰	Chien	Noroeste	Creativo	Padre	Cielo
☷	Kun	Suroeste	Receptivo	Madre	Tierra
☳	Chen	Este	Incitador	Hijo mayor	Trueno
☱	Tui	Oeste	Gozoso	Hija menor	Lago
☴	Sun	Sudeste	Amable	Hija mayor	Viento
☲	Li	Sur	Apegado	Hija mediana	Fuego
☵	Kan	Norte	Abismal	Hijo mediano	Agua
☶	Ken	Nordeste	Montaña	Hijo menor	Montaña

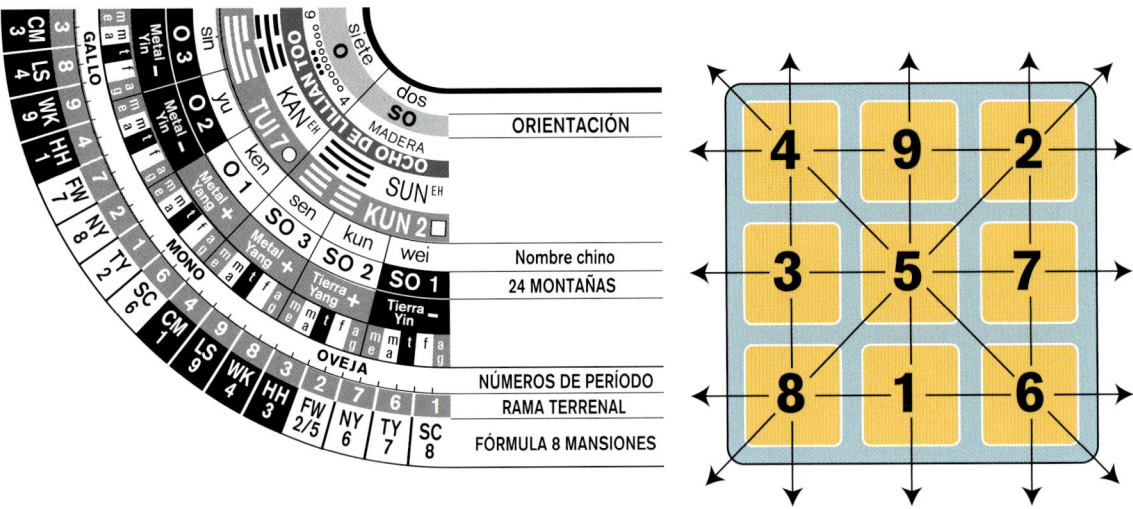

Esta versión occidentalizada de la brújula Luo Pan china tradicional (arriba) tiene trece círculos concéntricos; algunas versiones tienen hasta treinta y seis círculos. En cada círculo aparecen los códigos para una fórmula del feng shui.

El cuadrado Lo Shu (arriba, derecha) tiene como número central el cinco; los números tomados de tres en tres en horizontal, vertical y diagonal siempre suman quince, el número de días del ciclo de la luna creciente o menguante. Por ello, el cuadrado Lo Shu es un instrumento muy importante para el feng shui de dimensión temporal.

La regla del feng shui se puede utilizar para comprobar las dimensiones propicias de los objetos cotidianos, tales como los muebles y las puertas.

✱ LA BRÚJULA LUO PAN

Fue y sigue siendo el instrumento de referencia básico de los profesionales del feng shui. Suele estar construida de madera y pintada de rojo, y contiene círculos concéntricos con palabras chinas que indican referencias utilizadas en el análisis de feng shui. No es un instrumento indispensable para los practicantes aficionados, a los que bastará con una brújula corriente.

✱ EL CUADRADO LO SHU

El cuadrado Lo Shu es una cuadrícula de nueve casillas con números, ordenados de tal modo que todas las parejas de números opuestos suman diez. El número central es el cinco, y todas las filas, columnas y diagonales suman quince, que es el número de días que tarda la Luna en menguar o en crecer. Se suele considerar que el cuadrado Lo Shu es la llave que abre los secretos del tiempo.

El cuadrado Lo Shu contiene otros muchos secretos, sobre todo relacionados con la numerología del feng shui, pero para nuestros propósitos nos bastará con fijarnos en la disposición de los números en las casillas.

La correspondencia de los sectores de la brújula con estos números ofrece indicaciones muy importantes para el análisis. A cada número le corresponde una orientación de la brújula y un elemento: el norte es agua; el nordeste y suroeste son tierra; el este y el sudeste son madera; el sur es fuego, y el oeste y el noroeste son metal. Los números indican la energía numérica de los ocho sectores. Por ejemplo, el número que corresponde al norte es el uno, y el animal celestial del norte es la tortuga; por tanto, es beneficioso tener una sola tortuga en el sector norte. Del mismo modo, el número del este es el tres, y dicho sector tiene el elemento madera, por lo que tener tres plantas en este sector producirá buen feng shui.

LA REGLA DE FENG SHUI

SE PUEDE UTILIZAR UNA REGLA O CINTA MÉTRICA DE FENG SHUI PARA MEDIR LAS VENTANAS, LAS PUERTAS Y LOS MUEBLES CON EL FIN DE COMPROBAR QUE EN TU ENTORNO SÓLO SE INTEGRAN DIMENSIONES PROPICIAS. LA REGLA TIENE OCHO CICLOS DE DIMENSIONES, CUATRO PROPICIAS Y CUATRO NO PROPICIAS. CADA CICLO MIDE EN TOTAL UNAS 17 PULGADAS (UNOS 43 CENTÍMETROS), Y SE SUBDIVIDE, A SU VEZ, EN OCHO SEGMENTOS. ESTE CICLO DE DIMENSIONES AFORTUNADAS Y DESAFORTUNADAS SE REPITE HASTA EL INFINITO.

Cada una de las dimensiones propicias y no propicias se subdividen, a su vez, en cuatro subdimensiones, que miden aproximadamente media pulgada (algo más de 1 cm) y que tienen sus respectivos significados para el feng shui.

DIMENSIONES PROPICIAS

Chai (abundancia): entre 0 y 2 1/8 pulgadas (0 y 5,4 cm). Sus cuatro subdivisiones son: suerte del dinero; una caja fuerte llena de joyas; seis clases de buena suerte; abundancia.

Yi (suerte excelente para los hijos): entre 6 3/8 y 8 1/2 pulgadas (entre 16,2 y 21,5 cm). Sus cuatro subdivisiones son: suerte excelente para los hijos; aumento inesperado de ingresos; hijo triunfador; buena fortuna excelente.

Kwan (altos honores): entre 8 1/2 y 10 5/8 pulgadas (21,5 y 27 cm). Sus cuatro subdivisiones son: éxito en los exámenes; suerte en las especulaciones; aumento de ingresos; altos honores.

Pun (prosperidad): entre 14 6/8 y 17 pulgadas (37,5 y 43,2 cm). Sus cuatro subdivisiones son: suerte del dinero; éxito en los exámenes; abundancia de joyas; prosperidad abundante.

DIMENSIONES NO PROPICIAS

Pi (cárcel o muerte): entre 2 1/8 y 4 2/8 pulgadas (5,4 y 10,8 cm). Sus cuatro subdivisiones son: advertencia de retirada del dinero; posibles problemas legales: mala suerte, hasta ir a la cárcel incluso; muerte de un cónyuge.

Li (robo en la casa): entre 4 2/8 y 6 3/8 pulgadas (10,8 y 16,2 cm). Sus cuatro subdivisiones son: abundancia de mala suerte; perder dinero; encontrarse con gente sin escrúpulos; hurto o robo en la casa.

Chieh (pérdida de dinero): entre 10 5/8 y 12 6/8 pulgadas (27 y 32,4 cm). Sus cuatro subdivisiones son: muerte o partida; desaparición de artículos necesarios/pérdida de medios de vida; pueden expulsarte de tu casa avergonzado; grave pérdida de dinero.

Hai (disputas): entre 12 6/8 y 14 6/8 pulgadas (32,4 y 37,5 cm). Sus cuatro subdivisiones son: desastres; muerte; enfermedad y mala salud; escándalo y disputas.

TERCERA PARTE
MEJORAR TU CALIDAD DE VIDA

LAS POSIBILIDADES DEL **FENG SHUI** PARA MEJORAR TU VIDA, Y TU FORMA DE VIDA, SON VERDADERAMENTE IMPRESIONANTES. SI ABORDAS EL TEMA CON AMPLITUD DE MIRAS Y SI ERES CAPAZ DE CAPTAR EL CONCEPTO DE LAS ENERGÍAS POSITIVA Y NEGATIVA, TE RESULTARÁ FÁCIL ENTRAR EN SINTONÍA CON LOS PRECEPTOS DEL **FENG SHUI**. RESULTA EMOCIONANTE EL HECHO DE QUE SE HAYAN CONSERVADO INTACTOS TANTOS DE SUS MÉTODOS Y FÓRMULAS, Y QUE UNA PARTE TAN IMPORTANTE DEL **FENG SHUI** SIGA CONSERVANDO SU RELEVANCIA EN EL MUNDO DE HOY. EL **FENG SHUI** PUEDE MEJORAR TU CALIDAD DE VIDA CUANDO ATIENDAS A LAS ÁREAS Y A LAS ASPIRACIONES CLAVE QUE TE APORTAN FELICIDAD, SALUD Y PLENITUD: DESDE EL TRABAJO HASTA EL ÉXITO ECONÓMICO, PASANDO POR LAS RELACIONES PERSONALES.

CAPÍTULO 7
EL ÉXITO, EL RECONOCIMIENTO Y LOS ASCENSOS

✱ PUEDES DISPONER LOS INTERIORES DE TU CASA Y DE TU OFICINA PARA MAXIMIZAR LA BUENA SUERTE EN TU VIDA LABORAL Y PARA QUE SE HAGAN REALIDAD EL ÉXITO PROFESIONAL, LOS ASCENSOS, EL RECONOCIMIENTO Y LA VALORACIÓN DE TUS APORTACIONES.

Un cuadro que representa una montaña, a tu espalda, ejerce el efecto protector de la Tortuga Negra.

Calcula tu número Kua para determinar cuál es la mejor orientación en que te puedes sentar para aumentar tu suerte.

Si tienes buen feng shui, se reconocerá tu esfuerzo. Podrás recibir, y recibirás, ascensos y puestos de mayor responsabilidad. Aunque aumenten tus tareas diarias y el alcance de tu trabajo, seguirás recogiendo los beneficios del buen feng shui. Lo que te puede proporcionar la práctica correcta del feng shui no tiene límites. Recuerda que, a pesar de todo lo inteligente y triunfador que seas, siempre necesitas un elemento de suerte para que tu vida vaya discurriendo sin sobresaltos.

Cuando la energía chi que te rodea se va convirtiendo en Sheng Chi benévolo, podrás hacer frente a los desafíos de tu trabajo, por muy alto que llegues. En esto consiste el éxito en la carrera profesional. Para disfrutar de el éxito profesional de manera sostenida, no dejes de hacer lo siguiente:

✱ Siéntate correctamente, dando el frente a tu orientación más propicia y asegurándote de que no te puedan alcanzar las flechas envenenadas. Comprueba tu número Kua para determinar cuál es la orientación que más te conviene (véase capítulo 14). Tanto en el trabajo como en tu casa, dispón tu mesa de trabajo de modo que te puedas sentar dando el frente a tu orientación mejor.

✱ Si no te resulta posible dar el frente a tu orientación mejor, al menos intenta dar el frente a una de tus orientaciones buenas. No te sientes nunca dando el frente a una de tus cuatro malas orientaciones, pues esto te hará perder energía o, lo que es peor, ejercerá un efecto adverso sobre tu trabajo y sobre tu suerte. Si das el frente a tu orientación de la pérdida total, el resultado puede llegar a ser que te despidan de tu trabajo.

✱ En el trabajo, dispón tu mesa de un modo que evite la traición por parte de tus colegas aparentemente bienintencionados. Si estás en una de las plantas superiores de un edificio de varios pisos y te sientas de espaldas a una ventana, el «agujero» que tienes detrás indica que no tienes ahí a nadie que te apoye si te encuentras ante una crisis profesional. Cuando estás en la oficina, es importante que te «guardes las espaldas». Si tu trabajo profesional lo haces en tu propia casa, esa disposición no sería tan mala, pues en tu casa no tienes rivales de esa clase.

CAPÍTULO 7 ◐ EL ÉXITO, EL RECONOCIMIENTO Y LOS ASCENSOS   53

✱ Para contrarrestar la mala suerte que se produce al tener a tu espalda una puerta, instala un espejo. Si tienes detrás una puerta y no puedes mover de sitio tu mesa, prueba a instalar un espejo vertical delante de ti, hacia tu derecha (es tu lado del tigre). El espejo no debe estar frente a ti; en vez de ello, debe reflejar tu espalda y llevarla a tu lado del tigre para invocar la energía protectora del Tigre Blanco. También puedes poner una luz que ilumine tu espalda, pero procura que no arroje más luz hacia tu espalda que hacia tu frente.

✱ Si tienes una ventana a tu espalda, pon en la pared un cuadro que represente una montaña. Del mismo modo, si no puedes resolver de ninguna manera el problema de tener a tu espalda una ventana, cuelga un cuadro grande o una fotografía que represente una montaña o montañas. Una montaña a tu espalda simula la colina de la tortuga y te aporta protección, además de asegurarte apoyo para tus ideas y proyectos. Si eres una persona que sigue una carrera profesional, descubrirás que el apoyo desde arriba es fundamental para el éxito. Si te resulta difícil poner la imagen de una montaña, busca una tortuga dragón, es decir, una tortuga con cabeza de dragón. Es un símbolo poderoso cuando lo tienes cerca.

POSICIÓN DE LA MESA DE TRABAJO

EN EL TRABAJO, DISPÓN TU MESA DE MODO QUE ESTÉS DANDO AL FRENTE A UNA DE TUS DIRECCIONES (VÉASE CAPÍTULO 14). REDUCEN AL MÍNIMO LAS FLECHAS ENVENENADAS.

✱ Evita sentarte dando la espalda a una ventana; esto representa falta de apoyo. No te sientes frente a la puerta: te vendría encima el chi de las flechas envenenadas.

✱ Para tener buen feng shui, dispón tu mesa de trabajo de modo que no tengas a tu espalda una ventana, y que estés en el rincón opuesto a la posición de la puerta.

ACTIVACIÓN DEL RINCÓN NORTE

✱ ACTIVA TU RINCÓN NORTE CON BUEN FENG SHUI. ESTE RINCÓN RIGE EL ÉXITO PROFESIONAL; POR ELLO, ES FUNDAMENTAL PONER ALLÍ FIGURAS, CUADROS O ELEMENTOS DECORATIVOS ADECUADOS.

Una imagen de agua colocada en el sector norte de tu despacho aumentará tu Sheng Chi y contribuirá a impulsar tu carrera profesional. Esta imagen que representa la Puerta del Dragón, en la que la carpa se convierte en dragón, es un símbolo asociado a la suerte en los exámenes, pero también puede servir para dar un buen empujón inicial a tu fortuna en la carrera profesional.

✱ Asegúrate de no poner, sin darte cuenta, cristales naturales o bolas de cristal natural en el rincón norte de tu despacho o de tu cuarto de estar en tu casa. El chi de tierra de los cristales naturales entra en conflicto directo con el chi de agua del norte y provoca un desequilibrio que se traduce en mal feng shui. Tampoco son buenos para el rincón norte los elementos de madera; por tanto, no son recomendables las plantas (ya sean naturales o artificiales).

✱ Pon en el norte un acuario. Nada mejor para activar tu rincón norte que un acuario bien iluminado y limpio, con buena cantidad de peces pequeños, tales como los peces de colores o los gupis. Los peces deben estar a gusto; por eso, es preciso cuidarlos bien a ellos y el estado del agua. Este principio es fundamental, pues si la pecera se ensucia o si los peces se mueren por falta de cuidados, tú padecerás muy mala suerte y tus perspectivas profesionales se empañarán. No olvides nunca que el agua cargada de energía y los peces vivaces y contentos traen una gran buena suerte. Es importante que tú mismo emitas energía positiva y alegre, que será captada por los peces y por el agua misma.

✱ Cuelga en el norte un cuadro que represente agua. Este elemento cargador de energía del feng shui mejora el chi intrínseco de este rincón. En el feng shui, *agua* puede significar «agua pequeña», como en el caso de un elemento de agua real, o puede ser «agua grande», como la representada en un cuadro de un lago, del mar o de una pequeña cascada de montaña: de alguna cosa que esté bien encuadrada y en armonía con la habitación. No pongas una foto de las cataratas del Niágara, pues el chi sería demasiado fuerte. Tam-

CAPÍTULO 7 ● EL ÉXITO, EL RECONOCIMIENTO Y LOS ASCENSOS   55

RINCÓN NORTE: CÓMO MEJORAR EL BUEN CHI

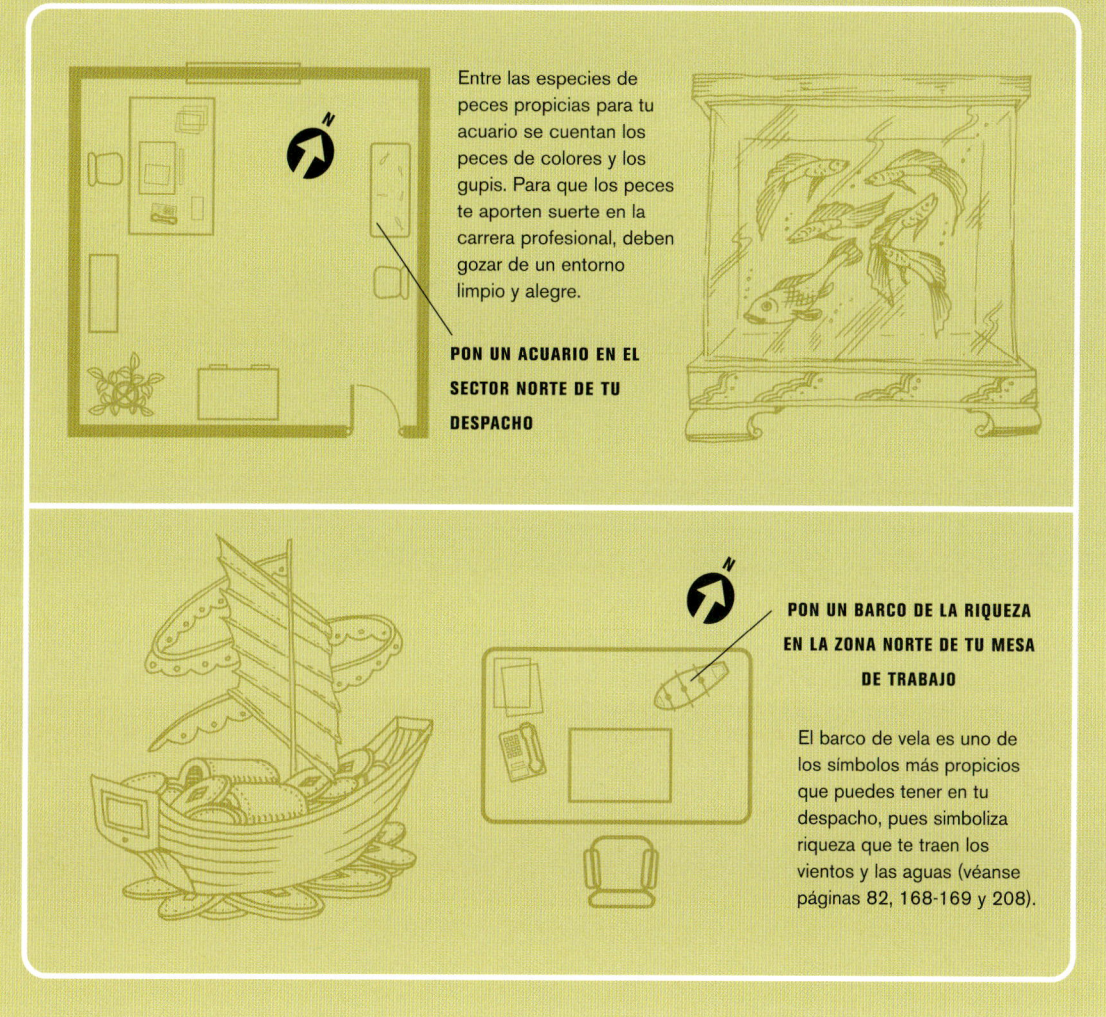

Entre las especies de peces propicias para tu acuario se cuentan los peces de colores y los gupis. Para que los peces te aporten suerte en la carrera profesional, deben gozar de un entorno limpio y alegre.

PON UN ACUARIO EN EL SECTOR NORTE DE TU DESPACHO

PON UN BARCO DE LA RIQUEZA EN LA ZONA NORTE DE TU MESA DE TRABAJO

El barco de vela es uno de los símbolos más propicios que puedes tener en tu despacho, pues simboliza riqueza que te traen los vientos y las aguas (véanse páginas 82, 168-169 y 208).

poco debe haber una cascada en la que dé la impresión de que el agua, en su flujo, sale de tu habitación. Ten sensibilidad para esos pequeños detalles. No cuelgues imágenes de agua si tienes detrás el norte, y no cuelgues nunca una catarata a tu espalda. Estas disposiciones harían que el agua te perjudicara.

✱ Activa la esquina norte de tu mesa de trabajo. Déjalo vacío, o bien pon en él un pequeño elemento decorativo, tal como un barco dorado que navegue hacia ti. El chi de metal del barco de oro (cargado de lingotes) dará un gran empuje a tu carrera profesional.

✱ No pongas sobre tu mesa de trabajo elementos que entren en conflicto. Un florero, unas bolas de cristal natural o cualquier otro elemento de cristal natural en la esquina norte de tu mesa de trabajo producirán, inevitablemente, una aflicción del chi intrínseco del norte. Sentirás el efecto en tu trabajo, y puede que se bloqueen tus perspectivas profesionales.

RINCÓN NORTE: DISPOSICIONES NO PROPICIAS

PARA EVITAR EL MAL FENG SHUI EN LA OFICINA, ES IMPORTANTE ATENDER A LA DISPOSICIÓN CORRECTA E INCORRECTA DE LOS CRISTALES NATURALES, LAS PLANTAS, LAS FLORES Y LAS IMÁGENES DE AGUA. HE AQUÍ ALGUNAS INDICACIONES DE DISPOSICIONES QUE SE DEBEN EVITAR:

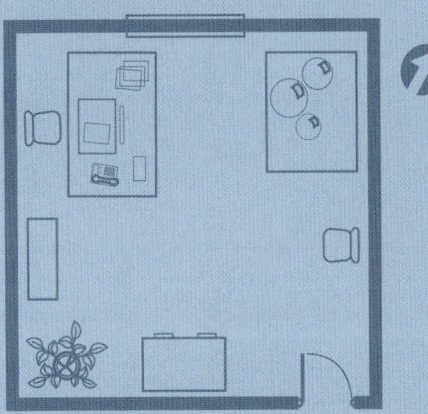

* **CRISTALES NATURALES:** No pongas cristales naturales en la parte norte de tu despacho.

* **CRISTALES NATURALES:** No pongas cristales naturales en la parte norte de tu mesa de trabajo.

* **PLANTAS:** No pongas plantas en la zona norte de tu mesa de trabajo.

* **FLORES:** No pongas flores ni plantas en la zona norte de tu despacho.

* **CASCADA:** No pongas la imagen de una cascada detrás de tu mesa de trabajo.

ACTIVACIÓN DEL RINCÓN SUR

✱ ACTIVA TU RINCÓN SUR CON BUEN FENG SHUI. ESTE RINCÓN PROPORCIONA RECONOCIMIENTO Y AGRADECIMIENTO DE TU TRABAJO. SI SUFRE AFLICCIÓN, TUS PROPUESTAS NO SERÁN ATENDIDAS.

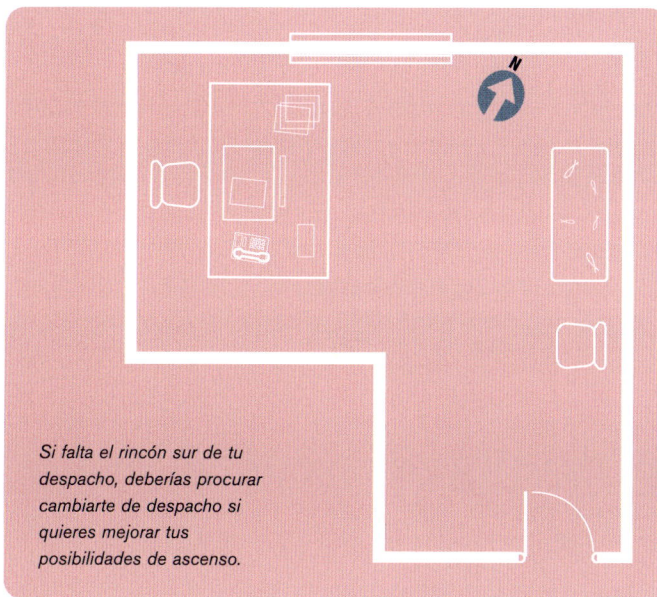

Si falta el rincón sur de tu despacho, deberías procurar cambiarte de despacho si quieres mejorar tus posibilidades de ascenso.

Si el rincón sur de tu casa o de tu oficina falta o sufre aflicción, ya te puedes olvidar de que se fijen en ti para ofrecerte un cargo de categoría superior. Se te bloquearán las posibilidades de ascenso, y se te hará muy penosa la lucha para alcanzar puestos más elevados.

El rincón sur sufre una aflicción cuando están presentes los elementos que chocan con el chi del fuego o que lo agotan. Cualquier cosa que sugiera el elemento agua provocará problemas, ya que el agua destruye el fuego. La excepción a esta regla se produce cuando la Estrella del Agua de este sector es propicia según la fórmula de la Estrella Voladora (véase capítulo 15). Cuando la Estrella del Agua indica posible suerte de la riqueza, se impone sobre la energía de fuego intrínseca del sur.

✱ Dado que la tierra agota al fuego, no debes poner bolas de cristal ni cristales naturales en bruto en este rincón de tu despacho. Si agotas la energía del fuego, tu trabajo no será reconocido. También puede quedar en entredicho tu reputación.

✱ Pon luces fuertes en el sur. Cuando los sectores del sur de tu despacho y del cuarto de estar de tu casa están bien iluminados, las grandes cantidades de chi yang fomentan tus posibilidades de alcanzar el reconocimiento generalizado por parte de los demás. Ten las luces encendidas toda la noche para que la energía chi esté actuando siempre a tu favor.

✱ Pon en el sur imágenes de caballos. La energía del caballo te ayudará a moverte más deprisa que tus competidores. Si pones en el sur el Caballo de la Victoria (es un caballo al galope, que se representa siempre con una golondrina que vuela a su lado) te resultará fácil quedar vencedor en cualquier carrera hasta lo más alto. Si quieres que tu ascenso

RINCÓN SUR: CÓMO MEJORAR EL BUEN CHI

PUEDES MEJORAR TUS PERSPECTIVAS PROFESIONALES PRESTANDO MUCHA ATENCIÓN AL EMPLEO DE LAS LUCES Y COLOCANDO OPORTUNAMENTE PINTURAS U OTRAS IMÁGENES Y FIGURAS PROPICIAS EN EL RINCÓN SUR DE TU DESPACHO.

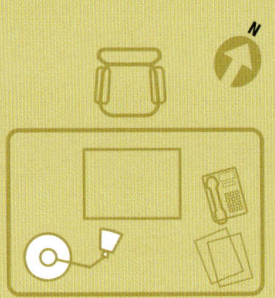

✷ **LUCES:** Pon luces fuertes en el rincón sur de tu despacho y en la esquina sur de tu mesa de trabajo para mejorar el respeto que te tienen tus compañeros y tu jefe.

✷ **AVE FÉNIX:** Pon en el rincón sur de tu despacho un ave fénix, que te ayudará a avanzar en tu profesión.

✷ **AVES:** Las imágenes decorativas de aves situadas en tu rincón sur te traerán enormes ventajas y oportunidades.

✷ **CABALLOS:** Dispón imágenes de caballos, tales como el Caballo del Tributo *(izquierda)* y el Caballo de la Victoria *(derecha)*, que te permitirán adelantarte a tus competidores.

a un lugar destacado venga acompañado de mayores ingresos y de prosperidad, deberás poner también en el sur el Caballo del Tributo (un caballo cargado de oro y de lingotes). Los caballos en el sur siempre aportan a la familia el respeto que acompaña a la buena reputación.

✱ Pon en el sur imágenes decorativas de aves. Las aves aportan unas ventajas y oportunidades enormes, además de difundir tu buena reputación a los cuatro vientos; por ello, las aves son excelentes para los que quieren fama. Coloca en el sur diversas aves de todos los colores; puedes poner la célebre pintura china de «las cien aves» para que te aporten una excelente buena fortuna. El ave más importante es ave fénix, y si invitas a esta hermosa reina de las aves a entrar en tu despacho, te sorprenderás de tu repentino avance profesional.

✱ Un gallo en el sur frustra los politiqueos de la oficina. Los practicantes taoístas del feng shui consideran que su cresta roja tiene un poder insuperable. Sus espolones simbolizan su capacidad para apartar de sí la maledicencia y las maquinaciones partidistas en el entorno del trabajo. La imagen de un pollo tiene la misma eficacia que la del gallo.

RINCÓN SUR: DISPOSICIONES NO PROPICIAS

LA COLOCACIÓN INCORRECTA DE ELEMENTOS DE CRISTAL NATURAL Y DE AGUA PUEDE PRODUCIR UN CHOQUE DE ELEMENTOS QUE PROVOQUEN MAL FENG SHUI EN TU LUGAR DE TRABAJO. HE AQUÍ ALGUNOS CONSEJOS:

✱ **CRISTALES NATURALES:** No pongas bolas de cristal, ni cristales naturales en bruto, en el rincón sur; chocarían con el chi del fuego.

✱ **AGUA:** No pongas artículos de agua en el rincón sur; destruirían el chi del fuego.

CAPÍTULO 8
EL ÉXITO EN LAS RELACIONES PERSONALES

✱ EL FENG SHUI TIENE UN PODER EXCEPCIONAL PARA SUAVIZAR LAS RELACIONES PERSONALES Y PARA PRODUCIR UN BUEN TRATO ENTRE LAS PERSONAS QUE VIVEN O TRABAJAN JUNTAS. HAY VARIAS MANERAS DE CONSEGUIR QUE SE REDUZCAN AL MÍNIMO LOS ENFADOS Y QUE REINE LA DIPLOMACIA Y UN CLIMA DE TOLERANCIA.

El entorno de trabajo se puede disponer de un modo favorable para el establecimiento de relaciones de trabajo tranquilas entre los compañeros, los jefes y los subordinados, así como entre los socios y copartícipes de un negocio. El buen feng shui puede contribuir a generar buena voluntad entre amigos, colegas y socios.

En el hogar se puede disponer el espacio vital de un modo que proporcione unas relaciones cálidas y de apoyo, en vez de hostiles y de enfrentamiento, entre los cónyuges y entre los hermanos. Por ejemplo, puedes disponer las sillas, sillones y sofás de tu cuarto de estar dándoles una forma propicia de Pa Kua.

La clave de la felicidad conyugal es la paz en el hogar. Las relaciones de enfrentamiento entre los familiares no son raras, pero con la ayuda del feng shui se pueden reducir notablemente las conductas enfrentadas. El nivel de buena voluntad y de tolerancia que se alcanza suele llegar incluso a los amigos y a los conocidos fuera del círculo familiar.

EL RINCÓN SUROESTE

En el hogar, el rincón suroeste es el matriarcal, y crea suerte de protección. También es el rincón que atrae:

- El amor, la seducción y la fidelidad.
- La energía amorosa del cariño a la familia.

Cuando esta energía no sufre aflicciones, ya sea por la presencia de estructuras físicas agudas y hostiles, o por la energía intangible de las Estrellas Voladoras malignas en las cartas anuales o mensuales (véanse capítulos 15 y 16), todos los habitantes de la casa o los que trabajan en ella se llevarán bien entre sí.

DISPOSICIÓN DE LOS MUEBLES
Dispón los muebles de un modo que te proporcione un entorno cálido y protector. Una manera de conseguirlo es disponer las sillas, sillones y sofás en forma de Pa Kua, alrededor de una mesa central.

CÓMO MEJORAR LA SUERTE DE LAS RELACIONES PERSONALES

LOS SIGUIENTES MÉTODOS CREARÁN BUENA SUERTE EN EL TRABAJO Y EN CASA:

PROTEGE TU RINCÓN SUROESTE

En el hogar, el rincón suroeste representa a la matriarca y produce suerte de protección. En la oficina representa el fundamento del trabajo de equipo y favorece el establecimiento de un ambiente familiar. No es recomendable situar allí cuartos de baño, almacenes ni cocinas, pues quedaría encerrada en ellas la buena voluntad y el amor, que debería fluir por toda la casa o por la oficina.

SALA DE JUNTAS O CUARTO DE ESTAR
Las salas de juntas y los cuartos de estar en el rincón suroeste dan buen resultado para fomentar la armonía.

CUARTO DE BAÑO
Evita situar cuartos de baño, almacenes o cocinas en el rincón suroeste.

ACTIVA EL SUROESTE

La mejor manera de hacerlo es poner allí objetos del elemento tierra. Son buenos ejemplos las bolas de cristal natural, que producirán un ambiente de tolerancia y buena voluntad. Además, los cristales naturales representan el elemento del Período Ocho. También es excelente para el rincón suroeste la presencia del elemento fuego, en forma de luces, velas o cualquier cosa de color rojo.

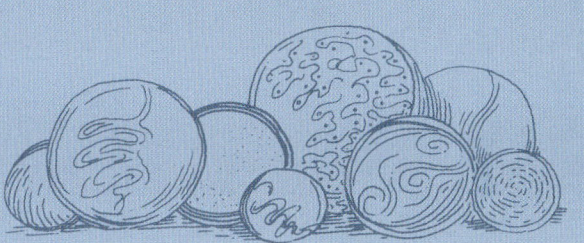

PON AGUA EN EL SUROESTE

El agua en el suroeste aporta a tus relaciones personales la suerte de la riqueza. Durante los veinte años del Período Ocho, la orientación suroeste será el lugar del «espíritu indirecto», que siempre se carga de energía con la presencia del agua. No pongas un objeto de agua demasiado grande. Es ideal un pequeño adorno tipo zen con agua que borbotea. No pongas este objeto de agua en el dormitorio, porque éste puede producir pérdidas; pero ten en cuenta que es ideal para la oficina.

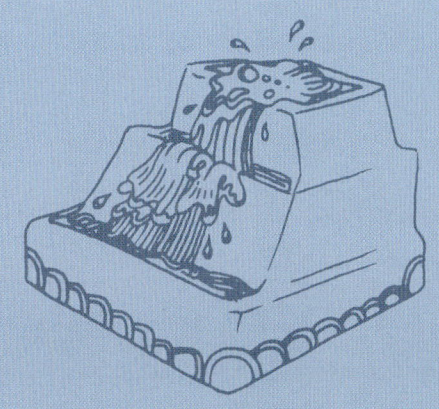

CONSEJOS PARA LA FELICIDAD CONYUGAL

EVITAR EL MAL FENG SHUI ES LA CLAVE PARA LA ARMONÍA EN EL HOGAR Y EN LAS RELACIONES DE PAREJA. MEJORA TU MATRIMONIO CON ESTAS IMPORTANTES DIRECTRICES DE FENG SHUI.

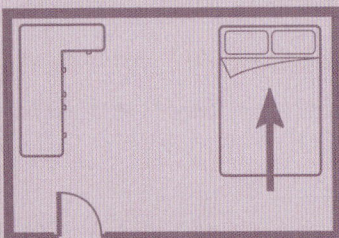

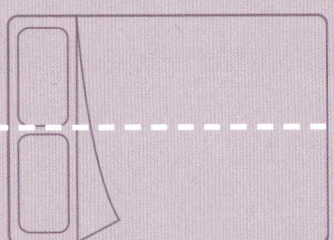

✻ **ORIENTACIÓN PARA DORMIR:** Asegúrate de que vuestra orientación para dormir es propicia y no trae mala suerte (véase página 65). Se considera orientación para dormir aquella hacia la que apuntan las cabezas de la pareja acostada. Si las buenas orientaciones del marido y de la mujer son diferentes, elige aquella que beneficia al que gana en mayor proporción el sustento de la familia. Por otra parte, atiende a las siguientes cosas que se deben evitar en el dormitorio y que pueden producir fisuras entre el marido y la mujer: dispón la cama de manera que las cabezas apunten hacia una orientación propicia (véase página 65), pero si con ello los pies apuntan hacia la puerta, mueve un poco la cama para que no apunten hacia allí.

✻ **COLCHONES:** Evita formar una cama juntando dos colchones; usa un único colchón grande para que la relación de pareja sea armoniosa. Dicho de otro modo, no pongas dos colchones separados sobre un solo bastidor o somier. Haciendo eso se produce una fisura invisible entre los miembros de la pareja, que puede llegar a hacer que uno de los dos se vaya del hogar conyugal. Si estás en esa situación, pon un colchón único. La presencia sobre la cama de una viga vista produce un fuerte campo de energía alineado entre los dos miembros de la pareja, tiene ese mismo efecto; así pues, debes retirar la cama de debajo de la viga, u ocultar la viga con un falso techo de escayola.

✻ **ESPEJOS:** Evita los espejos donde se refleje directamente la cama, pues pueden producir intromisiones no deseadas de terceras personas en el matrimonio que conduzcan a infidelidades y a disgustos. Los espejos son francamente malos en el dormitorio, y es recomendable tenerlos cubiertos o retirarlos. También deben evitarse las pantallas de televisión y de ordenador por el mismo motivo. Evita las esquinas agudas que apuntan a la cama y evita también estar abierto a los embates del chi que entra por la puerta, pues ambos producen mal chi.

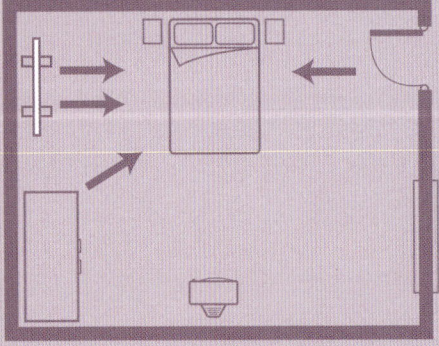

✻ **FLORES:** No pongas flores frescas en el dormitorio de un matrimonio feliz, pues pueden hacer que surjan malos entendidos y riñas repentinas, sobre todo si las flores son rosas con espinas o son de color rojo. Tampoco es recomendable tener flores artificiales en el dormitorio.

CAPÍTULO 8 ◑ EL ÉXITO EN LAS RELACIONES PERSONALES

ALIADOS ASTROLÓGICOS

LLEVA CONTIGO IMÁGENES DE TUS ALIADOS SECRETOS Y DE TUS AMIGOS ASTROLÓGICOS. EN ESTA RECOMENDACIÓN SE AÚNA LA ASTROLOGÍA CHINA CON EL FENG SHUI, Y ES UNO DE LOS MÉTODOS MÁS PODEROSOS PARA ATRAER A TU VIDA RELACIONES PERSONALES DE CONFIANZA. SI LLEVAS ESTAS IMÁGENES GUARDADAS EN TU CARTERA O LAS LLEVAS ENCIMA EN FORMA DE ADORNOS Y JOYAS, CONOCERÁS EN TU VIDA LA BUENA VOLUNTAD, PORQUE IRÁS CREANDO A TU ALREDEDOR «TRIÁNGULOS DE AFINIDAD». LA ASTROLOGÍA CHINA ATRIBUYE A CADA PERSONA UNO DE LOS DOCE SIGNOS ANIMALES, SEGÚN SU AÑO DE NACIMIENTO (VÉASE CALENDARIO CHINO, PÁGINAS 284-285), Y CADA PERSONA TIENE UN ALIADO SECRETO Y DOS AMIGOS ASTROLÓGICOS. EXISTEN CUATRO GRUPOS DE AMIGOS ASTROLÓGICOS Y SEIS PAREJAS DE ALIADOS SECRETOS.

AMIGOS ASTROLÓGICOS	ALIADOS SECRETOS
RATA, DRAGÓN Y MONO	GALLO Y DRAGÓN
BUEY, SERPIENTE Y GALLO	MONO Y SERPIENTE
CABALLO, PERRO Y TIGRE	OVEJA Y CABALLO
OVEJA, CERDO Y CONEJO	CONEJO Y PERRO
	TIGRE Y CERDO
	BUEY Y RATA

Si te casas con tu amigo astrológico o con tu aliado secreto, es probable que la relación sea beneficiosa y más que cordial. Si los hijos y los padres pertenecen a un mismo triángulo de afinidad, o mantienen una relación como aliados, existe armonía entre ellos. Si, según este método de análisis, tienes buena afinidad con tu socio en los negocios o con un colega importante, es probable que vuestra relación sea duradera. Para determinar tus relaciones, consulta la lista que aparece sobre estas líneas. Por ejemplo, si tu signo astrológico es el dragón, tus amigos astrológicos son la rata y el mono, y tu aliado secreto es el gallo.

LAS AFINIDADES SEGÚN LAS COMBINACIONES DEL NÚMERO KUA

✳ OTRA MANERA DE DETERMINAR LA BUENA AFINIDAD ENTRE LAS PERSONAS ES POR MEDIO DE LA FÓRMULA KUA DE LAS OCHO MANSIONES.

El número Kua se calcula sumando las dos últimas cifras del año de nacimiento y volviendo a sumar las cifras del total, si es preciso, hasta que queda una sola cifra. Después, si eres varón, toma el número 10 y resta esa cifra, y si eres mujer suma a la cifra un 5 y redúcela a una sola cifra de nuevo si es preciso. El resultado es tu número Kua. Las personas que tienen número Kua 2, 5, 6, 7 u 8 pertenecen al grupo del oeste, y tienden a tener

CÁLCULO DE TU NÚMERO KUA

PARA CALCULAR TU NÚMERO KUA PERSONAL Y DETERMINAR SI ERES PERSONA DEL GRUPO DEL ESTE O DEL GRUPO DEL OESTE, SIGUE EL EJEMPLO SIGUIENTE (VÉASE TAMBIÉN CAPÍTULO 14):

EJEMPLO: VARÓN

Si naciste en 1947,
4 + 7 = 11
1 + 1 = **2**, para reducirlo a una sola cifra.

Si eres varón,
10 − 2 = 8,
por tanto, tu número Kua es el 8.

EJEMPLO: MUJER

Si naciste en 1947,
4 + 7 = 11
1 + 1 = **2**, para reducirlo a una sola cifra.

Si eres mujer,
2 + 5 = 7,
por tanto, tu número Kua es el 7.

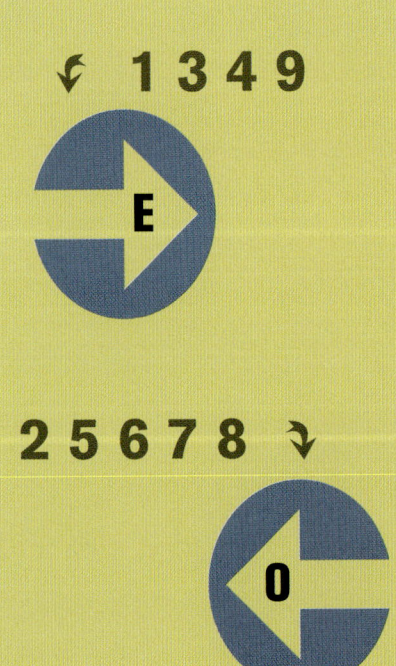

afinidad entre sí en el sentido de que tienen procesos mentales y actitudes semejantes. Las personas que tienen número Kua 1, 3, 4 ó 9 pertenecen al grupo del este y mantienen esa misma afinidad entre sí. Cuando se casan entre sí personas del mismo grupo resulta más fácil aplicar el feng shui en sus hogares, pues un mismo conjunto de orientaciones resulta válido para ambas.

Esto no quiere decir que las personas del grupo de oeste no deban casarse con personas del grupo del este: existen determinadas combinaciones de números entre las que se puede producir una química especial y beneficiosa para las relaciones entre ambos. Así, los números Kua que suman 10 forman la combinación llamada «de la Suma de Diez», que es de

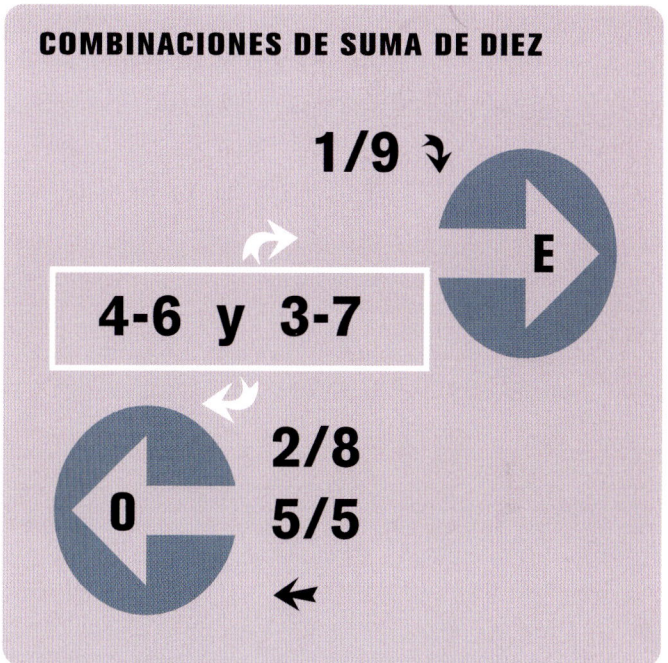

TU NÚMERO KUA Y TU ORIENTACIÓN DEL MATRIMONIO

DISPOSICIÓN DE LA CAMA: PARA LA SUERTE DEL MATRIMONIO, DUERME CON LA CABEZA APUNTANDO EN TU ORIENTACIÓN PARA EL MATRIMONIO Y CON LA CAMA EN POSICIÓN PROPICIA. PARA DETERMINAR TU ORIENTACIÓN MÁS PROPICIA, CALCULA EN PRIMER LUGAR TU NÚMERO KUA. DESPUÉS, APLICA LA TABLA SIGUIENTE PARA CONOCER TU ORIENTACIÓN DEL MATRIMONIO.

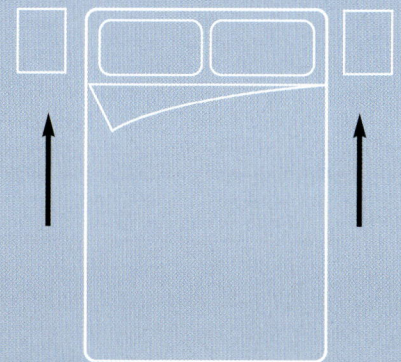

NÚMERO KUA	ORIENTACIÓN DEL MATRIMONIO
1	Sur para varones y mujeres
2	Noroeste para varones y mujeres
3	Suroeste para varones y mujeres
4	Este para varones y mujeres
5	Noroeste para varones y oeste para mujeres
6	Suroeste para varones y mujeres
7	Noroeste para varones y mujeres
8	Oeste para varones y mujeres
9	Norte para varones y mujeres

las más propicias y da a entender que las dos partes se benefician mutuamente. Es una manera excelente de comprobar si una persona que quiere casarse contigo, o ser tu socio en un negocio, puede ser beneficiosa para ti, o no.

Las parejas de Suma de Diez que pertenecen al grupo del oeste son 2-8 y 5-5, mientras que una pareja de 1-9 pertenece al grupo del este. Las otras parejas de Suma de Diez, 4-6 y 3-7, son parejas mixtas de un grupo con el otro.

LOS NÚMEROS HO TU

EXISTEN OTROS CUATRO EMPAREJAMIENTOS DE NÚMEROS QUE RESULTAN PARTICULARMENTE BENEFICIOSOS, EN LOS QUE SE REFLEJAN LAS COMBINACIONES DE NÚMEROS HO TU. SE DICE QUE ESTAS COMBINACIONES SON TAN BUENAS COMO LA COMBINACIÓN DE SUMA DE DIEZ, O INCLUSO MEJORES.

1 Y 6 (GRUPOS DEL ESTE Y DEL OESTE)

Entre hermanos, esta combinación garantiza que habrá pocas envidias o ninguna, y el apoyo que se darán el uno al otro será importante y fundamental. Se trata de una relación excelente. Cuando aparece este emparejamiento en un matrimonio o entre dos socios de negocios, la combinación aportará a los dos poder y una suerte de trabajo excelente. Habrá mucho respeto mutuo y tolerancia entre los dos. Es un emparejamiento muy duradero.

3 Y 8 (GRUPOS DEL ESTE Y DEL OESTE)

Cuando aparece este emparejamiento en un matrimonio, se procreará un hijo muy poderoso. La pareja sentará, además, las bases para dejar huella en el mundo. Es probable que los logros se realicen en el terreno académico o del saber. En una relación de negocios, la buena fortuna se manifestará cuando los dos socios participen en un negocio en que haya comunicación e investigación. También les ayudará a resolver sus diferencias personales para conseguir juntos grandes cosas.

2 Y 7 (GRUPO DEL OESTE)

Cuando aparezca esta combinación en un matrimonio, producirá muchos hijos que traerán honra y gloria a la familia. Si es una relación entre socios, ambos conseguirán levantar una gran empresa con muchas sucursales y tendrán mucha suerte en los negocios. Si se trata de un emparejamiento entre hermanos o entre amigos íntimos, producirán entre los dos muchas ideas y soluciones prácticas. Funcionan juntos extremadamente bien, y cada uno saca lo mejor del otro.

4 Y 9 (GRUPO DEL ESTE)

Si se trata de una relación de negocios, el emparejamiento tendrá un éxito enorme. Si son dos hermanos, ambos tendrán éxito en equipo. Si se encuentra este emparejamiento en un matrimonio, la pareja gozará de fama, reconocimiento y gran amor mutuo. Será una relación feliz, una unión poco común de dos voluntades que se irá desarrollando con los años.

REFUERZO DE LA AMISTAD

✱ LAS MANZANAS Y LAS BOLAS DE CRISTAL NATURAL SON UNOS MEDIOS SENCILLOS PARA CONSEGUIR QUE LAS RELACIONES PERSONALES SEAN CORDIALES Y AMISTOSAS, Y QUE REINE SIEMPRE EN ELLAS LA BUENA VOLUNTAD.

Pon en el centro de cualquier habitación común, como el cuarto de estar o el comedor, seis bolas de cristal natural o de vidrio. Una de las bolas, al menos, debe ser de cuarzo o de cristal de roca, pero las demás que se pongan junto a ella para complementarla pueden ser de vidrio. Esas esferas de vidrio llenas de agua con «nieve», que se compran como recuerdo de diversas ciudades del mundo, contienen la esencia del chi del éxito, pues tienen mucho chi yang. También puedes usar bolas de vidrio con imágenes propicias pintadas a mano.

Pon las bolas en el centro de la habitación para que asienten la energía de tierra. Verás que la presencia de las bolas en la casa alivia los nervios en tensión. Bastará con que tomes la bola de cristal de cuarzo, la sostengas entre las dos manos y la mires con atención durante unos instantes. Esto será suficiente para producir una sensación tranquilizadora de calma.

Otro recurso útil y favorable para garantizar la paz y la buena voluntad en la casa es la manzana de cristal de cualquier color. La palabra china que significa «manzana» tiene un sonido semejante al de la palabra *ping*, que significa «paz», y al poner una manzana de cristal natural en bruto, o de vidrio, se invoca la calma pacífica de la energía del elemento tierra. Los jarrones de cristal tienen esta misma función.

Las manzanas de vidrio o de cristal colocadas en una habitación común de la casa contribuirán a fomentar la paz.

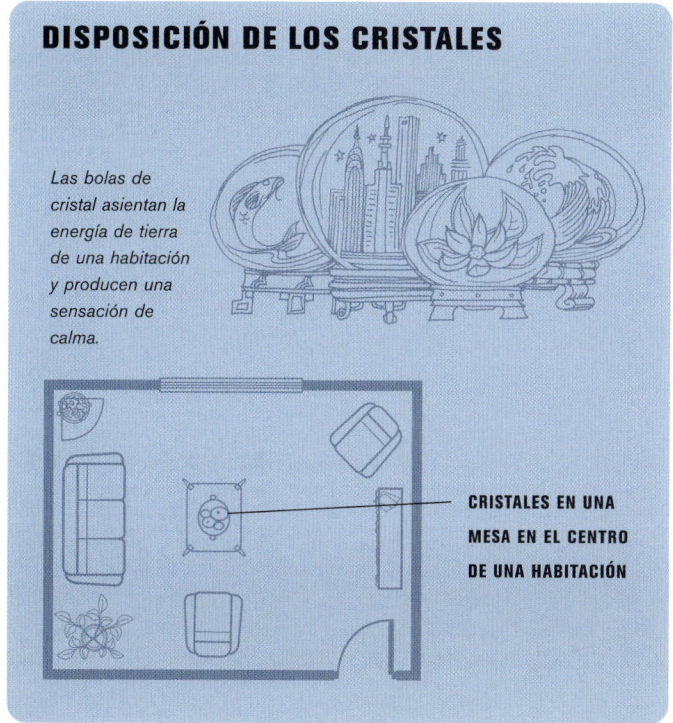

DISPOSICIÓN DE LOS CRISTALES

Las bolas de cristal asientan la energía de tierra de una habitación y producen una sensación de calma.

CRISTALES EN UNA MESA EN EL CENTRO DE UNA HABITACIÓN

CAPÍTULO 9
AMOR, FAMILIA Y FELICIDAD EN EL MATRIMONIO

✱ EL FENG SHUI NO TIENE COMO ÚNICO FIN CONSEGUIR EL ÉXITO O ADQUIRIR RIQUEZA; TAMBIÉN PUEDE AYUDAR A CUALQUIER PERSONA A INVOCAR SU ENERGÍA CHI PARA TRAER A SU VIDA EL AMOR, EL MATRIMONIO Y LA VERDADERA FELICIDAD. LAS TÉCNICAS DE FENG SHUI, APLICADAS CON PRUDENCIA, PUEDEN FACILITAR EL ÉXITO EN EL AMOR.

Por medio de diversos métodos de feng shui es posible crear vibraciones de energías en el hogar que contribuyen a que los que siguen solteros encuentren el amor y el matrimonio, a que tengan hijos los que no los tienen y a reforzar las relaciones matrimoniales que han sufrido las consecuencias del descuido o del mal feng shui. El feng shui, bien aplicado, puede generar una felicidad familiar maravillosa.

Los solteros que buscan amor y pareja deben comprender las polaridades naturales de las fuerzas yin y yang. El yin complementa de manera natural al yang, y viceversa. Estas personas deben empezar por asegurarse de que está presente este equilibrio en sus espacios vitales. Las mujeres que buscan marido deben traer a su espacio vital, además, la esencia del chi yang masculino, y los hombres que buscan esposa deben traer, además, la energía femenina a sus hogares y a sus dormitorios. El planteamiento más evidente es exponer imágenes que simbolicen al compañero(a) deseados, pero es mejor aún exponer imágenes de parejas felices. Las aves son excelentes para cargar de energía el

Los chinos suelen utilizar el símbolo del dragón con el ave fénix en los banquetes nupciales; juntos, simbolizan la suerte en el matrimonio y la felicidad conyugal.

CAPÍTULO 9 · AMOR, FAMILIA Y FELICIDAD EN EL MATRIMONIO

amor; se dice que son las mensajeras del Dios del Matrimonio, que vive en la Luna. La mejor imagen es la del ave fénix. De hecho, la imagen del dragón con el ave fénix es uno de los símbolos más poderosos del matrimonio, aunque puedes poner una pareja de aves fénix, macho y hembra. También es bueno poner imágenes de pájaros del amor o de patos mandarines en pareja, como símbolo de amor y fidelidad eternos.

CÓMO ATRAER EL AMOR

ADEMÁS DE HACER QUE TU ESPACIO PERSONAL SEA FAVORABLE PARA ATRAER EL AMOR, SIGUE ESTAS ORIENTACIONES ADICIONALES, DE UTILIDAD PROBADA:

✶ **ORIENTACIÓN PARA DORMIR:** Duerme con la cabeza hacia tu orientación personal Nien Yen, la del amor (consulta, en página 121, el modo de determinar esa orientación). Es mejor dormir con esa orientación teniendo detrás de ti una pared sólida que te apoye.

✶ **LÁMPARA:** Pon una lámpara roja o amarilla en el suroeste de tu dormitorio. Esto activará el poderoso chi de ese rincón. El suroeste es un rincón que conviene atender siempre que desees atraer la suerte en las relaciones de pareja.

✶ **CRISTALES NATURALES:** Pon un objeto del elemento tierra en el suroeste para reforzar la influencia de este elemento. Poner aquí cristales naturales ejercerá un efecto positivo. Los mejores cristales naturales son la amatista y el cuarzo rosa, que resultan muy eficaces para crear un ambiente de felicidad. También puedes llevarlos en forma de joyas para que se manifiesten sus atributos.

✶ **SÍMBOLO DE LA FELICIDAD DOBLE:** Si te es posible, lleva sobre tu cuerpo o lleva encima el símbolo de la felicidad doble. El mejor potenciador es un anillo de la felicidad doble hecho de oro y diamantes, y puesto en el dedo anular. El símbolo de la felicidad doble es el máximo emblema del matrimonio, y ha ayudado a muchos solteros a encontrar el amor duradero.

LA SUERTE DE LOS DESCENDIENTES

✱ LAS PAREJAS SIN HIJOS QUE QUIEREN TENERLOS PUEDEN APLICAR EL FENG SHUI PARA ATRAERSE LA FELICIDAD DE LA SUERTE DE LOS DESCENDIENTES. EXISTEN VARIOS MEDIOS PARA ATRAER A TU VIDA LA SUERTE DE ESTE TIPO.

1. ORIENTACIÓN PARA DORMIR. La pareja que quiere tener familia debe dormir con las cabezas dirigidas hacia la orientación Nien Yen del marido (véase página 121). Esta disposición debe conseguirse evitando ser blanco de aflicciones o de flechas envenenadas sin saberlo.

2. ACTIVAR EL SECTOR OESTE. Activa el sector oeste de tu casa, de tu cuarto de estar, de tu dormitorio, o de los tres. El lado oeste de la casa influye poderosamente y ejerce un impacto directo sobre la suerte de los hijos de la casa. Mientras no haya hijos todavía, será posible activar este rincón para concebir y tener un hijo.

Pon en este rincón una imagen de un niño pequeño o recién nacido que se parezca a tu cónyuge o a ti. Si quieres tener niño, pon una imagen de un niño, y de una niña si quieres tener niña. Pon luces fuertes que iluminen directamente el cuadro. Puede interesarte poner cinco lámparas de cinco colores para producir un juego complementario de elementos.

3. SÍMBOLOS DE FERTILIDAD. Incorpora estos símbolos, sobre todo el de las granadas, que no es preciso que sean verdaderas sino que pueden ser hermosas reproducciones hechas con cristales naturales o gemas. Las granadas deben ponerse en el dormitorio de la pareja. Otro símbolo de fertilidad es el poderoso elefante. Una pareja de elefantes benignos (con la trompa baja) puestos en el dormitorio invoca la energía para que la pareja conciba. Muchos turistas visitan las tumbas de los Ming, y en el camino que conduce hasta ellas hay elefantes gigantes a ambos lados. Se dice que las mujeres de los alrededores que quieren concebir un hijo visitan el lugar diariamente para recibir el chi de los elefantes.

4. LOS CIEN NIÑOS. Cuelga un cuadro o pon un biombo que represente cien niños. El número cien tiene algo de mágico: cuando los chinos quieren invocar un emblema o símbolo determinado, no se limitan a representar la imagen una o dos veces, sino cien. Si tener hijos es una de tus grandes prioridades, deberás buscar jarrones, bolas de cristal natural, muebles, biombos, etc., decorados con imágenes de los cien niños.

Mejora la suerte para la concepción poniendo en el dormitorio una pareja de figuras de elefantes.

CAPÍTULO 9 · AMOR, FAMILIA Y FELICIDAD EN EL MATRIMONIO

CÓMO ATRAER LA SUERTE DE LOS DESCENDIENTES

ADEMÁS DE HACER QUE TU ESPACIO PERSONAL SEA FAVORABLE PARA ATRAER EL AMOR, SIGUE ESTAS DIRECTRICES ADICIONALES, DE UTILIDAD PROBADA:

✱ **ORIENTACIÓN PARA DORMIR:** Dormir con la cabeza del marido hacia su orientación Nien Yen (véase, en el capítulo 14, el modo de determinarla). Esto trae buena suerte al matrimonio y mejorará también la suerte de los descendientes

ORIENTACIÓN NIEN YEN DEL MARIDO

✱ **SÍMBOLOS DE FERTILIDAD:** Pon en el dormitorio de la pareja símbolos de fertilidad:
- Granadas.
- Farolillos de papel con caracteres propicios.
- Elefantes.

✱ **LUCES FUERTES:** Activa el sector oeste de tu casa, del cuarto de estar, del dormitorio, o de los tres, por medio de luces fuertes y de imágenes de recién nacidos. Pon en esa zona cinco lámparas de cinco colores. Las lámparas de lava muestran energía líquida que se mueve despacio, y el agua se combina con las luces para activar de manera eficaz el rincón.

✱ **LOS CIEN NIÑOS:** Pon un cuadro u objeto que represente cien niños. Pon esta imagen en el nordeste para tener un hijo, y ponla en el oeste para tener una hija.

EL RESCATE DEL MATRIMONIO

✱ EL FENG SHUI PUEDE DESEMPEÑAR UN PAPEL A LA HORA DE REVITALIZAR UN MATRIMONIO MAL AVENIDO. PUEDE DEVOLVER LA FELICIDAD A UNA RELACIÓN DE PAREJA QUE SE HUNDE O QUE ESTÁ A PUNTO DE ROMPERSE.

Cuando el amor entre las parejas casadas se deteriora o se rompe, es frecuente poder encontrar la causa en el feng shui de su dormitorio o en el de la puerta principal de su casa, que sufre la aflicción de alguna Estrella Voladora negativa.

Son muchas las causas que pueden hacer que un matrimonio se deteriore, entre ellas el que la pareja se haya mudado a un hogar afectado por flechas envenenadas provocadas por estructuras físicas del entorno. Hasta la distribución de los muebles dentro de la casa puede causar problemas.

Siempre es buena idea asegurarse de que todas las vigas, esquinas, bordes vivos, etc., están neutralizados con remedios de feng shui. No es difícil bloquear estas fuentes de mal chi, y es esencial absorber o dispersar el mal chi.

COMPRUEBA TUS TABLAS DE LAS ESTRELLAS VOLADORAS

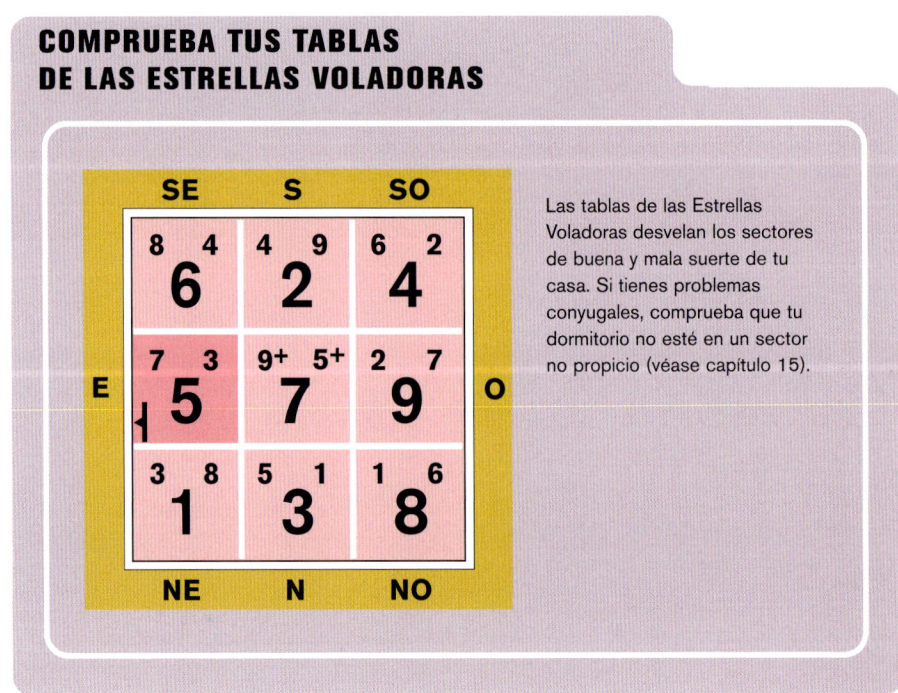

Las tablas de las Estrellas Voladoras desvelan los sectores de buena y mala suerte de tu casa. Si tienes problemas conyugales, comprueba que tu dormitorio no esté en un sector no propicio (véase capítulo 15).

CAPÍTULO 9 ◐ AMOR, FAMILIA Y FELICIDAD EN EL MATRIMONIO   73

CÓMO EVITAR LAS DIFICULTADES EN EL MATRIMONIO

UNA DE LAS CAUSAS PRINCIPALES DE LAS DIFICULTADES EN EL MATRIMONIO SE PRODUCE CUANDO ENTRA EN ESCENA UNA TERCERA PERSONA. LAS PERSONAS CASADAS DEBERÁN TENER EN CUENTA LOS CONSEJOS SIGUIENTES, CON TIEMPO, ANTES DE QUE SE PRODUZCA LA INFIDELIDAD.

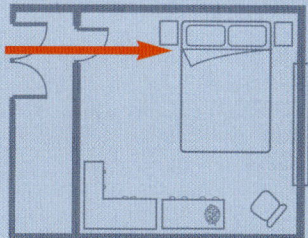

✱ **FLECHAS ENVENENADAS:** Las flechas envenenadas que apuntan a una casa o a un lecho conyugal provocan falta de armonía entre las parejas. Retira la cama de delante de la puerta, o pon un elemento de separación entre la cama y la puerta.

✱ **RETRETE:** Si la cama está junto a la pared de un retrete, la felicidad de tu matrimonio se irá por el desagüe. También es malo para el matrimonio tener un retrete en el suroeste de la casa.

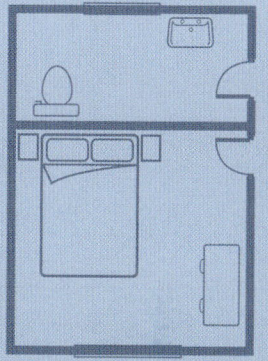

✱ **ORIENTACIÓN DE LA PÉRDIDA TOTAL:** Asegúrate de que el marido no duerme con la cabeza hacia una dirección de pérdida total (ni hacia ninguna otra dirección de mala suerte, sobre la base de la fórmula Kua; véase página 121).

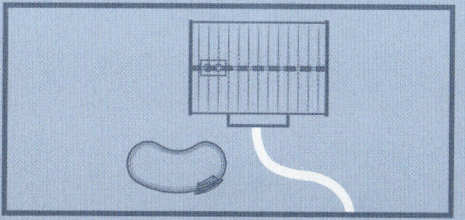

✱ **ESTANQUES Y PISCINAS:** No se deben poner espacios de agua a la derecha de la puerta principal (según se mira desde dentro de la casa).

✱ **SUPERFICIES REFLECTANTES:** No se debe permitir que haya espejos ni otras superficies reflectantes directamente hacia el lecho conyugal. Entre éstas se incluyen los televisores y las pantallas de ordenador.

✱ **OBJETOS DE AGUA:** No pongas objetos de agua (fuentes o acuarios) dentro del dormitorio, pues eso puede provocar pérdidas.

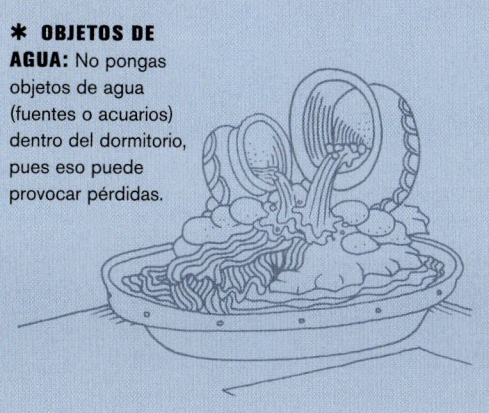

MEJORAR EL CHI DE LAS PAREJAS

✱ EXISTEN MUCHAS MANERAS DE FOMENTAR LA ENTRADA EN TU CASA DEL CHI DEL AMOR UTILIZANDO IMÁGENES Y SÍMBOLOS DEL FENG SHUI SIMBÓLICO. HE AQUÍ ALGUNAS DIRECTRICES QUE BENEFICIARÁN A TUS RELACIONES AMOROSAS.

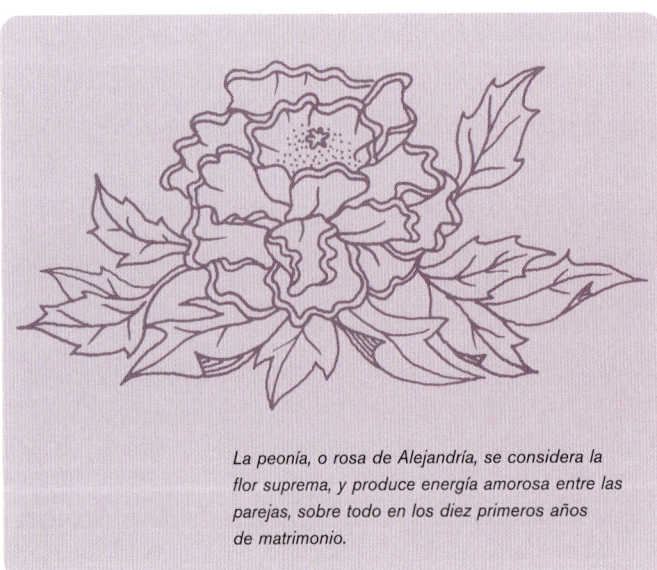

La peonía, o rosa de Alejandría, se considera la flor suprema, y produce energía amorosa entre las parejas, sobre todo en los diez primeros años de matrimonio.

✱ PARA MEJORAR UN MATRIMONIO

Para mejorar un matrimonio que ha empezado a estropearse, pon siete bolas de cristal en el suroeste del dormitorio. Así se producirá dentro de éste un poderoso chi protector que hará que ambas partes sean menos hostiles y más tolerantes con el otro. Haz lo mismo en el centro del cuarto de estar, poniendo seis bolas de cristal sobre una mesa de café. Al menos, una de las bolas ha de ser de cristal natural de roca o de cuarzo.

✱ PARA SALVAGUARDARTE DE LA INFIDELIDAD

Pon una geoda de amatista natural atada con cordel rojo junto a la pata de la cama, del lado de la esposa si es el marido el que tiende a mirar a otra mujeres, y del lado del marido si es la mujer la susceptible de ser infiel. Las amatistas son unas salvaguardas excelentes contra la infidelidad. Los taoístas recomiendan que la amatista se ate al pie de la cama para reforzar la energía chi. Se puede atar a cualquiera de las patas del pie de la cama para salvaguardar tanto al marido como a la mujer. Pon una luz roja pequeña en las cercanías de la cama y tenla encendida toda la noche para que la pareja esté más unida. También puedes poner un farolillo rojo dentro del dormitorio.

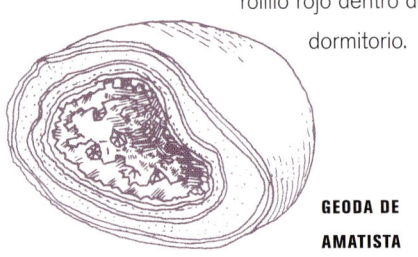

GEODA DE AMATISTA

CAPÍTULO 9 AMOR, FAMILIA Y FELICIDAD EN EL MATRIMONIO 75

✱ PARA MEJORAR LA ATRACCIÓN

Pon dentro del dormitorio una hermosa pintura de unas peonías en flor (la rosa de Alejandría o flor Mou Tan). Estas flores generan la suerte de la energía amorosa, y tienen una eficacia especial durante los diez primeros años del matrimonio. Si la pareja ya es madura, poner peonías dentro del dormitorio podría tener el efecto de que el marido se interesara por mujeres más jóvenes. Si puedes encontrar peonías frescas, ponlas en el cuarto de estar mejor que en el dormitorio.

✱ PARA NUTRIR EL CHI DEL AMOR

La pareja debe dormir en los lados correctos de la cama. El marido debe dormir al lado izquierdo (según lo ve la persona tendida de espaldas sobre la cama), y la mujer debe dormir al lado derecho para asegurarse de que se mantiene el equilibrio correcto de chi yin y yang en el lecho conyugal.

✱ USO DE SÍMBOLOS DE LA PAREJA UNIDA

Pon símbolos de buena fortuna que fomentan la energía de amor entre tu ser querido y tú. En el dormitorio debe estar siempre presente el símbolo de la felicidad doble, para crear chi de la pareja unida.

Otros símbolos propicios, tales como los patos mandarines y las imágenes del dragón con el ave fénix dentro del dormitorio, benefician también enormemente al matrimonio. Pero recuerda que no debes abusar; pon sólo una pareja de patos, o un símbolo de la felicidad doble, pues dos indican dos matrimonios. Los cuadros y las obras de arte que aluden al amor también son beneficiosos para las relaciones de la pareja.

✱ RETRATOS DE LA BODA

No es buena idea poner dentro del dormitorio retratos o fotos de la boda, sobre todo mirando hacia la cama. Es mejor poner los retratos de la boda en zonas comunes. En el dormitorio pon, más bien, fotos o cuadros de niños, pues esto no sólo potencia el chi yang adecuado para el dormitorio, sino que mejora también la suerte de los descendientes de la pareja.

Incorpora en el mobiliario o en la decoración de tu dormitorio el símbolo de la felicidad doble: se dice que simboliza un matrimonio lleno de dicha.

Una pareja de patos mandarines simboliza el amor de una joven pareja casada, y un amor con final feliz.

CAPÍTULO 10
EL ÉXITO EN LOS NEGOCIOS Y LA RIQUEZA

✱ ES POSIBLE QUE EL ASPECTO DEL FENG SHUI QUE HA GANADO MAYOR POPULARIDAD ES EL RELACIONADO CON SU EFECTO MARAVILLOSO SOBRE LA SUERTE DEL DINERO. CUANDO LA CASA, EL CENTRO DE TRABAJO O LA OFICINA SE ORIENTAN PARA PRODUCIR BUEN FENG SHUI, SUELEN AUMENTAR LOS INGRESOS.

En las empresas, esto quiere decir mayores ventas y beneficios, y un desarrollo empresarial regular. Las relaciones profesionales entre los socios y entre los trabajadores son positivas, y aumenta significativamente la productividad. A las empresas y negocios que tienen buen feng shui les suele resultar más fácil atraerse buen personal, mantener el trabajo de equipo y la buena voluntad en la oficina.

Se puede diseñar el feng shui para centrarlo en la creación de riqueza, en la prosperidad y en la abundancia. Activar el buen feng shui para las oficinas comerciales resulta mucho más sencillo que aplicarlo para las viviendas, y los resultados se aprecian mucho antes. En el trabajo es posible prestar atención expresa a fomentar las energías creadoras de riqueza, sin preocuparse de los demás aspectos de lo que constituye la felicidad. Sin embargo, antes de pasar a activar para la riqueza, atiende a la protección contra las pérdidas y contra los obstáculos que generan pérdidas. La postura defensiva en la práctica del feng shui arrojará dividendos.

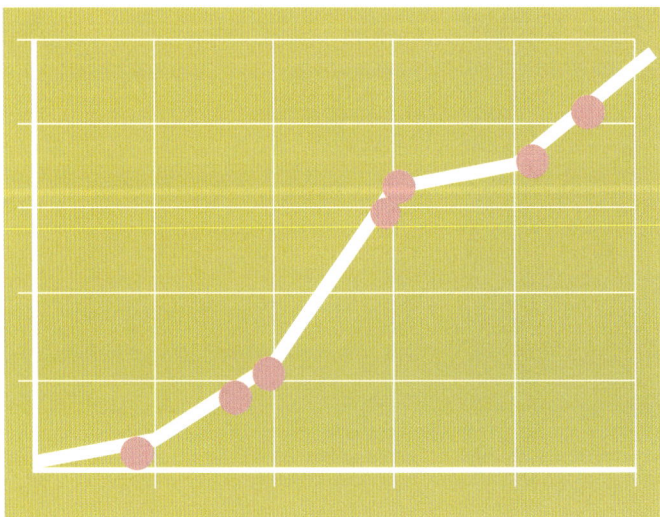

Las empresas que aplican medidas de feng shui para aumentar el buen chi pueden esperar un crecimiento de sus beneficios.

CAPÍTULO 10 ◐ EL ÉXITO EN LOS NEGOCIOS Y LA RIQUEZA

CÓMO ACTIVAR EL BUEN FENG SHUI EN LA OFICINA

ACTIVA EL BUEN FENG SHUI EN TU OFICINA ASEGURÁNDOTE DE QUE LOS EMPLEADOS DAN FRENTE A SUS ORIENTACIONES PROPICIAS. EL DESPACHO DEL DIRECTOR DEBE ESTAR EN EL RINCÓN NOROESTE. LA MEJOR DISTRIBUCIÓN DE LA OFICINA SE CONSIGUE CUANDO SE DISEÑA PENSANDO EN MAXIMIZAR LA SUPERFICIE SEGÚN EL FENG SHUI. APLICA CUALQUIERA DE LAS FÓRMULAS PARA IDENTIFICAR EL PUNTO MÁS IMPORTANTE PARA LA PERSONA DE MAYOR CATEGORÍA DE LA OFICINA. UTILIZA CAMINOS DE FORMA CURVA Y DESARMA TODAS LAS FLECHAS ENVENENADAS CON PLANTAS Y CRISTALES NATURALES SUSPENDIDOS. ESTAS MEDIDAS GARANTIZARÁN LA MÁXIMA PRODUCTIVIDAD, QUE CONDUCIRÁ A BUENOS BENEFICIOS.

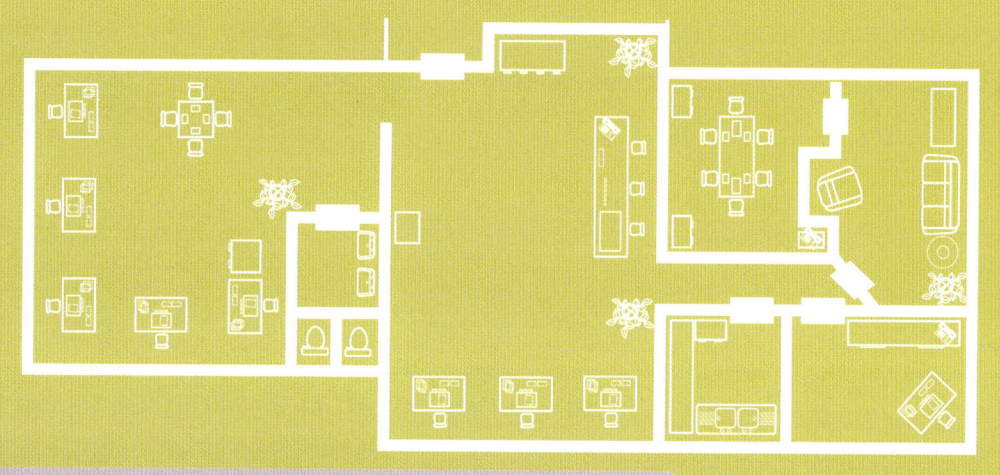

QUÉ PUEDE SALIR MAL

CUANDO EL EMPRESARIO ERES TÚ MISMO, SIEMPRE ESTÁS ARRIESGANDO TU DINERO, Y POR ESO RESULTA SENSATO APLICAR EL FENG SHUI PARA PROTEGERTE DE CUALQUIER COSA QUE PUEDA SALIR MAL. LOS RIESGOS EN LOS NEGOCIOS SON TANTO FINANCIEROS COMO COMERCIALES. LOS EMPRESARIOS PUEDEN PERDER DINERO DE MUCHAS MANERAS DISTINTAS.

* Fraudes por parte de socios o empleados.
* Pérdidas por retrasos provocados por obstáculos inesperados.
* Malas ventas y facturaciones, que conducen a pérdidas.
* Incremento de los gastos por contratiempos imprevistos.
* Mala gestión.
* Errores de cálculo.

EL FENG SHUI PROTECTOR PARA LAS EMPRESAS

✱ EXISTEN MUCHOS MEDIOS PROPICIOS PARA AUMENTAR TU BUENA SUERTE EN LOS NEGOCIOS. VEREMOS AQUÍ UNOS CUANTOS.

✱ LOS GUARDIANES PROTECTORES

Coloca a ambos lados de la puerta principal de la oficina un par de guardianes protectores. Las grandes empresas con edificio propio deberán poner ante la entrada una pareja de perros Fu o de leones.

No es indispensable que los guardianes celestiales sean de estilo chino. Tanto el Banco de Hong Kong como la plaza de Trafalgar, en Londres, lucen una pareja de leones.

✱ EL LOGOTIPO DE LA EMPRESA

Diseña para la empresa un logotipo que sea propicio, y colócalo en lugar alto, por encima de una puerta o en lo alto del edificio. Asegúrate siempre de que el logotipo de tu empresa sea un símbolo de fuerza, de estabilidad y de vigor.

Se cree que los perros Fu, dispuestos a ambos lados de la entrada principal, protegen contra la mala suerte de todo tipo.

Este es el dragón del Mundo del Feng Shui. Parece contento y rollizo, y ha traído una buena suerte maravillosa.

EL DESPACHO DEL DIRECTOR

ES IMPORTANTE PROTEGER EL DESPACHO DEL DIRECTOR, PUES SI ESTE DESPACHO PADECE MAL FENG SHUI, SE SUELE RESENTIR LA SALUD DE TODA LA EMPRESA.

Es fundamental que el despacho del director no padezca flechas envenenadas ni esté dando frente a la orientación de pérdida total del director, según la fórmula de las Ocho Orientaciones u Ocho Mansiones (véase capítulo 14). Esto puede suceder sin que sea consciente de ello el director mismo, a no ser que tenga algunas nociones de feng shui.

DESPACHO DEL DIRECTOR

✲ LA ESTRELLA VOLADORA

La lista de cosas que pueden salir mal y ejercer un impacto negativo sobre tu empresa es muy larga. Protege siempre tu negocio con salvaguardas contra las Estrellas Voladoras.

En el capítulo 15 estudiaremos las Estrellas de la Montaña y las Estrellas del Agua, que son propicias. Aprenderás a localizar estas estrellas propicias en tu oficina, y entonces será muy interesante que te asegures de que esas estrellas esenciales no falten ni padezcan ningún tipo de aflicción. Si sucediera así, la fortuna de la empresa se vería afectada.

Dado que las consideraciones temporales ejercen un papel muy importante en los resultados de las empresas, ten en cuenta las actualizaciones anuales del feng shui. Descubrirás que hay años en que tu oficina está afectada por Estrellas Voladoras negativas, que acarrean pérdidas, obstáculos, enfermedades, falta de armonía, riñas, pleitos, etc.; todas esas cosas que tienen malas consecuencias para tu negocio, y es absolutamente indispensable protegerse de esas estrellas y de su chi negativo (véase capítulo 16). Cuando hayas aprendido el funcionamiento de las Estrellas Voladoras anuales y mensuales, podrás determinar si tu oficina está afectada y, en tal caso, qué remedio poner a las aflicciones.

La parte positiva es que todas las aflicciones de feng shui de las Estrellas Voladoras tienen sus «tratamientos» concretos: la clave está en descubrir dónde están situadas cada año las estrellas de mala suerte. Normalmente, la empresa estará más afectada por la mala suerte cuando la aflicción negativa recae sobre la entrada a las oficinas o sobre el despacho del director.

UNOS POTENCIADORES EXCELENTES PARA LOS NEGOCIOS

✱ CUANDO HAYAS DETERMINADO QUÉ TIENES QUE HACER PARA PROTEGER EL FENG SHUI DE TU EMPRESA, PODRÁS PASAR A POTENCIAR SU SUERTE. PARA ELLO, SIGUE LOS TRES PASOS QUE DESCRIBIMOS A CONTINUACIÓN.

Un objeto de agua bien situado aplicando el feng shui de la Estrella Voladora asegurará el flujo de riqueza hacia tu negocio.

1. UTILIZA LA FÓRMULA DE LAS OCHO ORIENTACIONES U OCHO MANSIONES (véase capítulo 14) para asegurarte de que las personas más importantes de la empresa se sientan dando frente a una de sus orientaciones de buena suerte, al menos. Trabaja en colaboración con el departamento de recursos humanos para situar a los directivos en función de sus números Kua y de sus orientaciones propicias (véase, en páginas 64-65, el cálculo del número Kua, y en la página siguiente el modo de determinar tu mejor orientación para dar el frente y de evitar las peores). Con esto se conseguirá que todos trabajen dando frente a la buena suerte. Así se conseguirá una mejora enorme de los resultados y de la productividad.

2. APLICA LOS PRINCIPIOS DEL FENG SHUI DE LA ESTRELLA VOLADORA para asignar sectores de buena suerte a los miembros clave de la directiva (véase capítulo 15). El director general, los supervisores de operaciones y los directivos clave del departamento financiero deben estar situados en sectores de la oficina favorecidos por buenas Estrellas Voladoras.

Además, este método del feng shui te ayudará a localizar la situación en las oficinas de la Estrella del Agua propicia. Cuando se activa este lugar con un objeto de montaña, como por

TABLA DE LA ESTRELLA VOLADORA

ESTRELLAS DE LA MONTAÑA
Los números pequeños, en la parte superior izquierda de cada sector, son las Estrellas de la Montaña, que se asocian a la suerte de las relaciones personales.

	SE	S	SO
	2 3	7 7	9 5
	6	**2**	**4**
E	1 4	3 2	5 9
	5	**7**	**9**	O
	6 8	8 6	4 1
	1	**3**	**8**
	NE	N	NO

ESTRELLAS DEL AGUA
Los números pequeños, en la parte superior derecha de cada sector, son las Estrellas del Agua, que se asocian a la suerte de la riqueza.

NÚMEROS KUA DEL GRUPO DEL ESTE: ORIENTACIONES DEL FRENTE

NÚMERO KUA	1	3	4	9
SHENG CHI: RIQUEZA	Sudeste	Sur	Norte	Este
FU WEI: DESARROLLO PERSONAL	Norte	Este	Sudeste	Sur
HO HAI: MALA SUERTE	Oeste	Suroeste	Noroeste	Nordeste
WU KWEI: CINCO FANTASMAS	Nordeste	Noroeste	Suroeste	Oeste
LUI SHAR: SEIS MATANZAS	Noroeste	Nordeste	Oeste	Suroeste
CHUEH MING: PÉRDIDA TOTAL	Suroeste	Oeste	Nordeste	Noroeste

NÚMEROS KUA DEL GRUPO DEL OESTE: ORIENTACIONES DEL FRENTE

NÚMERO KUA	5 (HOMBRE)	5 (MUJER)	2 (TODOS)	6 (TODOS)	7 (TODOS)	8 (TODOS)
SHENG CHI: RIQUEZA	Nordeste	Suroeste	Nordeste	Oeste	Noroeste	Suroeste
FU WEI: DESARROLLO PERSONAL	Suroeste	Nordeste	Suroeste	Noroeste	Oeste	Nordeste
HO HAI: MALA SUERTE	Este	Sur	Este	Sudeste	Norte	Sur
WU KWEI: CINCO FANTASMAS	Sudeste	Norte	Sudeste	Este	Sur	Norte
LUI SHAR: SEIS MATANZAS	Sur	Este	Sur	Norte	Sudeste	Este
CHUEH MING: PÉRDIDA TOTAL	Norte	Sudeste	Norte	Sur	Este	Sudeste

ejemplo un bloque de cristal natural, se conseguirá una excelente colaboración y trabajo de equipo por parte del personal de la empresa.

3. POTENCIA TU OFICINA CON SÍMBOLOS DE BUENA SUERTE dirigidos especialmente para los empresarios (véase tabla en página siguiente). Estos símbolos dan unos resultados especialmente buenos cuando se combinan con el método del Pa Kua de las Ocho Aspiraciones (véase capítulo 13), en el cual cada sector de cualquier espacio potencia un tipo concreto de suerte. En el caso de la creación de la riqueza, es preciso activar el sector sudeste con luces, agua o sonidos. Si se satura el sudeste de la oficina con esencias yang, se conseguirá que siga llegando a la empresa un flujo de dinero.

LOS SÍMBOLOS DE BUENA SUERTE

LOS SÍMBOLOS DE BUENA SUERTE DESEMPEÑAN UN IMPORTANTE PAPEL PARA POTENCIAR EL CHI DEL ENTORNO DE LA OFICINA. LA CREACIÓN DE RIQUEZA SE FAVORECE ESPECIALMENTE CUANDO ESTOS SÍMBOLOS SE EMPLEAN EN CONJUNCIÓN CON EL MÉTODO DEL PA KUA DE LAS OCHO ASPIRACIONES (VÉASE CAPÍTULO 19). PARA DETERMINAR EL SECTOR DE UN EDIFICIO O DE UNA OFICINA ES MÁS CONVENIENTE EXPONER IMÁGENES DE BUENA SUERTE QUE ACTIVAN UN TIPO DETERMINADO DE SUERTE.

ENTRE OTROS POTENCIADORES DE LA BUENA SUERTE QUE TE PUEDEN INTERESAR ADQUIRIR Y EXPONER EN TU OFICINA, SE CUENTAN LOS SIGUIENTES:

	SÍMBOLO			

	BARCO DE VELA	**DIOS DE LA RIQUEZA**	**CABALLOS**	**AVES**
CARACTERÍSTICAS	Asegúrate de que el barco no tiene clavos ni flechas envenenadas ocultas, como pueden ser cañones en miniatura, y cárgalo de lingotes, de dinero auténtico de los países con los que haces negocios, y de otros artículos preciosos. Cada barco adicional simboliza una nueva fuente de ingresos para la empresa.	Los hindúes, los tibetanos y los chinos tienen sus respectivos dioses de la riqueza. Puedes elegir tu propio dios de la riqueza en función de tus preferencias culturales. Los dioses chinos de la riqueza que favorecen especialmente a las empresas son Tsai Shen Yeh y Kuan Kung.	Los caballos traen buen nombre a la empresa. Existen tres tipos. El Caballo del Tributo sugiere que las empresas asociadas traen abundancia y prosperidad. El Caballo de la Celebración proporciona el éxito contra los obstáculos o los tropiezos. El Caballo de la Victoria te permite adelantarte a la competencia.	Las aves siempre dan a entender la llegada de buenas noticias, y cuando son cien aves, o incluso mil (en un cuadro, por ejemplo), su efecto favorable es sorprendente.
COLOCACIÓN	Pon un barco de vela cerca de la entrada de tu oficina, preferiblemente en recepción. Ponlo sobre una mesa de café baja, asegurándote de que las velas están situadas de tal modo que se indique que el barco navega hacia dentro (si es posible, que llega navegando desde la orientación Sheng Chi del propietario o del director).	Pon la imagen del dios de la riqueza muy en el interior de la empresa, preferiblemente en el despacho del director.	Pon las imágenes de caballos en el rincón sur de la oficina.	Pon las imágenes de aves cerca de la entrada. Cuantas más imágenes pongas, mejor. No olvides poner una imagen del ave fénix celestial para dar la bienvenida a las oportunidades beneficiosas.

CAPÍTULO 10 ◐ EL ÉXITO EN LOS NEGOCIOS Y LA RIQUEZA

	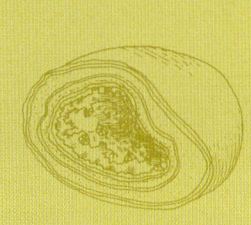		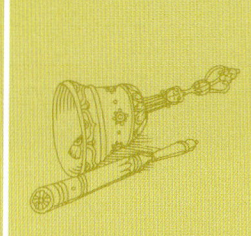
OBJETO DE AGUA	**GEODA DE CRISTAL NATURAL**	**LOTO DE CRISTAL**	**CUENCO CANTARÍN**
Los objetos y adornos de agua aumentan las ventas y los beneficios. Cuanto más profunda es el agua, mayor es la suerte de riqueza que se genera. Puede tratarse de un acuario o de una pila grande con agua activada por un surtidor pequeño. Una fuente en la que figura una bola de cristal natural que rueda simboliza el incremento de las ventas [1].	La «montaña» puede ser de calcita, cuarzo o cristal de roca, o de cualquier otra piedra natural que te guste. Aporta buena salud al personal y fomenta la suerte de las relaciones personales, mejorando así la productividad de la empresa.	Este excelente activador taoísta del feng shui irradiará energía yang, y cuando se mueve en el sentido de las agujas del reloj las ventas experimentarán un incremento significativo. Sin embargo, un movimiento negativo (contrario a las agujas del reloj) hará que bajen las ventas.	Utiliza un cuenco cantarín de metal [3] para aumentar el número de clientes que acuden a tu tienda o local de hostelería. Está hecho de siete metales distintos, que representan los siete planetas y los siete chakras principales del cuerpo humano.
Pon el objeto de agua en el rincón donde está situado el Ocho de la Estrella del Agua. [1] *También puedes sugerir la presencia del agua por medio de un cuadro que represente a ésta.*	Pon una geoda de cristal natural donde está situado el Ocho de la Estrella de la Montaña [2] para simular la energía poderosa de la tierra. [2] *El Ocho de la Estrella de la Montaña resulta propicio durante el Período Ocho en el que nos encontramos actualmente; según se dice, su chi está en su culminación.*	Pon un loto de cristal natural rosado sobre una pequeña plataforma giratoria, dentro de una vitrina.	Haz sonar la campana varias veces por la mañana, justo después de abrir el negocio, y crear así la energía necesaria para atraer a los clientes. [3] *Alternativamente, usa un ábaco de metal. Al hacer sonar el ábaco sacudiéndolo, se convoca a los clientes al local.*

CAPÍTULO 11
EDUCACIÓN Y DESARROLLO

✱ EL FENG SHUI PUEDE GENERAR UN CAMPO ENERGÉTICO DE BIENESTAR PARA POTENCIAR TUS BUENOS SENTIMIENTOS PERSONALES. EL DESARROLLO PERSONAL SUELE SER MÁS IMPORTANTE QUE LA BÚSQUEDA DE LA RIQUEZA MATERIAL. EN ESTE SENTIDO, LA ASPIRACIÓN ES TANTO A DESARROLLAR LA MENTE (POR MEDIO DE LA ADQUISICIÓN DE CONOCIMIENTOS, LA CULTURA Y LOS ESTUDIOS) COMO DESARROLLAR EL ESPÍRITU NUTRIENDO EL BIENESTAR ESPIRITUAL.

En lo que se refiere a aumentar los conocimientos, el feng shui puede contribuir a facilitar el camino del desarrollo. Los que están empezando a cursar el primer curso de la vida pueden mejorar su suerte en los exámenes aumentando su concentración y su deseo de alcanzar metas, lo que contribuirá a alimentar sus mentes y sus corazones. Cuando se activa el feng shui del chi de la educación en los rincones adecuados de la casa, la adquisición del conocimiento se convierte en un proceso sencillo y agradable. Además, en lo que se refiere a los exámenes u oposiciones, el feng shui puede contribuir a la suerte que conduce al éxito en los exámenes.

LA MONTAÑA DE LA SABIDURÍA
El trigrama Ken representa la paciencia y el tiempo de preparación y de estudio. Simboliza la montaña o el elemento tierra.

✱ LA ORIENTACIÓN NORDESTE

La orientación más importante para el bien de la educación es la nordeste, que es la que ocupa el trigrama Ken, la montaña, que denota un depósito de sabiduría y de conocimientos. El Ken trata de la erudición de la mente y de la búsqueda de la educación. El Ken es, además, el trigrama que rige el Período Ocho, lo que significa que durante los próximos veinte años el enfoque general se irá orientando hacia la adquisición de la sabiduría y de los conocimientos. El nordeste se debe potenciar por medio de un símbolo de montaña, como pueden ser una geoda de cristal natural, una peña grande o una piedra decorativa. Estos objetos poderosos del elemento tierra producirán una suerte excelente para los estudios.

CAPÍTULO 11 ● EDUCACIÓN Y DESARROLLO 85

✱ ORIENTACIONES PARA EL DESARROLLO PERSONAL

Procura que tu hijo se siente mirando hacia su orientación del desarrollo personal, que es la orientación Fu Wei de la fórmula de las Ocho Orientaciones u Ocho Mansiones (véase capítulo 14). El niño debe sentarse para estudiar o hacer los deberes de tal modo que cuando mire al frente esté mirando hacia su orientación propicia personal.

Al usar la fórmula de las Ocho Mansiones, muchos practicantes aficionados del feng shui cometen el error de disponer los asientos de sus hijos según la orientación Sheng Chi de éstos, que es fundamentalmente una orientación dirigida a la riqueza.

A tan tierna edad, la orientación Sheng Chi no tiene gran relevancia. En lugar de ella, los practicantes deben usar la orientación Fu Wei (del desarrollo personal) para dilatar los horizontes de sus hijos y contribuir a que adquieran sed de conocimientos y de experiencia. Si no puedes hacer que tu hijo se siente hacia esa orientación propicia, es esencial elegir alguna otra orientación propicia y no consentir que el niño dé frente a ninguna de las cuatro orientaciones negativas.

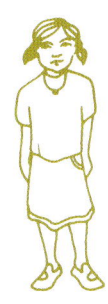

Elige las orientaciones correctas para el desarrollo personal con el fin de contribuir a que tus hijos dilaten sus horizontes.

FU WEI: LA ORIENTACIÓN DEL DESARROLLO PERSONAL

NÚMERO KUA	FU WEI: ORIENTACIÓN ÓPTIMA PARA EL DESARRROLLO PERSONAL
1	Norte
2	Suroeste
3	Este
4	Sudeste
5	Suroeste/Nordeste
6	Noroeste
7	Oeste
8	Nordeste
9	Sur

Si el número Kua de tu hijo es el 3, la mejor orientación a la que puede dar el frente para la suerte en los estudios será el este.

CÓMO EVITAR LAS FLECHAS ENVENENADAS EN LOS DORMITORIOS DE LOS NIÑOS

ES IMPORTANTE QUE DISPONGAS LA MESA DE ESTUDIO Y LA CAMA DE TU HIJO O HIJA DE MODO QUE DÉ EL FRENTE A LAS ORIENTACIONES PARA SENTARSE Y PARA DORMIR (APROVECHANDO LA ORIENTACIÓN FU WEI DEL NIÑO). EL FENG SHUI DEL CUARTO DEBE DIRIGIRSE A ASEGURAR LA BUENA SALUD Y LA SUERTE EN LOS ESTUDIOS, Y A EVITAR LAS FLECHAS ENVENENADAS QUE PUEDEN ESTAR PRODUCIDAS POR LOS MUEBLES CON BORDES AGUDOS Y POR EL MAL CHI.

DISTRIBUCIONES PROPICIAS PARA EL CUARTO

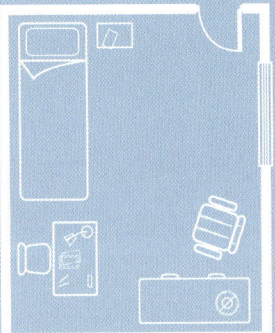
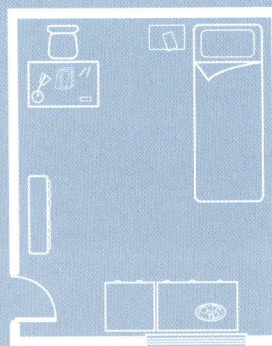
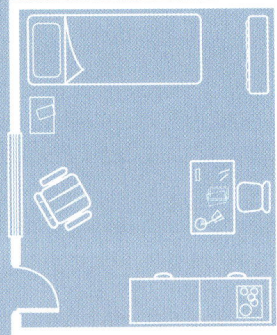

Debe evitarse que el niño se siente dando la espalda a la puerta. Aquí, la posición de la mesa de estudio, en diagonal respecto de la puerta, da buen feng shui.

El éxito en los exámenes se potencia cuando la orientación para dormir es la Fu Wei y el cabecero de la cama se apoya en una pared sólida.

Evita que apunten a la mesa de estudio flechas envenenadas no poniendo cerca de ésta muebles con bordes agudos ni estanterías abiertas.

DISTRIBUCIONES NO PROPICIAS PARA EL CUARTO

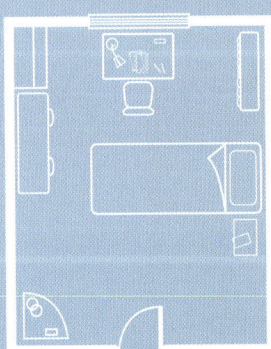

Sentarse con la espalda a la puerta da mal feng shui. El chi saltará a través de la cama y se perderá por la ventana.

Las estanterías abiertas que apuntan directamente a la mesa de trabajo hacen de flechas envenenadas, y deben evitarse si es posible.

ESTANTERÍAS

CAPÍTULO 11 ◐ EDUCACIÓN Y DESARROLLO   87

✻ ACTIVA LA IMAGEN DE LA PUERTA DEL DRAGÓN

Una leyenda china muy popular cuenta la historia de la humilde carpa que se convirtió en un dragón poderoso cuando consiguió saltar por la Puerta de la Sabiduría Eterna. Esta imagen, llamada también la Puerta del Dragón, representa el éxito en las antiguas oposiciones imperiales, que fueron durante muchos siglos el método más importante que utilizaron los emperadores para seleccionar a los funcionarios y a los altos cargos de la corte. Desde la época de las dinastías Sung y Tang, la Puerta del Dragón ha servido de símbolo de las aspiraciones de la juventud de una nación. Las oposiciones imperiales se consideraban un pasaporte a la fama, la riqueza y la gloria. Los que entraban al servicio del emperador pasaban a formar parte de la aristocracia, y estaban por encima de todos los demás habitantes del país.

Si cuelgas una Puerta del Dragón en la puerta del cuarto de tu hijo, o incluso por encima de la puerta principal de la casa, entonces cada vez que pase por allí tu hijo al salir por la mañana se «convertirá en el dragón» inmediatamente, pues en la práctica ha pasado por la Puerta del Dragón. Es muy propicia una imagen decorativa de la Puerta del Dragón, o de tres carpas dispuestas a saltar para pasar por la puerta. Tu hijo aprobará los exámenes con buenas notas y acabará por encontrar un buen empleo con buenas perspectivas de futuro.

✻ UN GLOBO TERRÁQUEO DE CRISTAL NATURAL

Una de las maneras más eficaces de activar en el dormitorio de tu hijo la suerte para tener éxito en los exámenes es poner, en el rincón nordeste, un pequeño globo terráqueo tallado sobre una bola de cristal natural. No es preciso que el globo terráqueo sea muy grande (bastará con uno de 2,5 cm de diámetro). No pongas este globo terráqueo al nivel del suelo. Debe estar sobre una mesa y, si es posible, sobre el mismo pupitre o mesa de estudio si ésta se encuentra en el rincón nordeste.

Un globo terráqueo puede mejorar el logro de los conocimientos. Si se le hace girar todos los días, su movimiento levanta chi propicio.

LA PUERTA DEL DRAGÓN
Esta imagen representa la leyenda china de la carpa que remontó la corriente y saltó a través de la Puerta del Dragón para convertirse en dragón.

CAPÍTULO 12
SALUD Y LONGEVIDAD

Uno de los ideogramas más populares que se exhiben en caligrafía china y en sus versiones más estilizadas es el que significa «longevidad».

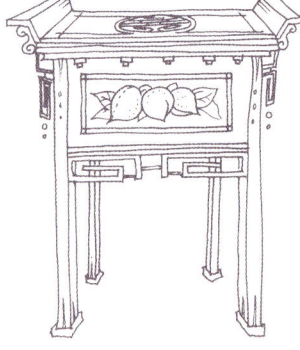

✳ UNO DE LOS ASPECTOS MÁS IMPORTANTES DE LA BUENA FORTUNA ES LA VIDA LARGA Y SALUDABLE. POR ELLO, DENTRO DE LA PRÁCTICA DEL FENG SHUI OCUPA UN LUGAR SIGNIFICATIVO LA PREVENCIÓN DE LA ENFERMEDAD PONIENDO EN EL HOGAR SÍMBOLOS PODEROSOS DE LONGEVIDAD. ESTOS SÍMBOLOS PRODUCIRÁN DENTRO DEL HOGAR EL CHI DE LA LARGA VIDA.

La longevidad no sólo consiste en vivir muchos años: significa también disfrutar de una vida sana, sin problemas fisiológicos provocados por el bloqueo del chi en el cuerpo. La longevidad significa también estar protegidos de las lesiones y accidentes físicos mortales.

En el feng shui, las cuestiones de salud se abordan en general de manera preventiva; de aquí la proliferación de símbolos protectores en su práctica. Lo que es más importante: el feng shui previene las aflicciones de las «estrellas de enfermedad», que acarrean enfermedades durante meses o años concretos por estar sujeta a aflicción la puerta principal.

Es altamente beneficioso saber determinar la situación en tu hogar de esas estrellas de enfermedad. Este conocimiento te permite salvaguardar de las estrellas de enfermedad a los habitantes de la casa por medio de diversos remedios de feng shui.

✳ **LAS ESTRELLAS DE ENFERMEDAD EN LA CASA**

Las estrellas de enfermedad del feng shui de dimensión temporal te pueden afectar cuando llegan volando a tu dormitorio la estrella de enfermedad del período o las estrellas de enfermedad anual y mensual. Las aflicciones por estrellas de enfermedad se pueden reconocer por medio del Feng Shui de la Estrella Voladora (véase capítulo 15). Este método de feng shui por fórmulas avanzadas desvela el modo en que la enfermedad se traslada de una parte a otra de un edificio con el transcurso del tiempo, ya se trate de un período de veinte años o de un marco temporal anual o mensual.

La aflicción de la enfermedad se vuelve muy fuerte cuando, por ejemplo, entran en tu dormitorio en un mismo mes tres estrellas de

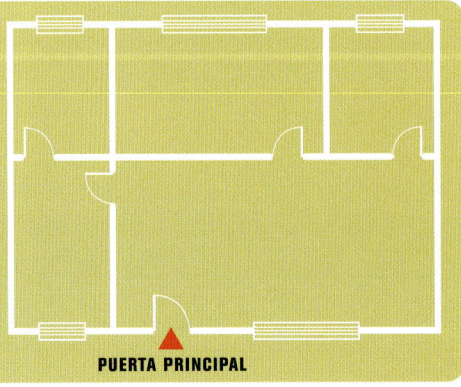

LA ESTRELLA DE ENFERMEDAD
Cuando la estrella de la enfermedad está situada en el mismo sector de la puerta principal, puede quedar afectada toda la casa.

PUERTA PRINCIPAL

CAPÍTULO 12 ◐ SALUD Y LONGEVIDAD

enfermedad (la estrella de enfermedad del período, la estrella de enfermedad anual y la estrella de enfermedad mensual). Con todo, suele bastar con que la estrella de enfermedad esté situada en el dormitorio para que éste sufra aflicción; por eso es útil comprender las actualizaciones anuales del feng shui (véase capítulo 16). Cuando la estrella de enfermedad aflija a tu dormitorio, deberás trasladarte temporalmente a otro dormitorio, o bien poner remedios poderosos de metal, como son los carillones eólicos de seis barras, para agotar la estrella.

SITUACIÓN DE LA ESTRELLA DE ENFERMEDAD

HE AQUÍ LA SITUACIÓN DE LA ESTRELLA DE ENFERMEDAD DURANTE UN PERÍODO DE SEIS AÑOS:

AÑO	SECTOR AFECTADO POR LA ESTRELLA DE ENFERMEDAD
2004	Suroeste
2005	Este
2006	Sudeste
2007	Centro
2008	Noroeste
2009	Oeste

LAS ESTRELLAS DE ENFERMEDAD DEL PERÍODO

LA SITUACIÓN DE LA ESTRELLA DE ENFERMEDAD EN TU HOGAR DEPENDE DE LA DIRECCIÓN DEL FRENTE DE TU CASA Y DEL PERÍODO EN QUE SE CONSTRUYÓ ÉSTA (VÉANSE PÁGINAS 126-129).

**EJEMPLO: PERÍODO 7
FRENTE ESTE 1**

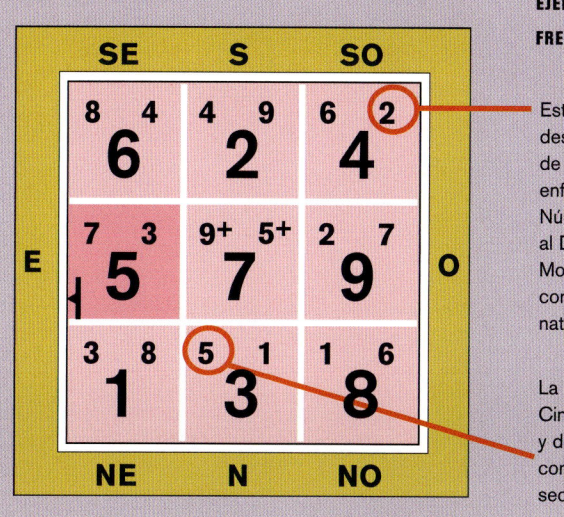

Esta Estrella del Agua desafortunada (Número Dos de Tierra) acarrea enfermedad. Por suerte, el Número Seis de Metal agota al Dos. Activa la Estrella de la Montaña con un conglomerado de cristales naturales en este sector.

La Estrella de la Montaña Cinco acarrea enfermedad y desventuras. Puedes controlarla poniendo en este sector carillones eólicos.

Un conglomerado de cristales naturales puede servir de poderoso remedio de feng shui contra las Estrellas del Agua desafortunadas.

Cuando la estrella de enfermedad cae sobre la puerta principal de la casa, la enfermedad puede afectar a toda la familia. Cuando sucede esto, cada vez que se abra y se cierre la puerta se activará con ello la estrella de enfermedad, haciéndola más potente todavía. También en este caso, la estrella de enfermedad sólo se puede controlar poniendo carillones eólicos.

✱ LA AYUDA DEL MÉDICO CELESTIAL

Si está enfermo algún miembro de tu familia o lo estás tú mismo, puedes servirte de la fórmula de las Ocho Mansiones para activar la orientación del «médico celestial» (véase capítulo 14). Según esta fórmula, si te sientas dando el frente a tu orientación Tien Yi y duermes con la cabeza hacia tu orientación Tien Yi, recibirás el chi de la orientación del «médico celestial». Esta es una de las cuatro orientaciones propicias, y promete que los que tienen tendencia a la enfermedad se curarán.

La orientación Tien Yi es excelente para las personas de más edad que viven en la casa, además de ser adecuada para los que se recuperan de una enfermedad.

Si estás enfermo, duerme con la cabeza hacia tu orientación Tien Yi para facilitar tu recuperación.

LA ORIENTACIÓN TIEN YI

NÚMERO KUA	ORIENTACIÓN TIEN YI PARA LA SALUD
1	Este
2	Oeste
3	Norte
4	Sur
5	Oeste (hombre)
5	Noroeste (mujer)
6	Nordeste
7	Suroeste
8	Noroeste
9	Sudeste

Si tu número Kua es el 9, duerme con la cabeza dirigida hacia el sudeste para protegerte de las estrellas de enfermedad, y siéntate dando frente al sudeste para recibir el chi del «médico celestial».

ORIENTACIÓN TIEN YI

ORIENTACIÓN TIEN YI

INSTALACIÓN DE CARILLONES EÓLICOS

TEN CUIDADO A LA HORA DE INSTALAR EN TU CASA OBJETOS COLGADOS, YA QUE TODO OBJETO TIENE SU IMPORTANCIA PARA EL FENG SHUI. LOS CARILLONES EÓLICOS SON UNA DE LAS HERRAMIENTAS MÁS ÚTILES EN EL FENG SHUI. TANTO LOS DE CINCO COMO LOS DE SEIS VARILLAS SON UNOS REMEDIOS EXCELENTES, AUNQUE LOS DE SEIS SON MUCHO MÁS POTENTES, CON DIFERENCIA.

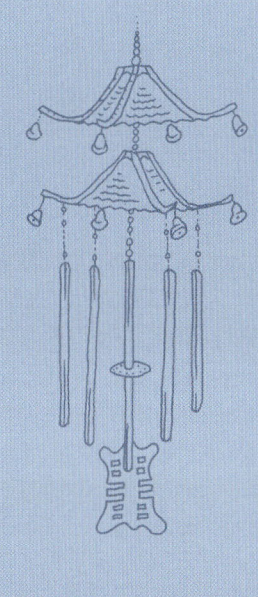

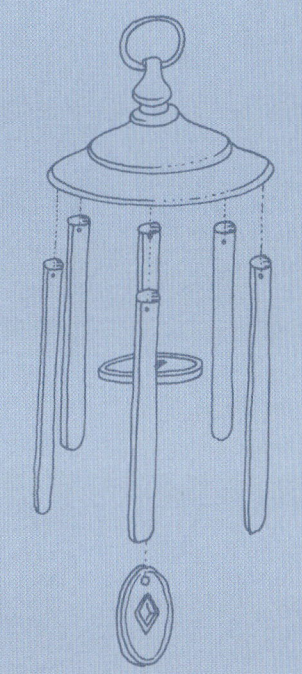

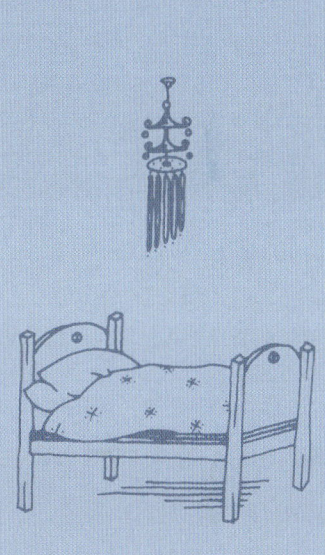

✳ En algunos diseños se incorporan otros símbolos poderosos, tales como el Wu Luo, los Ocho Trigramas, los Doce Animales, monedas, etcétera, que añaden chi de remedio al carillón. No utilices carillones de madera ni de cerámica, pues son absolutamente inútiles. Tampoco tienen gran utilidad en el feng shui las esculturas móviles.

✳ Ten guardados en tu casa varios carillones eólicos de seis varillas y cuélgalos cada año en el rincón conveniente. Recuerda ponerlos al día cada año, pues los carillones eólicos no necesariamente son beneficiosos en todos los rincones. Por ejemplo, los carillones podrían resultar dañinos en el este o en el sudeste, a no ser que se hayan puesto allí para contrarrestar la estrella de enfermedad del año en curso.

✳ No cuelgues los carillones eólicos muy altos, por encima de tu cabeza. Los carillones eólicos que te quedan directamente encima de la cabeza, cuando estás sentado o durmiendo, te harán mucho daño. En lugar de ello, deben colgarse a unos noventa centímetros del suelo, preferiblemente junto a una pared, sin que afecten físicamente a nadie de manera directa.

SÍMBOLOS EXCELENTES PARA LA LONGEVIDAD Y LA BUENA SALUD

✱ CUANDO YA TE HAYAS SALVAGUARDADO DE LAS ESTRELLAS DE ENFERMEDAD DEL FENG SHUI DE LA ESTRELLA VOLADORA Y HAYAS RECABADO LA AYUDA DEL MÉDICO CELESTIAL POR MEDIO DE TU ORIENTACIÓN TIEN YI PROPICIA, EL PASO SIGUIENTE SERÁ POTENCIAR TU SUERTE DE LA SALUD COLOCANDO ESTRATÉGICAMENTE EN TU CASA SÍMBOLOS DE LA LONGEVIDAD. HAY MUCHOS RECIPIENTES, MUEBLES Y VAJILLAS QUE ESTÁN DECORADOS CON SÍMBOLOS DE ESTE TIPO.

✱ SAU

Sau, el Dios de la Longevidad, es un anciano de amplia frente al que se suele representar acompañado de ciervos y que lleva en la mano un bastón del que cuelga la calabaza Wu Luo. Cuando aparece pintado en un cuadro, suele verse al fondo un pino, y Sau puede llevar en la mano un melocotón. Estos símbolos representan la longevidad por sí mismos. El melocotón es un símbolo popular, y poner en la zona del comedor melocotones hechos de gemas o de cerámica aportará una vida larga y buena salud. Si encuentras una imagen de Sau que te guste, invítalo a entrar en tu casa y ofrécele un sitio dentro de tu dormitorio o en otro lugar destacado donde dé frente a la puerta principal. Sau puede estar hecho de cerámica o tallado en madera. Si ya exhibes una imagen de Fuk Luk Sau, advierte que este Sau es el mismo Dios de la Longevidad, pues es uno de los Tres Dioses de las Estrellas (véanse páginas 171 y 240).

✱ EL WU LUO

El Wu Luo es la calabaza amarga que sirve de recipiente, y que se dice que es el mejor remedio para los que están enfermos. Poniendo un Wu Luo de metal junto a tu cama conseguirás alejar el chi de la enfermedad. El Wu Luo que contiene las imágenes de los Ocho Inmortales será especialmente potente para superar el chi de la enfermedad durante el Período Ocho. Los Wu Luo más eficaces son los que están hechos de bronce u otros metales. Los Wu Luo de cerámica o de madera son menos eficaces.

✱ EL MELOCOTONERO

El melocotonero puede ser un árbol decorativo hecho de jadeíta de otro color. Si se trata de un árbol pequeño, tendrá cinco melocotones maduros como símbolo de los cinco elementos en amistad. Un árbol mayor tendrá nueve melocotones, que simbolizan la buena salud durante todo el ciclo temporal de los períodos del feng shui. Lo mejor es poner el melocotonero decorativo en el este. Si vives en una región de clima templado y puedes plantar en tu jardín un melocotonero de verdad, ponlo en el sector este del jardín, donde sus buenos efectos se optimizarán.

CAPÍTULO 12 ◐ SALUD Y LONGEVIDAD

LOS OCHO INMORTALES

LOS OCHO INMORTALES SON UNAS DEIDADES TAOÍSTAS QUE COMIERON DEL FRUTO DE LA INMORTALIDAD CUANDO FUERON A CENAR EN EL REINO PARADISÍACO DE LA REINA DEL OESTE. CADA UNO DE ELLOS SIMBOLIZA UN ASPECTO DE LAS ASPIRACIONES DE LA VIDA. CUANDO LOS INVITAS A ENTRAR EN TU CASA, YA SEA EN FORMA DE PIEZAS DE CERÁMICA DECORATIVAS O DE PINTURA CHINA, TE TRAERÁN OCHO CLASES DE SUERTE, UNA DE LAS CUALES SERÁ UNA VIDA LARGA Y SALUDABLE. RESULTA ESPECIALMENTE PROPICIO TENERLOS EN LA CASA DURANTE EL PERÍODO OCHO. EN ALGUNAS REPRESENTACIONES DE LOS OCHO INMORTALES SE LES MUESTRA CONVERSANDO EN EL JARDÍN DE LA REINA DEL CIELO. ESTA IMAGEN ES ADECUADA PARA LAS PERSONAS MAYORES, JUBILADAS QUIZÁ, PARA LAS QUE LA BUENA SALUD TIENE UNA IMPORTANCIA FUNDAMENTAL (VÉANSE PÁGINAS 257-259).

LAN TSAI HO   HO HSIEN KU   LI TIEN KUAI   TSAO KUO CHIU

CHANG KUO LAO   CHUNG LI CHUAN   HANG HSIANG TZU   LU TUNG PIN

ELIMINAR LOS BLOQUEOS EN LA CASA

✳ UNA DE LAS MANERAS MÁS SENCILLAS DE GARANTIZAR LA BUENA SALUD EN LA CASA ES RETIRAR TODOS LOS OBSTÁCULOS Y ESTRUCTURAS QUE BLOQUEAN, AL PARECER, EL FLUJO DEL CHI. ESTE PRINCIPIO DE DESPEJAR LOS TRASTOS VIEJOS NO SÓLO SE APLICA A LA DISTRIBUCIÓN DEL MOBILIARIO EN LA CASA, SINO TAMBIÉN A LOS ELEMENTOS DEL JARDÍN.

✳ **LOS TRASTOS VIEJOS**

Acumular trastos viejos puede bloquear el chi, como también la presencia en una habitación de muebles dispuestos de manera desordenada. Estos obstáculos físicos pueden hacer que se bloquee también el flujo del chi en nuestros cuerpos, y entonces puede atacarnos la enfermedad.

Revisa regularmente los desagües y los sistemas de alcantarillado de tu casa para cerciorarte de que no se bloquean nunca. Si eso sucediera, no solamente te pondrás enfermo, ya que la fontanería representa las arterias de la casa, sino que sufrirás otros bloqueos en tu vida. Cuando suceda esto, examina tu casa para determinar cuál puede

Izquierda: *Esta distribución desordenada y caótica de los muebles retrasará el flujo del buen chi.*

Derecha: *Esta distribución ordenada de los muebles permite el flujo propicio del buen chi.*

TALA LOS ÁRBOLES PODRIDOS

Si en alguna parte de tu jardín hay un árbol podrido, o incluso si el árbol está sólo enfermo sin que haya empezado a pudrirse, debes hacerlo talar y retirar. La energía de los árboles viejos y enfermos pasará con toda seguridad a los habitantes de la casa que tienen niveles bajos de chi. Los árboles podridos también provocan formación de espíritu yin, que casi siempre acarrea enfermedades.

ser la causa de los bloqueos. El culpable suele ser la acumulación inevitable de trastos viejos en la casa.

Al menos una vez al año, o con mayor frecuencia, despeja la casa de periódicos viejos, de ropa inservible y de otros objetos cuya energía se ha quedado viciada.

Aunque no te des cuenta de ello, la energía viciada tiene un efecto negativo significativo sobre tu efecto inmunológico. Cuando la casa está limpia y libre de polvo, también está libre de energía viciada y estancada.

A las zonas estrechas y oscuras de tu casa aplícales los antídotos de la limpieza, la pintura blanca y las luces. El blanco es el mejor color para pintar los rincones oscuros; es un fuerte color yang que mejorará al instante el chi de la casa. Al instalar luces suaves y cálidas se mejorará todavía más el flujo de energía.

Una buena limpieza general de la casa, ya la hagas en primavera o en cualquier otra época del año, traerá buen chi a tu casa y a tu salud.

FLORES FRESCAS

LAS FLORES MARCHITAS SON OTRA FUENTE DE FORMACIÓN DE ESPÍRITU YIN. POR ELLO, SI TE GUSTAN LAS FLORES FRESCAS, ASEGÚRATE DE QUE ESTÉN SIEMPRE LOZANAS Y DE QUE SE TIRAN EN CUANTO EMPIECEN A MARCHITARSE.

CUARTA PARTE
LAS FÓRMULAS SECRETAS

EL **FENG SHUI** NO TIENE UN CARÁCTER RELIGIOSO NI ESPIRITUAL. DE HECHO, PUEDE LLEGAR A SER UNA TÉCNICA MUY AVANZADA, Y LA MEJOR MANERA DE ENTENDERLO ES COMO UNA CIENCIA DE LA VIDA CUYO DOMINIO ES PRECISO COMPRENDER Y ACEPTAR LOS CONCEPTOS EN QUE SE BASA SU PRÁCTICA. ESTOS CONCEPTOS SON CASI EXCLUSIVAMENTE CHINOS: LOS CINCO ELEMENTOS, LA TEORÍA DEL YIN Y EL YANG DEL TAI CHI, EL CONCEPTO DE CHI, ETC. PERO EL **FENG SHUI** SE PUEDE APRENDER, COMO CIENCIA DE LA VIDA QUE ES. CUALQUIER PERSONA PUEDE RECOGER SUS BENEFICIOS, YA QUE NO ES DIFÍCIL IR APRENDIENDO LAS DIVERSAS FÓRMULAS SI SE LES DEDICA ALGÚN TIEMPO Y ESFUERZO. CUANDO LLEGAS A DOMINAR EL **FENG SHUI**, ÉSTE NO TARDA EN SORPRENDERTE CON SUS RESULTADOS POSITIVOS. CUALQUIERA PUEDE APLICAR ESTAS FÓRMULAS PARA OBTENER BENEFICIOS. SIRVEN PARA LIBERAR AL **FENG SHUI** DE INCERTIDUMBRES Y TANTEOS: BASTA CON ESTAR CENTRADO PARA EVITAR LOS ERRORES.

CAPÍTULO 13
LA TEORÍA DEL PA KUA DE LAS OCHO ASPIRACIONES

✳ ESTE MÉTODO DEL FENG SHUI APLICA LOS SIGNIFICADOS OCULTOS DEL SÍMBOLO PA KUA DE OCHO LADOS, QUE SE ENCUENTRAN EN EL NÚCLEO DE LA PRÁCTICA DEL FENG SHUI. EL PA KUA ESTÁ POTENCIADO POR SUS TRIGRAMAS, QUE SON LOS SÍMBOLOS FORMADOS POR TRES LÍNEAS ENTERAS O TRUNCADAS QUE REPRESENTAN LAS ASPIRACIONES DE LA HUMANIDAD. SU ORDEN ALREDEDOR DEL PA KUA SE BASA EN DOS DISPOSICIONES, QUE SE LLAMAN DEL CIELO ANTERIOR Y DEL CIELO POSTERIOR.

EL PA KUA YIN

SE UTILIZA como protección contra las flechas envenenadas y el chi maligno provocado por las estructuras hostiles del entorno. Tiene el poder de desviar o disolver la mala energía, y sólo se utiliza como último recurso.

El feng shui es el arte de descifrar los significados de las disposiciones de trigramas bajo diversas situaciones. En el método del Pa Kua de las Ocho Aspiraciones se aplica la disposición de trigramas del Cielo Posterior, que indica a qué tipo de suerte corresponde cada uno de los lados u orientaciones.

Utiliza una buena brújula para identificar la orientación del sector o rincón que quieres activar. Elegirás un rincón u otro en virtud del tipo de aspiración o suerte que desees.

Puedes activar los ocho sectores de tu casa o de habitaciones concretas. En el ejemplo que aparece en la página siguiente, puedes ver cómo se ha encajado el Pa Kua en el cuarto de estar. Cada una de las ocho flechas rojas apunta hacia el rincón respectivo, que representa la suerte de la carrera profesional (norte), los estudios (nordeste), la salud (este), la riqueza (sudeste), la fama (sur), las relaciones amorosas (suroeste), los hijos (oeste) o los protectores y benefactores (noroeste).

CAPÍTULO 13 ● LA TEORÍA DEL PA KUA DE LAS OCHO ASPIRACIONES   99

EL PA KUA YANG

SE UTILIZA para analizar el feng shui de las casas, los apartamentos y los edificios. Se basa en la disposición de trigramas del Cielo Posterior. Cada uno de los sectores de la brújula representa un tipo determinado de suerte.

En el diagrama siguiente se ha situado el Pa Kua sobre el cuarto de estar. Al activar una habitación determinada, recuerda que estos sectores de los tipos de suerte se basan en las orientaciones de la brújula, y no en la situación de la puerta principal.

EL PA KUA EN EL CUARTO DE ESTAR

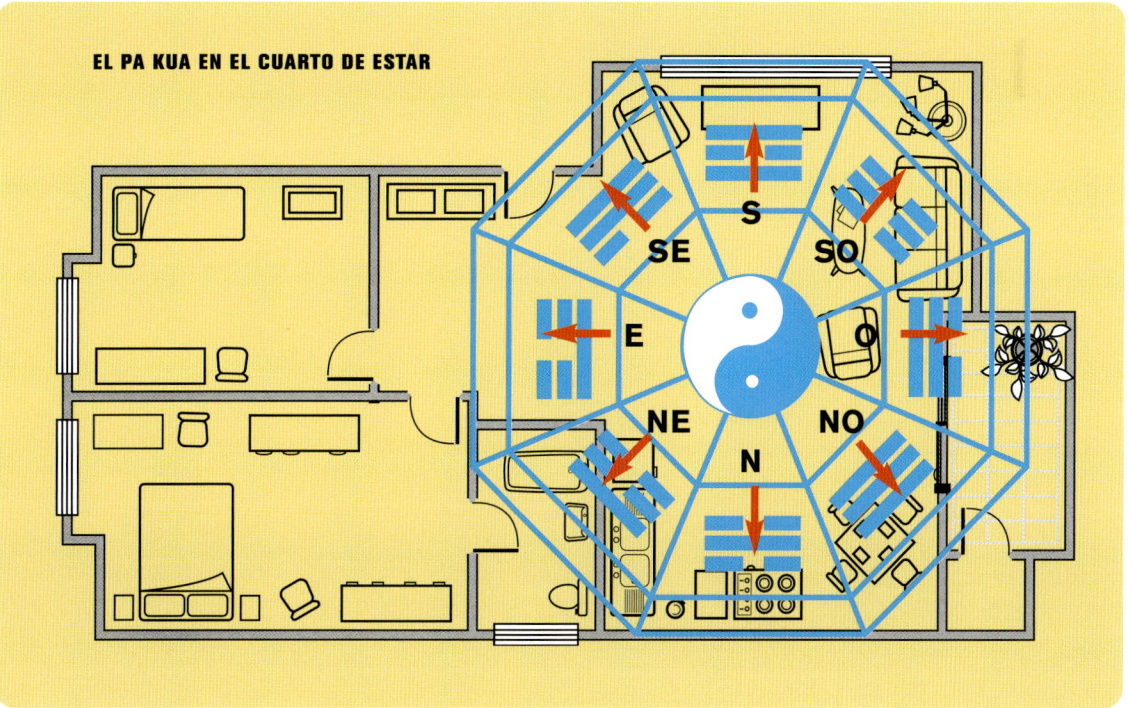

CUARTA PARTE ◐ LAS FÓRMULAS SECRETAS

APLICAR LA TEORÍA DE LOS CINCO ELEMENTOS

✳ EN EL FENG SHUI, EL CONOCIMIENTO DE LOS CINCO ELEMENTOS Y DE SUS TRES CICLOS (PRODUCTIVO, DE AGOTAMIENTO Y DESTRUCTIVO) APORTA UN ENTENDIMIENTO PRECIOSO DE LAS CURACIONES, LOS REMEDIOS Y LOS CARGADORES DE ENERGÍA.

Es buena idea aprenderse de memoria los tres ciclos de los cinco elementos, pues la aplicación del concepto de los cinco elementos al método de las Ocho Aspiraciones resulta especialmente potente.

Los cinco elementos son el fuego, la madera, el agua, el metal y la tierra, y todo lo que hay en el universo, ya sea tangible o intangible, pertenece a uno de estos cinco elementos. Estos elementos mantienen entre sí tres tipos de relaciones, que dan origen a tres ciclos: el productivo, el de agotamiento y el destructivo. Los tres ciclos se explican en el diagrama de la página siguiente.

DOS OPCIONES DE DEMARCACIÓN

Existen dos maneras de demarcar el espacio, es decir, de superponer el Pa Kua de las Ocho Aspiraciones sobre cualquier espacio. Puedes aplicar el método del diagrama de sectores o el método de la cuadrícula.

EL MÉTODO DEL DIAGRAMA DE SECTORES requiere superponer sobre un espacio la brújula circular y demarcar dicho espacio como si irradiara hacia el exterior desde un punto central. Esto da a entender que la distribución del chi procede de un punto central de la habitación o de la casa. Cada sector tiene forma de cuña. Este método de demarcación lo aplican mucho los maestros que practican el feng shui cantonés en Hong Kong. Su preferencia se basa en la creencia de que el chi gira alrededor de la brújula.

EL MÉTODO DE LA CUADRÍCULA LO SHU se basa en la brújula como instrumento para conocer la orientación, y en la cuadrícula Lo Shu para dividir el espacio en nueve sectores, ocho exteriores y uno central. Advierte que en ambos métodos se hace uso de la brújula para definir las orientaciones. La diferencia es a la hora de delimitar los espacios correspondientes a cada orientación. El método de la cuadrícula puede resultar más sencillo de aplicar, ya que se puede aplicar sobre una forma cuadrada regular o sobre una forma rectangular. Cuando hayas definido la aspiración que te interesa, y sepas localizar los ocho sectores diferentes de tu casa y de sus habitaciones más importantes, estarás preparado para empezar.

CICLO DE LOS CINCO ELEMENTOS

PARA ACTIVAR EL SECTOR ADECUADO DE TU HABITACIÓN O DE TU CASA, APLICA LA GUÍA SIGUIENTE: PARA LA MADERA, USA PLANTAS, FLORES Y EL COLOR VERDE; PARA EL FUEGO, USA LUCES, VELAS Y EL ROJO; PARA LA TIERRA, USA CRISTALES NATURALES Y PIEDRAS; PARA EL METAL, USA CAMPANILLAS, CARILLONES EÓLICOS Y EL BLANCO; PARA EL AGUA, USA OBJETOS DE AGUA TALES COMO PECERAS, ACUARIOS Y FUENTES EN MINIATURA.

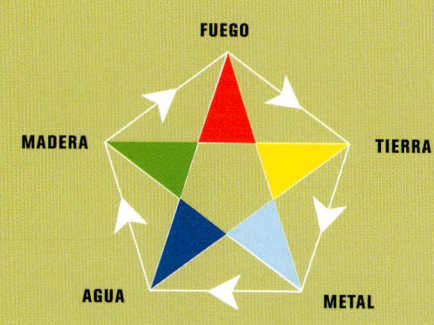

✲ CICLO PRODUCTIVO
(se utiliza para potenciar y activar rincones):

- LA MADERA PRODUCE EL FUEGO
- EL FUEGO PRODUCE LA TIERRA
- LA TIERRA PRODUCE EL METAL
- EL METAL PRODUCE EL AGUA
- EL AGUA PRODUCE LA MADERA

✲ CICLO DE AGOTAMIENTO
(se utiliza para implantar remedios para el chi afligido):

- EL FUEGO AGOTA LA MADERA
- LA MADERA AGOTA EL AGUA
- EL AGUA AGOTA EL METAL
- EL METAL AGOTA LA TIERRA
- LA TIERRA AGOTA EL FUEGO

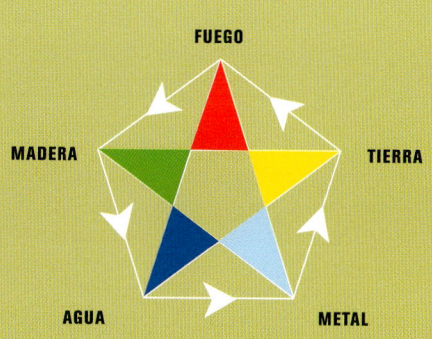

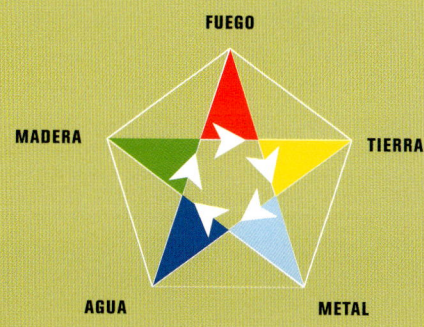

✲ CICLO DESTRUCTIVO
(se utiliza para superar el chi negativo):

- EL FUEGO DESTRUYE EL METAL
- EL METAL DESTRUYE LA MADERA
- LA MADERA DESTRUYE LA TIERRA
- LA TIERRA DESTRUYE EL AGUA
- EL AGUA DESTRUYE EL FUEGO

1. EL SUR: SUERTE DEL RECONOCIMIENTO

✳ TEN PRESENTE QUE EL SECTOR SUR DE TU CASA, DE TU OFICINA O DE CUALQUIER HABITACIÓN CONCRETA REPRESENTA LA SUERTE QUE PROPORCIONA EL RECONOCIMIENTO, LA FAMA Y LA BUENA REPUTACIÓN. ESTE RINCÓN TRAE TAMBIÉN LOS ASCENSOS Y LOS AVANCES EN LA CARRERA PROFESIONAL. LOS QUE SE DEDICAN AL MUNDO DEL ESPECTÁCULO, A LAS RELACIONES PÚBLICAS, A ESCRIBIR Y A LA POLÍTICA RECABARÁN GRANDES BENEFICIOS DEL BUEN FENG SHUI EN LOS SECTORES SUR.

El sector sur pertenece al elemento fuego; por tanto, será beneficioso colocar en él cualquier cosa que simbolice el fuego, como es el color rojo, las luces fuertes y las velas. El sur es también una situación excelente para dos símbolos poderosos que traen la victoria, el éxito y las oportunidades: el caballo y el ave fénix.

CABALLOS EN EL SUR

Existen tres tipos de caballos que puedes poner aquí: el del Tributo, el de la Victoria y el de la Celebración. El Caballo del Tributo trae consigo el ascenso social y atrae una suerte excelente para los que se mueven en el terreno político. Este caballo va cargado de oro y joyas, y suele ser de color blanco. El caballo se suele representar siendo conducido por el Dios de la Riqueza hacia el rincón sur de tu casa. Asegúrate de que el caballo mira hacia el interior de la casa. La zona del cuarto de estar es un lugar excelente para el Caballo del Tributo. El Caballo de la Victoria trae consigo la suerte que te permite superar a la competencia. Si te dedicas a los negocios competitivos o al deporte, o si quieres tener éxito en exámenes u oposiciones, activa el sector sur del cuarto con un Caballo de la Victoria. Recuerda iluminar el caballo con una luz. El Caballo de la Celebración se representa levantando las dos patas delanteras en señal de triunfo, y aporta la suerte de los grandes éxitos para todo lo que hagas. Los caballos pueden estar hechos de madera o de cerámica. También puedes adquirir caballos hechos de metal o de metal esmaltado.

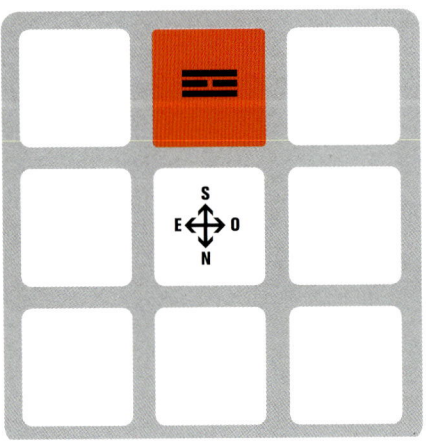

CAPÍTULO 13 — LA TEORÍA DEL PA KUA DE LAS OCHO ASPIRACIONES

AVES FÉNIX EN EL SUR

El segundo símbolo excelente para el sur es el ave fénix celestial. Una pareja de aves fénix puestos aquí atraerá a tu vida oportunidades maravillosas. Las aves fénix son los reyes de las aves, y dado que todas las aves son ya de por sí unos potenciadores muy poderosos para el feng shui, aun poniendo una sola ave fénix en el rincón del sur se activa una suerte del reconocimiento suprema.

Puedes poner en el sur imágenes de otras aves, pues casi todas son propicias. Las aves amorosas, como los loros, son excelentes para las relaciones personales. Los búhos aportan sabiduría, mientras que los gallos te ayudan a superar la energía chi negativa. Los patos mandarines y los cisnes traen amor y relaciones de pareja, y las grullas, longevidad y buena salud. Las imágenes de aves dentro de tu casa o de tu oficina difunden todas tus buenas intenciones y aspiraciones.

¡CUIDADO!

✱ **EN GENERAL, NO ES BUENA IDEA** poner en el sur demasiados elementos decorativos de tierra o el color amarillo, pues la tierra agota al fuego.

SÍMBOLOS DEL ÉXITO

ESTOS SÍMBOLOS APORTAN EL ÉXITO CUANDO SE COLOCAN EN EL SUR: UNA PAREJA DE AVES FÉNIX, UNA PAREJA DE PATOS MANDARINES, EL CABALLO DEL TRIBUTO, UNA PAREJA DE GRULLAS, UN GALLO.

2. EL NORTE: SUERTE EN LA PROFESIÓN

✱ SI UTILIZAS EL AGUA PARA ACTIVAR EL NORTE, OBTENDRÁS EN SEGUIDA RESULTADOS EN TU CARRERA PROFESIONAL. SÍRVETE DE UNA BRÚJULA PARA ENCONTRAR EL NORTE EN TU CASA O EN TU HABITACIÓN FAVORITA, Y ACTIVA ESE SECTOR CON UN OBJETO DE AGUA, COMO POR EJEMPLO UN ACUARIO O UNA FUENTE DE INTERIOR, O UN SÍMBOLO O IMAGEN DE UNA ESCENA ACUÁTICA.

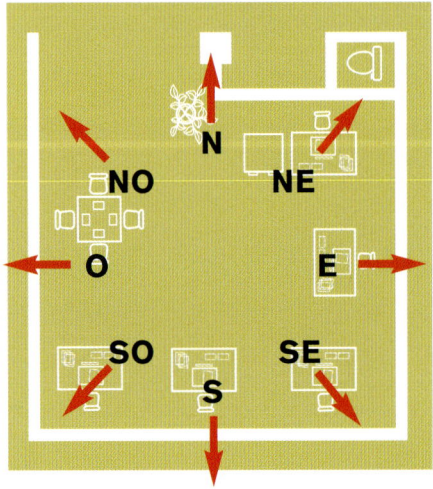

Para mejorar la suerte de la carrera profesional, activa la parte norte de tu casa o de tu oficina.

Si optas por poner un elemento decorativo de agua al aire libre, en el jardín, deberá haber una puerta, o al menos unas ventanas, entre la casa y la zona de jardín. Para que el chi empapado de agua pueda entrar en la casa y traer suerte a sus habitantes, deberá tener una vía de entrada. Como el agua representa la riqueza, siempre tiene importancia su situación estratégica en la casa o en la oficina.

Dispón objetos de agua menores para cargar de energía los sectores norte de cada habitación. El cuarto de estar y el comedor se pueden activar con cuadros que representen agua o con un acuario con peces vivos.

Si decides tener peces de colores, que se considera que traen buena suerte, pon nueve en el acuario. Ocho deben ser dorados y uno negro. El pez negro absorberá toda la mala suerte que entre inadvertidamente en la casa o en la oficina.

Alternativamente, pinta la pared del norte de color azul (o violeta) como símbolo del agua. No uses el negro, que es demasiado yin.

También puedes usar en el norte la energía del metal; por tanto, la pared norte de la habitación se puede pintar de blanco, plateado o dorado, o decorarse con cortinas y tapices de esos colores. Los equipos de música metálicos dan buen resultado aquí.

Sé todo lo creativo que quieras, y recuerda que para recoger los beneficios de tu trabajo deberás utilizar esas mismas habitaciones que cargues de energía.

Cuando utilices el feng shui para activar la suerte en el trabajo, ten presente que el avance profesional puede traer consigo una mayor carga de trabajo, aunque también te protegerá de las conspiraciones en el trabajo y de los despidos. La activación de la suerte de la carrera profesional te sirve para obtener ventajas en el trabajo; se trata de conseguir poder e influencia, más que dinero, aunque la prosperidad suele venir aparejada.

¡CUIDADO!

✳ **NO ES BUENO** tener demasiadas plantas en el norte, pues agotarán el chi de ese rincón.

ACTIVADORES DE LA RIQUEZA

CARGA DE ENERGÍA LA PARTE NORTE DE TU CASA CON UN OBJETO DE AGUA. UNA MANERA EXCELENTE DE MEJORAR TU SUERTE ECONÓMICA ES TENER PECES DE COLORES EN EL SECTOR NORTE DE UNA HABITACIÓN, OCHO DORADOS Y UNO NEGRO, AUNQUE NUNCA DEBEN TENERSE EN EL DORMITORIO. SI NO PUEDES PONER UN OBJETO DE AGUA, CUELGA UNA ESCENA ACUÁTICA.

3. EL ESTE: SUERTE DE SALUD Y RIQUEZA

✱ EL ELEMENTO DEL ESTE ES LA MADERA, Y SU TRIGRAMA ES EL CHEN, QUE REPRESENTA AL HIJO MAYOR. EL ESTE TAMBIÉN DENOTA EL SECTOR DE LA SALUD Y DE LA RIQUEZA. ESTA ORIENTACIÓN ES LA QUE ESTÁ MÁS CARGADA DE SHENG CHI, O CHI DEL CRECIMIENTO, Y POR ESO ES LA PARTE IDEAL DE LA CASA PARA LOS HIJOS DE LA FAMILIA.

Teniendo en cuenta que el este es el lugar del dragón celestial, activa siempre este sector con la imagen del dragón. Una de las imágenes mejores es la que muestra al dragón con una perla rotatoria entre las garras, y derramando agua. Puedes tener todos los dragones que quieras para generar el máximo de suerte para tu familia, pero asegúrate de que tienes el karma suficiente para cargar con tantos dragones como tengas expuestos.

No todo el mundo es capaz de soportar la poderosa energía yang de nueve dragones. Aunque los dragones aportan mucha buena suerte y salud excelente, es mejor no ser demasiado codiciosos. En general, suele bastar con una sola criatura celestial, que no sea ni demasiado grande ni demasiado pequeña.

Si naciste en el año del Dragón, o si ya ostentas un alto cargo, como el de ministro o director general de una gran empresa, puedes optar por poner hasta cinco dragones. Asegúrate de que pones tu imagen del dragón cerca del agua, o dentro de ella.

Activar el este aporta buena suerte, longevidad y suerte para los descendientes. También genera la suerte adecuada para la acumulación de bienes de riqueza. La energía del elemento madera crece hacia arriba y hacia el exterior, enviando hacia el cielo muchas ramas como símbolo de una buena fortuna asombrosa, a condición de que dispongas los símbolos de manera correcta. Haz uso de las plantas con toda libertad. Las plantas jóvenes y vivas, de hojas anchas, son excelentes para acumular chi de la riqueza.

Los árboles de la riqueza, hechos de piedras semipreciosas, tales como la citrina y las aventurinas, también son propicios en el este.

ACTIVADORES PROPICIOS

EL DRAGÓN, PUESTO EN EL SECTOR ESTE, TRAE BUENA SUERTE Y BUENA SALUD, MIENTRAS QUE UNA PLANTA DE TIESTO DE HOJAS ANCHAS, O UN ÁRBOL HECHO DE PIEDRAS SEMIPRECIOSAS, TRAEN RIQUEZA.

Elige árboles que tengan el tronco bien sólido, para asegurarte de tener una base sólida. Unas monedas especiales, atadas con cinta roja o dorada, simulan el árbol del dinero. Estos árboles de cristales naturales, puestos en el este de tu cuarto de estar, traen a la casa una energía feng shui excelente. Cerciórate de que las citrinas sean auténticas y no de plástico. Si lo deseas, puedes cargar de energía estos árboles con mantras potenciadores.

¡CUIDADO!

✱ NO ES BUENO tener demasiadas luces en el este, pues agotan el chi de ese rincón.

4. EL OESTE: SUERTE DE LOS DESCENDIENTES

✳ EN LA TRADICIÓN DEL FENG SHUI SIEMPRE SE HA IDENTIFICADO EL OESTE COMO EL LUGAR DEL TIGRE BLANCO, QUE TAMBIÉN ES EL SÍMBOLO DE LA PROTECCIÓN. EN LA DISPOSICIÓN DE LOS TRIGRAMAS DEL CIELO POSTERIOR, EL OESTE ES EL LUGAR DEL TRIGRAMA DEL GOZO, EL TUI, LLAMADO TAMBIÉN TRIGRAMA DEL RÍO O DEL LAGO.

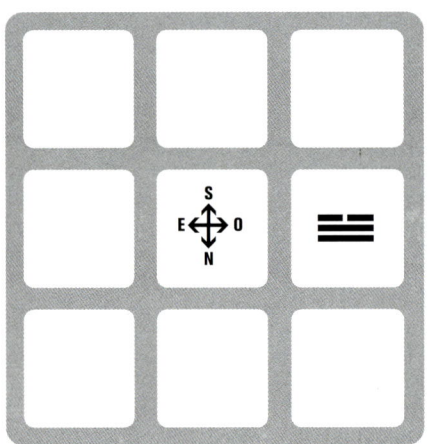

El oeste representa la suerte de los hijos. Si no consigues tener hijos y no existe causa física para ello, puede ser útil activar el oeste, que es una herramienta poderosa del feng shui. Para mejorar la suerte de la concepción de hijos, pon en el oeste de la casa cualquiera de las imágenes siguientes. No olvides iluminar el objeto propicio con una luz fuerte, ya que ésta es uno de los medios más poderosos para cargar de energía.

El oeste es el espacio donde surge la felicidad, que es el fruto de tener una familia feliz. Cuando se protege y se carga de energía el chi de la parte oeste del hogar, la familia se mantiene unida, y tiene salud y fuerza. Por consiguiente, los miembros mayores de la familia vivirán muchos años. Tanto el patriarca como la matriarca, cuya suerte reside, en teoría, a ambos lados de la orientación oeste (al noroeste y al suroeste, respectivamente), gozarán de felicidad creciente y de buena suerte con el paso de los años. Mantén siempre regular y armonioso el chi del lado oeste.

¡CUIDADO!

✳ **NO ES BUENO** tener agua en el oeste, pues con ella se agota el chi de ese rincón.

CAPÍTULO 13 — LA TEORÍA DEL PA KUA DE LAS OCHO ASPIRACIONES

✱ Un biombo, un jarrón de la riqueza o una bola de cristal que representan cien niños. Una bola de cristal que tiene dentro una imagen de cien niños pintada a mano y llena de colorido, puesta en el oeste bajo una luz fuerte, activará perfectamente el chi yang.

✱ Imágenes de la granada, la fruta de la fertilidad. Unas hermosas granadas hechas de cristal natural o de madera, activadas con una luz clara o roja, facilitarán la concepción de hijos.

✱ La imagen de un elefante en el dormitorio simboliza el éxito en la concepción de hijos, a condición de que los elefantes tengan la trompa en actitud benévola (hacia abajo). Los elefantes con la trompa levantada representan la victoria y la celebración.

El elemento del sector oeste es el metal. Su color es el blanco. Los mejores activadores del chi para el oeste son las monedas de oro variadas. En China y en Taiwán se fabrican reproducciones de monedas antiguas de las dinastías del pasado.

Pueden usarse como monedas para el feng shui las monedas chinas antiguas, con sus agujeros cuadrados en el centro.

SÍMBOLOS DE FERTILIDAD

PON IMÁGENES DE ELEFANTES O GRANADAS EN EL SECTOR OESTE DE TU DORMITORIO PARA MEJORAR TUS POSIBILIDADES DE CONCEBIR HIJOS. OTRO ACTIVADOR PODEROSO ES UNA BOLA DE CRISTAL CON LA IMAGEN DE CIEN NIÑOS.

5. EL SUROESTE: AMOR Y MATRIMONIO

✳ EL SUROESTE ES EL LUGAR DEL KUN, EL TRIGRAMA MATRIARCAL QUE FOMENTA LA SUERTE EN LAS RELACIONES PERSONALES Y TRAE AMOR, RELACIONES DE PAREJA Y EL INICIO DE UNA NUEVA FASE EN LAS VIDAS DE LAS PERSONAS SOLTERAS.

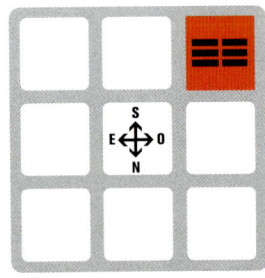

Los chinos celebramos los «tres momentos felices» de la vida, llamados *hei see*. Son el nacimiento, la boda y el cumpleaños de longevidad, pero se considera que el matrimonio es el más importante. La palabra china, que significa literalmente «felicidad doble», se ha convertido en símbolo de la unión matrimonial. Este símbolo, colocado en el suroeste, es un talismán poderoso para generar la suerte del matrimonio. Si en la casa hay hijos o hijas de edad casadera, no deberá haber demasiadas plantas al suroeste, ya que el elemento madera destruye el elemento tierra. Resulta especialmente malo que falte el rincón suroeste, pues entonces faltará la energía maternal, propicia y protectora. Esto puede acarrear una falta absoluta de oportunidades de matrimonio para las hijas e hijos de la casa.

La mejor manera de activar el suroeste es por medio de luces fuertes. Ten las luces encendidas durante tres horas cada noche. Una luz roja fuerte que esté siempre encendida en el rincón suroeste de tu dormitorio trae el amor a tu vida. También puedes poner allí cualquiera de los símbolos del amor, para que también éstos se activen con la luz.

Otro cargador de energía excelente para el suroeste es la imagen de una matriarca. Los chinos siempre han respetado mucho a sus matriarcas, y la imagen de la matriarca potencia el trigrama de esta área y, por tanto, su suerte.

¡CUIDADO!

✳ **NO ES BUENO** tener objetos metálicos en el suroeste, pues agotan el chi de ese rincón.

Usa la imagen de una matriarca para fomentar la suerte del amor.

6. EL NOROESTE: SUERTE DE LOS PROTECTORES

✱ EL NOROESTE ES EL LUGAR DEL PATRIARCA. SU TRIGRAMA ES EL CHIEN, QUE SIMBOLIZA LA SUERTE DE LOS PROTECTORES Y BENEFACTORES INFLUYENTES. ACTIVA ESTE RINCÓN SI QUIERES RECIBIR AYUDA DE TU JEFE, DE TU PADRE O DE UN TÍO TUYO.

Si quieres que tu patriarca (que puede ser tu marido o tu padre) sea próspero, este es el rincón sobre el que debes enfocar tu feng shui. Pon aquí un retrato de un patriarca sonriente.

El elemento de este rincón es el metal, que simboliza el oro. El noroeste es el origen de la riqueza de la familia, de esa riqueza que perdura durante muchas generaciones. Si preparas un jarrón de la riqueza, tenlo escondido en el rincón noroeste para que beneficie al patriarca. También beneficiará al patriarca que entierres en el noroeste de tu jardín una caja de la riqueza simbólica. Los lingotes y las monedas siempre han sido populares en este sentido, y también son potentes los objetos artísticos de metal esmaltado. Cualquier cosa de oro o chapada en oro servirá para activar este rincón. Resultan especialmente propicios los carillones eólicos dorados, ya que el tintineo del oro es beneficioso. Las campanillas y los cuencos cantarines hechos de siete metales (entre ellos el oro y la plata) simbolizan la energía del Sol y de la Luna.

¡CUIDADO!

✱ **NO ES BUENO** tener agua en el noroeste, pues agota el chi de ese rincón.

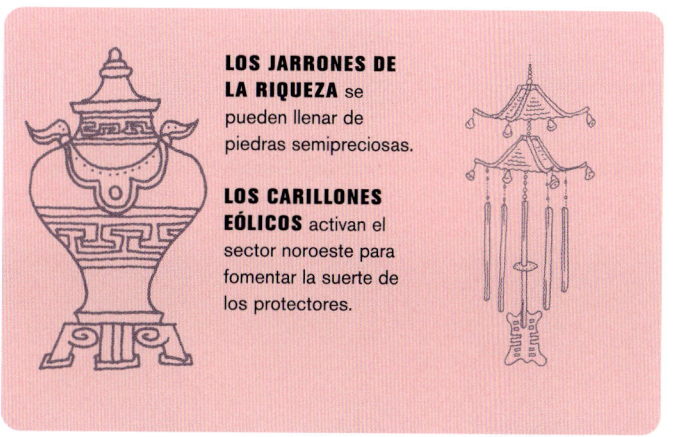

LOS JARRONES DE LA RIQUEZA se pueden llenar de piedras semipreciosas.

LOS CARILLONES EÓLICOS activan el sector noroeste para fomentar la suerte de los protectores.

7. EL SUDESTE: SUERTE DE LA PROSPERIDAD

✱ EL SUDESTE ES EL LUGAR DEL TRIGRAMA SUN, CUYO ELEMENTO ES LA MADERA. EL SUDESTE SIMBOLIZA LOS INGRESOS. LA SUERTE DEL SUDESTE AFECTA A LAS ACTIVIDADES QUE GENERAN INGRESOS. SI QUIERES ATRAERTE MAYORES INGRESOS, CARGA DE ENERGÍA ESTE RINCÓN.

Una pequeña cascada, sobre todo si tiene seis niveles, ayuda a generar chi propicio y atrae la prosperidad.

Las plantas o un jardincillo interior en el sudeste aumentarán el chi del desarrollo para el hogar. Unas hermosas plantas en flor entre buena hierba verde indican el florecimiento de la buena fortuna. Cuando las flores dejen de florecer, deberás poner otras nuevas. En estos tiempos en que existen los jardines instantáneos no hace falta tener grandes dotes de jardinero para dominar el Sheng Chi floreciente de las plantas, que contribuirá a que todos tus planes fructifiquen rápidamente.

La mejor manera de activar la suerte del dinero es construir una pequeña cascada y tener su agua en movimiento constante, con peces, tortugas y bombas de agua, para simular la actividad. Debes decorarla con plantas y flores que estén sanas. Las cascadas, sobre todo si tienen seis niveles, son poderosas para atraer la prosperidad. No es preciso que las instalaciones de agua sean complicadas ni que contengan peces caros. En el feng shui sólo se distingue entre el agua yin, que está estancada, y el agua yang, que se mueve y está llena de chi de la vida.

¡CUIDADO!

✱ **NO ES BUENO** tener luces fuertes en el sudeste, pues agotarían el chi de ese rincón.

8. EL NORDESTE: SUERTE DE LOS ESTUDIOS

✳ EL NORDESTE ES UN RINCÓN DEL ELEMENTO TIERRA. SU TRIGRAMA DOMINANTE ES EL DE LA MONTAÑA, EL KEN, QUE INDICA EL TIEMPO DE FORMACIÓN Y PREPARACIÓN PARA LAS COSAS BUENAS VENIDERAS. ACTIVA ESTE RINCÓN PARA LA SUERTE EN LOS ESTUDIOS.

El poderoso chi del nordeste se puede activar para que traiga el éxito académico, notas excelentes en los exámenes y becas. Además de aplicar la fórmula Kua, elige las orientaciones más propicias para que tu estudiante se siente mirando hacia ellas, al estudiar y al realizar los exámenes. Activa el nordeste del cuarto del estudiante para atraer la suerte de los estudios. Si se carga este rincón con la energía de la tierra, los resultados pueden ser muy potentes. Los cristales son la manifestación más poderosa de la energía de la tierra, y pueden ser naturales o sintéticos, aunque son mejores los naturales. No obstante, la bola de cristal que tiene grabado un mapamundi es lo más eficaz para hacerse con la suerte en los estudios. Pon un mapamundi de cristal sobre una mesa en el rincón nordeste del dormitorio de tu hijo para activar la suerte en los estudios, y apreciarás las mejoras en seguida.

También es buena idea invertir en la compra de un cristal natural en punta para tu hijo. El cristal natural es un depósito muy eficiente de energía y de conocimientos. Que el cristal se convierta en un compañero personal de los estudios de tu hijo y en un amuleto para él. Cuando lo hayas elegido, empieza por limpiarlo de la energía de otras personas dejándolo en remojo en agua de mar o en agua con sal durante siete días y siete noches. Ponlo sobre una mesa al nordeste cuando tu hijo esté estudiando, y bajo su almohada cuando duerma. Lo podrá llevar al aula para que le aporte la suerte de los exámenes. Cuando no se esté usando el cristal, guárdalo envuelto en seda o en terciopelo.

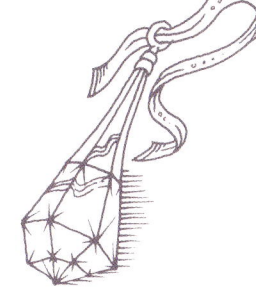

Un cristal natural o un mapamundi de cristal en el rincón nordeste del dormitorio de tu hijo aporta suerte para los estudios.

¡CUIDADO!

✳ **NO ES BUENO** tener luces fuertes en el nordeste, pues agotarían el chi de ese rincón.

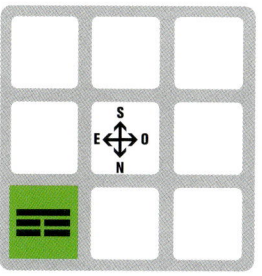

CAPÍTULO 14
LA FÓRMULA DEL KUA DE LAS OCHO ORIENTACIONES

✳ EL FENG SHUI DE LAS OCHO MANSIONES U ORIENTACIONES ES UNA FÓRMULA PERSONALIZADA EN LA QUE SE DIVIDE A LAS PERSONAS EN MIEMBROS DEL GRUPO DEL ESTE Y DEL OESTE, Y TAMBIÉN SE DIVIDE A LAS CASAS EN EDIFICIOS DEL ESTE O DEL OESTE.

Puedes calcular sin gran esfuerzo si eres compatible, o no, con una casa determinada. Cuando la casa y la persona pertenecen al mismo grupo, la casa tiene una afinidad con el individuo, y le traerá buena suerte. Lo que es más importante todavía es que la fórmula del Kua de las Ocho Mansiones te desvela también tus orientaciones afortunadas y desafortunadas, en función de tu sexo y de tu fecha de nacimiento.

Investiga si tu casa es buena para ti comprobando si eres persona del grupo del oeste o del grupo del este.

CÁLCULO DE TU NÚMERO KUA

1. Suma las dos últimas cifras de tu año de nacimiento; si el resultado es un número de dos cifras, suma otra vez las dos cifras hasta que te quede un número de una cifra.

2. Si eres varón, toma el número 10 y réstale esta cifra; la cifra resultante es tu número Kua.

3. Si eres mujer, suma a esta cifra el 5; reduce de nuevo el resultado a una sola cifra si es preciso, y la cifra resultante es tu número Kua.

4. La fórmula se basa en el calendario lunar chino; por tanto, si has nacido en enero o en febrero, comprueba si debes restar un año a tu año de nacimiento según la fecha exacta del Año Nuevo lunar. Para ello, consulta el calendario chino que indica las fechas de su Año Nuevo (véanse páginas 284-285).

EJEMPLO: Un hombre nacido el 6 de junio de 1945. Como su fecha de nacimiento es posterior al inicio del Año Nuevo lunar, no es preciso ajustarla. Se suman las dos últimas cifras del año de nacimiento: 4 + 5 = 9. Se resta del número 10 esta cifra: 10 − 9 = 1; por tanto, el número Kua es el 1.

Nota: para los varones nacidos después del 2000, en vez de restar del número 10 se deberá restar del número 9.

EJEMPLO: Una mujer nacida el 2 de enero de 1958. Dado que la fecha de nacimiento es anterior al Año Nuevo lunar, el año de nacimiento se ajusta al 1957. Se suman las dos últimas cifras del año de nacimiento: 5 + 7 = 12. Se reduce a una cifra: 1 + 2 = 3. Se suma 5 a esta cifra: 3 + 5 = 8; por tanto, el número Kua es el 8.

Nota: para las mujeres nacidas después del 2000, en vez de sumar 5 se deberá sumar 6.

CAPÍTULO 14 — LA FÓRMULA DEL KUA DE LAS OCHO ORIENTACIONES

NÚMEROS KUA Y SUS ASOCIACIONES

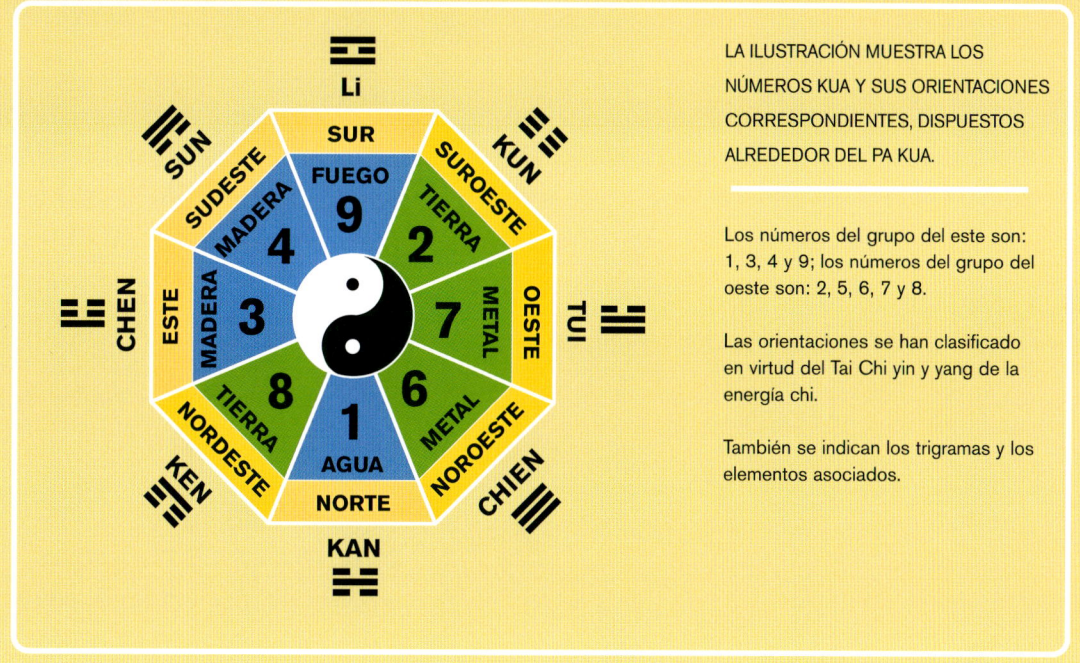

LA ILUSTRACIÓN MUESTRA LOS NÚMEROS KUA Y SUS ORIENTACIONES CORRESPONDIENTES, DISPUESTOS ALREDEDOR DEL PA KUA.

Los números del grupo del este son: 1, 3, 4 y 9; los números del grupo del oeste son: 2, 5, 6, 7 y 8.

Las orientaciones se han clasificado en virtud del Tai Chi yin y yang de la energía chi.

También se indican los trigramas y los elementos asociados.

✳ DETERMINACIÓN DE LOS GRUPOS DEL ESTE Y DEL OESTE

Cuando conozcas tu número Kua, sabrás si eres de los grupos del este o del oeste.

- Las personas del grupo del este tienen los números Kua 1, 3, 4 y 9.
- Las personas del grupo del oeste tienen los números Kua 2, 5, 6, 7 y 8.

Las orientaciones del grupo del este (este, sudeste, norte y sur) son propicias para las personas del grupo del este, mientras que las orientaciones del grupo del oeste son desafortunadas para ellas. Las personas del grupo del este deberían vivir en casas del grupo del este, que son las que están «situadas» en una orientación del grupo del este. También les beneficia vivir en casas que «dan frente» a una orientación del grupo del este. No obstante, teniendo en cuenta que la orientación de situación es exactamente la opuesta a la orientación del frente, las personas del grupo del este pueden aumentar al máximo su suerte viviendo en casas cuyo eje de orientación de situación/del frente es el norte/sur, ya que ambas pertenecen al grupo del este.

Las orientaciones del grupo del oeste (oeste, suroeste, noroeste y nordeste) son propicias para las personas del grupo del oeste, mientras que las orientaciones del grupo del este son desafortunadas para ellas. Las personas del grupo del oeste deberían vivir en casas del grupo del oeste, que son las que están «situadas» en una orientación del grupo del oeste. También les beneficia vivir en casas que «dan frente» a una orientación del grupo del oeste. Teniendo en cuenta que la orientación de situación es exactamente la opuesta a la orientación del frente, las personas del grupo del oeste pueden aumentar al máximo su suerte viviendo en casas cuyo eje de orientación de situación/del frente es el nordeste/suroeste, pues pertenecen al grupo del oeste.

Combina esta información con la que aparece en el diagrama de la página anterior, y en la tabla de ésta, para adaptar a tu medida tu espacio personal. Por ejemplo, si tu número Kua es el 3, entonces sabrás que tu elemento personal es la madera y que tu orientación es el este; por tanto, te resultará beneficioso tener tarima de madera en el suelo y situar tu espacio en el sector este de tu habitación. Del mismo modo, también será beneficioso sentarte dando frente al este. Estas indicaciones resultan especialmente adecuadas para las personas que viven solas y para el feng shui de los espacios de oficina pequeños.

MIRANDO AL ESTE
A las personas cuyo número Kua es el 1, 3, 4 ó 9 les beneficiará sentarse dando frente al este.

✱ AFINANDO TUS ORIENTACIONES PROPICIAS

Tu número Kua te revelará también el resto de tus orientaciones propicias y no propicias. La fórmula del feng shui de las Ocho Mansiones

ATRIBUTOS DE TU NÚMERO KUA

EN EL FENG SHUI DE LAS OCHO MANSIONES SE CONSIDERA QUE TU NÚMERO KUA ES TU NÚMERO DE LA SUERTE. INDICA TAMBIÉN TU ELEMENTO KUA PERSONAL Y TU TRIGRAMA PERSONAL A EFECTOS DEL FENG SHUI, ADEMÁS DE TU COLOR O COLORES MÁS PROPICIOS Y TUS ORIENTACIONES PARA EL DESARROLLO PERSONAL.

NÚMERO KUA	TU ELEMENTO KUA	TU TRIGRAMA KUA	MEJOR COLOR PARA TU CASA	MEJOR ORIENTACIÓN PARA EL CRECIMIENTO PERSONAL
1	Agua	Kan	Blanco	Norte
2	Tierra	Kun	Rojo/Amarillo	Suroeste
3	Madera	Chen	Azul/Verde	Este
4	Madera	Sun	Azul/Verde	Sudeste
5	Tierra	Kun/Ken	Rojo/Amarillo	Suroeste/Nordeste
6	Metal	Chien	Amarillo/Blanco	Noroeste
7	Metal	Tui	Amarillo/Blanco	Oeste
8	Tierra	Ken	Rojo/Amarillo	Nordeste
9	Fuego	Li	Verde/Rojo	Sur

CASAS DEL GRUPO DEL ESTE Y DEL GRUPO DEL OESTE

LAS OCHO ORIENTACIONES DEL SÍMBOLO PA KUA REPRESENTAN OCHO TIPOS DE CASAS, QUE SE DIVIDEN EN CASAS DEL GRUPO DEL ESTE Y DEL GRUPO DEL OESTE.

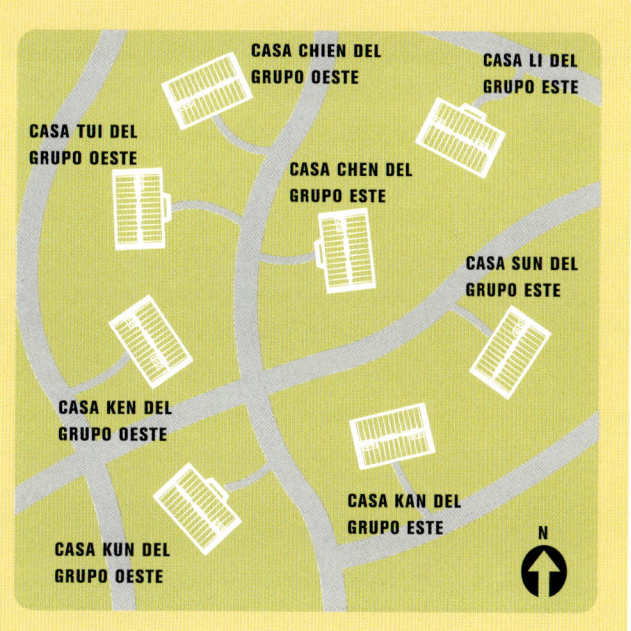

Las casas del este están situadas en una de las orientaciones del grupo del este; las casas del oeste están situadas en una de las orientaciones del grupo del oeste. Las casas del este están asociadas a los elementos agua, madera y fuego. Así se produce la armonía del ciclo creativo: el agua produce madera, y la madera produce fuego. Para mejorar el feng shui, utiliza plantas, flores, luces fuertes y objetos de agua cerca de la puerta principal o en los sectores de los elementos (véase abajo). Las casas del oeste se asocian al metal y a la tierra. Para mejorar el feng shui de estas casas utiliza carillones eólicos y cristales naturales en los sectores relevantes.

EL GRUPO DE TU CASA Y SUS ATRIBUTOS

PARA DETERMINAR SI TU CASA ES DEL GRUPO DEL ESTE O DEL GRUPO DEL OESTE, OBSERVA LA ORIENTACIÓN DE TUS PUERTAS PRINCIPAL Y TRASERA (MIRANDO HACIA FUERA DESDE DENTRO). EN CASO DE DUDA, LA PUERTA TRASERA ES EL FACTOR DETERMINANTE. POR EJEMPLO, SI TU PUERTA TRASERA DA FRENTE AL NORTE Y TU PUERTA PRINCIPAL DA FRENTE AL SUDESTE, TU CASA ES KAN (NO CHIEN).

	TRIGRAMA	ORIENTACIÓN DE LA PUERTA PRINCIPAL	ORIENTACIÓN DE LA PUERTA TRASERA	ELEMENTO
CASAS DEL GRUPO DEL ESTE	Li	Norte	Sur	Fuego
	Kan	Sur	Norte	Agua
	Chen	Oeste	Este	Madera
	Sun	Noroeste	Sudeste	Madera
CASAS DEL GRUPO DEL OESTE	Chien	Sudeste	Noroeste	Metal
	Kun	Nordeste	Suroeste	Tierra
	Ken	Suroeste	Nordeste	Tierra
	Tui	Este	Oeste	Metal

divide el espacio de la casa en ocho sectores, cada uno de los cuales representa un tipo de suerte. En todo espacio hay cuatro sectores de buena suerte y otros cuatro de mala suerte; de aquí procede el nombre de las Ocho Mansiones. Que aparezcan o no estos tipos de suerte en los sectores de tu casa depende de tu número Kua. Los tipos de suerte se describen con detalle en la tabla de la página siguiente, y su situación se indica en las tablas de páginas posteriores.

Los cuatro tipos de suerte positiva son los siguientes:

✱ Sheng Chi: riqueza y éxito.
✱ Nien Yen: amor y matrimonio.
✱ Tien Yi: salud y longevidad.
✱ Fu Wei: crecimiento y desarrollo personal.

Los cuatro tipos de suerte negativa son los siguientes:

✱ Ho Hai: tener mala suerte.
✱ Wu Kwei (Cinco Fantasmas): cinco tipos de personas malas actúan contra ti.
✱ Lui Shar (Seis Matanzas): encontrar seis tipos de desventuras.
✱ Chueh Ming: pérdida total.

Puedes aplicar el feng shui de las Ocho Mansiones para determinar si tu dormitorio tiene buena o mala suerte para ti, y si tiene el tipo de buena suerte que deseas. Del mismo modo, puedes determinar si tu puerta principal tiene la suerte que deseas, cuál es el lugar ideal para poner tu cocina y cuál es la mejor orientación para acostarte a dormir.

CASA DEL GRUPO DEL OESTE PARA PERSONAS DEL GRUPO DEL OESTE Y DEL ESTE

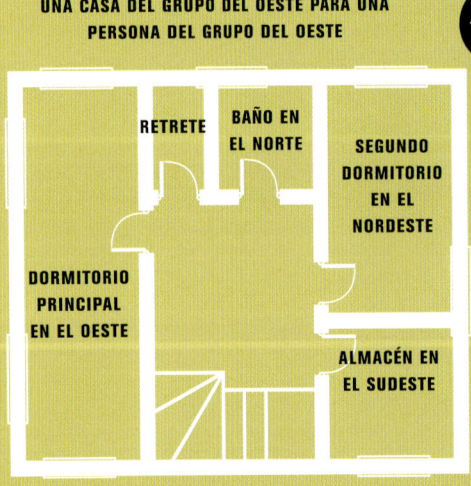

Las orientaciones noroeste, suroeste y oeste son las mejores para una persona del grupo del oeste. Pon en estos sectores los estudios y los dormitorios; evita poner allí los retretes.

El sur, el este, el norte y el sudeste son las mejores situaciones para una persona del grupo del este. El sur y el sudeste son las mejores situaciones para el dormitorio.

SITUACIONES Y ORIENTACIONES DE BUENA Y MALA SUERTE

BUENA SUERTE

* **SHENG CHI (RIQUEZA)** representa el lugar y la orientación que aportan la suerte de la riqueza y de la prosperidad. Lo ideal sería que se correspondiera siempre con la entrada de tu casa o del edificio donde está tu piso. Cuando tu orientación de situación o del frente se corresponde con tu orientación Sheng Chi, no dejes de activar esta parte de la casa, pues así gozarás de la suerte de la prosperidad.

* **NIEN YEN (AMOR)** representa el lugar y la orientación que te traerán buena suerte para el amor y el matrimonio. También contribuirán a tu suerte de los descendientes. Duerme con la cabeza hacia esa orientación si quieres encontrar pareja o si a tu vida le falta romanticismo y amor.

* **TIEN YI (SALUD)** indica la habitación y la orientación que te aportan mejor suerte para la salud y la longevidad. Los miembros de la familia que tiendan a padecer enfermedades deben alojarse en cuartos que se correspondan con su orientación Tien Yi.

* **FU WEI (DESARROLLO PERSONAL)** indica el espacio y la orientación que aportan la suerte para el desarrollo personal destacado. Esta zona de la casa beneficia a los escolares y a los estudiantes.

MALA SUERTE

* **HO HAI (MALA SUERTE)** representa el lugar y la orientación de una mala suerte moderada. Si pasas tiempo en una habitación Ho Hai, te encontrarás con molestias e irritaciones de poca importancia. Los proyectos tardarán más tiempo en fructificar y tendrás tropiezos y contratiempos.

* **WU KWEI (CINCO FANTASMAS)** representa la orientación de los problemas en las relaciones personales, la mala suerte asociada a las personas revoltosas y a los chismes y habladurías. La mala suerte de los Cinco Fantasmas se puede convertir en algunas ocasiones en una buena suerte inmensa por medio de las tablas de feng shui propicio, aplicando otros sistemas y fórmulas, tales como la Estrella Voladora (véase capítulo 15).

* **LUI SHAR (SEIS MATANZAS)** representa seis tipos de desventuras. La mala suerte en este caso se puede calificar de grave y viene en tropel. La enfermedad, la pérdida, la muerte, la pérdida de la reputación, la pérdida de riqueza y la pérdida de descendientes son las posibles desventuras, aunque adoptan muchas manifestaciones distintas.

* **CHUEH MING (PÉRDIDA TOTAL)** representa un estado de pérdida total. Puede significar la ruina, o incluso la destrucción de la familia. No estés nunca en una habitación afligida por tu orientación personal Chueh Ming, a no ser que la carta de la Estrella Voladora indique un cambio de suerte.

AFINANDO LA APLICACIÓN

✽ APLICA LAS OCHO MANSIONES ASEGURÁNDOTE DE QUE NO OCUPAS UNA HABITACIÓN QUE SE CORRESPONDA CON NINGUNO DE LOS SECTORES DE LAS ORIENTACIONES DE MALA SUERTE.

Asegúrate de que duermes con la cabeza señalando en una de tus direcciones de buena suerte. Usa las tablas de ayuda de la página siguiente.

Debes evitar sentarte, acostarte o trabajar dando frente a una orientación de mala suerte. La clave de la buena suerte es pasar tiempo en una habitación que te aporte una de tus cuatro clases de buena suerte, y trabajar dando el frente a alguna de tus orientaciones de buena suerte.

Puedes afinar todavía más la aplicación procurando sentarte dando el frente a tu orientación Sheng Chi si quieres alcanzar la riqueza y el éxito, o acostándote con la cabeza hacia tu orientación Nien Yen si quieres encontrar el amor. Del mismo modo, debes dar el frente a tu orientación Fu Wei cuando estudies, y a tu orientación Tien Yi para recuperarte de una enfermedad. Las posibilidades del feng shui son infinitas, y puedes poner en juego toda tu creatividad para aplicar tus orientaciones personales. Sólo necesitas una buena brújula y las tablas de la página siguiente para determinar las ocho orientaciones para cada uno de los nueve números Kua.

CAPÍTULO 14 ◐ LA FÓRMULA DEL KUA DE LAS OCHO ORIENTACIONES

GRUPO DEL ESTE: SECTORES DE SUERTE

NÚMERO KUA	1	3	4	9
SHENG CHI: RIQUEZA	Sudeste	Sur	Norte	Este
NIEN YEN: AMOR	Sur	Sudeste	Este	Norte
TIEN YI: SALUD	Este	Norte	Sur	Sudeste
FU WEI: DESARROLLO PERSONAL	Norte	Este	Sudeste	Sur
HO HAI: MALA SUERTE	Oeste	Suroeste	Noroeste	Nordeste
WU KWEI: CINCO FANTASMAS	Nordeste	Noroeste	Suroeste	Oeste
LUI SHAR: SEIS MATANZAS	Noroeste	Nordeste	Oeste	Suroeste
CHUEH MING: PÉRDIDA TOTAL	Suroeste	Oeste	Nordeste	Noroeste

GRUPO DEL OESTE: SECTORES DE SUERTE

NÚMERO KUA	5 (HOMBRE)	5 (MUJER)	2 (TODOS)	6 (TODOS)	7 (TODOS)	8 (TODOS)
SHENG CHI: RIQUEZA	Nordeste	Suroeste	Nordeste	Oeste	Noroeste	Suroeste
NIEN YEN: AMOR	Noroeste	Oeste	Noroeste	Suroeste	Nordeste	Oeste
TIEN YI: SALUD	Oeste	Noroeste	Oeste	Nordeste	Suroeste	Noroeste
FU WEI: DESARROLLO PERSONAL	Suroeste	Nordeste	Suroeste	Noroeste	Oeste	Nordeste
HO HAI: MALA SUERTE	Este	Sur	Este	Sudeste	Norte	Sur
WU KWEI: CINCO FANTASMAS	Sudeste	Norte	Sudeste	Este	Sur	Norte
LUI SHAR: SEIS MATANZAS	Sur	Este	Sur	Norte	Sudeste	Este
CHUEH MING: PÉRDIDA TOTAL	Norte	Sudeste	Norte	Sur	Este	Sudeste

APLICAR LAS OCHO MANSIONES

✱ DADO QUE ESTA ES UNA FÓRMULA PERSONALIZADA, LO MÁS CONVENIENTE ES QUE LA INCORPORES EN TU VIDA USANDO TUS ORIENTACIONES MÁS PROPICIAS PARA TRABAJAR, PARA DORMIR Y PARA EMPRENDER CUALQUIER TIPO DE ACTIVIDAD.

Vale la pena comprarse una buena brújula y aprender a leer bien las orientaciones.

Si aprendes tu conjunto personal de orientaciones de buena y mala suerte, y llevas una brújula, no te encontrarás en una mala situación. Podrás evitar que te obliguen a dar el frente a una orientación de pérdida total.

Es importante que empieces por determinar si eres persona de los Grupos del Este o del Oeste, y si vives en una casa de los Grupos del Este o del Oeste. Las personas del Grupo del Oeste que viven en casas del Grupo del Este descubrirán que la distribución de la suerte en la casa choca con sus propias orientaciones personales de buena y de mala suerte. Si eres el padre o la madre de la familia, debes ocupar una habitación que te traiga buena suerte, tanto según la carta de la casa como según tu número Kua personal. Si eres hijo o pariente, aplica tu número Kua para elegir las habitaciones que más te convengan, sin tener en cuenta la carta de las Ocho Mansiones de la casa (una cuadrícula que se superpone sobre la distribución de la casa, y que muestra los ocho sectores de buena y de mala suerte).

EMPLEO DE LA FÓRMULA DE LAS OCHO MANSIONES

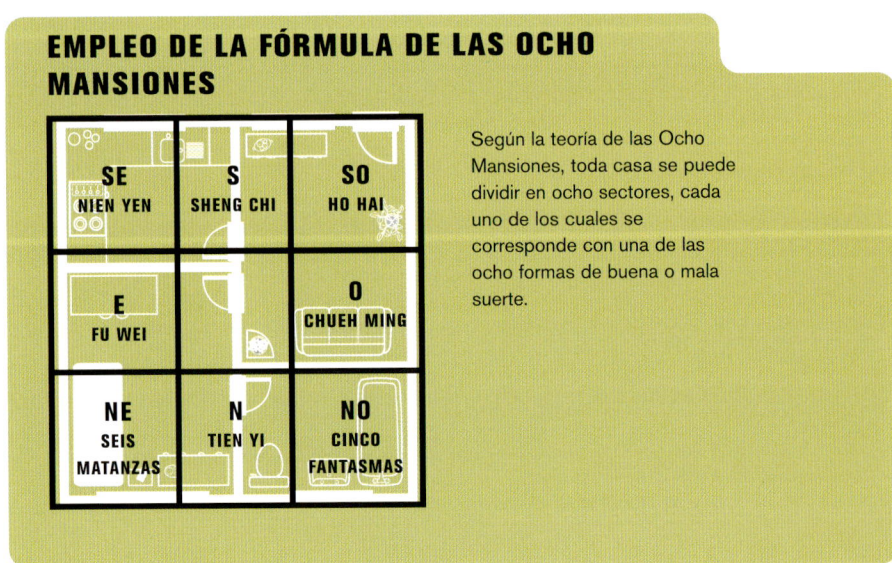

Según la teoría de las Ocho Mansiones, toda casa se puede dividir en ocho sectores, cada uno de los cuales se corresponde con una de las ocho formas de buena o mala suerte.

PRÁCTICA DE LAS OCHO MANSIONES: DIRECTRICES

✱ **DUERME SIEMPRE** con la cabeza hacia una de tus orientaciones mejores, eligiendo aquella que se corresponda con lo que más deseas (riqueza, salud, amor o desarrollo personal). Coloca tu cama de modo que accedas a tu orientación deseada, pero al hacerlo ten en cuenta también las demás prevenciones relacionadas con el dormitorio.

✱ **SIÉNTATE O PONTE** de pie dando frente siempre a una de tus orientaciones mejores cuando estés trabajando o haciendo una presentación, pidiendo un aumento de sueldo, negociando un contrato, haciendo una venta, hablando por teléfono, realizando una actuación... La lista de aplicaciones es interminable.

✱ **SITÚA LA ENTRADA** principal de tu casa en un sector de buena orientación, y dando frente a tu orientación buena. Este es un elemento importante de feng shui, aunque ten presente que la Estrella Voladora puede imponerse sobre las Ocho Mansiones en lo que respecta a la situación y dirección del frente óptima de la puerta principal.

✱ **SI TE TRASLADAS,** asegúrate de que cuando llegues a tu nueva ubicación vienes de una de tus orientaciones buenas. Esto garantizará que traes contigo la buena suerte al trasladarte.

✱ **SITÚA TU COCINA** en uno de los sectores de orientación de mala suerte, pues esto servirá para suprimir tu mala suerte personal.

✱ **DISPÓN TODAS** las teteras eléctricas, hornos, ollas eléctricas y tostadoras de modo que la electricidad que llega al aparato proceda de una de tus orientaciones buenas. Esto hace que la energía chi que se usa para cocinar o para hervir agua sea propicia.

CAPÍTULO 15
FENG SHUI DE LA ESTRELLA VOLADORA O PERÍODOS

✱ EL FENG SHUI DE LA ESTRELLA VOLADORA ES UNA DE LAS FÓRMULAS MÁS POTENTES Y DE EFECTO RÁPIDO, Y HA ADQUIRIDO CADA VEZ MÁS POPULARIDAD EN LOS ÚLTIMOS AÑOS ENTRE LOS PRACTICANTES DEL FENG SHUI. ES LA RAMA DEL FENG SHUI BASADO EN FÓRMULAS DE LA BRÚJULA QUE ESTUDIA LOS CAMBIOS EN LA ENERGÍA CHI A LO LARGO DEL TIEMPO.

7
4 de febrero de 1984 →
4 de febrero de 2004

8
4 de febrero de 2004 →
4 de febrero de 2024

El feng shui de la Estrella Voladora introduce el concepto de las cartas natales de las casas y de los edificios. Estas cartas son como un plano de los sectores de suerte y de las aflicciones de cualquier edificio, y ofrecen una base para analizar y diagnosticar el feng shui de los edificios y de las casas. Las cartas natales revelan la distribución de la suerte de las relaciones personales y de la riqueza en cualquier edificio, en cada uno de los ciclos temporales.

Cada ciclo temporal dura veinte años. Nos encontramos ahora en el Período Ocho, que empezó el 4 de febrero del 2004 y terminará el 4 de febrero del 2024. Así pues, el año 2004 se considera crucial en el mundo del feng shui. En el primer año de cada período se producirán muchos cambios significativos, por el cambio y los desplazamientos de la energía. En muchos países cambiarán los políticos. También cambiarán las tendencias y el mapa de la suerte del mundo. El feng Shui de la Estrella Voladora introduce en el feng shui el elemento de predicción, pues estudia la fortuna de los lugares y de los espacios a lo largo del tiempo.

Las cartas de la Estrella Voladora se trazan en función de la orientación del frente de los edificios (incluidas las casas residenciales), así como de la antigüedad del edificio (su fecha de primera construcción o de su última renovación). En las cartas natales de la Estrella Voladora también se pueden incorporar números de meses y de años para ampliar el alcance de la investigación del feng shui, ofreciendo así indicaciones sobre el modo de mejorar tus interiores.

Lo que es más importante es que las cartas de la Estrella Voladora ofrecen un plano que permite captar la suerte de la riqueza y de las relaciones personales en cualquier casa o edificio. Esto se consigue identificando las estrellas propicias de la Montaña y del Agua en la carta, y activándolas allí donde se presenten en la casa. En la página siguiente presentamos unos ejemplos típicos de cartas de la Estrella Voladora, en las que señalamos las estrellas de la Montaña y del Agua (están indicadas por los números pequeños de la parte superior izquierda y derecha de cada casilla).

La Estrella Voladora es una de las ramas

CAPÍTULO 15 ◐ FENG SHUI DE LA ESTRELLA VOLADORA O PERÍODOS   125

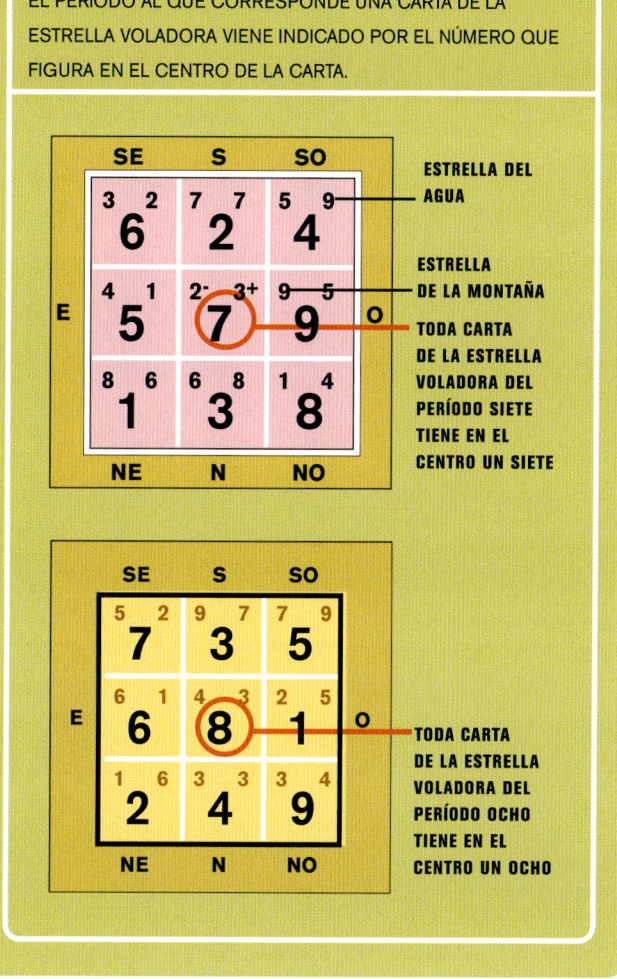

PERÍODOS DE LA ESTRELLA VOLADORA

EL PERÍODO AL QUE CORRESPONDE UNA CARTA DE LA ESTRELLA VOLADORA VIENE INDICADO POR EL NÚMERO QUE FIGURA EN EL CENTRO DE LA CARTA.

TODA CARTA DE LA ESTRELLA VOLADORA DEL PERÍODO SIETE TIENE EN EL CENTRO UN SIETE

TODA CARTA DE LA ESTRELLA VOLADORA DEL PERÍODO OCHO TIENE EN EL CENTRO UN OCHO

más interesantes del feng shui de las fórmulas de la brújula. Sus aplicaciones son poderosas y dan resultado rápido. Debe su potencia a la combinación del tiempo y el espacio para crear un campo de energía dentro de cada casa, con el resultado de que la suerte llega a raudales.

Recuerda que si bien el espacio y las orientaciones se mantienen constantes, el tiempo cambia, y cada nuevo ciclo de tiempo trae consigo nuevas influencias de energía que afectan a la salud, a la riqueza, a la situación financiera, a las relaciones amorosas, al matrimonio, a la familia y al desarrollo personal. Esta es la promesa apasionante del feng shui de la Estrella Voladora. Si sabes usarlo, tu vida será favorable para siempre.

En el Período Ocho se verá un aumento de la influencia de los países y Estados que se encuentran en la parte nordeste de las masas terrestres.

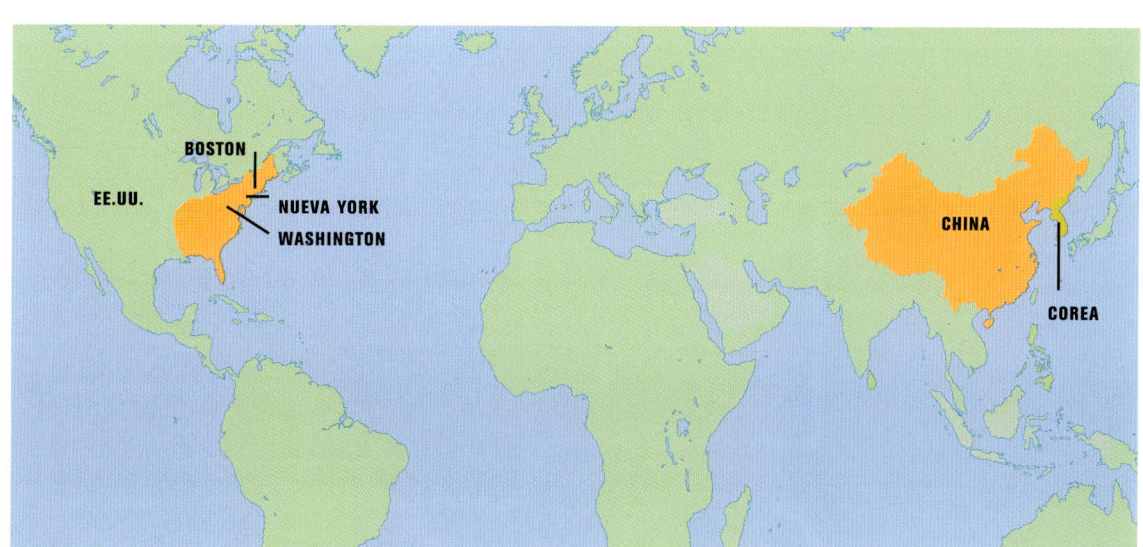

LA ANTIGÜEDAD DE LOS EDIFICIOS

✱ EL FENG SHUI DE LA ESTRELLA VOLADORA SE BASA EN LA PREMISA DE QUE LA SUERTE DE LOS EDIFICIOS NO ES NUNCA ESTÁTICA, SINO QUE CAMBIA CON EL TRANSCURSO DEL TIEMPO. TIENE EN CUENTA LA ANTIGÜEDAD DE LOS EDIFICIOS Y EL CAMBIO DE LA ENERGÍA A LO LARGO DE LOS PERÍODOS TEMPORALES.

Aplicando la carta de la Estrella Voladora a un piso que da frente al norte, en el Período Siete, el siete doble propicio (Estrellas de la Montaña y del Agua) aparece en la parte trasera de la casa. Este doble resulta desafortunado en el Período Ocho, en el que el número afortunado es el ocho.

Una era completa es un período de tiempo que dura ciento ochenta años, compuesto de tres ciclos de sesenta años cada uno, llamados ciclo Inferior, Medio y Superior. Cada ciclo tiene tres períodos de veinte años, y cada período está regido por un número de una cifra, llamado número reinante de ese período. Ahora estamos viviendo el Período Ocho.

Las cartas natales se preparan en función de la dirección del frente y de la antigüedad del edificio. La antigüedad se refiere al tiempo transcurrido desde que se construyó o desde su última renovación. En cualquier período hay dieciséis cartas natales diferentes (véase conjunto completo de cartas para el Período Siete y para el Período Ocho en las páginas 138-145), y en cada carta hay nueve casillas, dentro de las cuales hay al menos tres números.

La carta demarca el espacio en nueve sectores. En virtud de los números que se encuentran en cada casilla se interpretan la suerte del sector correspondiente del edificio y los indicadores de la suerte de la riqueza y de las relaciones personales para cada sector durante un período de veinte años.

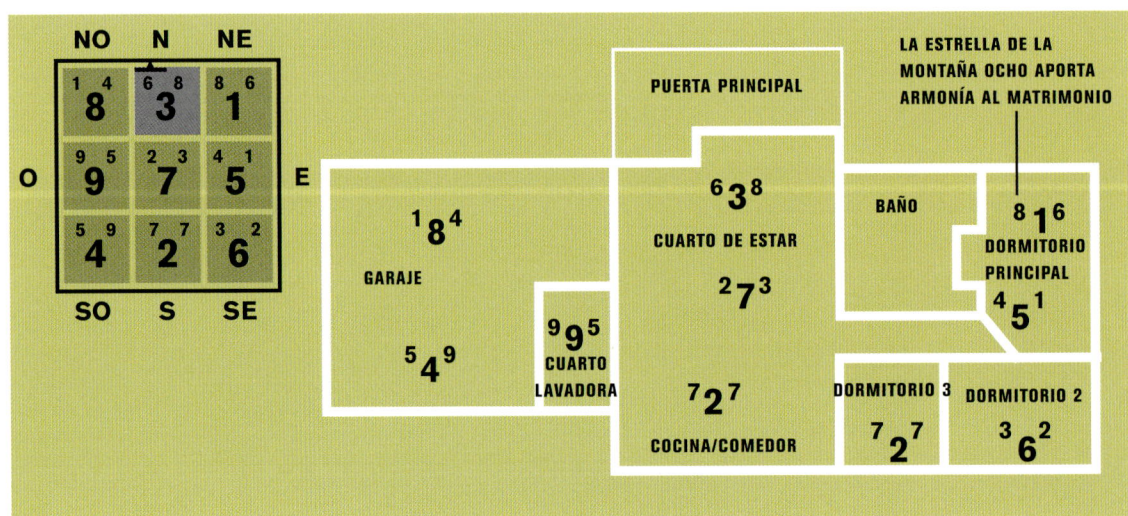

CAPÍTULO 15 · FENG SHUI DE LA ESTRELLA VOLADORA O PERÍODOS

APRENDIZAJE DEL FENG SHUI DE LA ESTRELLA VOLADORA

EL APRENDIZAJE DEL FENG SHUI DE LA ESTRELLA VOLADORA EXIGE UN CONOCIMIENTO BÁSICO DEL CUADRADO LO SHU (VÉASE PÁGINA 48) Y SU SECUENCIA NUMÉRICA. PERO ES POSIBLE QUE ESTO NO BASTE PARA TRAZAR LAS CARTAS. EL FENG SHUI DE LA ESTRELLA VOLADORA TIENE PUNTOS DISCUTIDOS EN LOS QUE NO TODOS LOS PRACTICANTES PROFESIONALES ESTÁN DE ACUERDO. A NO SER QUE HAYAS SEGUIDO UN CURSO FORMAL DE ESTUDIOS, PUEDES LLEGAR A SENTIRTE ALGO FRUSTRADO AL USAR ESTAS CARTAS. LOS ASESORES PROFESIONALES TIENDEN A SER DISCRETOS A LA HORA DE COMENTAR SU PLANTEAMIENTO DEL FENG SHUI; POR ELLO, TE VENDRÁ BIEN SER CONSCIENTE DE LAS POSIBLES DIFERENCIAS DE ENFOQUE.

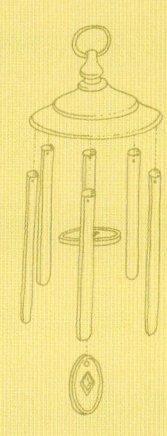

✱ **NO TODOS LOS EXPERTOS** están de acuerdo en cuál es la fecha que determina la antigüedad de un edificio. Algunos dicen que es la fecha en que quedó construido por completo. Otros dicen que es la de su última renovación, aunque no se ponen de acuerdo en cómo se define exactamente la renovación. El período a que pertenece la casa es un punto fundamental, pues es la base de la carta natal.

✱ **NO TODOS LOS EXPERTOS** están de acuerdo en cómo se determina la orientación del frente de un edificio. Unos dicen que es aquella en que la casa da frente a la calle o carretera; otros, que es aquella en que mira a la vista más despejada, y algunos, que es la orientación del frente de la puerta principal. Esta cuestión requiere juicio y estudio sobre el terreno.

✱ **NO TODOS LOS EXPERTOS** están de acuerdo en cuáles son las curaciones recomendables para las aflicciones de la Estrella Voladora. Una pequeña minoría se empeña en afirmar que no hay más curación que desocupar las habitaciones afligidas. Otros muchos aplican la práctica poderosa del feng shui simbólico y la teoría de los cinco elementos para recomendar curaciones que dan resultado contra las aflicciones de la Estrella Voladora.

Si bien no pretendemos enseñar el feng shui de la Estrella Voladora en su forma completa, presentamos una información suficiente para que puedas diseñar un feng shui excelente para tus interiores, el tipo de feng shui que activará la buena fortuna en los sectores de tu hogar que corresponden a la riqueza y a las relaciones personales.

A partir de la carta de la Estrella Voladora, cualquier persona puede identificar la parte más afortunada de la casa, e incluso la parte más afortunada de cada habitación. Una vez identificado el sector afortunado, será posible activar la suerte que allí se contiene aplicando los métodos de feng shui que exponemos en este libro.

LA ESTRELLA VOLADORA DE FORMA SENCILLA

✱ AQUÍ PRESENTAMOS EL CONJUNTO COMPLETO DE LAS CARTAS DE LA ESTRELLA VOLADORA DE APLICACIÓN PARA CASAS, EDIFICIOS Y PISOS DEL PERÍODO SIETE (VÉANSE PÁGINAS 138-141). LA MAYORÍA DE LAS PERSONAS VIVIMOS ACTUALMENTE EN CASAS DEL PERÍODO SIETE. TAMBIÉN PRESENTAMOS LAS CARTAS DEL PERÍODO OCHO (VÉANSE PÁGINAS 142-145), YA QUE MUCHA GENTE RENOVARÁ SUS CASAS O SE MUDARÁ A CASAS DEL PERÍODO OCHO.

A partir de estas tablas, es probable que identifiques la que resulta de aplicación para tu casa. Practicarás el análisis superponiendo la carta sobre el plano de tu casa. Lo que debes aprender es el modo de seleccionar la carta que se aplica a tu casa.

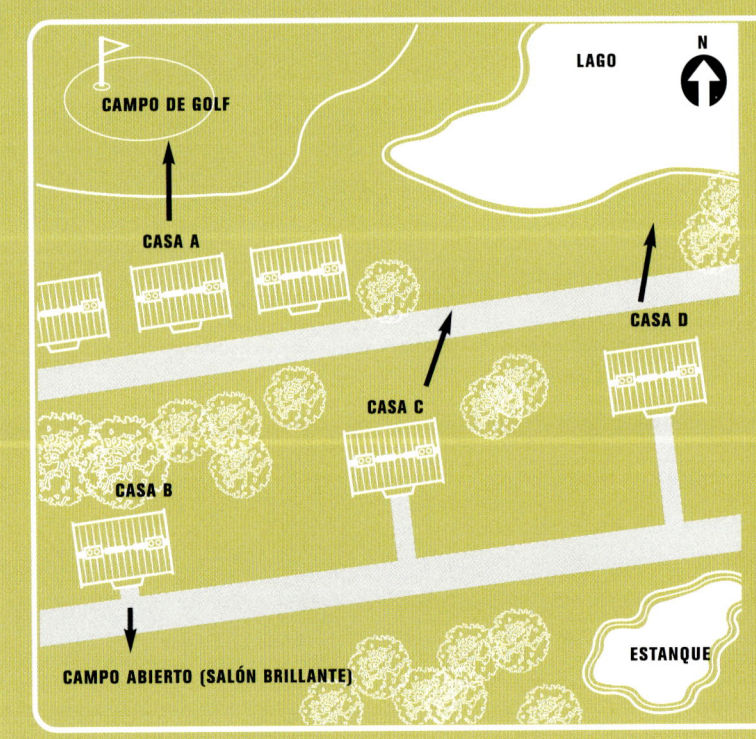

CÓMO DETERMINAR LA DIRECCIÓN DEL FRENTE DE UNA CASA

LA ORIENTACIÓN DEL FRENTE PUEDE SER UN DESAFÍO. AUNQUE TODAS LAS CASAS DEL PLANO TIENEN UNA PUERTA PRINCIPAL QUE DA A LA CARRETERA, ALGUNAS TIENEN OTRA ORIENTACIÓN, Y HABRÍA QUE COMPROBAR SOBRE EL TERRENO.

LA CASA A tiene vista al norte por su parte posterior, sobre un campo de golf.

LA CASA B tiene vista al sur sobre un campo abierto y despejado. Esta es también la orientación del frente de la puerta principal.

LAS CASAS C/D tienen vistas al nordeste/norte, hacia un lago.

CÓMO APLICAR EL FENG SHUI DE LA ESTRELLA VOLADORA

EN PRIMER LUGAR, debes determinar dos cosas:

LA ANTIGÜEDAD DE TU CASA

✱ ¿Cuándo se construyó tu casa? ¿Cuándo se realizó la última renovación? Así se determina el período al que pertenece el edificio. Dado que el Período Siete comenzó en 1984, la mayor parte de las viviendas de los lectores pertenecerán a este período, pues serán muchos los que habrán renovado su casa en los últimos veinte años. Si renuevas tu casa en los veinte años a partir del 2004, se convertirá en una casa del Período Ocho. Esto puede ser deseable, ya que el número siete es ahora muy desafortunado. Si no puedes hacer renovaciones, deberás aplicar remedios de feng shui para contener la influencia de este número. En las cartas de las páginas 138-145 se indica qué casas pueden estar necesitadas de renovaciones o de curaciones, pero confírmalo pidiendo consejo a un experto.

LA DIRECCIÓN DEL FRENTE DE TU CASA

✱ Necesitarás una buena brújula que indique las tres suborientaciones de cada una de las ocho orientaciones principales (véase página 130). Determina la orientación del frente de la casa, no sólo la de la puerta principal. Lo más frecuente es que la puerta principal y la casa den el frente a una misma orientación, pero no siempre es así. Observa desde todas las orientaciones tu casa o el edificio donde está tu piso. Considera cuál es la fuente principal de energía yang, que suele ser la calle o carretera principal. Considera hacia dónde da frente la puerta principal, y úsala como orientación a no ser que la puerta dé frente a un garaje o a una pared en dirección distinta a la calle o carretera principal.

✱ Puede resultar difícil determinar la orientación del frente en los edificios de pisos y apartamentos que tienen más de una entrada. Busca la orientación que dé frente a la calle, o carretera, o a la vista más despejada (de colinas lejanas, una ciudad, un lago, un estanque o una pradera) y utilízala como orientación del frente de tu casa (véase página 32). En caso de duda, analiza un par de cartas alternativas para determinar cuál es la que se ajusta mejor a la suerte actual de tu casa.

CÓMO DETERMINAR LA ORIENTACIÓN DEL FRENTE DE UN EDIFICIO

LAS ORIENTACIONES DEL FRENTE DE LOS EDIFICIOS SON EL SENTIDO EN QUE DAN FRENTE A LA CARRETERA O CALLE CONTIGUA, SALVO SI ESTÁN SITUADOS EN UN CRUCE O SOBRE UNA LOMA, O SI HAY GRANDES VISTAS DESPEJADAS POR LA PARTE TRASERA.

ORIENTACIONES DEL FRENTE:

EDIFICIO 1: Orientación de la vista de la ciudad.

EDIFICIO 2: Orientación de la pradera.

EDIFICIO 3: Orientación de la entrada.

EDIFICIO 4: Orientación de la pradera.

EDIFICIO 5: Orientación de la vista del valle.

LAS ORIENTACIONES DE LAS VEINTICUATRO MONTAÑAS

✳ ESTE ES EL NOMBRE QUE SE DA A LAS VEINTICUATRO ORIENTACIONES QUE SE UTILIZAN EN EL FENG SHUI DE LA ESTRELLA VOLADORA. CADA UNA DE LAS OCHO ORIENTACIONES PRINCIPALES SE DIVIDEN EN TRES SUBORIENTACIONES, DE LO QUE RESULTA UN TOTAL DE VEINTICUATRO SUBORIENTACIONES.

Para la buena práctica del feng shui necesitarás una brújula que muestre las tres subdivisiones de cada una de las cuatro orientaciones principales.

Esto significa que el sur se divide en sur 1, sur 2 y sur 3; el oeste, en oeste 1, oeste 2 y oeste 3, y así sucesivamente. Cada suborientación ocupa quince grados.

Para determinar tu dirección del frente y encontrar la carta que corresponde a tu casa, consulta la tabla de la página siguiente y busca la orientación que corresponda a la orientación del frente de tu casa.

Si tu casa es un edificio del Período Siete o del Período Ocho, en las páginas 138-145 encontrarás la carta de la Estrella Voladora que le corresponde. Y lo que es más importante, todavía podrás identificar tus estrellas propicias del Agua y de la Montaña para aumentar tu riqueza y mejorar tu suerte de las relaciones personales.

Si vives en un piso o apartamento, considera la dirección del frente de todo el edificio y aplícala para identificar la carta natal relevante. No olvides comprobar la antigüedad del edificio. Después, utilizando esa misma carta natal, superponla sobre el plano de distribución de tu piso para lle-

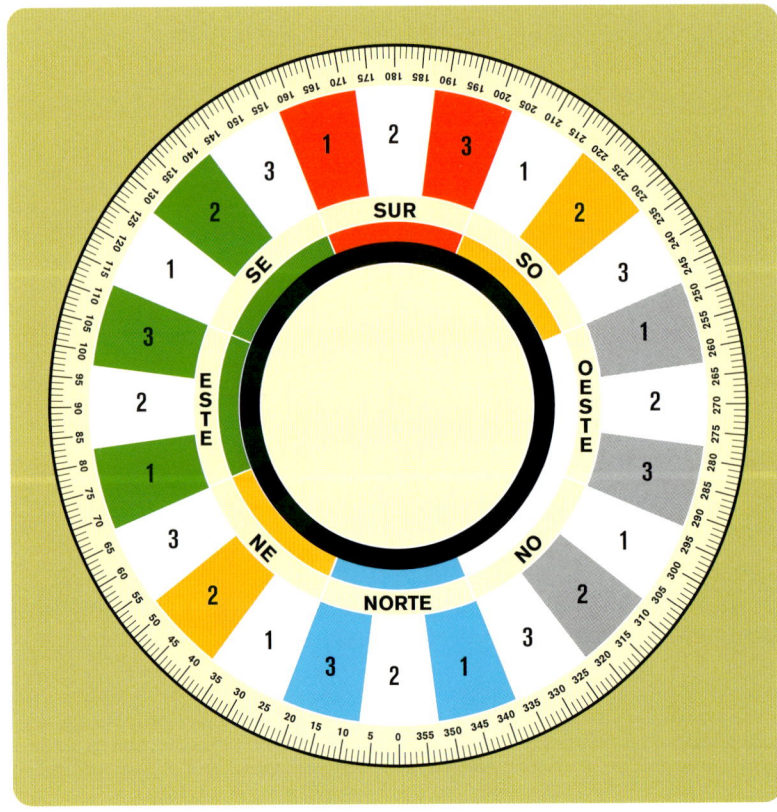

ORIENTACIONES DE LAS MONTAÑAS

SECTOR DE LA BRÚJULA (PARA ORIENTACIÓN DEL FRENTE DEL EDIFICIO/PUERTA PRINCIPAL)	RUMBO EXACTO EN GRADOS MEDIDO CON UNA BRÚJULA FIABLE
Sur 1	157,5 a 172,5
Sur 2	172,5 a 187,5
Sur 3	187,5 a 202,5
Suroeste 1	202,5 a 217,5
Suroeste 2	217,5 a 232,5
Suroeste 3	232,5 a 247,5
Oeste 1	247,5 a 262,5
Oeste 2	262,5 a 277,5
Oeste 3	277,5 a 292,5
Noroeste 1	292,5 a 307,5
Noroeste 2	307,5 a 322,5
Noroeste 3	322,5 a 337,5
Norte 1	337,5 a 352,5
Norte 2	352,5 a 007,5
Norte 3	007,5 a 022,5
Nordeste 1	022,5 a 037,5
Nordeste 2	037,5 a 052,5
Nordeste 3	052,5 a 067,5
Este 1	067,5 a 082,5
Este 2	082,5 a 097,5
Este 3	097,5 a 112,5
Sudeste 1	112,5 a 127,5
Sudeste 2	127,5 a 142,5
Sudeste 3	142,5 a 157,5

var a cabo el análisis. Deberás identificar también la situación de tu piso dentro de la carta natal del edificio.

Esto te dará la idea general de la suerte de tu piso, pues podrás ver al momento si los números de la casilla correspondiente son propicios o no. Esta es una manera segura de identificar los pisos o apartamentos afortunados dentro de cualquier edificio residencial.

FAMILIARÍZATE CON LA CARTA

✳ PARA OBTENER EL MEJOR PARTIDO DE TU ANÁLISIS DE LA ESTRELLA VOLADORA, DEBES EMPEZAR POR CONOCER LAS CARTAS DE LA ESTRELLA VOLADORA, SABIENDO QUE LAS ESTRELLAS A LAS QUE SE REFIERE SON, EN REALIDAD, NÚMEROS. APRENDERÁS A DETERMINAR QUÉ ESTRELLAS REPRESENTAN LA RIQUEZA Y CUÁLES REPRESENTAN LA SUERTE DE LAS RELACIONES PERSONALES. APRENDERÁS TAMBIÉN CUÁLES SON LOS NÚMEROS AFORTUNADOS Y DESAFORTUNADOS, ADEMÁS DEL MODO DE MEJORARLOS O DE REMEDIARLOS.

Cuando llega volando una Estrella del Agua propicia a un sector de tu casa, puedes activarla con un objeto de agua.

1. OBSERVA LA COMBINACIÓN DE NÚMEROS dentro de cada casilla. Los números grandes del centro son los números de período. Los números pequeños a la izquierda y a la derecha del número central grande son las Estrellas de la Montaña (a la izquierda) y las Estrellas del Agua (a la derecha). Estos números indican, respectivamente, la suerte de las relaciones personales y de la riqueza.

2. TEN PRESENTE QUE LA INTERPRETACIÓN de los números tiene en cuenta el efecto que ejercen los números anuales sobre los números de la Estrella del Agua, la Estrella de la Montaña y la estrella del período.

3. LOS NÚMEROS PROPICIOS DE LA ESTRELLA del Agua se activan con la presencia de agua. Si lo que quieres es riqueza, localiza la Estrella del Agua Ocho y construye o compra un adorno de agua bonito para ponerlo aquí. Invierte en un acuario que te permita tener peces, agua en movimiento y plantas, para producir así agua yang.

4. LOS NÚMEROS PROPICIOS DE LA ESTRELLA de la Montaña se activan con objetos del elemento tierra. Si quieres encontrar el amor o reforzar tu matrimonio, o si tu marido se dedica a la política y quieres asegurar que recibe un apoyo constante, localiza la Estrella de la Montaña Ocho y pon en ese rincón un cristal natural grande. O bien invierte en una figura grande de porcelana, en una escultura de piedra o en un cuadro que represente unas montañas. Esto mejorará enormemente tu suerte de las relaciones personales, además de tu salud.

5. LOS NÚMEROS DE LA ESTRELLA MENSUAL y anual tendrán también repercusiones sobre tu carta (véase capítulo 16). Influyen sobre todos los sectores, y su influencia varía de año en año. Los efectos negativos se potencian notablemente cuando existe una concentración de números malos en algún mes determinado.

6. ADVIERTE QUE CUANDO SE COMBINAN las estrellas malas o las buenas, suelen requerir un catalizador (un objeto o estructura externa) para que se desencadene su efecto. De este modo, los símbolos y estructuras externas se combinan con la Estrella Voladora para acelerar los efectos buenos y malos. Los objetos decorativos simbólicos pueden ejercer un efecto desencadenante vital sobre tu suerte. Cuando llega volando una estrella anual maligna a un sector que tiene números desafortunados en la carta natal, la mala suerte se desencadena mucho más aprisa si se da el caso de que haya también una flecha envenenada afectando al sector concreto.

Una carta de la Estrella Voladora para una casa del Período Siete que da frente al suroeste. La Estrella del Agua Ocho propicia está situada en el sector oeste de la casa.

PON UNA FIGURA DE PORCELANA en el sector de un número propicio de la Estrella de la Montaña para aumentar la suerte en ese sector.

LA CARTA DE LA ESTRELLA VOLADORA

✱ TE RESULTARÁ SENCILLO ENTENDER LAS CARTAS CUANDO CONOZCAS LOS SIGNIFICADOS DE LOS NÚMEROS AFORTUNADOS Y DESAFORTUNADOS. ESTUDIA LOS NÚMEROS DE LAS ESTRELLAS DEL AGUA Y DE LA MONTAÑA DE LA CARTA QUE CORRESPONDEN A TU CASA O A TU PISO. ASÍ PODRÁS DETERMINAR QUÉ HABITACIÓN DE TU CASA TIENE SUERTE DE LA RIQUEZA Y CUÁL SUFRE AFLICCIONES. PODRÁS CARGARLAS DE ENERGÍA O SUPRIMIR LAS AFLICCIONES POR MEDIO DE LOS SÍMBOLOS Y DE LAS CURACIONES RECOMENDADOS.

Estudia tus cartas para determinar qué sector de tu casa debes activar para fomentar la riqueza.

✱ LOS NÚMEROS PROPICIOS

En toda carta de la Estrella Voladora los números propicios son el uno, el seis y el ocho.

El número ocho será el más propicio de todos hasta el año 2024. Es, además, un número que se encuentra en la cúspide de su fuerza y vigor. Los que tienen el número Kua ocho tendrán muchísima suerte hasta el 2024. También darán buena suerte los números de teléfono y las matrículas de automóviles que terminen en ocho.

El número seis representa el cielo y también al patriarca. Cuando la Estrella del Agua o de la Montaña sea el seis, si la activas con símbolos u objetos adecuados recibirás suerte del cielo.

El número uno también es especialmente afortunado, y significa que estás destinado a la victoria.

Otros dos números buenos son: el cuatro, que representa el amor y las relaciones de pareja, además de la buena suerte en los estudios y en los trabajos de investigación, y el número nueve. El número cuatro también es excelente para los que trabajan en el sector de la comunicación, como pueden ser los escritores y los profesores.

El número nueve simboliza la plenitud del cielo y la tierra. Este número tiene, además, efecto multiplicador; por eso, al combinarse con el ocho refuerza la buena suerte del número ocho, y al combinarse con un número malo empeora todavía más el efecto del número malo.

✱ LOS NÚMEROS DESAFORTUNADOS

Los números malos en las cartas de la Estrella Voladora son el dos, el tres, el cinco y el siete.

El número dos acarrea enfermedades, y siempre es preciso superarlo por medio de carillones eólicos de seis barras, hechos todos de metal. Las barras deben ser huecas y deben tener detrás una moneda con el símbolo Pa Kua. Cuando llega volando a tu dormitorio el número dos como Estrella de la Montaña, es el más claro de los presagios de enfermedad. Si entra volando como Estrella del Agua, te esperan tiempos difíciles en lo económico: preocupaciones suficientes como para llegar a enfermar.

El número cinco se llama también Cinco Amarillo, y es un número que hay que temer, pues provoca accidentes, pérdidas y todo tipo de contratiempos graves. Cuando la Estrella de la Montaña es el cinco, acarrea enfermedades además de pérdidas. Cuando la Estrella del Agua es el cinco, trae pérdidas económicas. El número cinco es especialmente peligroso cuando el cinco anual y mensual se encuentran en la misma casilla, o cuando ha venido volando un nueve para multiplicar los efectos malignos del cinco.

Cuando veas un cinco en cualquier sector, deberás instalar inmediatamente la curación, que es la pagoda de los cinco elementos. Se trata de una pagoda de metal, hueca. Desenrosca la tapa de la pagoda, llénala de tierra tomada de tu jardín y vuelve a ponerle la tapa. Así se encierra simbólicamente el Cinco Amarillo mortal.

El número tres recibe el nombre de la estrella de las riñas, pues acarrea hostilidad y peligro de malos entendidos, y puede conducirnos a pleitos. Provoca obstáculos ante todos tus planes, y en su estado más grave puede llegar a ser peligroso. Es el número que hace que se desborden la violencia y la ira. Cuando veas que llega volando a tu cuarto el número tres como Estrella de la Montaña, sabrás que alborotará todas tus relaciones personales. En forma de Estrella del Agua hará que disputes con la gente por cuestiones de dinero. Para controlar la estrella del número tres debes aplicar cosas que pertenezcan al elemento fuego; por tanto, resultará ideal algo de color rojo, como son las cortinas o las alfombras rojas.

El número siete es una estrella violenta que provoca robos en la casa y produce el tipo de chi que conduce a los atracos o asaltos a mano armada. La estrella del número siete se puede superar con agua, pero dado que no se puede poner agua dentro del dormitorio, otra curación es una imagen de un rinoceronte.

SUMARIO DE LOS SIGNIFICADOS

✳ **LOS NÚMEROS QUE SE DEBEN TEMER SON EL CINCO Y EL DOS,** pues son los dos números de la enfermedad. Siempre que aparecen en cualquier carta, si pasas tiempo o duermes en los sectores correspondientes tendrás mala suerte, te pondrás enfermo o sufrirás desventuras.

✳ **EL NÚMERO TRES** es un número hostil que acarrea malos entendidos, riñas y peleas. Si el tres afecta a tu cuarto, podrías encontrarte con pleitos.

✳ **EL NÚMERO CUATRO** es afortunado para el amor y trajo suerte a los escritores en el Período Siete, pero es desafortunado en el Período Ocho. No debe estar demasiado cerca del agua, pues esto podría provocar escándalos sexuales.

✳ **EL NÚMERO NUEVE** tiene el poder de multiplicar los efectos dañinos del cinco y del dos. Hay que temerlo cuando aparece junto con estos dos números. Pero en sí mismo es un número bueno, que abarca la plenitud del cielo y la tierra.

✳ **EL NÚMERO SIETE,** aunque fue afortunado en el Período Siete, se ha vuelto peligroso y sangriento en el Período Ocho, y trae robos, atracos y accidentes mortales.

✳ **LOS NÚMEROS UNO, SEIS Y OCHO** son los más propicios, pero el que es verdaderamente impresionante es el número ocho. La energía del número seis es débil y es preciso activarla.

LAS CARTAS DE LA ESTRELLA VOLADORA

✱ LAS CARTAS DE LA ESTRELLA VOLADORA SON EXCELENTES PARA APRECIAR CLARAMENTE LA ENERGÍA AFLIGIDA O LA ENERGÍA PROPICIA EN LOS SECTORES DE UNA CASA. LA ESTRELLA DE LA MONTAÑA Y LA ESTRELLA DEL AGUA SON LOS INDICADORES FUNDAMENTALES DE LA SUERTE EN LAS CARTAS. SUS NÚMEROS INDICAN LA SUERTE DE LOS SECTORES QUE OCUPAN.

Los números de la carta de la Estrella Voladora son indicativos de la suerte general, en virtud de si son números de período, de la Estrella de la Montaña o de la Estrella Voladora, y hacen destacar las aflicciones.

Las aflicciones se manifiestan en forma de enfermedades, pérdidas, fracasos y ruptura de relaciones. Se aprecian en las cartas como números de mala suerte (véanse páginas 134-135), y provocan mala salud y problemas materiales, físicos y económicos.

La práctica del feng shui de la Estrella Voladora se dirige a identificar estas aflicciones y a protegerse de su aparición. Los remedios se apoyan en el manejo hábil de la Teoría de los Cinco Elementos para desarmar a los números negativos de la Estrella Voladora. Entre estos símbolos figuran objetos tales como los carillones eólicos, los símbolos de longevidad, los espejos de bronce, los cristales naturales, las velas, los árboles, las plantas, el agua, las imágenes protectoras, las grullas y las tortugas.

Las tortugas atraen la buena fortuna y te protegen de la mala suerte.

✱ LA ESTRELLA DEL AGUA

La Estrella del Agua se escribe a la derecha del número del período. Este número pequeño en cada una de las casillas de la carta indica si el espacio de la casilla correspondiente tiene chi de la riqueza. Si el número es el ocho, indica la máxima suerte de la riqueza. Si el número es el dos o el cinco, indica mala suerte con el dinero. La Estrella del Agua Ocho es la clave de la riqueza. Allí donde encuentres tu Estrella del Agua Ocho, actívala con un objeto de agua (véanse páginas 160-165).

✱ LA ESTRELLA DE LA MONTAÑA

La Estrella de la Montaña se suele escribir a la izquierda del número del período. Este número pequeño indica la suerte de las relaciones personales y de la salud. Si el número es el ocho, indica una suerte excelente para las relaciones personales, que se activa si hay una montaña en las proximidades. Dentro de la casa puedes activar esa zona poniendo un cristal natural grande o un canto rodado especial en el sector relevante (véanse páginas 166-167).

EL CAMBIO DE PERÍODO DE LA CASA

✳ EN EL FENG SHUI DE LA ESTRELLA VOLADORA, EN CUANDO CAMBIA EL PERÍODO DE VEINTE AÑOS, TODAS LAS CASAS QUE FUERON CONSTRUIDAS O RENOVADAS EN EL PERÍODO ANTERIOR SUFREN EN GENERAL UNA PÉRDIDA DE ENERGÍA. ES RECOMENDABLE CAMBIAR EL PERÍODO DE LA CASA, A NO SER QUE LA CARTA DEL PERÍODO ANTERIOR SEA MEJOR QUE LA DEL NUEVO.

Puedes cambiar el periodo de tu casa renovándola.

Ahora que ha comenzado el Período Ocho, todas las casas del Período Siete están perdiendo energía, y los habitantes de las casas del Período Siete empezarán a sentir una decadencia de su suerte.

Los expertos del feng shui aconsejan, en general, transformar la energía en decadencia por medio de la renovación, de tal modo que la casa se convierta en una del Período Ocho.

Existen circunstancias en que no es fácil tomar la decisión de hacer el cambio. Puedes descubrir, por ejemplo, que la carta del Período Siete para tu casa es mucho más favorable de lo que sería la carta del Período Ocho. En tal situación, en lugar de transformar tu casa arriesgándote a empeorar tu suerte, el consejo sería que esperaras un año o dos para ver cómo afecta a tu suerte el nuevo período. Si después decides cambiar, utiliza remedios de feng shui para defenderte de cualquier mal efecto.

Tradicionalmente, la renovación de la casa es triple:

✳ Cambiar el chi del cielo (renovar el tejado de la casa).

✳ Cambiar el chi de la tierra (sustituir parte del suelo por uno nuevo).

✳ Cambiar la puerta principal.

Si te aconsejan que cambies el período de tu casa pero te resulta imposible emprender reformas de ninguna clase (por ejemplo, si vives en una casa alquilada o no tienes el dinero necesario), lo mejor que puedes hacer es arreglar las cosas para que tu casa reciba una nueva inyección de energía yang. Esto se puede conseguir de las siguientes maneras:

✳ Organiza una gran fiesta en la casa, a la que acuda mucha gente positiva, incluidos niños. Que haya música y mucha comida, y abre todas las puertas y ventanas para que la energía fresca inunde tu casa.

✳ Pinta la casa con un color un poco más vivo que el que tiene ahora mismo. El color mejor para el Período Ocho es el amarillo.

Las cartas para el Período Siete que aparecen en las páginas siguientes vienen acompañadas de indicaciones sobre si resulta aconsejable transformar la casa al Período Ocho.

CARTAS DE LA ESTRELLA VOLADORA PARA EL PERÍODO SIETE SUR

SUR 1: DEBES PLANTEARTE LA OPCIÓN DE CAMBIAR ESTA CASA AL PERÍODO OCHO.

SUR 2/3: DEBES PLANTEARTE LA OPCIÓN DE CAMBIAR ESTA CASA AL PERÍODO OCHO, A CAUSA DEL SIETE.

CARTAS DE LA ESTRELLA VOLADORA PARA EL PERÍODO SIETE NORTE

NORTE 1: DEBES PLANTEARTE LA OPCIÓN DE CAMBIAR ESTA CASA AL PERÍODO OCHO.

NORTE 2/3: DEBES PLANTEARTE CAMBIAR DEFINITIVAMENTE ESTA CASA DEL PERÍODO SIETE.

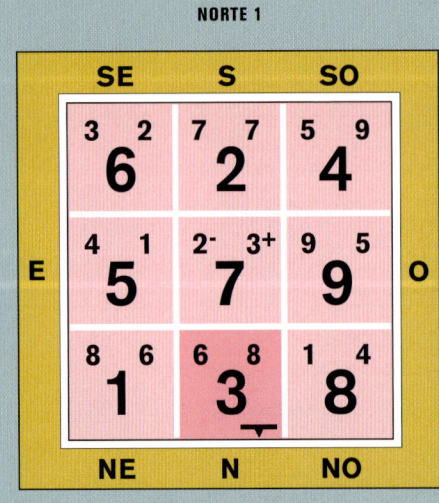
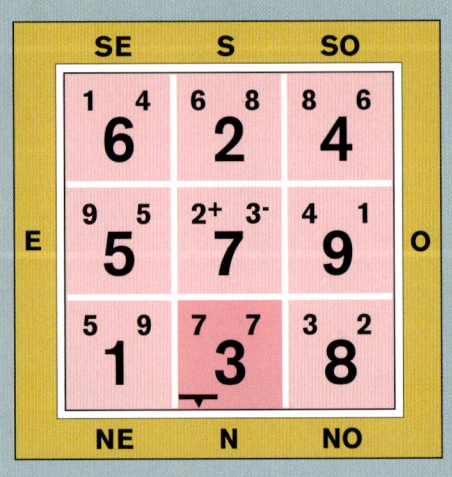

CARTAS DE LA ESTRELLA VOLADORA PARA EL PERÍODO SIETE ESTE

ESTE 1: PLANTÉATE CAMBIAR ESTA CASA AL PERÍODO OCHO SI NO LO HAS HECHO TODAVÍA.

ESTE 2/3: DEBES PLANTEARTE SERIAMENTE CAMBIAR ESTA CASA AL PERÍODO OCHO.

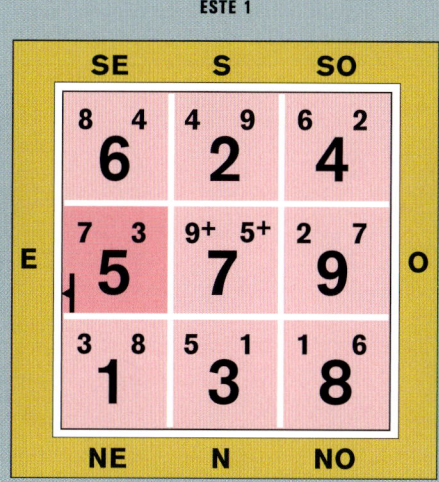

CARTAS DE LA ESTRELLA VOLADORA PARA EL PERÍODO SIETE OESTE

OESTE 1: COMPARA LA CARTA CON LA DEL PERÍODO OCHO UNO Y ELIGE LA MEJOR PARA DISTRIBUIR TU CASA.

OESTE 2/3: LO MISMO QUE CON OESTE 1, PERO SI PIENSAS HACER GRANDES REFORMAS TE CONVENDRÁ MÁS EL PERÍODO OCHO.

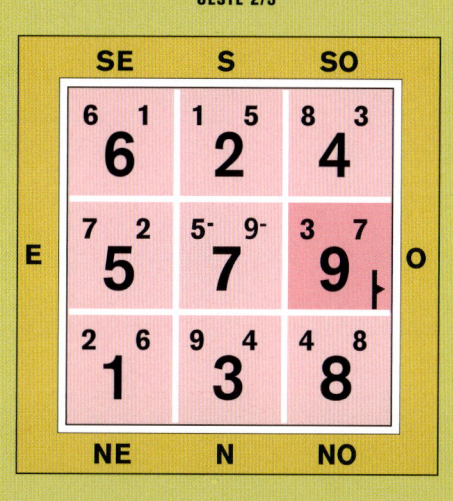

CARTAS DE LA ESTRELLA VOLADORA PARA EL PERÍODO SIETE SUROESTE

SUROESTE 1 + 2/3: TODAS LAS CASAS QUE DAN FRENTE AL SUROESTE DEBEN CAMBIARSE AL PERÍODO OCHO SIN DUDARLO.

SUROESTE 1

SUROESTE 2/3

CARTAS DE LA ESTRELLA VOLADORA PARA EL PERÍODO SIETE NOROESTE

NOROESTE 1: SERÍA RECOMENDABLE CAMBIAR ESTA CASA AL PERÍODO OCHO.

NOROESTE 2/3: DEBES PLANTEARTE CAMBIAR ESTA CASA AL PERÍODO OCHO.

NOROESTE 1

NOROESTE 2/3

CAPÍTULO 15 ◐ FENG SHUI DE LA ESTRELLA VOLADORA O PERÍODOS 141

CARTAS DE LA ESTRELLA VOLADORA PARA EL PERÍODO SIETE SUDESTE

SUDESTE 1 + 2/3: COMPARA LAS CARTAS DE LOS PERÍODOS SIETE Y OCHO PARA DECIDIR CUÁL DA MEJOR RESULTADO CON LA DISTRIBUCIÓN DE TU CASA.

SUDESTE 1

SUDESTE 2/3

CARTAS DE LA ESTRELLA VOLADORA PARA EL PERÍODO SIETE NORDESTE

NORDESTE 1 + 2/3: TODAS LAS CASAS QUE DAN FRENTE AL NORDESTE DEBEN CAMBIARSE AL PERÍODO OCHO SIN DUDARLO PARA DISFRUTAR DE LOS BENEFICIOS DE LA MEJOR DISTRIBUCIÓN DEL CHI EN LA CASA.

NORDESTE 1

NORDESTE 2/3

CARTAS DE LA ESTRELLA VOLADORA PARA EL PERÍODO OCHO SUR

SUR 1: ESTA CASA GOZA DEL DOBLE OCHO PROPICIO EN SU PALACIO DE SITUACIÓN.

SUR 2/3: ESTA CASA GOZA DEL DOBLE OCHO PROPICIO EN SU PALACIO DEL FRENTE.

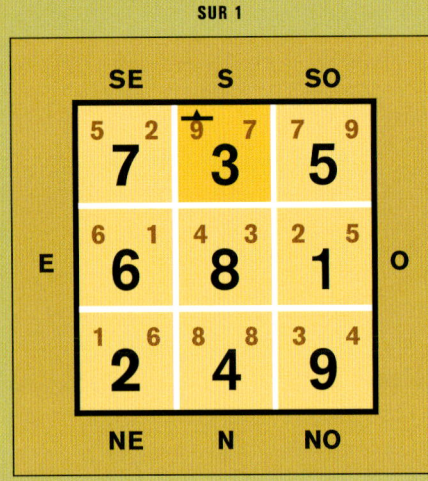

CARTAS DE LA ESTRELLA VOLADORA PARA EL PERÍODO OCHO NORTE

NORTE 1: ESTA CASA GOZA DEL DOBLE OCHO PROPICIO EN SU PALACIO DEL FRENTE.

NORTE 2/3: ESTA CASA GOZA DEL DOBLE OCHO PROPICIO EN SU PALACIO DE SITUACIÓN.

CARTAS DE LA ESTRELLA VOLADORA PARA EL PERÍODO OCHO ESTE

ESTE 1: ESTA CASA GOZA DEL DOBLE OCHO PROPICIO EN SU PALACIO DEL FRENTE.

ESTE 2/3: ESTA CASA GOZA DEL DOBLE OCHO PROPICIO EN SU PALACIO DE SITUACIÓN.

CARTAS DE LA ESTRELLA VOLADORA PARA EL PERÍODO OCHO OESTE

OESTE 1: ESTA CASA GOZA DEL DOBLE OCHO PROPICIO EN SU PALACIO DE SITUACIÓN.

OESTE 2/3: ESTA CASA GOZA DEL DOBLE OCHO PROPICIO EN SU PALACIO DEL FRENTE.

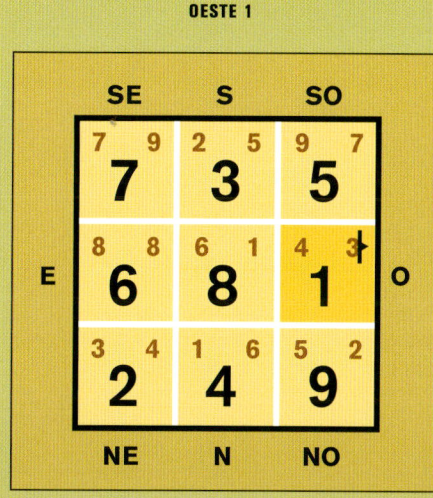

CARTAS DE LA ESTRELLA VOLADORA PARA EL PERÍODO OCHO SUROESTE

SUROESTE 1 + 2/3: TODAS LAS CASAS QUE DAN FRENTE AL SUROESTE GOZARÁN DE UNA BUENA SUERTE EXCEPCIONAL DURANTE EL PERÍODO OCHO.

CARTAS DE LA ESTRELLA VOLADORA PARA EL PERÍODO OCHO NOROESTE

NOROESTE 1: ESTA CASA GOZA DE UNA ESTRELLA DE LA MONTAÑA MUY PROPICIA AL FRENTE.

NOROESTE 2/3: ESTA CASA GOZA DE UNA ESTRELLA DEL AGUA MUY PROPICIA AL FRENTE.

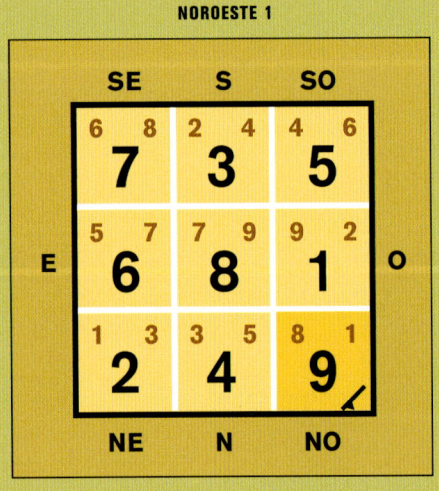
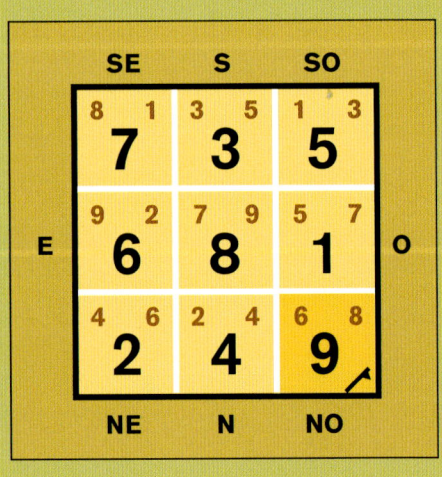

CARTAS DE LA ESTRELLA VOLADORA PARA EL PERÍODO OCHO SUDESTE

SUDESTE 1: ESTA CASA GOZA DE UNA DIRECCIÓN DEL FRENTE MUY AFORTUNADA DURANTE EL PERÍODO OCHO.

SUDESTE 2/3: ESTA CASA TIENE LA ESTRELLA DEL AGUA OCHO PROPICIA EN EL FRENTE DE LA CASA.

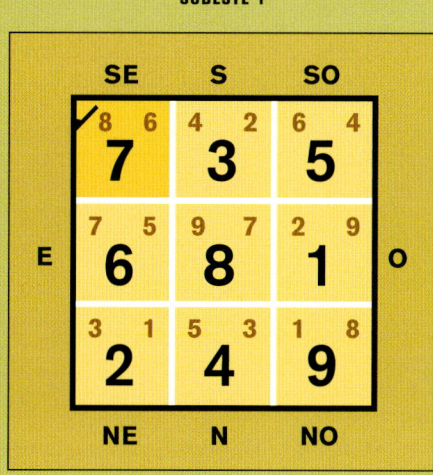

CARTAS DE LA ESTRELLA VOLADORA PARA EL PERÍODO OCHO NORDESTE

NORDESTE 1 + 2/3: TODAS LAS CASAS QUE DAN FRENTE AL NORDESTE GOZAN DE UNA BUENA SUERTE EXCEPCIONAL DURANTE EL PERÍODO OCHO.

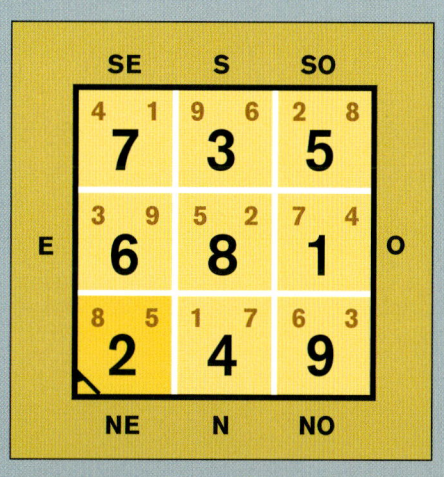

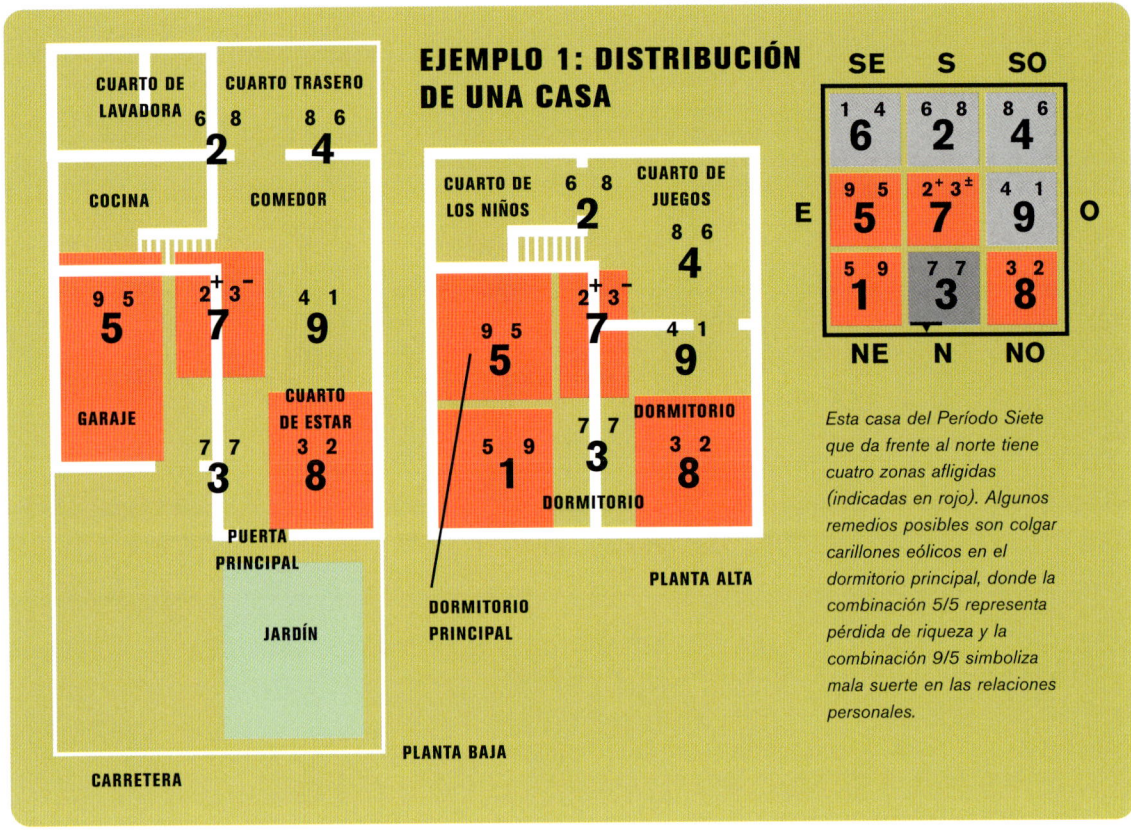

Esta casa del Período Siete que da frente al norte tiene cuatro zonas afligidas (indicadas en rojo). Algunos remedios posibles son colgar carillones eólicos en el dormitorio principal, donde la combinación 5/5 representa pérdida de riqueza y la combinación 9/5 simboliza mala suerte en las relaciones personales.

✱ EJEMPLO 1: UNA CASA

En el ejemplo se muestra una carta de la Estrella Voladora superpuesta sobre el plano de distribución de una vivienda de dos pisos. Se trata de una casa del Período Siete que da frente al Norte 2/3. La carta revela la presencia en esta casa de cuatro sectores afligidos (indicadas en rojo), y se repite en los dos pisos.

En el este, el dormitorio principal del piso de arriba tiene la combinación 5/5 de la Estrella del Agua/del Período, que trae pérdida de riqueza, y el 9/5 como números de la Estrella de la Montaña/del Período, que trae mala suerte en las relaciones personales. Advierte que en el feng shui de la Estrella Voladora estas combinaciones son desafortunadas y anuncian problemas, enfermedades y mala suerte. Es necesario poner carillones eólicos para controlar estos números negativos. En el piso de abajo, los números corresponden al garaje, por lo que la aflicción no resulta tan grave.

El dormitorio principal debe tener energía de metal para debilitar el 9/5; de lo contrario, la pareja sufrirá problemas en sus relaciones y enfermedades. En el segundo dormitorio vemos la combinación 3/2 de las Estrellas de la Montaña/del Agua, que es una combinación que trae riñas. Cualquier persona que se aloje en este dormitorio se volverá enfadadizo y se encontrará con la hostilidad de los demás. Mientras tanto, el dormitorio del sector norte que tiene el doble siete, que fue una combinación afortunada hasta este período, se ha vuelto desafortunado ahora.

✱ EJEMPLO 2: UN PISO

Para los pisos, utiliza la carta que corresponde a la dirección del frente de todo el edificio, no a la dirección del frente del piso. Cuando hayas determinado cuál es la carta que corresponde a tu edificio, superponla sobre el plano de distribución del apartamento en función de los puntos cardinales de la brújula.

En el ejemplo aparecen indicadas (en color anaranjado) tres habitaciones propicias:

✱ **EL CUARTO DE JUEGOS,** que tiene la Estrella del Agua Ocho.

✱ **EL DORMITORIO PRINCIPAL,** que tiene la Estrella de la Montaña Ocho.

✱ **EL CUARTO DE ESTAR,** que tiene la combinación de tres números, 1, 6 y 8, que es extraordinariamente afortunada.

Las personas que vivan en este piso gozarán sin duda de buena suerte, en vista de lo propicias que son las habitaciones más importantes. Pero la zona de la puerta principal tiene la Estrella del Agua 5, y será preciso superar esta aflicción. Será fundamental poner en esta parte del piso una pagoda de cinco elementos o colgar un carillón eólico para disolver la influencia maligna de la Estrella del Agua 5 en la entrada. Al hacer esto, los inquilinos se protegen de la mala suerte y pueden disfrutar de la buena suerte que trae consigo la aparición estratégica de las estrellas afortunadas del Agua y de la Montaña en los dormitorios y en el cuarto de estar.

✱ PONER AL DÍA TU CASA PARA EL PERÍODO OCHO

Ahora que ya has visto una introducción al feng shui de la Estrella Voladora, ten paciencia contigo mismo.

La información que se presenta en este libro te basta para llevar a cabo valoraciones sencillas, aunque precisas, de la distribución de la suerte en tu hogar. Comprenderás la dimensión temporal del feng shui y, estudiando las cartas mensuales y anuales, podrás poner al día el feng shui de tu casa todos los años.

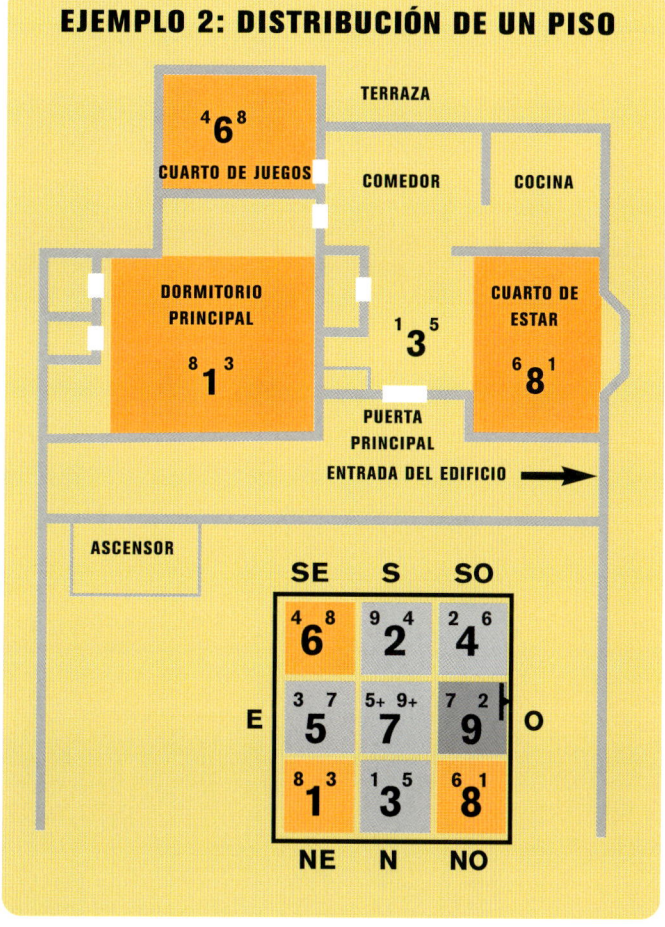

La carta de este piso es propicia en general, con la Estrella del Agua Ocho, especialmente favorable, en el cuarto de juegos.

CAPÍTULO 16
AFLICCIONES ANUALES DEL FENG SHUI

✱ EXISTE UNA RAMA DEL FENG SHUI DE LA ESTRELLA VOLADORA QUE APORTA A SU PRÁCTICA LA IMPORTANTE DIMENSIÓN DE LAS ACTUALIZACIONES ANUALES. SE BASA EN LA PREMISA DE QUE LA ENERGÍA CHI DE LOS EDIFICIOS Y DE LAS CASAS CAMBIA TODOS LOS AÑOS Y TODOS LOS MESES.

Estos movimientos cíclicos del chi se representan en la carta anual del feng shui, que se aplica a todas las casas. La carta de cada año se basa en el número reinante del año, llamado también número Lo Shu del año. Este número ocupa el centro de la carta. Los demás números se introducen en los diversos sectores de la carta en la misma secuencia del cuadrado Lo Shu original (véase página 48).

Para poner al día tu feng shui todos los años de manera eficaz tendrás que entender las cartas anuales, como la que se ilustra aquí, además de los diversos tipos de aflicciones anuales.

Cuando conozcas el número Lo Shu del año podrás preparar tú mismo esta carta. Advierte que el número Lo Shu de cada Año Nuevo va disminuyendo, de modo que en el 2015 el número anual es el 3, en el 2016 es el 2, en el 2017 es el 1, en el 2018 es el 9, en el 2019 es el 8, y así sucesivamente.

La carta anual muestra los diversos números que ocupan cada casilla y muestra también dónde se encuentran situadas en el año concreto las aflicciones anuales del feng shui.

Para actualizar el feng shui de tu casa o piso deberás saber qué medidas especiales habrás de tomar cada año para contrarrestar la suerte no propicia provocada por las aflicciones de la estrella anual cuando éstas entren en los dormitorios o afecten a la puerta principal del edificio. El conocimiento de las aflicciones anuales y mensuales aportará una dimensión dinámica a tu aplicación del feng shui.

NÚMERO LO SHU

AÑO	NÚMERO
2015	3
2016	2
2017	1
2018	9
2019	8
2020	7
2021	6

CAPÍTULO 16 · AFLICCIONES ANUALES DEL FENG SHUI 149

EJEMPLOS DE CARTAS ANUALES

✱ EL NÚMERO LO SHU DEL 2015 ES EL TRES; ESTE NÚMERO OCUPA EL CENTRO DE LA CARTA, Y LOS DEMÁS NÚMEROS SE DISPONEN EN LA CUADRÍCULA SIGUIENDO LA SECUENCIA DEL CUADRADO LO SHU.

✱ LA CARTA ANUAL PARA EL 2016 (EL AÑO DEL MONO) MUESTRA LA POSICIÓN DE LAS TRES MATANZAS (VÉANSE PÁGINAS 154-155) EN EL ESTE, ADEMÁS DE LA ESTRELLA DE ENFERMEDAD Y LA ESTRELLA HOSTIL EN EL NORDESTE, Y LA ESTRELLA VIOLENTA EN EL NORTE (VÉANSE PÁGINAS 156-157). EL GRAN DUQUE JÚPITER ESTÁ NUEVAMENTE EN PARTE DEL SUROESTE (VÉANSE PÁGINAS 150-151).

LAS AFLICCIONES MÁS IMPORTANTES

✱ DEBES OBSERVAR CADA AÑO LA SITUACIÓN DE TRES AFLICCIONES IMPORTANTES. SON LAS LLAMADAS EL GRAN DUQUE JÚPITER, EL CINCO AMARILLO MORTAL Y LAS TRES MATANZAS.

El Gran Duque Júpiter abarca quince grados de la brújula, que se corresponden con el animal astrológico chino de cada año.

La situación de estas tres aflicciones cambia cada año. Los cambios dependen de principios diferentes para cada una de las aflicciones en cuestión. Las tres aflicciones ocupan sectores que abarcan ángulos distintos: el Gran Duque sólo cubre quince grados, el Cinco Amarillo cubre cuarenta y cinco grados, y las Tres Matanzas cubren noventa grados, por lo que el alcance de sus efectos sobre la planta de las casas será diverso.

Los antídotos para controlar o superar estas aflicciones dependen de dónde se encuentren éstas cada año. Existen salvaguardas que se pueden utilizar en función de qué situaciones concretas están afligidas.

Para asegurarte de estar protegido del efecto dañino de estas aflicciones anuales debes empezar por observar su situación en cada año.

Acto seguido, atiende a las prohibiciones, es decir, aquello que no debes hacer de ningún modo para no provocar la furia de las aflicciones.

El Cinco Amarillo acarrea grandes pérdidas económicas y enfermedades mortales; las Tres Matanzas traen tres clases de mala suerte asociadas a las relaciones de pareja, y el Gran Duque Júpiter trae derrotas y fracasos. El hecho de conocer la existencia de estas aflicciones te ayudará a huir de sus diversos efectos dañinos.

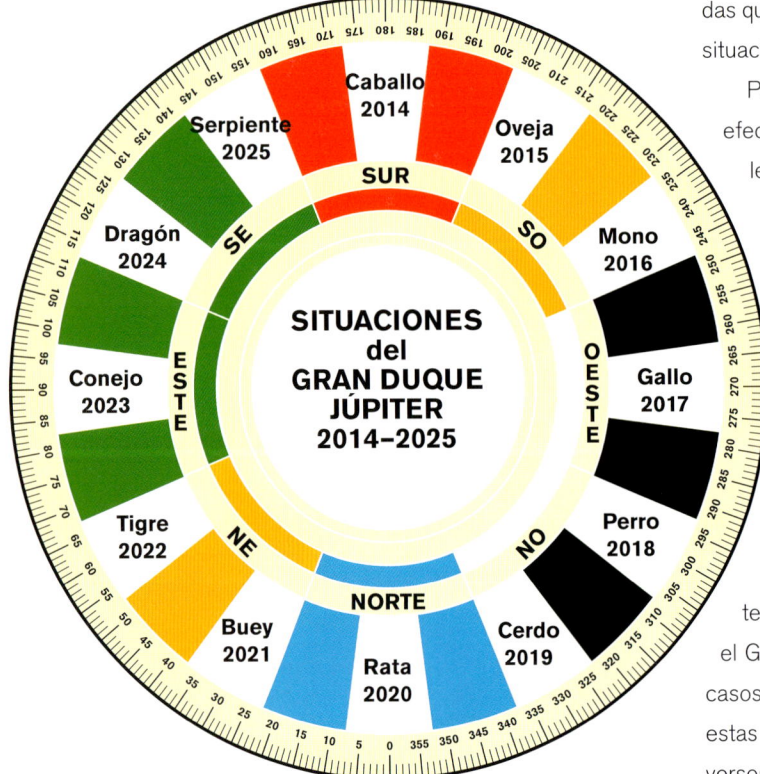

EL GRAN DUQUE JÚPITER

✳ LLAMAMOS GRAN DUQUE JÚPITER A UNA AFLICCIÓN ANUAL, QUE EN CHINO RECIBE EL NOMBRE DE *TAI SUI*.

Se dice que es el dios del año y, por lo tanto, está situado en los quince grados de la brújula que se corresponden con el signo animal del año. Por ejemplo, durante el año del Gallo, el Gran Duque está situado al oeste, que es la orientación del Gallo.

El año del Caballo está al sur, y así sucesivamente. Para asegurarte de que tienes buen feng shui durante cualquier año dado, es fundamental que no te sientes nunca dando frente a la situación del Gran Duque durante ese año, aunque se trate de tu mejor orientación según otras fórmulas del feng shui.

No alteres jamás la paz y la tranquilidad del palacio del Gran Duque. Esto significa que no debes hacer sonar música fuerte en la situación correspondiente. Tampoco debes tener allí riñas ni obras de reforma con golpes, excavaciones o derribos. Si lo hicieras, las consecuencias serían pérdidas, mala suerte y enfermedades. Esta prohibición fundamental tiene aplicación aun en el caso de que tengas pensado hacer reformas puntuales en tu casa.

En el 2015, el Gran Duque ocupa la orientación de la Oveja/Cabra, que es el sur/suroeste, y en el 2016 ocupa la orientación del Mono. En el gráfico de la página anterior se muestran las orientaciones del Gran Duque para los años 2014 al 2025. Cuando sepas dónde se encuentra el Gran Duque cada año, te resultará sencillo respetar las prohibiciones relacionadas con él.

Las personas que han nacido en el año del animal directamente opuesto al animal gobernante están en conflicto directo con el Gran Duque. Para curar esta aflicción, pon al protector celestial Pi Yao en la situación del Gran Duque. Esta criatura celeste, con su cuerno y su cabeza de perro-león, es un símbolo popular en el feng shui (véase página 266).

El Pi Yao es un remedio excelente contra el Gran Duque Júpiter.

EL CINCO AMARILLO MORTAL

✱ EL CINCO AMARILLO ES LA MÁS MORTAL DE LAS TRES AFLICCIONES ANUALES, SOBRE TODO EN LOS AÑOS EN QUE LLEGA VOLANDO A LOS SECTORES DE LOS ELEMENTOS TIERRA Y FUEGO.

El Cinco Amarillo tiene su potencia máxima cuando aflige la puerta principal. Contrarréstalo poniendo seis monedas de metal por encima de la puerta.

SITUACIÓN DEL CINCO AMARILLO

AÑO	SITUACIÓN
2015	Oeste
2016	Nordeste
2017	Sur
2018	Norte
2019	Suroeste
2020	Este
2021	Sureste

Esto sucedió en 2007, cuando llegó volando al nordeste, sector del elemento tierra. Sucedió también en el 2010, en que llegó volando al suroeste, otro sector del elemento tierra. En el 2013 ocupó el centro, que es una situación más mortal todavía. En los tres sectores, el Cinco Amarillo refuerza notablemente su esencia maligna, al ser una aflicción del elemento tierra. El Cinco Amarillo acarrea enfermedades graves, pérdidas económicas y obstáculos ante el éxito. También se sabe que provoca desavenencias.

El Cinco Amarillo está en su situación más mortal cuando afecta a la puerta principal o cuando entra en el dormitorio. Cuando aflija tu puerta principal, entra y sal de la casa por otra puerta durante ese año, si puedes, pues el acto de abrir y cerrar la puerta activa el Cinco Amarillo. Si no te es posible usar otra puerta, tendrás que confiar en que las curaciones que instales agoten la energía chi del Cinco Amarillo.

Si el Cinco Amarillo ocupa tu dormitorio, tu presencia misma lo activa, y sería buena idea que durmieras en otro dormitorio, si te es posible. De lo contrario, tendrás que contentarte con reforzar el remedio para el Cinco Amarillo.

✱ CÓMO CONTRARRESTAR EL CINCO AMARILLO

Existen diversos medios para contrarrestar el Cinco Amarillo, pero el método mejor durante el Período Ocho quizá sea poner una pagoda metálica de cinco elementos, de bronce o dorada, en la situación del Cinco Amarillo. Pon dos o tres para reforzar la curación. Para utilizar la pagoda de cinco elementos, se le desenrosca la tapa, se llena de tierra recogida en tu propia casa o edificio de pisos, y se vuelve a enroscar la tapa. Al encerrar simbólicamente la tierra, se tiene controlado el Cinco Amarillo.

También puedes colgar carillones eólicos de seis barras. El carillón debe de ser completamente metálico. El tintineo del metal contra metal en los sectores ocupados por el Cinco Amarillo es una curación eficaz, porque el chi del metal agota el chi de la tierra del Cinco Amarillo.

Los maestros del feng shui recomiendan siempre aplicar el ciclo de agotamiento de los cinco elementos, más que el ciclo destructivo para controlar la aflicción del Cinco Amarillo. Los carillones eólicos son un antídoto excelente porque aplican el poder de los vientos, pero si quieres puedes colgar también seis monedas metálicas por encima de la puerta, o seis monedas a cada lado de la puerta, para agotar el poder del Cinco Amarillo.

Es importante mantener las luces amortiguadas allí donde se presente el Cinco Amarillo en cualquier casa o edificio. Esto es así porque el chi del fuego refuerza la energía de tierra del Cinco Amarillo. Por ejemplo, si tienes instalados focos en la parte de la casa donde está el Cinco Amarillo, representarán el chi del fuego que refuerza el Cinco Amarillo, haciéndolo más mortal.

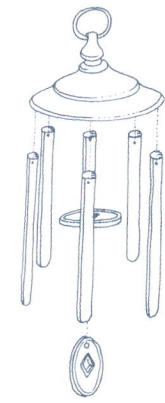

Los carillones eólicos y las pagodas son remedios de feng shui tradicionales contra el Cinco Amarillo.

¡CUIDADO!

✱ **NO DEBES EMPRENDER** reformas en tu casa si tienes el Cinco Amarillo en tu puerta principal. Desde luego, no debes talar, excavar ni derribar ninguna parte de la casa que esté afligida por el Cinco Amarillo.

LAS TRES MATANZAS

✱ LA AFLICCIÓN DE LAS TRES MATANZAS SE LLAMA EN CHINO *SARM SAAT,* Y PUEDE ACARREAR TRES TIPOS DE DESVENTURAS ASOCIADAS A LAS RELACIONES PERSONALES SI LA DESCUIDAS O SI TE SIENTAS DÁNDOLE LA ESPALDA. NO OBSTANTE, EXISTEN REMEDIOS PARA CONTRARRESTAR SU MALA SUERTE.

A diferencia del Gran Duque Júpiter (véase página 151), al que nunca hay que plantar cara, a las Tres Matanzas siempre le debes plantar cara; debes mirarlas de frente. Esto significa que si ocupan el sur, debes mirar hacia el sur. Tener detrás de ti a las Tres Matanzas es buscarse una puñalada por la espalda.

Cambia la disposición de tus muebles en cada Año Nuevo para no tener a tu espalda las Tres Matanzas. La solución mejor es disponer los muebles del cuarto de estar y del comedor de manera que no te sientes nunca dando frente al Gran Duque, ni tampoco tengas nunca a la espalda las Tres Matanzas.

Debes evitar hacer reformas en la casa en los sectores ocupados por las Tres Matanzas.

Cuando planifiques reparaciones y reformas en la casa, evita hacer obras de ese tipo en los sectores ocupados por las Tres Matanzas. Esta prohibición es complicada de respetar, pues las Tres Matanzas pueden ocupar una parte importante de la casa, ya que sólo llegan volando a los cuatro puntos cardinales, nunca a las orientaciones secundarias.

En los años del Buey, del Gallo y de la Serpiente, las Tres Matanzas ocupan el este. La curación consiste en tener encendida una luz fuerte en ese rincón, o colgar allí un carillón eólico de metal.

En los años del Cerdo, del Conejo y de la Oveja, las Tres Matanzas ocupan el oeste. La curación consiste en poner en este rincón agua descubierta o tener encendida una luz fuerte.

En los años del Mono, de la Rata y del Dragón, las Tres Matanzas ocupan el sur. La curación es utilizar cristales naturales o poner allí agua descubierta.

En los años del Perro, del Caballo y del Tigre, las Tres Matanzas ocupan el norte. La curación consiste en poner aquí una planta fuerte o utilizar la energía de tierra fuerte del cristal natural.

REMEDIOS CONTRA LAS TRES MATANZAS

EL REMEDIO PRINCIPAL CONTRA LAS TRES MATANZAS ES TENER VISIBLES TRES CHI LIN (CABALLOS-DRAGONES) EN EL LUGAR DE LAS TRES MATANZAS. ESTOS CHI LIN SON EL ANTÍDOTO PERFECTO PARA AGOTAR LA ENERGÍA. SIN EMBARGO, SI EL SECTOR AFLIGIDO ES EL ESTE, SE SUPERARÁN FÁCILMENTE LAS TRES MATANZAS CON PONER ALLÍ UNA LUZ FUERTE.

✱ Cuando las Tres Matanzas están en el oeste, el remedio es un cuenco grande de agua.

✱ Cuando las Tres Matanzas están en el sur, el remedio son tres bolas de cristal natural.

✱ Cuando las Tres Matanzas están en el norte, el remedio son las plantas vivas.

La idea es agotar el chi del rincón que ocupa. No apliques el ciclo destructivo de los elementos (véanse páginas 40 y 216), pues la presencia de las Tres Matanzas es temporal.

TRES PLANTAS VERDES

TRES CHI LIN

TRES BOLAS DE CRISTAL NATURAL

TRES AFLICCIONES DE LA ESTRELLA ANUAL

✳ EXISTEN TRES AFLICCIONES DEL NÚMERO ANUAL A LAS QUE TAMBIÉN DEBES ESTAR ATENTO, PUES SERÁ PRECISO INSTAURAR REMEDIOS Y CURACIONES PARA TENERLAS CONTROLADAS. DE LO CONTRARIO, TAMBIÉN ELLAS TIENEN LA POSIBILIDAD DE PRODUCIR TRASTORNOS EN TU VIDA.

CLAVE

○ ESTRELLA TRES
○ ESTRELLA DOS
○ ESTRELLA SIETE

Un Buda sonriente con túnica roja te ayudará a contrarrestar la Estrella Tres en tu dormitorio.

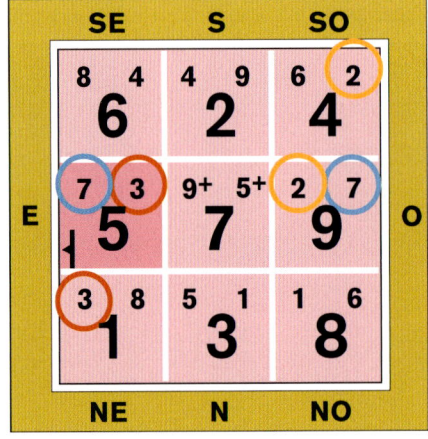

✳ LA ESTRELLA NÚMERO TRES HOSTIL

Allí donde llegue volando la Estrella Número Tres se producirán hostilidades, malentendidos y disputas, como mínimo, y hasta tropiezos graves con la ley.

Debes guardarte de la Estrella Tres hostil, pues te trae muchas incomodidades y te cierra el camino hacia el éxito. La gente te encontrará defectos y te hará acusaciones injustas.

Si tu dormitorio está ocupado por la Estrella Tres anual, deberás poner inmediatamente algo rojo y algo metálico para contrarrestar el poder del Tres. Las alfombras, las cortinas, los manteles y las fundas de cojines de color rojo son buenas, pero también puedes colocar al Buda sonriente que lleva puesta una túnica roja y tiene un lingote de oro.

Cuando la Estrella Número Tres ocupa la puerta principal de la casa, la negatividad afectará a todos sus habitantes. Deberás poner un objeto rojo grande cerca de la puerta, además de una espada de monedas atadas con cordel rojo. La Estrella Número Tres estará en el este en el año 2022 y en el sudeste en el 2023. Durante esos dos años la estrella número 3 será extremadamente fuerte, así que ten cuidado.

✻ LA ESTRELLA NÚMERO DOS DE LA ENFERMEDAD

También hay que tener en cuenta la Estrella Número Dos de la Enfermedad. La Estrella de la Enfermedad, como su nombre indica, trae siempre enfermedades y afecta a partes concretas del cuerpo en función de la orientación que ocupa. Así, cuando ocupa el este y el sudeste tenderá a producir dolores y molestias en los miembros y articulaciones. Si la aflicción es más grave (es decir, si la Estrella de la Enfermedad se encuentra en tu dormitorio), puede pasar algo que te haga daño en los huesos y en las extremidades.

Cuando la Estrella de la Enfermedad ocupa el sur, puede producir enfermedades relacionadas con el corazón, la circulación de la sangre y los ojos. Cuando pasa al norte, las enfermedades suelen estar asociadas a los riñones. Cuando ocupa el suroeste o el nordeste, la enfermedad tiene que ver con el estómago o con la matriz. Si ocupa el oeste o el noroeste, la enfermedad puede ser mental o puede tener que ver con la cabeza, los pulmones o el pecho. La mejor curación para la Estrella de la Enfermedad son los carillones eólicos hechos todos de metal, porque, como el Cinco Amarillo, la Estrella Número Dos pertenece al elemento tierra.

✻ LA ESTRELLA NÚMERO SIETE VIOLENTA

Este número se consideró muy propicio durante el Período Siete. Sin embargo, en el Período Ocho el número siete vuelve a su naturaleza original, que es traer violencia y efusión de sangre asociada a la energía del metal, como la de los cuchillos y las pistolas. También representa los robos y las estafas. Si llega volando la Estrella Número Siete al sector de tu dormitorio, ten cuidado.

La mejor defensa contra ella es el agua yang. El agua que corre disolverá toda la energía violenta que traiga esta estrella. El agua tiene el poder de agotar la energía metálica del siete. No pongas cristales naturales ni carillones eólicos en el sector Noroeste en el 2021, pues allí es donde residirá esta estrella en dicho año. En el 2017, la Estrella Número Siete está en el sudoeste. Si no puedes trasladar tu objeto de agua al sector sudoeste en el 2017, puedes poner la imagen de un rinoceronte, que reprimirá con fuerza las posibilidades de que sufras robos, atracos o estafas.

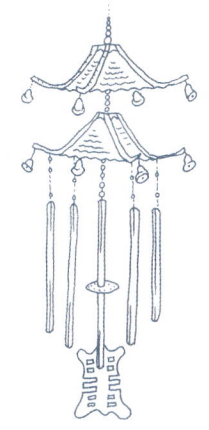

Los carillones eólicos de metal sirven de remedio contra la Estrella de la Enfermedad.

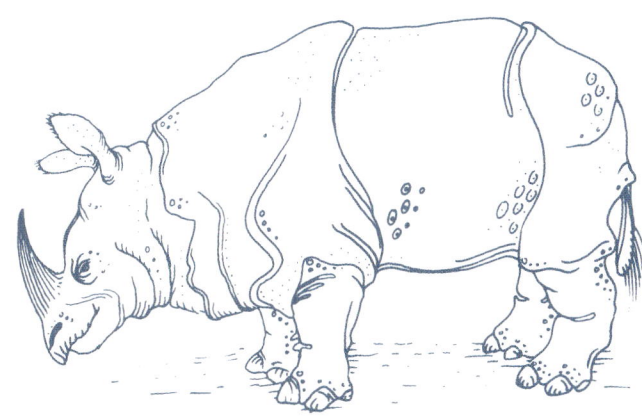

Una figura de un rinoceronte grande contribuirá a contrarrestar la aflicción de la Estrella Número Siete Violenta.

QUINTA PARTE
TÉCNICAS DE POTENCIACIÓN

LA CLAVE DE LA PRÁCTICA DEL **FENG SHUI** ES COMPRENDER QUE TODO EL CHI (EL BUENO Y EL MALO) DEBE SER ACTIVADO PARA QUE SE MANIFIESTEN SUS EFECTOS. LO HABITUAL ES QUE LA SUERTE BUENA O MALA SE ACTIVE SIN QUE NOS DEMOS CUENTA. POR EJEMPLO, AL ABRIR UNA PUERTA SE ACTIVA EL CHI DEL ESPACIO QUE LA RODEA; AL ENCENDER LUCES FUERTES SE ACTIVA EL CHI DEL ESPACIO ILUMINADO. LOS SONIDOS Y LA ACTIVIDAD (COMO LOS JUEGOS DE LOS NIÑOS O LOS MOVIMIENTOS DE LOS PECES) HACEN QUE EL CHI MANIFIESTE ENERGÍA BUENA O MALA. LAS TÉCNICAS DE **FENG SHUI** PUEDEN REFORZAR LA ACUMULACIÓN Y LA LIBERACIÓN DE TIPOS CONCRETOS DE CHI DE BUENA SUERTE, COMO SON LA RIQUEZA O LAS RELACIONES PERSONALES. ESTAS TÉCNICAS BRINDAN RESULTADOS CUANDO SE PRACTICAN EN COMBINACIÓN CON LAS FÓRMULAS DE LA BRÚJULA, QUE NOS DICEN CUÁNDO UN SECTOR DE LA CASA TIENE BUENA O MALA SUERTE, O CUÁNDO UNA ORIENTACIÓN NOS TRAE BUENA SUERTE O MALA.

CAPÍTULO 17
TÉCNICAS DE POTENCIACIÓN DEL AGUA

✴ UN VETERANO MAESTRO DE FENG SHUI TAOÍSTA ME DIJO UNA VEZ: «SI QUIERES APLICAR EL FENG SHUI PARA MEJORAR TU ECONOMÍA, DEBES SABER ENCONTRAR EN TU CASA O EN TU FINCA EL PUNTO DEL DINERO, Y DEBES CONSTRUIR ALLÍ UN OBJETO DE AGUA. UNA HERMOSA PISCINA ESTÁ BIEN.»

Cuando hayas localizado el punto de la riqueza en tu casa o en tu terreno, podrás activar la suerte del dinero colocando allí un objeto o una imagen de agua.

Insistía mucho en que el feng shui del agua, basado en las cartas de la Estrella Voladora (véase capítulo 15), es muy potente para mejorar la suerte del dinero. Existen diversas teorías sobre el uso del agua en el feng shui para activar la suerte de la riqueza, pero aquel maestro tenía fe, sobre todo, en el sistema que consiste en activar la Estrella del Agua o

Se considera que las piscinas con esquinas redondeadas (y, sobre todo, las que tienen forma de riñón) producen chi beneficioso para todos los habitantes de la casa. El feng shui tiende a advertir de los peligros de los bordes o esquinas agudas; por ello, se suelen considerar poco propicias las piscinas con forma de rectángulo.

siang sin (la estrella del frente), la estrella de la riqueza de la carta de la Estrella Voladora.

Decía: «Cuando construyas un objeto de agua yang adecuado allí donde se encuentra una Estrella del Agua afortunada, te empezará a llegar un flujo de dinero». Según el feng shui de la Estrella Voladora, este punto de la riqueza es aquel donde está situada la «Estrella del Agua Ocho». En el feng shui, el agua siempre representa la riqueza, y el número ocho es el más propicio de los nueve números cuando se refiere al dinero y al éxito en cuestiones económicas. En toda casa hay puntos buenos y malos para poner agua.

Para potenciar tu punto de la riqueza debes activarlo con un objeto de agua propicio. Puede estar fuera de la casa, en el jardín, o dentro, sobre todo en zonas frecuentadas por los habitantes y donde éstos suelen hacer vida. Para identificar exactamente dónde se encuentran estos puntos de la riqueza hay que tener presentes determinadas fórmulas temporales, pues todos los sectores de la suerte, entre ellos los de la suerte del dinero, cambian a lo largo del tiempo.

Para activar estos sectores hay que construir pequeños objetos de agua, como son las piscinas, los estanques o las cascadas. También puedes utilizar objetos de agua ya preparados, hechos de fibra de vidrio o de cristales naturales.

Si tienes jardín, es beneficioso activar la Estrella del Agua Ocho en el jardín con un objeto de agua significativo, a ser posible que sea hondo y contenga agua limpia y clara. Al mismo tiempo puedes activar la Estrella del Agua Ocho dentro de la casa misma, y si quieres puedes activarla también en todas las habitaciones de uso común de tu casa.

En términos del feng shui, el agua siempre representa riqueza.

CÓMO ENCONTRAR EL PUNTO DE LA RIQUEZA

EL PUNTO DE LA RIQUEZA ES ALLÍ DONDE SE SITÚA LA ESTRELLA DEL AGUA OCHO, SEGÚN LOS MÉTODOS DE LA ESTRELLA VOLADORA. SI TU CASA ES DEL PERÍODO SIETE, BUSCA EN LA TABLA SIGUIENTE LA SITUACIÓN DE TU ESTRELLA DEL AGUA OCHO (SI NO TIENES CLARA LA DIRECCIÓN DEL FRENTE, CONSULTA PÁGINAS 128-129):

SI TU CASA DA FRENTE AL...	LA ESTRELLA DEL AGUA OCHO ESTARÁ EN EL...
SUR 1	Nordeste
SUR 2 Ó 3	Suroeste
NORTE 1	Norte
NORTE 2 Ó 3	Sur
ESTE 1	Nordeste
ESTE 2 Ó 3	Suroeste
OESTE 1	Sudeste
OESTE 2 Ó 3	Noroeste
NORDESTE 1	Este
NORDESTE 2 Ó 3	Oeste
NOROESTE 1	Centro
NOROESTE 2 Ó 3	Centro
SUROESTE 1	Norte
SUROESTE 2 Ó 3	Sur
SUDESTE 1	Este
SUDESTE 2 Ó 3	Oeste

Los cuartos de estar, los comedores y los cuartos de juegos se benefician cuando la Estrella del Agua Ocho se activa con objetos de agua pequeños, tales como una bola de cristal rotatoria o un objeto de agua de estilo zen. Los que viven en pisos también deben activar en sus viviendas la Estrella del Agua Ocho. La Estrella del Agua adquiere mayor potencia si está situada en un patio o en un balcón con buenas vistas.

De manera similar, si el sector de la Estrella del Agua Ocho corresponde al frente de la casa, será doblemente propicio. Asegúrate de poner el objeto de agua a la izquierda de la puerta principal (según se mira desde dentro de la casa).

Si no lo haces así, el varón de la pareja puede caer en la tentación de la infidelidad. Al activar la Estrella del Agua Ocho para toda la casa se activa el Tai Chi grande de la casa; al activar habitaciones pequeñas de la casa se activa el Tai Chi pequeño. Ambos son igualmente potentes para traer la suerte de la riqueza.

El agua fresca y en movimiento de una fuente contribuye a cargar de energía la suerte de la riqueza.

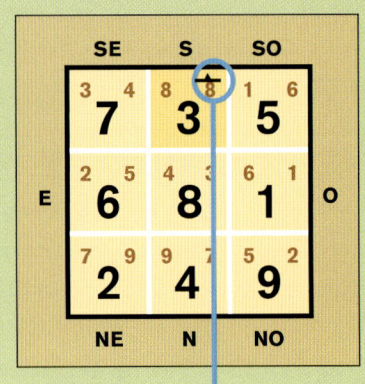

Cuando la Estrella del Agua Ocho está en el mismo sector de la puerta principal, se considera que es doblemente propicia. Activa la suerte poniendo en este sector un objeto de agua.

¡CUIDADO!

✻ **NO PONGAS** el objeto de agua a la derecha de la puerta principal de la casa (según se mira desde dentro de la casa). ¡El agua a la derecha de la puerta principal puede hacer que el marido se empiece a fijar en otras mujeres!

CÓMO ACTIVAR TU OBJETO DE AGUA

CUANDO HAYAS CONSEGUIDO LOCALIZAR TU PUNTO DE LA RIQUEZA Y HAYAS CONSTRUIDO TU OBJETO DE AGUA, ES IMPORTANTE QUE ACTIVES EL OBJETO. HE AQUÍ ALGUNAS MEDIDAS QUE DEBES TOMAR SIN FALTA PARA ASEGURARTE DE QUE TU OBJETO DE AGUA ESTÁ POTENCIADO COMO ES DEBIDO.

1. Pon la imagen de un dragón en las proximidades del objeto de agua. El dragón puede estar dentro del agua o al borde del estanque o de la cascada. Cuando hay un dragón cerca, el agua se transformará en un símbolo poderoso de suerte de la riqueza.

2. Pon una luz cerca del agua, de tal modo que la puedas tener encendida al menos tres horas cada día o cada noche. Así se aporta una carga de energía yang al objeto de agua. La luz no es indispensable si el objeto de agua está al aire libre y recibe mucha luz del sol, pero si está dentro de la casa deberá tenerse encendida una luz.

3. Pon en el agua peces o plantas para añadir energía vital. Si en el agua no hay vida, puede convertirse en agua yin, que no puede activar la suerte de la riqueza. Los peces, sobre todo los más propicios, tales como los peces de colores, los arowanas o los gupis de colores, aportan a tu estanque el simbolismo de la abundancia. Asegúrate de que tus peces estén contentos y bien alimentados, y de que el agua esté en buenas condiciones para ellos. Cuando los peces parecen aletargados y tristes, no es posible que generen buena suerte para ti. Asegúrate de tener un buen sistema de filtrado para que el agua esté siempre limpia y bien oxigenada.

4. Por último, procura que el agua esté siempre «feliz». No debes permitir que absorba tu infelicidad ni las vibraciones de tus disputas. Cuanto más felices sean los habitantes de la casa, más propicia será el agua. Si tienes una discusión a gritos en la casa, procura que no sea delante del objeto de agua.

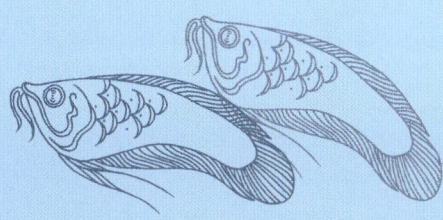

CONSTRUIR UN CURSO DE AGUA

✳ CONSTRUIR UNA CASCADA QUE DIRIJA HACIA TU CASA UNA CORRIENTE DE AGUA PROPICIA ES UNA MANERA INCREÍBLEMENTE PODEROSA DE GENERAR UN FLUJO DE BUENA SUERTE Y DE RIQUEZAS HACIA TU HOGAR. BENEFICIA A TODA LA FAMILIA Y A TODOS LOS INQUILINOS DE LA CASA, INCLUSO A LOS EMPLEADOS DEL HOGAR.

La cascada sugiere una corriente de agua, que no es lo mismo que un objeto de agua. Un objeto de agua simboliza un capital o fondo de riqueza, mientras que una corriente representa un flujo de ingresos.

Si se procura tener un buen feng shui es con el propósito de asegurarte de que la riqueza de tu familia está protegida, y que se va ampliando y dilatando con el transcurrir de los años. A este tipo de feng shui le suele beneficiar la presencia de una masa de agua, tal como la de una piscina. Una corriente de agua, por otra parte, sugiere una entrada continuada de ingresos.

Al construir un curso de agua alrededor de tu casa, es importante que el agua corra hacia dentro y que pase por delante de tu puerta principal en una orientación propicia. Si construyes una cascada en tu jardín, asegúrate de que el agua pasa por delante de tu puerta principal de manera correcta y de que la corriente no se aleja de tu casa de manera visible.

Si en tu terreno, a su alrededor o en sus proximidades hay un curso de agua natural, deberás consultar el *Tratado Clásico del Emperador Amarillo sobre Medicina Interna* sobre la cuestión de los cursos de agua propicios, en lugar de la fórmula de la Estrella Voladora. Se dice que el Emperador Amarillo recibió de la Señora de los Nueve Cielos este antiguo manuscrito sobre feng shui. Él lo utilizó para trazar la planta de sus palacios, lo que le permitió vencer a sus enemigos y reunificar a su pueblo en toda la nación. Desde entonces, su obra ha sido texto de consulta para el diseño de elementos paisajísticos del feng shui.

Las corrientes de agua pueden aportar

Los estanques en el jardín aportan a los habitantes de la casa una excelente suerte de la riqueza, siempre que se conserven limpios.

EL CURSO PROPICIO DEL AGUA ANTE LA PUERTA PRINCIPAL

CUANDO PIENSES COMPRAR O CONSTRUIRTE UNA CASA Y QUIERAS QUE SE POTENCIE PARA QUE TE TRAIGA SUERTE DE LA RIQUEZA, DEBES BUSCARLA O CONSTRUIRLA ORIENTADA DE TAL MODO QUE EL FLUJO DEL AGUA SEA PROPICIO. LAS INSTRUCCIONES DEL *TRATADO CLÁSICO DEL DRAGÓN DE AGUA* DICEN LO SIGUIENTE:

✳ Cuando el agua corra por delante de la puerta principal de izquierda a derecha (según se mira desde dentro de la casa), procura que la casa y la puerta principal den frente a un punto cardinal, es decir, al norte, al sur, al este o al oeste.

✳ Cuando el agua corra por delante de la puerta principal de derecha a izquierda (según se mira desde dentro de la casa), procura que la casa y la puerta principal estén dando frente a una orientación secundaria, es decir, al noroeste, al suroeste, al sudeste o al nordeste.

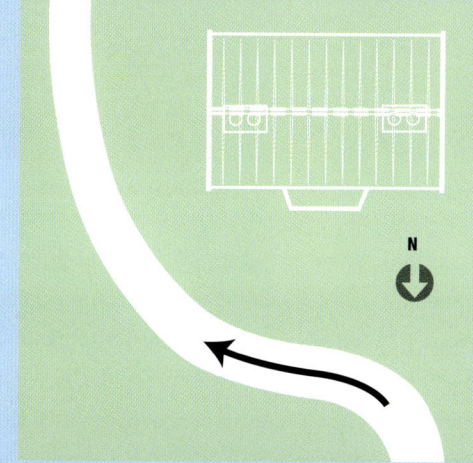
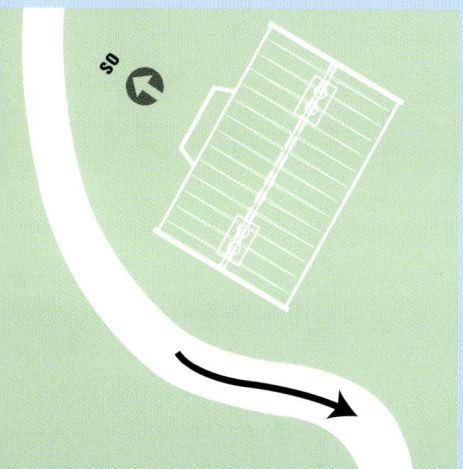

muy buena fortuna, pero también puede resultar difícil dirigir la corriente de manera correcta. En muchos casos, la construcción del Dragón del Agua (véase página 228) en el jardín ha estado plagada de dificultades al aplicar las fórmulas de agua del *Tratado Clásico del Emperador Amarillo*.

Yo recomendaría a quien quiera construir una cascada que haga que el agua caiga en un estanque, y no en un curso de agua en movimiento. El estanque en que cae el agua de la cascada debe estar en la situación de la Estrella del Agua Ocho.

CURSOS DE AGUA PROPICIOS: MÁS EJEMPLOS

VARIOS CURSOS DE AGUA QUE SE SUMAN AL CURSO PRINCIPAL

EL AGUA ALIMENTA UN ESTANQUE CERRADO

CAPÍTULO 18
ACTIVAR LA SUERTE DE LA ESTRELLA DE LA MONTAÑA

✹ LAS ESTRELLAS DE LA MONTAÑA DEL SISTEMA DE FENG SHUI DE LA ESTRELLA VOLADORA GOBIERNAN TODOS LOS ASPECTOS DE LA SUERTE DE LAS RELACIONES PERSONALES Y DE LA SALUD. CUANDO UNA ESTRELLA DE LA MONTAÑA PROPICIA VISITE TU CUARTO, GOZARÁS DE SUERTE EXCELENTE PARA LAS RELACIONES PERSONALES Y PARA LA SALUD.

La suerte se manifestará en el trato que te darán las personas, con calor, apoyo y buena voluntad. Te resultará fácil ganar amigos y tendrás la sensación de que el mundo es un lugar agradable. Cuando activas una Estrella de la Montaña propicia colocando correctamente los símbolos de la montaña, tus relaciones personales te acarrearán una suerte extrema, y gozarás además de buena salud.

Muchos maestros de feng shui de Hong Kong recomiendan las pinturas de paisajes de montaña. Un maestro taoísta me explicó que las montañas no sólo son símbolos poderosos de apoyo, sino que simbolizan la esencia del dragón celestial. Fue entonces cuando conocí el concepto de las Estrellas de la Montaña, que son las estrellas de situación, o *chor sin* de la terminología del feng shui. Si activas las Estrellas de la Montaña afortunadas, la suerte de tu familia y de tus descendientes será superior, llegarás a edad avanzada y podrás disfrutar de tus hijos y de tus nietos.

✹ ACTIVAR LA ESTRELLA DE LA MONTAÑA

Al activar la Estrella de la Montaña Ocho en cualquier edificio se deben tener presentes varios factores. A los que tienen un terreno puede beneficiarles activar la Estrella de la Montaña Ocho en el jardín con un muro significativo, preferiblemente que sea alto y que se aprecie claramente como elemento espe-

Los picos montañosos son energía yang y simbolizan la esencia del dragón celestial.

CÓMO ENCONTRAR LA ESTRELLA DE LA MONTAÑA OCHO PROPICIA

✱ SEGÚN EL FENG SHUI DE LA ESTRELLA VOLADORA (VÉASE CAPÍTULO 15), EL PUNTO ÓPTIMO PARA LA SALUD Y LAS RELACIONES PERSONALES DE CUALQUIER HOGAR O EDIFICIO SE ENCUENTRA DONDE ESTÁ SITUADA LA ESTRELLA DE LA MONTAÑA OCHO. SI TU CASA ES DEL PERÍODO SIETE, LOCALIZARÁS LA ESTRELLA DE LA MONTAÑA OCHO SEGÚN ESTA TABLA.

SI TU CASA DA FRENTE AL...	LA ESTRELLA DE LA MONTAÑA OCHO ESTARÁ EN EL...
SUR 1	Norte
SUR 2 Ó 3	Sur
NORTE 1	Nordeste
NORTE 2 Ó 3	Suroeste
ESTE 1	Sudeste
ESTE 2 Ó 3	Noroeste
OESTE 1	Nordeste
OESTE 2 Ó 3	Suroeste
NORDESTE 1	Norte
NORDESTE 2 Ó 3	Sur
NOROESTE 1	Este
NOROESTE 2 Ó 3	Oeste
SUROESTE 1	Este
SUROESTE 2 Ó 3	Oeste
SUDESTE 1	Centro
SUDESTE 2 Ó 3	Centro

La Estrella de la Montaña Ocho resulta especialmente propicia cuando se activa en los jardines con un muro alto.

cial de esa parte del jardín. Los propietarios pueden activar al mismo tiempo la Estrella de la Montaña Ocho, dentro de la casa misma, en las habitaciones más importantes en que se reúne la familia; por ejemplo, en el cuarto de juegos, en el cuarto de estar y en el comedor.

A todas estas habitaciones les beneficia activar el rincón de la Estrella de la Montaña Ocho con un símbolo de montaña. Puede tratarse de una geoda de cristales naturales que tenga aspecto de montaña, o puede ser la fotografía o la pintura de una magnífica montaña. A los que viven en pisos no les queda más opción que activar la Estrella de la Montaña Ocho dentro de sus viviendas. Si la Estrella Voladora de la Montaña Ocho está situada en un patio o en un balcón con grandes vistas panorámicas, y si se ven montañas a lo lejos, la Estrella de la Montaña Ocho adquiere mayor potencia.

CAPÍTULO 19
EMPLEO DE LOS SÍMBOLOS DE BUENA SUERTE

✷ EL SIMBOLISMO CONSTITUYE UNA PARTE INTEGRAL DE LA PRÁCTICA DEL FENG SHUI, AUNQUE A VECES SE LE QUITA IMPORTANCIA TACHÁNDOLO DE INTRASCENDENTE. SIN EL SIMBOLISMO, EL FENG SHUI SERÍA DIFÍCIL DE ENTENDER Y PROBABLEMENTE SERÍA IMPOSIBLE SU PRÁCTICA.

Muchos expertos en feng shui llevan amuletos para protegerse de los atracos y de los peligros en los viajes.

Todos los remedios y curaciones necesarias para superar las aflicciones del feng shui se basan en sus matices simbólicos, que se suelen asociar a sus atributos como elementos y a sus atributos protectores o fomentadores.

El feng shui simbólico es uno de los aspectos más sencillos de la práctica del feng shui. Con sólo poner en una habitación determinada objetos decorativos que simbolizan la buena suerte vibrante, o con llevar sobre el cuerpo joyas con un símbolo de feng shui especial, podemos fomentar el chi viviente que nos rodea, haciendo nuestro espacio y nuestras auras mucho más positivas y propicias.

El simbolismo aporta sustancia a la práctica del feng shui en un contexto contemporáneo, pues complementa todas las fórmulas y técnicas de la práctica del feng shui. Los símbolos se pueden utilizar como remedios o como objetos decorativos, y existen símbolos de la prosperidad, de la riqueza, de la salud, del amor, de los estudios y de las relaciones de pareja, así como diversos tipos de catalizadores del éxito que fomentan la suerte en la carrera profesional y en otras aspiraciones. Es imposible presentar una lista completa de símbolos de la buena suerte, pues son demasiados; no obstante, algunos símbolos populares de la buena suerte se han hecho habituales en la práctica del feng shui.

SÍMBOLOS DE LA RIQUEZA Y DE LA PROSPERIDAD

EL BARCO DE VELA trae la riqueza impulsado por los vientos y las aguas. Un barco de vela dorado, cargado de lingotes y diamantes de imitación, que llega navegando a tu casa o a tu despacho procedente de tu mejor orientación Kua, te traerá un aumento de ingresos.

CAPÍTULO 19 · EMPLEO DE LOS SÍMBOLOS DE BUENA SUERTE

Cuanto más barcos tengas, mejor, pues cada barco simboliza una fuerte principal de ingresos. Si tienes más de un barco, consigues múltiples fuentes de ingresos.

LAS MONEDAS DE LA BUENA SUERTE traen la riqueza del cielo y la tierra. Se reúnen en grupos de tres, de seis o de nueve, y se activan atándolas con un cordel o cinta roja. Cuando pongas moqueta nueva, hazte con unos cuantos centenares de estas monedas, átalas con cinta o cordel rojo y ponlas bajo la moqueta. Los chinos adinerados recubren de estas monedas de la buena suerte los suelos y las paredes de las casas nuevas que se construyen. Las monedas también se pueden pegar a las libretas de facturas, o a las cajas registradoras, o unir con cinta adhesiva a los teléfonos y a los aparatos de fax. Hasta pueden servir de modelo para el diseño de joyas de feng shui.

LA MANGOSTA QUE VOMITA RIQUEZA trae la riqueza de los dioses. Es un símbolo de prosperidad menos conocido, pero resulta enormemente poderoso para traer suerte en los negocios. Se parece a la rata que vomita riqueza que llevan los budas tibetanos de la riqueza (llamados Dzambhalas). Es más conveniente poner las imágenes de esta criatura propicia a la altura de una mesa, ya sea en una estantería o sobre la mesa de trabajo.

EL SAPO DE TRES PATAS atrae a la casa la riqueza y el dinero. El sapo o la rana como símbolo del éxito en los negocios forma parte de las muchas leyendas del ciclo de los Ocho Inmortales. Los chinos creen también que las huevas de la rana caen del cielo, como el rocío, y que la saliva del sapo tiene grandes virtudes medicinales. De hecho, la saliva de rana hervida es uno de los remedios más populares para la garganta irritada por haber fumado demasiado. El sapo de tres patas debe colocarse al nivel del suelo, y el mejor lugar es debajo de los sillones y de los sofás. Pueden mirar hacia cualquier orientación, aunque mucha gente prefiere que no miren directamente hacia el exterior de la casa.

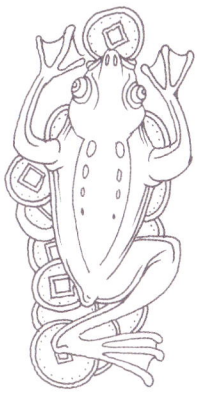

LOS SÍMBOLOS DE PECES representan la abundancia. El pez más apreciado en el feng shui es el arowana dorado. La carpa y el pez de colores eran los favoritos en tiempos pasados. A todas las casas les puede beneficiar tener un acuario con estos símbolos de la abundancia. Los peces vienen acompañados del agua feliz, que es uno de los medios más potentes para cargar de energía la riqueza.

EL CABALLO DEL TRIBUTO trae la riqueza de las Ocho Orientaciones. Es el caballo que suele acompañar a las imágenes del Dios de la Riqueza, Tsai Shen Yeh, y suele ir cargado de lingotes y de otros artículos preciosos. El Caballo del Tributo debe ponerse dentro de la casa, cerca del vestíbulo de entrada, y debe dirigirse hacia el interior, no hacia el exterior. Si es posible, haz que el caballo proceda de tu mejor orientación Sheng Chi, pues así anuncia la suerte de la riqueza.

LOS DRAGONES DE CINCO GARRAS son, probablemente, los símbolos más potentes de la buena fortuna. Poniendo la imagen del dragón imperial de cinco garras en la pared este del cuarto de estar, se atrae tanto la riqueza como el éxito, pues el dragón representa la cúspide de la suerte del éxito y la prosperidad. No olvides poner un dragón junto a tu objeto de agua, pero no pongas imágenes de dragón demasiado grandes. El biombo de los nueve dragones no debe ser demasiado grande, pues quizá no seas capaz de soportar la fuerza de nueve dragones grandes. En general, son mejores las imágenes más pequeñas, sobre todo cuando están hechas de oro auténtico y llevan engastadas joyas buenas.

EL MURCIÉLAGO ROJO aporta abundancia y gran prosperidad, sobre todo cuando se muestra en una reunión circular de cinco murciélagos rojos. Este emblema es muy popular, pues representa las cinco bendiciones del cielo, que son la longevidad, la riqueza, la salud, el amor a la virtud y la muerte natural. Un grupo de cinco murciélagos rojos es el símbolo preferido de la prosperidad en el taoísmo, y suele aparecer representado en la cerámica y en los muebles chinos.

EL CHI LIN, o caballo dragón, trae prosperidad, éxito, longevidad, hijos ilustres y suerte general en las cuestiones económicas. Un solo Chi Lin trae el éxito en el trabajo; por ello, conviene ponerlo en la oficina. Como pareja, los Chi Lin protegen el hogar y el espíritu familiar; en grupo de tres, superan a las Tres Matanzas, que es una aflicción del feng shui anual.

CAPÍTULO 19 ◐ EMPLEO DE LOS SÍMBOLOS DE BUENA SUERTE   171

LOS LINGOTES DORADOS traen siempre riqueza y prosperidad. Se pueden usar de diversas maneras. Puedes ser todo lo creativo que quieras, pues su colocación en el hogar no está sujeta a prohibiciones.

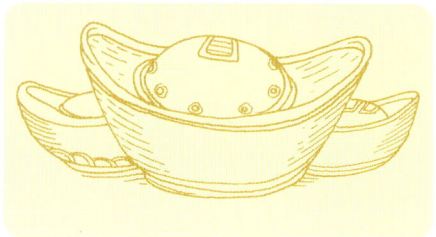

EL CUENCO DE ARROZ Y LOS PALILLOS DORADOS son unos símbolos excelentes del éxito económico y en el trabajo. Significan que, si te gusta tu trabajo, no perderás nunca tu empleo, y si no te gusta, no tardarás en encontrar algo que sí te guste. El cuenco dorado sugiere que tus medios de vida son dorados. Los juegos de cuencos y palillos dorados son propicios como regalos de boda.

LOS FUK LUK SAU son los Tres Dioses de las Estrellas que representan la riqueza, la salud y la prosperidad. Se suelen poner en el comedor, y su presencia en la casa garantiza la continuidad de la buena suerte. Debes comprar las mejores figuras que te puedas permitir, pues son los símbolos más fundamentales de la buena fortuna.

LOS ÁRBOLES DE GEMAS, hechos de piedras semipreciosas, representan el árbol de la riqueza y son propicios para traer la suerte de la riqueza a la casa o a la oficina. Los mejores son los que tienen incrustadas gemas amarillas, que suelen ser citrinas, pues éstas representan la suerte de la riqueza. Elige los árboles que tienen el tronco sólido, y ponlos a la altura de una mesa. Así te asegurarás de que tus fuentes de riqueza sean fuertes y sólidas.

FUK   LUK   SAU

SÍMBOLOS DE LA LONGEVIDAD

LA GRULLA simboliza la vida larga y la buena salud. Las imágenes de centenares de grullas que vuelan son muy apreciadas, pues representan la inmortalidad y se identifican mucho con los atributos de la vida larga, la felicidad y la tranquilidad en todas las actividades. Ponlas como imágenes decorativas en tu jardín (al sur) o dentro de la casa, como adorno en muebles u objetos de cerámica.

LA TORTUGA es el mejor de los símbolos de la longevidad que se pueden tener en la casa. Si puedes, ten una tortuga o un galápago vivo. Si no, ten su imagen en la parte trasera de la casa. La tortuga tiene múltiples significados, y es una de las cuatro criaturas celestiales. De hecho, es la única de las cuatro que todavía vive. Muchos expertos en feng shui opinan que la tortuga es el símbolo más importante que nadie debería dejar de tener en su casa y en su lugar de trabajo.

EL DIOS DE LA LONGEVIDAD, llamado también Sau, es probablemente la deidad taoísta más popular. Suele aparecer representado en pinturas o en figuras de cerámica y porcelana. Sau simboliza una vida larga y tranquila, además de una vejez feliz en compañía de los hijos y de los nietos.

LA TORTUGA DRAGÓN no sólo trae una vida larga y fructífera, sino también llena de éxitos y bendiciones. La tortuga dragón trae fama, honra y buena reputación a la familia, y buena salud al patriarca. La tortuga dragón no debe faltar en ningún hogar. Cuando se lleva en la mano izquierda protege de la muerte prematura y aporta valor ante los problemas inesperados.

EL BAMBÚ es perdurable y resistente, y representa la longevidad y la fortaleza ante la adversidad. El bambú te aporta la resistencia necesaria para alcanzar el éxito en cualquier empresa. Una mata de bambú en la parte delantera de tu jardín te asegura la longevidad de cualquier negocio que emprendas. No perderás nunca el puesto de trabajo ni la riqueza.

CAPÍTULO 19 ◐ EMPLEO DE LOS SÍMBOLOS DE BUENA SUERTE

OTROS SÍMBOLOS DE LA BUENA SUERTE

EL CIERVO aporta rapidez, resistencia y larga vida. La palabra china que significa «ciervo», *lu*, tiene un sonido semejante al de la palabra que significa buenos ingresos y prosperidad. El ciervo representa la longevidad de los ingresos y de la riqueza. Es una imagen excelente para tenerla en la oficina, sobre todo cuando el ciervo va adornado de un collar de monedas propicias de la buena suerte.

LA CIGARRA DE JADE es un emblema de la inmortalidad, además de servir de amuleto contra las maquinaciones en el trabajo. Lo mejor es llevarla puesta encima a modo de amuleto, pues al llevarla en el bolso previene de la muerte prematura. También se considera símbolo de la larga vida, de la felicidad y de la eterna juventud.

✱ **EL SÍMBOLO DE LA LONGEVIDAD** produce chi de la larga vida y es un cargador de energía muy poderoso para la buena salud. Su presencia cerca de ti es como una reafirmación de los atributos de la buena suerte.

✱ **EL NUDO MÍSTICO** es el símbolo favorito de los practicantes chinos del feng shui. Representa amor interminable, oportunidades interminables y el éxito en todas las profesiones. El nudo místico es, además, un símbolo especial que resulta especialmente propicio durante el actual Período Ocho, y está asociado a muchos ritos que se aplican para invocar el éxito. Ten este símbolo en todas partes, como en tu casa y en el trabajo, o incluso para llevarlo encima como talismán de buena suerte.

✱ **EL SÍMBOLO DE LA FELICIDAD DOBLE** es una afirmación de felicidad increíble producida por el amor, por el matrimonio y por una vida familiar excelente. Puesto en el suroeste o, mejor todavía, llevado encima en forma de anillo o de colgante, atrae la felicidad asociada al matrimonio y a la vida familiar.

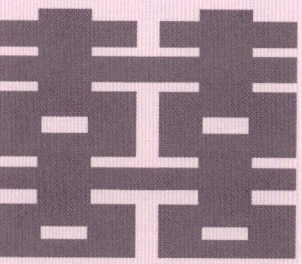

CAPÍTULO 20
MÉTODOS PARA LA ACTIVACIÓN DE LA RIQUEZA

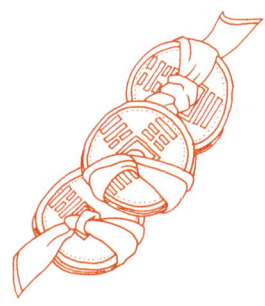

ADEMÁS DE TENER EN TU CASA SÍMBOLOS DE LA BUENA SUERTE, PUEDES PROBAR TAMBIÉN ALGUNOS DE LOS RITOS Y ACTIVIDADES QUE SIRVEN PARA ACTIVAR LA RIQUEZA Y QUE TRAEN PROSPERIDAD Y SALVAGUARDAN LA FORTUNA DE LA FAMILIA. HE AQUÍ ALGUNAS IDEAS QUE PUEDES PROBAR.

La preparación y consagración de un jarrón de la riqueza asegura la conservación y el desarrollo de la fortuna familiar. Las familias chinas conservan eternamente sus jarrones de la fortuna, que se heredan de generación en generación.

El jarrón de la riqueza puede estar hecho de elementos de tierra o de metal: porcelana, cristal natural, cobre, bronce, plata u oro. Cuanto más precioso sea el metal, más propicia será la suerte que aporte.

Lo más importante que se debe tener en cuenta acerca del jarrón de la riqueza, es lo siguiente:

✱ Sus ingredientes (véase página siguiente).
✱ El medio que se utiliza para cerrarlo (véase página siguiente).
✱ Debe guardarse dentro de un armario especial, cerrado con llave.
✱ No debe dar frente a la puerta principal, pues simbolizaría la pérdida de riqueza.

Puedes preparar más de un jarrón de la riqueza. Cuando te hagas rico, podrás preparar un jarrón de la riqueza lleno de ingredientes de más calidad. Así aumentará todavía más tu riqueza.

CÓMO PREPARAR UN JARRÓN DE LA RIQUEZA

1. ELIJE UN JARRÓN CON TAPA. Lo ideal es que el jarrón de la riqueza tenga la boca bastante ancha, cuello estrecho, cuerpo grueso y base ancha y sólida.

2. REÚNE LOS ARTÍCULOS SIGUIENTES y ponlos dentro del jarrón:

* Un Dios de la Riqueza en miniatura. Puede tratarse del Buda que ríe, de Tsai Sheng Yeh o de cualquiera de los dioses de la riqueza que forman parte del panteón de tu cultura. Asegúrate de que el Dios de la Riqueza mira hacia el interior del jarrón.
* Tres monedas de oro atadas con cordel rojo, que significan la riqueza multiplicada por diez.
* Nueve monedas chinas en un envoltorio rojo, que significan el dinero que se dona como obra de caridad.
* Diez cristales naturales transparentes, que aseguran la tranquilidad en la vida.
* Diez bolas de lapislázuli, que significan lo mejor de los tesoros del mundo.
* Cinco tipos de alimentos secos guardados en bolsas de plástico. Pueden ser, entre otros, arroz, *dhal* (legumbres partidas de la India), cebada, sorgo, mijo o judías.
* Paquetes de piedras semipreciosas, o diamantes verdaderos, y joyas de oro.

3. COLOCA DENTRO DEL JARRÓN de la riqueza los siguientes objetos secretos para aumentar su potencia:

* Tierra de la casa de un rico. No puedes hurtarla; es preciso que te la den voluntariamente.
* Dinero del bolsillo de un rico. Tampoco debes hurtarlo; es preciso que te lo den, quizás en concepto de cambio al comprar algo o al cambiar dinero.
* Retratos de seis personas ricas, hombres o mujeres.
* Una imagen de una rica mansión.
* Dinero de nueve países ricos.

4. CUANDO HAYAS LLENADO el jarrón con todos los ingredientes que has recogido, necesitarás:

* Cinco piezas de tela de algodón cosidas en forma de paños cuadrados, con los colores de los cinco elementos.
* Cinco cordeles de algodón con los colores de los cinco elementos.

5. CUBRE EL JARRÓN CON SU TAPA y coloca sobre ésta los cuadrados de paño; primero el blanco y después el azul, el verde, el rojo y, por último, encima de todos, el amarillo. Entrelaza los cordeles de cinco colores y ata con ellos firmemente el paño por encima del jarrón. De esta manera se encierran de manera eficaz los ingredientes de la riqueza.

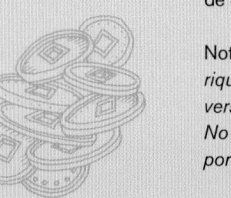

6. CONSAGRA EL JARRÓN con incienso y varillas aromáticas; para finalizar guárdalo en un armario de tu dormitorio o en algún lugar en lo más recóndito de tu casa.

Nota: *El jarrón de la riqueza no debe verse fácilmente. No pongas nunca nada por encima de él.*

✱ PRACTICA LOS RITOS DE LA SAL PARA LIBERARTE DE DEUDAS

Si tienes dificultades económicas y deudas con muchas personas, existen dos ritos poderosos que sirven para librarte de deudas.

RITO 1

1. Compra todos los viernes un paquete pequeño de sal marina, o de sal de roca, y añade un pellizco de ésta a la sal que estás utilizando en la cocina. Si practicas esto con insistencia a lo largo del tiempo, te liberarás de dificultades económicas.

2. Cuando todas tus deudas se hayan reducido a un nivel cómodo, puedes dejar de practicar el rito.

RITO 2

Este rito puede resultar útil si tus problemas económicos son graves y corres el peligro de que te persigan judicialmente.

1. Toma algo de sal de tu recipiente de sal de cocina, un viernes por la mañana, y ponlo en un recipiente de plástico junto con algo de polvo de cinabrio y un espejo pequeño que haya servido para reflejar los cuatro rincones de la casa.

2. Toma dos limas (frutos cítricos) no maduras y hazlas rodar en la palma de la mano durante cinco minutos. Visualiza cómo salen de tu cuerpo tus problemas económicos y entran en las limas.

3. Cuando hayas terminado, mete las limas en el recipiente de plástico.

4. Lleva el recipiente a una alcantarilla grande o a un río y tira a la corriente su contenido biodegradable por encima de tu hombro izquierdo; y, sin volver la vista atrás, vuélvete a tu casa.

Este rito es especialmente potente si se practica tres viernes seguidos.

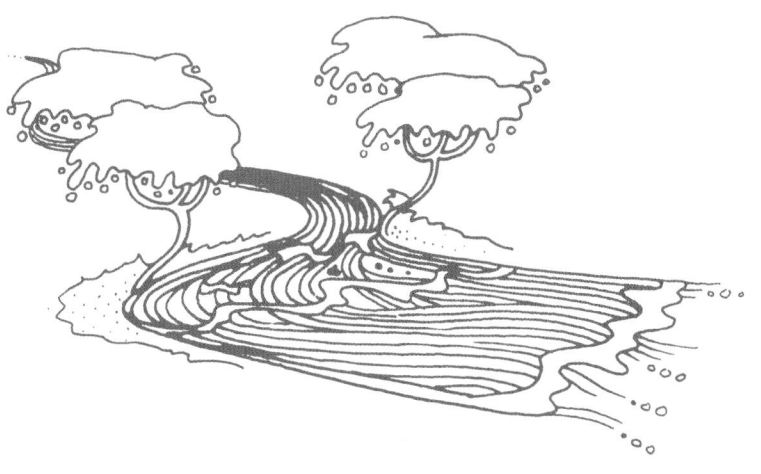

CAPÍTULO 20 — MÉTODOS PARA LA ACTIVACIÓN DE LA RIQUEZA

CONSTRUYE UNA CASCADA DE SEIS NIVELES AL NORTE PARA HACERTE RICO

LA CONSTRUCCIÓN DE UN OBJETO DE AGUA SÓLO ES BENEFICIOSA EN TRES SECTORES: EN EL ESTE, EN EL SUDESTE Y EN EL NORTE. EL NORTE ES EL MEJOR DE LOS TRES, PUES EL ELEMENTO AGUA PERTENECE A ESTE SECTOR. LA CONSTRUCCIÓN DE UNA CASCADA DE SEIS NIVELES EN EL SECTOR NORTE DE TU JARDÍN ES UNO DE LOS ACTIVADORES MÁS POTENTES DE LA SUERTE DE LA PROSPERIDAD. LOS SEIS SECTORES REPRESENTAN EL CHI DEL CIELO.

No es necesario que tu cascada sea grande, pero el agua debe caer sobre seis alturas. Es importante que en tu cascada haya tortugas y peces de colores; por tanto, deberás diseñarla bien, con filtros y oxigenación del agua para que los peces y las tortugas estén contentos. Decora la cascada con plantas propicias. Puedes poner en los diversos niveles a los dioses tibetanos de la riqueza. La manera correcta de invocar la ayuda de los Dzambhalas es hacer que les corra el agua por el cuerpo, hacia abajo.

✱ DIOS TIBETANO DE LA RIQUEZA

Dzambhala es el dios budista de la riqueza. Está adornado magníficamente con joyas y tiene el vientre prominente. Aprieta con la mano izquierda el cuello de una mangosta; la mangosta vomita monedas o piedras preciosas.

✱ PLANTAS PROPICIAS

Como norma general, son propicias las plantas que tienen las hojas redondeadas, y cuanto más verdes y carnosas sean las hojas, más propicia es la planta. Entre otros ejemplos de plantas propicias se cuentan la crásula ovata o planta del jade, el loto y los nenúfares.

SEXTA PARTE
SÍMBOLOS Y RITOS PROTECTORES

EN EL **FENG SHUI** TIENE MÁS IMPORTANCIA PROTEGER TU CASA O TU OFICINA DEL MAL CHI QUE CREAR CHI PROPICIO. SIEMPRE TE RESULTARÁ BENEFICIOSO APLICAR UNA ESTRATEGIA DEFENSIVA ANTES DE EMPEZAR A USAR EL **FENG SHUI** PARA MEJORAR LOS DIVERSOS TIPOS DE SUERTE. EL SIMBOLISMO DESEMPEÑA UN PAPEL MUY IMPORTANTE EN EL **FENG SHUI,** Y SE EMPLEAN MUCHOS SÍMBOLOS COMO SOLUCIONES ANTE DIVERSOS MALES DE **FENG SHUI.** TAMBIÉN EXISTE UNA PARTE DE LA PRÁCTICA DEL **FENG SHUI** DE CARÁCTER PROTECTOR. CONSISTE EN LOS RITOS DE LIMPIEZA DEL ESPACIO, QUE SON EXCELENTES PARA REFRESCAR EL CHI, AL MENOS DE MANERA TEMPORAL, HASTA QUE SE PUEDAN LLEVAR A CABO MEJORAS MÁS PERMANENTES DEL **FENG SHUI.**

CAPÍTULO 21
EL EMPLEO DE LOS SÍMBOLOS PROTECTORES

✳ EL FENG SHUI RECOMIENDA DIVERSOS MÉTODOS PARA PROTEGER EL HOGAR Y EL LUGAR DE TRABAJO CONTRA LAS DESGRACIAS. ESTOS MÉTODOS VAN DESDE EL SIMPLE HECHO DE PONER DIOSES DE LA PUERTA, PERROS FU Y OTRAS DEIDADES PROTECTORAS, HASTA LA APLICACIÓN MÁS COMPLEJA DE CURACIONES Y REMEDIOS SIMBÓLICOS PARA MALES CONCRETOS DEL FENG SHUI.

El mal chi suele estar causado por las estructuras físicas hostiles y por el transcurso del tiempo. También puede deberse a los desequilibrios de las fuerzas cósmicas yin y yang en el espacio que nos rodea. Cuando el yin es demasiado dominante, puede provocar hechos irreparables. Por ello, debemos proteger nuestros hogares.

En el panteón de los dioses y de los símbolos chinos se encuentran muchos recursos que se pueden incorporar en la decoración interior. También puedes aplicar símbolos de tu propia cultura. El empleo de las deidades taoístas chinas no tiene connotaciones religiosas; los practicantes del feng shui pueden usar otras alternativas tomadas de sus propias tradiciones.

KUAN KUNG: DIOS DE LA RIQUEZA

✳ **KUAN KUNG** es la deidad protectora taoísta más popular. Es el Dios de la Guerra, y también es el Dios de la Riqueza. Tiene el semblante fiero y actitud imponente. Existen muchas representaciones distintas de Kuan Kung. Para proteger tu negocio, lo mejor es que tengas a un Kuan Kung iracundo, montado a caballo, y con armadura, estandartes y banderas. Estas figuras de Kuan Kung suelen estar hechas de bronce, y llevará en el cuerpo nueve dragones. Es la mejor imagen de Kuan Kung para los que hacen negocios en un sector competitivo o ejercen una profesión en la que sea preciso protegerse.

Este Kuan Kung puede resultar demasiado fiero e imponente para los que hagan una vida más sedentaria. En tal caso, es mejor que tengas una figura menor del dios, sentado y menos combativo. Sea cual sea la figura de Kuan Kung que elijas, ponla de modo que esté mirando hacia la puerta principal (desde cualquier ángulo), o de manera que mire guardándote las espaldas si trabajas en tu casa. Asegúrate de que la espada larga está colocada de manera correcta (es decir, apuntando al suelo o apoyada en él).

LOS CUATRO GUARDIANES CELESTIALES

EL DRAGÓN VERDE, EL AVE FÉNIX CARMESÍ, LA TORTUGA NEGRA Y EL TIGRE BLANCO SON LOS CUATRO GUARDIANES CELESTIALES SEGÚN LA SABIDURÍA FENG SHUI. EN EL ENTORNO EXTERIOR, SE IDENTIFICAN CON LAS COLINAS Y MONTAÑAS PROTECTORAS QUE RODEAN AL EDIFICIO. EN EL ENTORNO DE LA CIUDAD, LAS COLINAS Y LAS MONTAÑAS SE SUSTITUYEN POR LOS EDIFICIOS DE LOS ALREDEDORES.

Según el feng shui, estas criaturas celestiales protegen la casa con su abrazo. Cuando una casa cuenta con la protección física de las colinas del dragón, del tigre y de la tortuga, goza de buena fortuna. En los entornos de la vida moderna suele ser imposible disfrutar de la manifestación física de los guardianes celestiales. Una manera posible de simular su presencia es poner símbolos suyos alrededor de la casa: el dragón a la izquierda de la casa (según se mira desde dentro de la casa hacia el frente), el tigre a la derecha, la tortuga detrás y el ave fénix delante. La presencia de estas criaturas celestiales simbólicas brinda protección contra el mal feng shui.

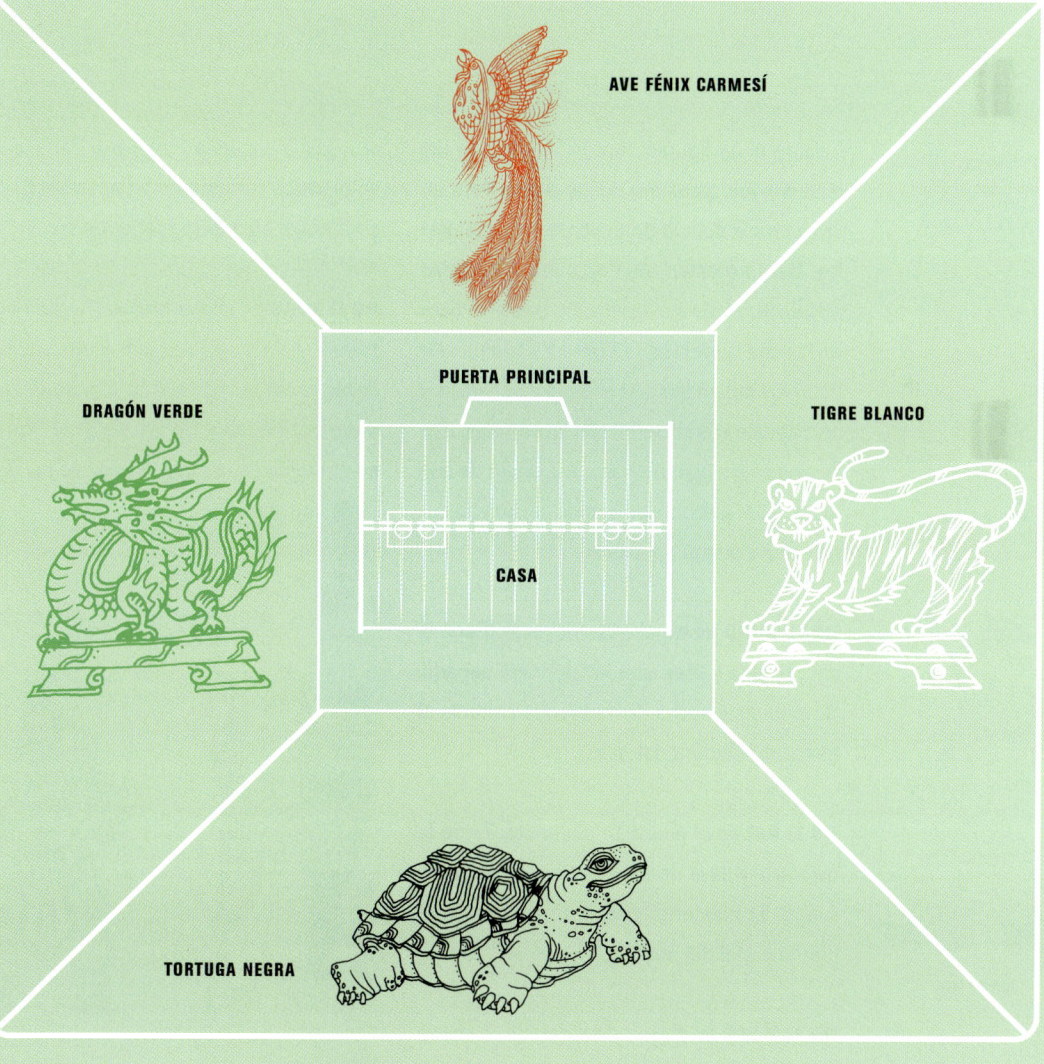

LOS CUATRO REYES CELESTES

ESTOS CUATRO REYES CELESTIALES SE CONSIDERAN LOS GUARDIANES DE LOS CUATRO PUNTOS CARDINALES. TIENEN UN PODER INCREÍBLE, Y SU PRESENCIA EN UNA CASA, SOBRE TODO CUANDO HAN SIDO CONSAGRADOS COMO ES DEBIDO, PROTEGE A LOS HABITANTES DE TODO TIPO DE DESVENTURAS, DE TODO TIPO DE FUERZAS MALIGNAS Y DE LOS ESPÍRITUS DAÑINOS QUE PROCEDEN DE LOS CUATRO PUNTOS CARDINALES.

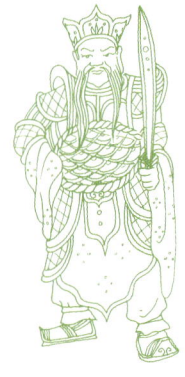

MO LI CHING

Existen unas figuras impresionantes de los cuatro reyes, cada uno de los cuales lleva un arma propia dotada de poderes sobrenaturales. Siempre están atentos a las influencias negativas, y bajo su vigilancia siempre reinará en la casa la rectitud, la honradez y la moralidad. Nos defienden con energía incansable, y se dice que sus poderes son invencibles. Colócalos en un lugar de honor a la altura de una mesa, a ser posible dominando la zona de estar o en la puerta principal.

MO LI CHING es el guardián del este. Tiene la cara blanca y lleva una lanza y una espada. Su arma está hecha de metal, que controla el elemento madera del este.

MO LI HAI

MO LI HAI es el guardián del oeste. Tiene la cara azul y lleva un laúd que arroja bolas de fuego. El elemento fuego controla el elemento metal del oeste.

MO LI HUNG es el guardián del sur. Tiene la cara roja y lleva una sombrilla que, al abrirla, provoca la oscuridad total y, al darle la vuelta, produce terremotos y tsunamis. El agua controla el elemento fuego del sur.

MO LI SHOU es el guardián del norte. Tiene la cara negra y lleva una perla y una serpiente. A veces se le representa acompañado de una rata blanca y de un elefante. También es guardián de la riqueza y rey de los dioses de la riqueza.

MO LI HUNG

MO LI SHOU

ZHONG KUEI

La imagen de Zhong Kuei con su túnica roja (su nombre también se puede escribir Chong Kwei) protege la casa de los espíritus dañinos. Se le suele representar con una espada en la mano derecha y una cantimplora de vino en la izquierda. También tiene el semblante feroz, pero no resulta tan imponente como Kuan Kung. Su presencia en cualquier hogar basta para «ahuyentar de tu vida a todos los fantasmas y demonios», es decir, a los perturbadores y a los que te quieren hacer daño.

LOS PERROS FU Y LA PROTECCIÓN

SON FRECUENTES LAS CONFUSIONES A LA HORA DE DISTINGUIR ENTRE PERROS FU, LOS CHI LIN Y LOS LEONES. LOS TRES SON SÍMBOLOS PROTECTORES, PERO LOS LEONES SON POTENTES Y PUEDE QUE SEAN DEMASIADO FUERTES PARA LAS VIVIENDAS. EN VEZ DE ELLOS, PRUEBA CON LOS CHI LIN (QUE SON CABALLOS CON CABEZA DE DRAGÓN QUE SE CONSIDERAN POPULARMENTE LOS EQUIVALENTES CHINOS DE LOS UNICORNIOS) O, MEJOR TODAVÍA, CON LOS PERROS FU.

No es difícil reconocer a los perros Fu. Suelen representarse en parejas. El perro Fu macho, que lleva una bola, debe situarse a la derecha de la puerta (según se mira desde dentro de la casa), y el perro Fu hembra, que lleva una cría, debe ir a la izquierda. Si vives en un piso, ponlos justo delante de la puerta. Pueden ponerse a nivel del suelo o un poco más altos. Estos perros maravillosos te protegerán de los atracos y las estafas, además de expulsar a los ladrones y a la gente dañina.

CAPÍTULO 22
RITOS PARA LIMPIAR EL ESPACIO PERSONAL

DESPEJAR LOS TRASTOS

✻ PARA CORREGIR EL MAL FENG SHUI A LARGO PLAZO ES PRECISO CAMBIAR LAS ORIENTACIONES, LAS DIRECCIONES Y, SI ES POSIBLE, LAS PUERTAS. LA PRESENCIA FÍSICA DE TRASTOS TAMBIÉN PUEDE PROVOCAR BLOQUEOS MENTALES Y ESPIRITUALES QUE CIERREN EL PASO AL ÉXITO Y AL BIENESTAR. SIN EMBARGO, EL MERO HECHO DE RETIRAR LOS TRASTOS VIEJOS DE TU CASA O DE TU LUGAR DE TRABAJO NO SERÁ NECESARIAMENTE LA SOLUCIÓN. LO FUNDAMENTAL ES EMPEZAR POR DISOLVER EL MAL CHI POR MEDIO DE RITOS PARA LIMPIAR EL ESPACIO, QUE ES LA ESENCIA DE LA RETIRADA DE TRASTOS EN EL FENG SHUI.

Los ritos de limpieza del espacio pueden contribuir a disipar, temporalmente, cuatro tipos de mal chi. El chi más dañino es el Chueh Ming Shar Chi, que hace que los habitantes sufran pérdidas totales: pérdida total de riqueza, de reputación, de descendientes, de prosperidad y de felicidad. No es un mero *Shar Chi* (que significa «aliento mortífero»), sino que es el más dañino de los chi, y es preciso dispersarlo. El segundo es el Chi de las Seis Matanzas, llamado Lui Shar Chi, y el Chi de los Cinco Demonios, llamado Wu Kuei Chi. Éstos traen mala suerte de menor intensidad. El cuarto es un chi hostil que trae mala suerte menos grave y se llama Ho Hai Chi.

Los cuatro hacen que el mal feng shui se manifieste en forma de pérdida de riqueza, de enfermedades, de seres queridos, etc. El feng shui ofrece métodos que permiten evitar estas formas del mal chi.

Puedes aplicar las prácticas de limpieza del espacio a tu cuarto, a tu casa o a tu oficina. Estas prácticas pueden aligerar las energías que te rodean y que pueden haberse vuelto pesadas por los desequilibrios.

Es buena idea que lleves a cabo las prácticas de limpieza del espacio para estar refrescando las energías que te rodean y que se pueden haber quedado viciadas.

Puedes aplicar estos métodos sencillos para disolver todas las energías enfermas y malsanas, así como para disolver las energías no propicias de manera temporal, hasta que tengas ocasión de introducir cambios a más largo plazo para mejorar la orientación de tu mobiliario o su situación.

Más concretamente, los ritos de limpieza del espacio serán beneficiosos para las habitaciones que han estado ocupadas por personas enfermas o que tenían que guardar cama, o para las casas en las que ha fallecido alguno de los miembros de la familia.

Después de una riña, quema incienso para disipar la ira.

CAPÍTULO 22 — RITOS PARA LIMPIAR EL ESPACIO PERSONAL

La mejor calidad de la energía que nos rodea se puede realizar de varias maneras distintas, y todas las culturas tienen sus ritos propios equivalentes al método chino de la limpieza del espacio según el feng shui, además de otros ritos y ceremonias para bendecir los terrenos o los edificios. El grado de complicación de los ritos y de las ceremonias depende de la persona. A algunas personas les agradan más los métodos rápidos y sencillos, mientras que a otras les encantan las ceremonias complicadas acompañadas de la fragancia del humo del incienso y del cántico de los mantras.

Cada vez que se produzca en la casa una riña grave, quema incienso en la habitación, pues éste despeja cualquier resto de ira que pudiera quedar en el aire, y mejora las relaciones personales. Ayudará a producir una mayor armonía en la casa con el curso de los años. Habrá menos desacuerdos, menos enfados y menos ira.

Haz lo que te parezca bien. Bastará con limpiar el espacio una vez al mes. Se puede realizar una purificación completa del espacio dos veces al año, y al menos una vez justo antes del comienzo de un nuevo año.

Elige entre los métodos que se describen a continuación, pues todos ellos son eficaces para limpiar el espacio.

DIRECTRICES PARA LA LIMPIEZA DEL ESPACIO

* Ten claro que lo que estás haciendo es limpiar el espacio, y no mejorar el espacio.

* Piensa con seriedad y centra tu mente en lo que estás haciendo.

* Relájate, y comprende que estás limpiando las energías que te rodean, y no rezando ni invocando a ningún espíritu. Esto es fundamental.

* Emprende todas las actividades de limpieza del espacio por la mañana, cuando haya salido el sol. No emprendas nunca la limpieza de espacios después de ponerse el sol.

* No practiques nunca la limpieza del espacio un día cubierto o lluvioso. Siempre obtendrás mejores resultados cuando tengas la carga de energía de una dosis de la preciosa energía natural yang que aporta el sol de la mañana.

* No caigas en la tentación de realizar ritos de limpieza del espacio para otras personas. Existe la regla no escrita de no alterar la energía de un espacio que no te pertenece, a no ser que poseas un amuleto protector. Si sigues este consejo, te protegerás del daño que te pudieran hacer, sin que te des cuenta, los espíritus hostiles que pueden estar presentes en el espacio de otras personas, y que no te conocen. En la limpieza del espacio atendemos únicamente a las líneas de energía invisibles que afectan a nuestro propio bienestar personal.

EL RITO DEL ARROZ Y LA SAL

ESTE ES UN RITO POPULAR QUE REALIZAN LOS VIEJOS MAESTROS. SE PRACTICA AL ENTRAR EN UNA CASA NUEVA POR PRIMERA VEZ, O AL TOMAR POSESIÓN DE UNA OFICINA NUEVA. ANTES DE COMENZAR EL RITO, MEZCLA UN PAQUETE DE ARROZ CON UN PAQUETE DE SAL MARINA. ASEGÚRATE DE DISPONER DE UNA CANTIDAD DE LA MEZCLA QUE BASTE PARA EL TAMAÑO DE LA CASA O DE LA OFICINA. ALGUNOS PRACTICANTES HACEN SONAR CAMPANILLAS Y ENCIENDEN VARILLAS DE INCIENSO AL REALIZAR ESTE RITO.

1. Rodea el exterior de la casa, en el sentido de las agujas del reloj, mientras esparces una mezcla de granos de arroz crudos y sal marina gruesa. Arroja la mezcla hacia la base de la pared y, mientras tanto, piensa para tus adentros: «El arroz se ofrece como obsequio a cualquier espíritu errante para que todos vivamos juntos en armonía, y la sal limpia el espacio de toda energía negativa, enferma u hostil».

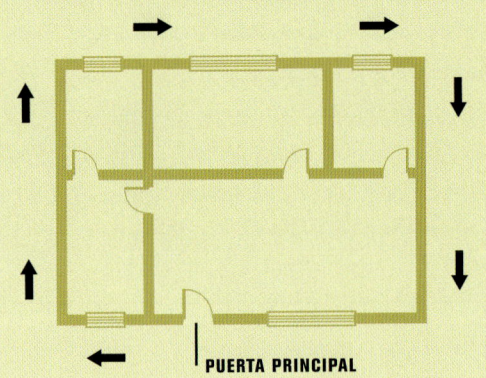

2. Después de haber rodeado la casa, recorre el interior, pasando de habitación a habitación y recorriendo cada una en el sentido de las agujas del reloj. Arroja la mezcla de arroz y sal al suelo y hacia la base de las paredes.

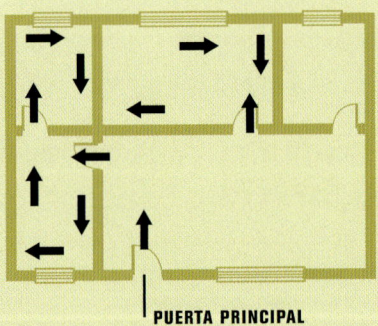

3. En la puerta principal, arroja tres puñados desde dentro hacia fuera, y después arroja otros tres puñados desde fuera hacia dentro.

4. Cuando hayas terminado, deja el arroz y la sal donde están, sin limpiarlos, hasta el día siguiente. No los barras con una escoba, usa más bien una aspiradora. El acto de barrer anularía lo que has hecho.

Este poder simbólico de la pagoda se invoca cuando se incorpora a los carillones eólicos, que sirven para reducir la mala suerte de algún rincón o sector concreto de la casa. Algunos carillones eólicos tienen sobre las barras varios niveles de tejados que simulan la pagoda. Las barras hacen que el chi hostil ascienda por el tubo para transformarse en chi propicio. Si se escapa algún mal chi, la pagoda lo apresará.

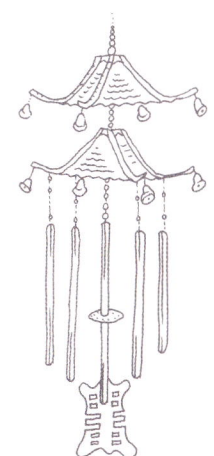

✳ EL USO DE LOS ABANICOS

En épocas pasadas, una manera eficaz de protegerse de las energías malignas era llevar un abanico. Las damas solían llevar estos abanicos como protección simbólica contra las energías que podían resultar dañinas. Por ejemplo, se considera que trae mala suerte encontrarse de pronto con un cortejo fúnebre, y puedes protegerte con el abanico del exceso de energía yin que emana del mismo. Utiliza un abanico de metal para despejar simbólicamente toda energía mala que pueda haber dejado tras de sí otra persona.

✳ EL USO DE LA PAGODA

Las pagodas son unos edificios de planta circular u octogonal que suelen tener siete o nueve pisos. En el feng shui, la pagoda simboliza el lugar mejor y más seguro donde capturar y tener preso el chi negativo. La pagoda también es una cárcel eficaz para los espíritus errantes que pueden hacer daño a la raza humana. Si sostienes una pagoda simbólica en la mano izquierda mientras esparces arroz y sal con la mano derecha, cualquier espíritu errante de intenciones aviesas o malignas se asustará y huirá.

Las personas que viven en pisos pueden fomentar el buen chi abriendo las ventanas, de dos en dos, una vez por semana.

✱ EL USO DEL AIRE

Si vives en un piso o apartamento alto, o si vives en las montañas, deberás aprovechar el aire fresco y claro para tu práctica de la limpieza del espacio. Una vez por semana, abre las ventanas, de dos en dos, e invita al aire exterior a que entre en tu casa. Deja entrar el aire de manera lenta y majestuosa. Si abrieras todas las ventanas a la vez, el aire entraría demasiado aprisa y podría volverse hostil y dañino. En vez de ello, deja que entre poco a poco y, si te es posible, haz que circule de manera serpenteante, abriendo una ventana de una habitación y otra de otra habitación

EL USO DEL ESPEJO DE FENG SHUI

PUEDES USAR UN ESPEJO CIRCULAR PARA ABSORBER TODA LA ENERGÍA MALA Y VICIADA DE LA CASA. ELIGE UN ESPEJO CIRCULAR PEQUEÑO, DE UNOS OCHO CENTÍMETROS DE DIÁMETRO. DESÍGNALO COMO TU ESPEJO DE FENG SHUI Y UTILIZA SIEMPRE EL MISMO. LOS ESPEJOS QUE SE UTILIZAN PARA LA LIMPIEZA DEL ESPACIO NO DEBEN USARSE PARA OTRAS COSAS.

1. Recorre las habitaciones de la casa sosteniendo el espejo, de modo que refleje las paredes y cada rincón. Presta atención especial a los rincones oscuros y a los lugares que se usan poco. Trabaja especialmente a fondo los retretes y las cocinas.

2. Cuando hayas terminado con toda la casa, deja el espejo en remojo durante unos minutos en agua con sal. Esto sirve para limpiar y disolver toda la energía mala que se ha recogido en el espejo.

3. Envuelve el espejo en un paño y guárdalo en un armario.

NOTA:
Es buena costumbre realizar este tipo de limpieza del espacio al menos una vez al mes.

distinta. Así se produce una corriente de aire no sólo suave, sino serpenteante.

La mejor hora para hacer esto es al salir el sol, cuando las energías del día están puras y frescas. En los meses de verano, cuando la energía yang es fuerte, al limpiar las energías de la casa al salir el sol se da entrada a una energía yang que no es demasiado fuerte. En los meses de invierno puedes hacerlo a última hora de la mañana o primera de la tarde, cuando el sol tiene más fuerza. Puede parecer una tontería dejar entrar aire frío en la casa, pero el aire trae energía yang fresca que es buena para el hogar.

El mejor momento para abrir las ventanas es al amanecer, cuando la energía yang del sol no es demasiado fuerte.

EL USO DE LA LUZ DEL SOL

UNA VARIEDAD DE UTILIDAD DEL AIRE ES EL USO DE LA LUZ SOLAR. NADA TAN EFICAZ COMO LA LUZ DEL SOL PARA LIBRARSE DE LAS ENERGÍAS VICIADAS, QUE SON CONSECUENCIA DE HABER TENIDO LA CASA DESATENDIDA.

✲ Abre todas las habitaciones y descorre las cortinas para llenar toda la casa de luz solar. La luz del sol es la mayor fuente de la preciosa fuerza vital, la energía yang que aporta una buena suerte tan maravillosa.

✲ Si tienes jardín, asegúrate de que los árboles y las plantas no se espesen tanto como para cerrar el paso del todo a la luz del sol.

✲ Cuelga en todas las ventanas que dan al oeste cristales naturales con forma de poliedro, para que recojan la luz fuerte de la tarde, y en el lado este de tu casa abre las ventanas para recibir al sol de la mañana.

✲ Cuando limpies y friegues tus muebles y tus suelos, usa alguna vez agua limpia que haya recogido la luz solar, durante al menos tres horas, para cargarse de energía.

✱ EL USO DE LOS SONIDOS

La mejor aplicación de los sonidos es el empleo de instrumentos especiales, tales como las campanillas, los platillos y los cuencos. Entonar mantras también hace maravillas. En realidad, casi todas las religiones del mundo aplican alguna combinación de sonidos y oraciones para bendecir los espacios. Esto se debe, probablemente, a la gran eficacia de los sonidos para purificar las vibraciones de cualquier espacio.

Varios maestros del feng shui me han dicho que el simple acto de hacer sonar unos platillos en la entrada de una tienda o en las cuatro esquinas de una habitación basta para ahuyentar las energías negativas. El tintineo penetrante de los platillos ahuyenta también a los espíritus traviesos, que prefieren mudarse a lugares más silenciosos. Si tienes un par de platillos, puedes hacerlos sonar tres veces ante tu puerta principal, para después ir recorriendo tus habitaciones, en el sentido de las agujas del reloj, haciendo sonar los platillos tres veces cada vez que llegues a una esquina.

¡UN RECURSO EXPLOSIVO!

SI SOSPECHAS QUE EN TU ESPACIO VITAL HAY UN PROBLEMA GRAVE, UNA MANERA EXCELENTE DE ELIMINAR LA ENERGÍA NEGATIVA ES ENCENDER UNA RISTRA DE PETARDOS. LOS RUIDOS FUERTES SON MUY EFICACES PARA LIMPIAR LA ENERGÍA DENTRO DE LA CASA.

Una costumbre que practican los chinos en la fiesta del Año Nuevo lunar consiste en colgar largas ristras de petardos desde lo más alto de la casa hasta el suelo. Los petardos se encienden empezando por el suelo. Estas ristras de petardos pueden llegar hasta los diez pisos de altura, y pueden tardar hasta media hora en explosionar del todo, mientras emiten fuertes estallidos y dispersan pedazos de papel rojo ante la entrada principal. Esto resulta muy propicio, pues asegura que el año entrante se limpiará de circunstancias negativas y no propicias.

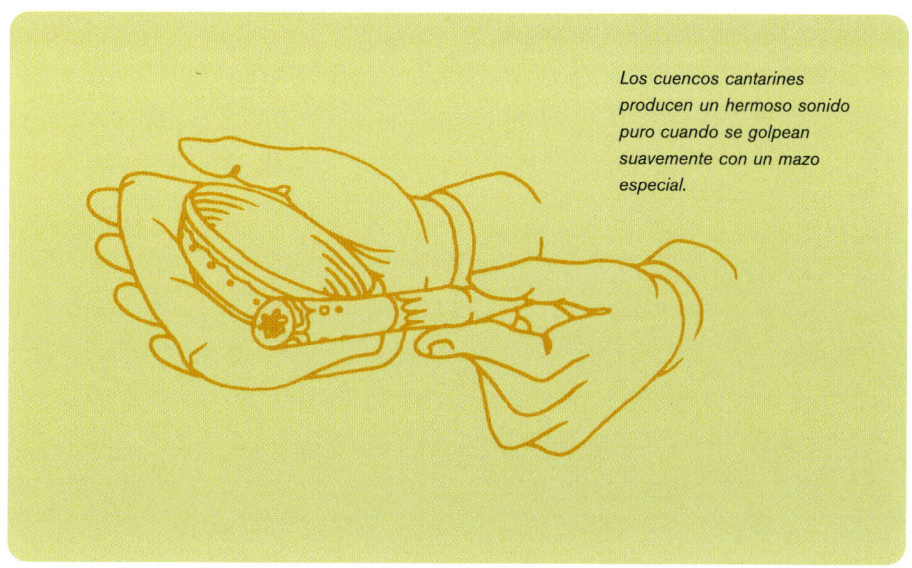

Los cuencos cantarines producen un hermoso sonido puro cuando se golpean suavemente con un mazo especial.

que los cuencos produzcan ese sonido cantarín especial deben tener una forma redonda, de crisol, y deben estar hechos de siete metales diferentes: plata, oro, estaño, cobre, cinc, hierro y plomo.

Al añadir oro auténtico a los cuencos no sólo se mejora el sonido, sino que se simboliza el carácter propicio del oro. Los siete tipos de metales son una tradición. El oro representa al Sol, que es la fuente máxima de energía yang. La plata representa a la Luna, que es la fuente máxima de energía yin. Así, al emplear plata y oro se representa la unión del yin y el yang dentro del cuenco mismo. Los otros metales representan, cada uno, a un planeta. La proporción de los metales es un secreto celosamente guardado, y en los cuencos especiales de algunos lamas de alta categoría se utilizan aleaciones metálicas que siguen siendo un misterio para los artesanos modernos.

Cada uno de los siete metales produce su sonido propio, y entre todos producen un sonido cantarín excepcional que atraviesa la energía del espacio.

Cuando te compres un cuenco cantarín, dedica algún tiempo a llegar a conocerlo. Todos los cuencos producen aproximadamente un mismo sonido, pero existen leves diferencias en el equilibrio de los armónicos. El sonido de cada cuenco es único. Recuerda que cada espacio y cada entorno son una caja de resonancia única que harán que el cuenco resuene de manera diferente. Por otra parte, cada persona posee sus energías propias, que cambian, además, por momentos. El sonido del cuenco puede variar en los diversos momentos.

Cuando tu espacio vital se purifique con el uso regular del cuenco, los sonidos cantarines que emita éste se volverán más puros, más claros y más penetrantes como reflejo de las energías más limpias del aire que te rodea. Acostúmbrate a advertir de esas mejoras.

EL USO DEL CUENCO EN LA PURIFICACIÓN DEL ESPACIO

Sosteniendo el cuenco en la palma de la mano izquierda, camina despacio recorriendo las habitaciones de tu casa. En cada habitación, golpea el cuenco tres veces y recorre la estancia en el sentido de las agujas del reloj.

Escucha los sonidos que salen del cuenco. Los sonidos producidos en rincones «muertos» suelen ser turbios y apagados, mientras que los que proceden de una parte viva de la casa tienden a ser claros y penetrantes. Este primer recorrido de la casa permite que el cuenco resuene en todas partes. Equilibrará casi al instante las energías de tu casa.

Si hay una habitación que consideras especialmente desafortunada, pon el cuenco en una mesa, sobre un cojín. Deja que el cuenco se asiente en equilibrio y después golpea el borde del cuenco con el mazo de madera.

GOLPEAR EL CUENCO CON UN MAZO

Para la purificación del espacio, produce un sonido claro y continuo, o un zumbido continuo, mientras te vas trasladando de habitación a habitación y de puerta a puerta. El primer conjunto de sonidos se produce golpeando tres veces el borde del cuenco. Deja que el sonido resuene con fuerza y sigue su resonancia. Cuando empiece a apagarse, vuelve a golpear, y sigue haciendo lo mismo mientras recorres la habitación.

FROTAR EL CUENCO CON EL MAZO

También puedes frotar el borde del cuenco con el mazo en el sentido de las agujas del reloj. Mantén una tensión firme en el mazo y escucha cómo adquiere intensidad el suave zumbido.

Si al principio no consigues hacer que el cuenco «cante», prueba a golpearlo primero para despertarlo antes de empezar a frotar el borde. El secreto es la presión del mazo contra el borde. Presiona el borde con firmeza y regularmente.

Cuando llegues a dominarlo, la belleza misma del sonido te hará sentirte transportado. Este método hace salir los armónicos del cuenco. Cuando tu cuenco esté «cantando» bien, empieza a recorrer la habitación despacio. Debes procurar mantenerte cerca de las paredes, para que toda la energía desequilibrada que esté pegada a las paredes se limpie y se purifique con el sondo. Da tres

vueltas alrededor de las puertas y de las ventanas.

CENTRA LA MENTE

La terapia del cuenco cantarín se puede practicar con la frecuencia que se desee; muchas personas la realizan cada diez días. El zumbido especial del cuenco cantarín no sólo atrae al Sheng Chi, a la buena suerte, sino que abre los chakras del cuerpo humano. Por tanto, centra la mente y concéntrate claramente en lo que estás haciendo.

Antes de aplicar la terapia del cuenco cantarín, purifica siempre tu espacio con incienso. Así se llena la casa de una energía yang preciosa, pura y equilibrada, sobre todo si usas incienso de montaña. Al quemar estas plantas de alta montaña, el aire queda limpio y despejado. Usando después el cuenco cantarín se crea una armonía inmensa.

Esta purificación del espacio es sencilla pero tiene una eficacia enorme para producir una influencia tranquilizadora sobre todos los habitantes de la casa.

LOS BENEFICIOS DE LA PURIFICACIÓN POR LOS CUENCOS CANTARINES

✱ La terapia por los cuencos cantarines puede mejorar las energías del espacio vital.

✱ Puede convertir las energías no propicias en energías propicias.

✱ Puede activar las energías elementales de determinados rincones de tu casa.

✱ Muchas personas se sienten animadas después de que un espacio se ha bañado de los armónicos y de los tonos de un cuenco cantarín.

✱ Los sonidos inspiran a veces, incluso, sentimientos de paz profunda. El zumbido de los armónicos del cuenco es como un masaje para la psique humana, a la que produce una sensación de relajación y bienestar.

✱ Los cuencos cantarines también ejercen un efecto de masaje sobre las vibraciones y las longitudes de onda del espacio vital, creando así la armonía necesaria para que los hogares zumben de felicidad. A eso mismo aspira el feng shui, y no sólo a crear un espacio propicio y unas vibraciones de riqueza. Aspira también, como objetivo más importante, a ponernos en contacto con el alma y con el chi del universo, para que vivamos en armonía los unos con los otros y con nuestro entorno.

FENG SHUI: DE LA A A LA Z

En este capítulo presentamos un diccionario completo e ilustrado de las palabras clave de la terminología del **FENG SHUI**. Consúltalo como glosario ampliado cuando leas la primera parte del libro, o como guía de referencia cuando precises alguna explicación o aclaración sobre un término o técnica determinados. Como verás, los términos que aparecen en este capítulo están claramente referidos a las páginas correspondientes del texto principal del libro, por si precisas información adicional.

FENG SHUI: DE LA A A LA Z

A
ÁBACO
El ábaco fue creado en la antigua China por hombres de negocios cultos para que sirviera de calculadora. Un ábaco es una indicación favorable de que los negocios serán buenos. Teniendo expuesto un ábaco de bronce en la zona noroeste de tu casa o de tu oficina, recibirás apoyo económico de personas influyentes. Pon un ábaco en el sector Sheng Chi de tu mesa de trabajo para fomentar el negocio y aumentar los ingresos. Los que tienen una tienda pueden cargar de energía cada caja registradora con un ábaco para multiplicar las ventas y los beneficios. (Véanse más detalles en página 83.)

ABANICOS Y VENTILADORES
El humilde abanico de mano puede protegerte del mal chi que se dirige hacia ti. Antiguamente, los funcionarios de la corte no dejaban nunca los abanicos, que habían sido bendecidos para darles poderes especiales. Elige un abanico de madera de sándalo, o que sea completamente rojo, para crear a tu alrededor un aura protectora. También servirá de amuleto excelente un abanico dorado.

Los ventiladores eléctricos y de techo pueden ser instrumentos protectores o activadores. Cuando la energía está estancada, poner en marcha el ventilador hace maravillas para mover el chi. Sin embargo, no es bueno dormir debajo de un ventilador de techo. (Véase Abanicos, página 187.)

ABUNDANCIA
Puedes aplicar el feng shui para hacer que se manifieste la abundancia en tu

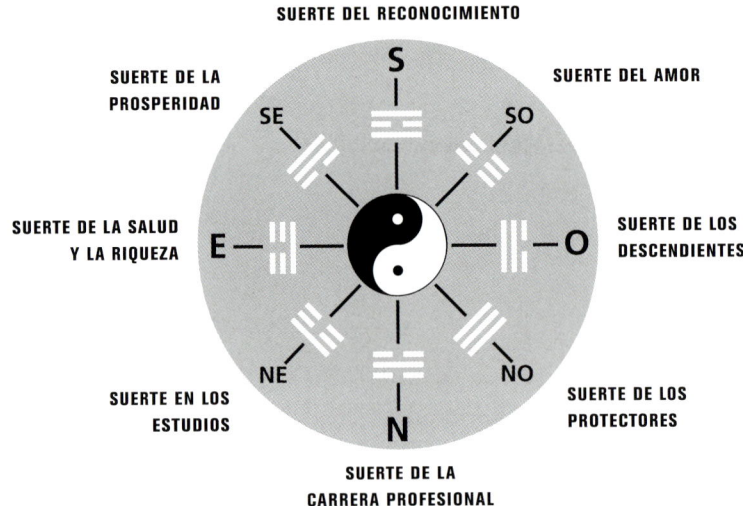

vida. Las Ocho Manifestaciones de la abundancia son la riqueza, la salud y la longevidad; los hijos (la suerte de los descendientes); el buen nombre (la fama y el reconocimiento); la influencia y la autoridad; una carrera profesional sólida; la vida familiar y matrimonial llena de amor, y la sabiduría.

Carga activamente de energía, para estas ocho manifestaciones de la suerte, poniendo símbolos concretos para cada tipo de suerte en los rincones respectivos de tu casa o de tu cuarto de estar. (Véanse páginas 102-113. Véase también Ocho Aspiraciones, página 257.)

ACTIVADORES
Son los símbolos de buena suerte que se supone que atraen y producen el buen chi cuando se disponen correctamente dentro de la casa. En todas las casas, templos y palacios hay una buena cantidad de símbolos que activan la buena suerte. En la mayoría de las técnicas de feng shui se aplica también la metodología de los elementos para cargar de energía el hogar, para hacer que se manifieste la buena fortuna. (Véanse más detalles en páginas 168-171).

ACUARIOS
Los acuarios aportan buen feng shui cuando se colocan en los rincones adecuados de la casa, de la oficina o del local. Si activas el rincón sudeste de tu oficina con un objeto de agua borboteante, atraerás la riqueza. Un acuario con peces alegres es un objeto de agua excelente, y dado que simboliza también el crecimiento y la actividad, es un cargador de energía excelente.

Existen muchos modelos de acuarios. Elige los que resultan fáciles de mantener y permiten que los peces estén sanos. (Véanse más detalles en páginas 54 y 104.)

AFLICCIONES
Las aflicciones de feng shui se manifiestan en forma de aflicciones físicas y aflicciones intangibles, y ambas son igualmente problemáticas.

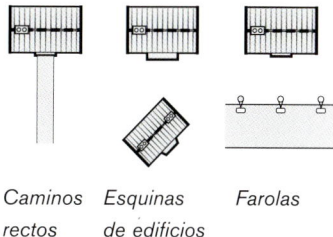

Caminos rectos   *Esquinas de edificios*   *Farolas*

Terreno alto   *Terreno que desciende detrás de la casa*

Las aflicciones intangibles suelen ser invisibles, provocadas por los números de la Estrella Voladora (Véase capítulo 15), que reflejan los cambios de fortuna con el tiempo.

Las aflicciones físicas están causadas por estructuras que asumen la energía de flechas dañinas que llevan energía mortal (Shar Chi). Entre ellas se cuentan las carreteras rectas, los bordes de los edificios y los obstáculos ante la puerta principal, tales como las farolas y los letreros.

Los problemas físicos también pueden estar provocados por la exposición a los elementos tales como el viento y el agua, como por ejemplo al estar situados en lo alto de una colina, o cuando tras la casa hay una pendiente que baja o un nivel inferior, que indica falta de apoyo. (Véanse páginas 12 y 22-25.)

AGUA

El agua es símbolo de riqueza, y el agua bien situada hace que el dinero siga llegando. Sin embargo, un exceso de agua puede ser una fuente de peligro en potencia, y debe tratarse con respeto, según el *I Ching*. Hasta el año 2043, el agua será propicia situada al norte, este, sudeste y suroeste. Las mejores situaciones para un objeto de agua, en tu jardín o en tu casa, son el norte y el este. (Véanse más detalles en páginas 161-165.)

AGUA DE LOS TRES SENTIMIENTOS

Este término describe las tres orientaciones del agua que traen buena suerte a la casa. Estas aguas de «buenos sentimientos» traen la prosperidad y el éxito.

1. En términos generales, el agua es excelente si llega hacia ti ancha y se aleja estrecha.
2. El agua es propicia cuando dos o tres afluentes menores alimentan un río principal antes de que éste pase junto a tu casa.
3. Un tercer flujo de agua propicio es cuando ésta ciñe tu casa como un cinturón de jade.

El agua nunca debe fluir alejándose de tu casa, de manera visible, desde tu puerta principal. (Véanse más detalles en páginas 180-185. Véase también Agua del Cinturón de Jade, abajo.)

AGUA DEL CINTURÓN DE JADE

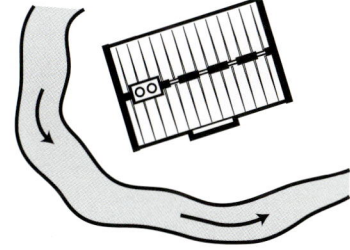

Se asigna este nombre a cualquier «río» que ciñe el frente de la casa como un cinturón, por alusión a un antiguo signo de influencia, autoridad y riqueza. Esta configuración es todavía mejor cuando también hay colinas detrás de la casa. El efecto del agua se potencia si transcurre ante la puerta principal en el sentido correcto (según se mira desde dentro de la casa).

✱ Para las casas en que la puerta principal da frente al norte, al sur, al este o al oeste (a alguno de los cuatro puntos cardinales), el agua debe correr de izquierda a derecha.

✱ Para las casas en que la puerta principal da frente a una orientación secundaria (sudeste, suroeste, nordeste o noroeste), el agua debe correr de derecha a izquierda.

(Véase Técnicas de potenciación del agua, páginas 160-165.)

AGUA GRANDE

Esta expresión se refiere a cualquier extensión natural de agua que rodee una casa o un edificio y que se pueda aprovechar para mejorar el feng shui general. (Véase también Agua en esta página.)

AGUA PEQUEÑA

En el feng shui, se llama agua pequeña al flujo de los desagües alrededor de la casa o a los objetos de agua creados artificialmente que no forman parte del paisaje natural. El agua pequeña es tan eficaz como el agua grande para atraer el buen feng shui, cuando está orientada correctamente. (Véanse más detalles en páginas 160-165.)

ALFOMBRAS Y MOQUETAS

No pongas nunca el nombre de tu empresa en la alfombra ni en la moqueta. Si consientes que la gente pise tu nombre, no tendrás nunca buena suerte. (Véase «El feng shui protector para las empresas», páginas 78-79.)

ALIENTO

Distribución propicia de una casa (arriba): el chi recorre un curso serpenteante desde la puerta principal hasta la trasera.

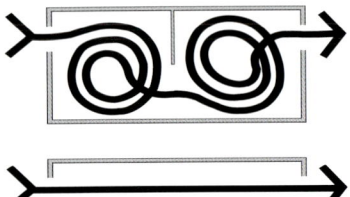

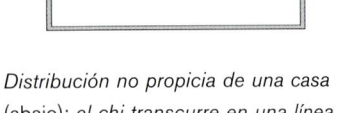

Distribución no propicia de una casa (abajo): el chi transcurre en una línea recta nefasta desde la puerta principal hasta la trasera.

El aliento del dragón es el chi cósmico, la fuerza que circula en el entorno flotando por el agua y la tierra, dentro y fuera de los edificios, impregnando hasta el último centímetro de la superficie de la Tierra. El chi es la energía invisible que vibra por el mundo y atrae una buena suerte extrema allí donde se asienta.

Los lugares que disfrutan del mejor Feng Shui del Paisaje son aquellos donde emite su aliento cósmico mágico el Dragón Verde. (Véanse páginas 13-15.)

ALIENTO CÓSMICO

Se da el nombre poético de aliento cósmico del Dragón Verde al Sheng Chi que trae la buena fortuna. El feng shui pretende captar este aliento, atraerlo a la casa, y procurar que se asiente y se acumule allí. (Véase también Feng Shui, página 235.)

ALIENTO MORTAL

(Véase Shar Chi, página 274.)

ALMANAQUE

El *T'ung Shu,* o Almanaque chino surgió hace más de 4000 años y contiene la mayor recopilación de sistemas de adivinación que se haya recogido nunca en un solo libro. El núcleo del libro es el calendario, basado en los sistemas lunar y solar chinos para el cálculo de los días y las estaciones del año. El *T'ung Shu* indica las fechas propicias para emprender diversas actividades, desde poner en marcha un negocio hasta cortarse el pelo, pasando por los ritos de la siembra y la cosecha.

Antiguamente, el calendario lo recopilaban altos funcionarios de la Corte Imperial. En nuestros tiempos lo preparan astrólogos de Hong Kong y de Taiwán. (Véase Calendario chino, páginas 284-285).

ALTAR

El mejor lugar para colocar un altar en la casa es justo enfrente de la puerta, de modo que se vea inmediatamente al entrar en la casa. El altar también se puede colocar en la parte noroeste de la casa o del cuarto de estar, ya que este sector representa el trigrama Chien, que a su vez simboliza el estado del cielo y de las deidades celestes.

Pongas donde pongas el altar, asegúrate siempre de que tu figura de Buda, de Kwan Yin o de cualquier otra deidad está colocada sobre una mesa alta. La altura más adecuada para los altares es de al menos 150 centímetros.

Ten el altar siempre limpio. Si se tienen encendidas dos lámparas tenues, se ofrece luz a la deidad y se atrae buen chi. Las luces no son demasiado yang, pero activan el chi del rincón nordeste para producir beneficios para los hijos de la casa. (Véase página 113.)

AMARILLO

El color amarillo se considera propicio, y tan yang como el color rojo. Antiguamente, el amarillo era un color imperial, y el pueblo llano no estaba autorizado a usarlo en su ropa ni en la decoración de sus casas. Por eso, el rojo se convirtió en símbolo favorito universal de la buena fortuna. Los ramos de flores amarillas son afortunados, como también lo son los paquetes de dinero de color amarillo, y las cortinas y decoraciones interiores amarillas. (Véase también Rojo, página 272.)

AMATISTA

Esta piedra semipreciosa de color morado transforma la energía negativa en energía positiva. Se puede utilizar para mejorar las dotes videnciales, para acallar la mente y para centrar la capacidad de tomar decisiones acertadas.

Si quieres tener tranquilidad en el trabajo, un negocio floreciente y armonía en la casa, aprovecha el poder de la amatista. Pon un árbol de amatista en cualquiera de los rincones de tierra de tu oficina (nordeste, centro o suroeste).

> **DIRECTRICES PARA LA COLOCACIÓN DE DEIDADES**
>
> **1.** Las deidades deben ponerse siempre en interiores, o tener un tejado sobre las cabezas. Si tienes un santuario exterior, asegúrate de que el altar esté bien cubierto.
>
> **2.** La deidad no debe estar bajo una viga vista del techo.
>
> **3.** No pongas nunca la deidad en la misma pared de un retrete, justo debajo de un retrete del piso superior, o frente a un retrete.
>
> **4.** La deidad no debe ponerse en un dormitorio donde hacen el amor los habitantes de la casa.

Los árboles de amatista tienen ramas de alambre con centenares de amatistas pequeñas a modo de hojas. Mejorarán tus relaciones con la familia, los amigos y los compañeros y socios en el trabajo; hasta tu vida sexual puede mejorar por tener expuesto un árbol de amatista.

Otro método popular para aprovechar la energía de la amatista es llevar al cuello o en la muñeca cuentas de amatista. El chi de la amatista te mantendrá en armonía con el mundo.

La geoda de amatista es un recurso poderoso de feng shui para conseguir que los maridos sean fieles. Para que este rito taoísta dé buen resultado, el marido debe dormir al lado izquierdo de la cama y la mujer al lado derecho. Pon bajo el colchón, al pie del lado de la cama que ocupa la esposa, una geoda de amatista atada con un cordel rojo. (Véanse más detalles en página 74.)

AMOR

El feng shui puede traer el amor, relaciones románticas y oportunidades serias de matrimonio a la vida de cualquiera, aunque no puede garantizar la calidad del cónyuge ni de las relaciones.

En el feng shui, amor es sinónimo de matrimonio; por tanto, las mujeres que activen el rincón suroeste de su orientación Nien Yen estarán activando para llegar al matrimonio como primeras esposas. Para los hombres, el matrimonio significa encontrar una mujer capaz de procrear hijos, de trabajar y de ocuparse de la casa. No se trata de una visión muy romántica del amor, y desde luego que choca con las ideas modernas, pero resulta útil entenderla.

Para atraer el amor, ten expuesta una pareja de patos mandarines, que son símbolo de aves amorosas con un final feliz (véase página 75). No hay que confundirlos con los patos silvestres comunes, que son notoriamente infieles. (Véase también Patos mandarines, página 264.)

AMULETOS

Los amuletos son unos símbolos protectores poderosos que se llevan sobre el cuerpo para recibir protección. Suelen estar relacionados con las creencias religiosas de diversas culturas. En el feng shui, la tortuga y el dragón se consideran símbolos poderosos de protección (véanse páginas 13-15.)

Estos símbolos, en forma de joyas, son un bonito adorno y una protección a la vez.

Los amuletos taoístas pueden consistir en unos caracteres especiales escritos sobre papel de arroz de color, que después se pliega y se lleva dentro de estuches de oro o de plata. Antiguamente, las madres procuraban la seguridad de sus hijos poniéndoles amuletos bendecidos por el templo de la localidad.

Los amuletos también se llevan para atraer la buena fortuna, ya que el llevar señales de abundancia atrae más abundancia. Se dice que las joyas de oro, diamantes, jade y perlas traen la suerte de la prosperidad, la salud y el poder. El oro simboliza la riqueza de la tierra; por ello, siempre resulta propicio llevarlo. (Véanse más detalles en página 169.)

ANTENAS

Se incluyen bajo este concepto las antenas receptoras, las parabólicas y las emisoras para telefonía móvil. Todas ellas pueden cortar el chi. Preferiblemente, debemos evitar vivir en un edificio que dé frente a esos imanes de energía. Si no te queda otra opción, usa un espejo para desviar el chi, pero asegúrate de que las antenas se reflejan por entero para que devuelva toda la fuerza de la energía negativa. (Véase también Flechas envenenadas, página 238.)

ANTÍDOTOS

En términos generales, todos los males de feng shui tienen sus curaciones y sus antídotos. Algunos son mejores que otros, y en la elección del antídoto correcto se aprecia la habilidad del maestro de feng shui. Indicamos aquí algunos antídotos comunes.

* Las luces fuertes disuelven la energía negativa. Mantén encendidas las luces por la noche durante tres horas, por lo menos.
* La energía yang (las luces, el sonido y los colores fuertes) supera el exceso de energía ying.
* Los carillones eólicos disuelven la energía mala y superan la enfermedad.
* Los espejos Pa Kua desvían el Shar Chi provocado por las fechas envenenadas físicas. No los utilices más que como último recurso. Cuelga el espejo en lo alto, por encima de tu puerta principal, mirando hacia el exterior.
* Las campanillas y los cuencos cantarines purifican el espacio viciado o afligido. Es una curación temporal que se debe practicar con regularidad para conseguir su máxima eficacia.
* Los cristales naturales ablandan el exceso de energía yang. Estos símbolos del elemento tierra son unos antídotos excelentes.
* Los colores mejoran los desequilibrios de los elementos. Los colores son fabulosos también para equilibrar el chi yin y yang.
* Las flores, las plantas y los árboles

cierran el paso al Shar Chi y refuerzan la energía del elemento madera.
* Las cortinas y las persianas desvían la energía negativa y cierran el paso de manera eficaz a las vistas y estructuras dañinas.
* Es necesaria una brújula fiable para disponer de manera propicia los asientos y las zonas de estar.
* La terapia de los elementos corrige la falta de armonía. Apréndete los ciclos productivo y destructivo de los elementos para practicarla con eficacia.

(Véanse más detalles en páginas 40-41).

ANTIGÜEDADES

Los muebles o los elementos decorativos antiguos pueden ser dañinos para la casa porque contienen restos de energía. Quizá no sepas quién fue el propietario anterior del objeto ni conozcas la cualidad del chi que sigue adherido a la antigüedad. Es posible que contenga energía negativa.

Si eres aficionado a coleccionar muebles antiguos, reduce el efecto de la energía negativa frotando toda la pieza con sal marina gruesa, aplicada con un paño húmedo. Deja el mueble con la sal durante siete días, esperando a que se caiga sola. Así se neutralizará cualquier energía yin que pudiera estar unida a ese objeto antiguo. No olvides abrir todos los cajones del mueble y poner en ellos algo de sal. Otro método consiste en poner un papel rojo fuerte bajo la antigüedad. También puedes dejar las antigüedades un rato al aire libre, a la luz fuerte del sol.

Es peligrosísimo tener en la casa cañones u otras armas de fuego antiguas, pues es posible que hayan «probado» la sangre, y entonces serían especialmente potentes. (Véase también Cañones, página 212.)

AÑO NUEVO CHINO

Los chinos celebran en todo el mundo la llegada del nuevo año lunar con muchos ritos propios de su cultura para garantizar la prosperidad ininterrumpida de la familia. Para celebrar el Año Nuevo chino puedes hacer lo siguiente:

* Cuelga farolillos para atraer el maravilloso Chi del Año Nuevo. Ten la casa bien iluminada.
* Adorna la casa con flores frescas, a ser posible de cuatro tipos diferentes para indicar la buena suerte a lo largo de las cuatro estaciones.
* Ten plantas verdes para mejorar tu suerte en la carrera profesional. Cuanto más crezcan las plantas, mejor será tu suerte.
* Ten hechas todas las tareas domésticas antes de que termine el último día del año viejo, para que no tengas que barrer el día de Año Nuevo, lo que sería símbolo de barrer la riqueza.
* Asegúrate de que tu casa está bien provista de alimentos, que simbolizan la abundancia. Ten a mano buena cantidad de naranjas, ciruelas y *kumquats*, símbolos de riqueza.
* Ponte ropa nueva, preferiblemente de color rojo, símbolo del chi yang. No te pongas nunca ropa blanca ni negra el día de Año Nuevo.
* Regala paquetes rojos con dinero a tus hijos, a los empleados y a los trabajadores que se hayan portado bien en el año anterior.
* Toma un paquete rojo, nuevo, con monedas y billetes, y añádelo a los anteriores al fondo de tu tinaja de arroz, para aumentar simbólicamente la riqueza de la familia. Llena la tinaja de arroz hasta el borde. Si has tenido mala suerte en el año anterior, búscate una tinaja de arroz nueva, decorada con símbolos propicios.

(Véase también Tinaja de arroz, página 279.)
* Planta un árbol nuevo en el jardín, como símbolo de la nueva Sheng Chi o energía del crecimiento.
* Exhibe todos los símbolos de la buena suerte: mandarinas como símbolo del oro; narcisos y otras plantas bulbáceas como símbolo de la suerte en la carrera profesional; sauce alemán *(Salix discolor)* como símbolo de longevidad. Más importante todavía: crea un árbol de la riqueza colgando billetes y monedas auténticos en las ramas de un árbol.
* Sirve muchos dulces (bollos, tartas, chocolate, etc.) para asegurarte de que el año entrante será «dulce».
* Asegúrate de que tu altar está limpio y lleno de ofrendas. Una montaña de flores, dulces e incienso simbolizan la generosidad, y traerá buena suerte poniendo en marcha el ciclo de dones y de bienes recibidos en tu casa. (Véase también Altar, página 202.)
* Es excelente idea realizar la danza del León, que traerá a la casa sonidos y vibraciones de felicidad. Que los leones metan en tu casa unas cuantas cestas de oro: el oro pueden ser lingotes de imitación o mandarinas. (Véase también Danza del dragón, página 224.)

APARATOS DE AIRE ACONDICIONADO

Los aparatos de aire acondicionado no deben colocarse nunca por encima de la cama, ni tampoco en una pared contigua a la cama, ya que las bocanadas de aire frío producen oleadas de viento yin que pueden provocar enfermedades e insomnio. Pon tu acondicionador lo más lejos que puedas. (Véanse, en página 41, más detalles sobre el yin y el yang.)

ARAÑAS DE CRISTAL

Las arañas de cristal (lámparas con colgantes de cristal natural) producen un feng shui excelente, tanto dentro como fuera de la casa, y resultan especialmente eficaces al suroeste. La combinación del fuego (las luces) y la tierra (el cristal) trae a la casa la suerte del amor y las relaciones de pareja. Si es posible, activa con una araña el suroeste de toda la casa, en vez de activar el suroeste de una sola habitación. Este efecto poderoso beneficiará a toda la familia. Si no tienes una araña, puedes poner cristales naturales cerca de una lámpara de pie de luz fuerte: el efecto es el mismo. (Véanse más detalles sobre la activación del rincón sur en páginas 57-59.)

ÁRBOL DE GEMAS

El árbol de gemas es una variación del árbol del dinero. Estos arbolitos con tronco de oro y hojas de piedras semipreciosas crean energía de la riqueza para toda la casa.

Deben estar hechos con piedras de buen color natural, y el tronco debe ser sólido y fuerte. Un árbol con buena cantidad de ramas y follaje denso irradiará una sensación de abundancia. Los árboles raquíticos no son eficaces y producirán lo contrario de la abundancia. Muchos de estos árboles de gemas simulan la crásula ovata o planta del jade, cuyas hojas crasas se parecen a la piedra preciosa que le da nombre. Las citrinas y las amatistas son gemas excelentes para estos árboles, como también lo es el cuarzo rosa (que es bueno para activar la suerte de las relaciones personales), la aventurina y el coral. El árbol se potencia colgando de él monedas de oro. El día de Año Nuevo cuélgale paquetes rojos que contengan dinero auténtico.

Ten un árbol de gemas en el lado noroeste del cuarto de estar, como símbolo de la «riqueza que viene del cielo». También es buena idea tenerlo en el sudeste, que es el rincón de la riqueza. (Véanse más detalles en página 171.)

ÁRBOLES

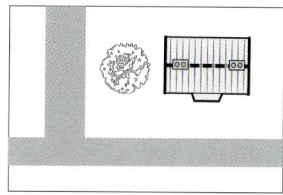

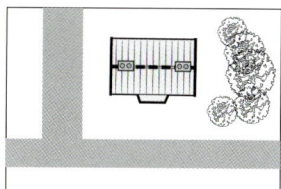

Bloque de árboles con chi malo (arriba) y positivo (abajo).

Los árboles de hojas anchas no sólo bloquean las flechas envenenadas, sino que forman un «muro» visual eficaz que puede servir también de apoyo trasero para tu casa. Los árboles verdes de buen follaje son unos cargadores de energía excelentes para el este y para el sudeste. Poda los árboles con regularidad para que siempre se aprecien los brotes nuevos. Son símbolo del crecimiento continuado, y generan chi propicio. Evita las palmeras, porque tienen los troncos largos y demasiado destacados. Los árboles que se levantan en solitario son como columnas y emiten Shar Chi dañino. (Véase también Shar Chi, página 274.)

ARCOS

Los arcos pueden resultar propicios si no son exagerados. Los arcos en curva, circulares, simbolizan la suerte del cielo. Un arco favorece más la armonía en la casa que una entrada cuadrada. Los arcos sugieren la forma circular, que representa el elemento oro. Resultan especialmente propicios cuando están en las zonas noroeste y oeste de la casa, pero es mejor que no los haya al este y al sudeste. (Véase, en páginas 22-23, las formas básicas de las casas.)

ARMONÍA

La armonía se refiere a la interacción armoniosa de los cinco elementos dentro del espacio vital. Los elementos de cada una de las partes del espacio vital deben fomentarse mutuamente, en vez de resultar destructivos unos para otros.

La armonía se refiere también a vivir en concordia con nuestro entorno natural, para lo cual se requieren ciertos conocimientos acerca de los cuatro guardianes celestiales que forman parte del Feng Shui del Paisaje. Cuando vives en simpatía con la tierra, las colinas y el agua de tu entorno, el flujo benévolo del chi te beneficiará. (Véanse más detalles en páginas 16-18. Véase también Wu Xing, página 282.)

AROWANA

El arowana plateado o arahuana (*Osteoglossum bicirrhosum*), con sus escamas plateadas y su cuerpo esbelto semejante a una espada, se ha usado durante muchos años para traer buena suerte.

Es mejor tener un arowana solo, o tres, o cinco. Nunca deben tenerse los arowanas en parejas. Cuando el arowana está sano y bien alimentado, emite un brillo rosado o dorado que se dice que trae buena suerte. Sólo los arowanas fuertes y saludables tienen la capacidad de acarrearte gran riqueza.

El acuario donde vivan estos peces no debe estar lleno de trastos: un acuario sin nada más que agua servirá para acentuar la belleza de los peces y sus movimientos gráciles. El mejor lugar para tener el acuario es en el rincón norte, que es el rincón del agua, o en el este o sudeste, que son rincones de la madera. No tengas nunca un acuario con arowanas en tu dormitorio. (Véase también Acuarios, página 200.)

ARROYOS

Los arroyos de agua dulce que no corra muy deprisa representan un feng shui excelente. (Véanse más detalles en páginas 160-165).

ASPIRACIONES, OCHO

(Véase Ocho Aspiraciones, página 257.)

ASTROLOGÍA

Muchas personas confunden el feng shui con la astrología china, porque en los sistemas chinos de adivinación también se aplican los conceptos básicos del feng shui. Los dos sistemas más populares de la astrología china son los siguientes:

* La Astrología de la Estrella Morada (véase en esta página), en la que la suerte de una persona se divide en doce casas, y a continuación se distribuyen las «estrellas» en las casas en función del año y día de nacimiento.
* La astrología de las Cuatro columnas del Destinno (véase página 223), en la que a partir del día, mes, hora y año de nacimiento se prepara una carta de los ocho caracteres del destino, además de los períodos de suerte de la vida.

ASTROLOGÍA DE LA ESTRELLA MORADA

La Astrología de la Estrella Morada, o *Tzi Wei Dou Shu*, es uno de los sistemas de análisis del destino más respetados del mundo. Este sistema, muy complejo, se basa en catorce estrellas mayores y en veintiséis estrellas de apoyo, que producen más de ciento cincuenta mil combinaciones.

Según los textos antiguos, en cada carta de análisis del destino se pueden encontrar más de ochenta estrellas, si bien en la práctica se puede pasar por alto la mitad de las estrellas «ficticias» sin afectar a la precisión del análisis. El *Tzi Wei Dou Shu* se escribió durante la dinastía Tang y se popularizó durante la dinastía Sung. El *Tzi Wei Dou Shu* se ha convertido en un sistema popular de astrología.

El análisis astrológico de la Estrella Morada se basa en doce palacios del destino, cada uno de los cuales describe un aspecto significativo de la vida de la persona. La carta completa se trazó en función de los datos de nacimiento de la persona (año, mes, día, hora, sexo y lugar), según el calendario lunar.

1. El Palacio de la Vida es el más importante de los palacios, y trata de las perspectivas de la persona, de sus dotes innatas, de sus logros y de su carácter. Rige el desarrollo y la riqueza.
2. El Palacio de los Hermanos y las Hermanas trata de las relaciones con los hermanos. También describe las relaciones con los compañeros de trabajo.
3. El Palacio Conyugal y Marital desvela si el matrimonio será feliz y fructífero. También explica por qué algunas personas se casan muchas veces mientras otras se quedan sin casar.
4. El Palacio de los Hijos indica el número de hijos y describe las relaciones entre los padres y los hijos. A veces, este palacio se refiere a los subordinados y a los discípulos de la persona.
5. El Palacio de la Riqueza describe el nivel de ingresos, la riqueza y la situación económica general. El palacio indica también si la persona conseguirá, o no, hacerse rica.
6. El Palacio de la Salud describe la salud física y mental, además de la posibilidad de sufrir lesiones, accidentes o enfermedades a las que puede ser propicia la persona.
7. El Palacio de los Viajes indica si son recomendables, o no, los viajes para tener suerte en la carrera profesional. Indica también si un lugar de residencia resulta adecuado o no.
8. El Palacio de los Amigos desvela si los amigos y los subordinados son leales. Este palacio indica también la suerte en lo que se refiere a los socios en los negocios.
9. El Palacio de la Carrera Profesional contiene consejos sobre la carrera profesional e indica si la persona está dotada para trabajar en una empresa o para crear su propio negocio. Indica la carrera profesional que se debe seguir, y qué nivel se puede esperar alcanzar en ella.
10. El Palacio de las Propiedades gobierna el entorno vital y cuántas propiedades, capital o herencias es probable que llegues a adquirir. También describe el estilo de vida.
11. El Palacio de la Fortuna, o de la Felicidad, desvela la actitud y la conducta, describe el estado mental de felicidad e indica la duración de la vida.
12. El Palacio de los Padres describe las relaciones con los padres y con los superiores (maestros y jefes). En algunos casos indica si los padres se separarán o no.

El *Tzi Wei Dou Shu* desvela la dimensión temporal en el análisis. La interpretación se puede dividir en bloques de diez años, de un año o de un mes. El cálculo se utiliza para trazar todo el transcurso del ciclo de la vida de la persona. (Véase también Astrología, página 206.)

ASTROLOGÍA DEL KI DE LAS NUEVE ESTRELLAS

Este sistema híbrido japonés de feng shui lo popularizó un prisionero de guerra japonés. El Ki de las Nueve Estrellas se estudió y se investigó en Occidente. Este sistema permite realizar predicciones anuales, mensuales y diarias. Utiliza los trigramas del *I Ching* para definir sus ocho «estrellas» principales, y relaciona después los cinco elementos con el *I Ching* para calcular a qué miembro de la familia corresponden. (Véase también *I Ching*, página 245, y Wu Xing, página 282.)

ATRIOS

Los atrios no son propicios cuando son pequeños y profundos, pues esta forma hace que el chi se quede atrapado y se vuelva destructivo. Los atrios se vuelven benévolos cuando parecen patios amplios, pues traen el chi de lo alto para que se mezcle de manera propicia con el chi de la tierra que procede de abajo. (Véase también Patio, página 264.)

AVE FÉNIX

El ave fénix simboliza las nuevas oportunidades para la suerte en la carrera profesional. Para activar la suerte en el trabajo es mejor un ave fénix sin dragón. El ave fénix es una criatura yin cuando va acompañada del dragón; sin él, se convierte en una criatura yang, que trae el éxito económico y la prosperidad.

En el Feng Shui del Paisaje, el ave fénix está representada por una leve elevación del terreno al sur de la casa o al frente de ésta. Si no tienes este componente ante tu puerta principal, lo puedes crear artificialmente para cargar de energía la suerte de ese sector.

Si no encuentras un símbolo adecuado del ave fénix, pueden servir para representarlo otras aves de buen plumaje, como el gallo o el pavo real. (Véase también Ave Fénix Carmesí, en esta página, y Dragón y ave fénix, página 229.)

AVE FÉNIX CARMESÍ

El ave fénix simboliza oportunidades maravillosas para traer buen nombre, riqueza y prosperidad a la familia.

Esta criatura celestial mágica del sur (Feng Huang) es «el rey de todas las criaturas con plumas del universo». El ave fénix aparece una vez cada mil años, cuando los tiempos son propicios y ocupa el trono un buen gobernante. La imagen de un ave fénix, situada al sur, trae nuevas oportunidades a tu vida. Las colinas de poca altura también representan al ave fénix. Cuando aparecen al sur del entorno de tu casa, está presente el Ave Fénix Carmesí. (Véanse más detalles en páginas 13 y 181.)

AVES

Las aves representan al Ave Fénix Celestial, y una escultura que represente unas aves, sobre todo si está en el sector sur de tu cuarto de estar o de tu jardín, trae consigo la suerte de las nuevas oportunidades. Sin embargo, tener aves en jaulas es pésimo para el feng shui, pues simbolizan la prisión, ambiciones truncadas, incapacidad para echar a volar y obstáculos para alcanzar los sueños. (Véanse más detalles en páginas 68-69, 82 y 103.)

AZUCENAS

Las azucenas amarillas son mucho mejores que las rosas rojas con espinas. Resultan excelentes, sobre todo las azucenas, para los convalecientes, porque aportan la energía sanadora pura del trigrama Tui del oeste, que representa la alegría. Las azucenas representan, en general, buenas vibraciones. (Véase también Flores, páginas 238-239).

B
BALCONES

PUERTA PRINCIPAL DA FRENTE A BALCÓN

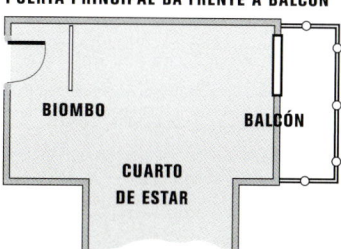

Un balcón que dé frente a la puerta principal tiene mal feng shui, pues provoca chi y, por tanto, hace que la buena suerte vuelva a marcharse volando nada más llegar. Para corregir esta aflicción, instala un biombo que obligue al chi a seguir un recorrido serpenteante.

Un balcón grande que dé frente a un espacio abierto imponente o a una vista hermosa puede tomarse como la «orientación del frente» de la casa, aunque no esté allí la puerta principal. Este punto es importante al emprender el análisis de cartas de la Estrella Voladora. (Véanse más detalles en capítulo 15.)

BAMBÚ

El bambú es una planta excelente para el feng shui, y representa una vida larga y llena de buena salud.

Se pueden usar tallos de bambú del mismo modo que los carillones eólicos de tubos o las flautas de madera. Deben colgarse en pareja, inclinados uno hacia el otro por arriba, para que pueda ascender el chi propicio, contrarrestando el chi negativo que emite la viga del techo. A diferencia de los carillones eólicos, no se produce un sonido que convierta el chi en energía amistosa; por ello, deberás atar los tallos de bambú entre sí con un cordel rojo para hacer salir la energía yang necesaria.

Los tallos de bambú también son una herramienta excelente para desacelerar el chi. Las habitaciones situadas al final de un pasillo largo suelen sufrir las consecuencias del Shar Chi, que les llega en tropel. Para desacelerar este chi que circula tan deprisa, cuelga tallos de bambú del mismo modo que acabamos de describir, con un cordel rojo atado del uno al otro. (Véanse más detalles en página 172.)

BANCOS

La actividad de los bancos corresponde al elemento agua; por eso, resulta muy recomendable poner un objeto de agua propicio en el norte o en el sudeste. También puedes construir un objeto de agua delante del edificio del banco (asegúrate de que el agua corre hacia el edificio, y no alejándose de él). (Véanse más detalles en páginas 162-163.)

BAÑOS PARA PÁJAROS

Los baños para pájaros son unos objetos de agua excelentes, adecuados para los sectores norte, este y sudeste del jardín. Asegúrate de que el agua esté siempre limpia. Cuantos más pájaros visiten tu baño, mejor será la energía creada por este objeto de agua. (Véase también Agua, página 201.)

BARBACOAS DE OBRA

El mejor lugar para situarlas es en la parte sur del patio o jardín, en el sector del fuego. No pongas nunca barbacoas o parrillas de obra en el noroeste, pues eso representaría la situación desafortunada llamada «fuego a la puerta del cielo». Asegúrate, además, de que la barbacoa o parrilla no se sitúa en los sectores de madera, el este o el sudeste, pues el fuego quemaría simbólicamente la madera, quemando así la salud y la riqueza.

Dado que las barbacoas representan el fuego, activarán el elemento fuego, trayendo fama y reconocimiento para la familia. Este es, además, el sector de la hija segunda; por ello, hacer barbacoas en el sector sur le ayudará en su trabajo escolar y en su desarrollo personal. (Véase también Fuego, página 240.)

BARCO DE VELA

El barco de vela trae la riqueza impulsado por el viento y el agua. Carga el barco de lingotes de oro de imitación, o de cristales naturales tallados que parezcan diamantes. Ponlo en tu mejor orientación Kua, a altura no superior de la de una mesa de café, para evitar el simbolismo de la inundación. Hay pocas cosas tan propicias como un barco cargado de diamantes.

Puedes tener varios barcos en tu casa o en tu oficina. Cuando tienes más de un barco, representan una variedad de fuentes de ingresos. Hasta puedes organizar una flota entera de barcos cargados de oro y que llegan a tu puerto. No obstante, suele bastar con un solo barco de vela para traer buena suerte en los negocios. (Véanse más detalles en páginas 82 y 168-169.)

BARCOS

Los barcos como símbolos de la fortuna pueden traer buena suerte impulsados por los vientos y las aguas. Si vives en un barco, actívalo con símbolos decorativos. (Véase también Barco de vela en esta página.)

BEGONIAS

Las begonias azules son unas plantas excelentes para la parte norte del jardín. Simulan y cargan de energía el elemento agua del norte. (Véase también Jardines de flores, página 246.)

BOLAS DE CRISTAL

Las bolas de cristal son mejores todavía que las puntas de cristal, pues la forma representa la regularidad de los planes y de la vida misma. Seis bolas de cristal en la casa atraerán la pura abundancia y el chi feliz y pacífico.

Las bolas pueden estar hechas de cualquier tipo de cristal, si bien los cristales naturales de cuarzo son más poderosos que los vidrios artificiales, que contienen plomo. (Véase también Globo terráqueo de cristal, página 87.)

BOLAS DE LA SALUD

En un cuerpo sano, el chi fluye con regularidad y sin bloqueos. Un medio excelente para conseguir este flujo es aplicar masaje sobre las extremidades del cuerpo. Otro medio es la reflexología practicada sobre los pies. También puedes usar un par de bolas chinas de la salud, yin y yang, para ejercitar los dedos. (Véase también Feng Shui del cuerpo, página 237.)

BONSÁIS

Las verdaderas plantas bonsái pueden vivir muchos años dentro de un jardín en miniatura que calma el espíritu. Sin embargo, los árboles bonsái (ejemplares de árboles grandes a los que se ha impedido artificialmente crecer durante muchos años) simbolizan, por tu parte, la antítesis del crecimiento. Por eso, pueden ser dañinos para los negocios y para las empresas comerciales. Si los tienes en tu casa, evita ponerlos en los rincones de la madera (este y sudeste) o en el jardín. Donde menos daño hacen es situados en el norte.

Si estás retirado y ya no te interesan como objetivo esencial de tu vida el crecimiento y el éxito material, el espíritu de «alma antigua» del árbol bonsái puede convenir a tus aspiraciones. (Véase Árboles, página 95.)

BORDES AGUDOS

Los bordes agudos de los rincones y de los edificios producen una de las formas más graves del Shar Chi. Si el borde agudo de otro edificio apunta a la entrada principal del tuyo, le enviará mal Shar Chi que tú deberás procurar bloquear ocultándolo a la vista. La manera más efectiva consiste en plantar árboles. Si esto no es posible, puede servir de recurso temporal un espejo Pa Kua yin. Si el borde del edificio es demasiado grande, simplemente no será posible huir de su energía mortal. (Véase también Espejo Pa Kua, página 232.)

BRÚJULA

La brújula es la herramienta más importante en el feng shui para determinar con exactitud las orientaciones (es decir, la dirección y la situación de un espacio). Utiliza siempre una brújula sólida y fiable para medir las orientaciones con precisión. Cuando uses la brújula, sujétala a la altura de tu cintura, puesto de pie con firmeza. (Véase también Orientación del frente, página 262, y Orientación de situación, página 261.)

BUDA GRUESO

El Buda Grueso, también llamado Buda de la Felicidad o Sonriente, lleva un saco enorme para llevarse todos tus problemas.

Al Buda Grueso también se llama Buda de la Felicidad o Buda Sonriente. Trae buena fortuna al hogar. Su presencia en cualquier restaurante o casa de comidas es un cargador de energía excelente para la buena suerte. (Véase también Estatuas de Buda, página 234.)

BUENA FORTUNA

La buena fortuna consiste en alcanzar las Ocho Aspiraciones a base de vivir en armonía con el entorno y en tu casa. (Véanse más detalles en páginas 82-83 y 102-113. Véase también Ocho Aspiraciones, página 257.)

BUENA SUERTE

El feng shui reconoce ocho tipos de buena suerte, y las técnicas adivinatorias chinas definen la suerte en función de tipos y niveles respecto de estas ocho categorías. Por ejemplo, la suerte del dinero y de la riqueza se divide, a su vez, en la suerte de las herencias, de los juegos de azar y las especulaciones, y de los negocios. En el lenguaje del feng shui, la suerte tiene muchos significados diferentes. (Véanse más detalles en páginas 119-121.)

BUEY

El Buey es el segundo signo del Zodíaco chino, y su elemento intrínseco es la tierra. La hora del Buey va de la 1 a las 3 de la madrugada; si has nacido entre esas horas, lo has hecho en la hora del Buey. La orientación de la brújula que corresponde al Buey es el norte-nordeste, y este sector se puede activar con figuras de cristal que representan a la vaca que otorga los deseos o al toro furioso, o con una caja de metal llena de joyas. (Véase también Zodíaco, página 283.)

BUHARDILLAS

Las habitaciones pequeñas en lo más alto de la casa pueden ser propicias o dañinas, en función de si son amplias o estrechas. Cuando la buhardilla es pequeña y sin ventanas, el chi tiende a acumularse en lo más alto de la casa. Se acumula la energía yin, lo cual no es propicio. Si tienes un desván o buhardilla, asegúrate de que tiene ventanas y de que el techo tenga una altura razonable. (Véanse más detalles en páginas 38-39.)

C
CABALLO

El caballo es símbolo de valor, velocidad y perseverancia. Pon una pintura o una foto de caballos en el lado sur del cuarto de estar para captar la esencia vital y el elemento fuego del caballo. Las figuras que representan al Caballo del Tributo aportan una suerte excepcional. Poniendo caballos en el suroeste se cargará de energía la suerte del ascenso social, mientras que ponerlas al nordeste trae suerte para los exámenes en los estudios. (Véanse más detalles en páginas 57-59.)

CABALLO DEL TRIBUTO
El Caballo del Tributo es tradicionalmente un caballo blanco. Esta tradición comenzó durante la dinastía Sung, y desde entonces los mandarines de alta graduación han decorado sus casas con imágenes del caballo cargado de oro, de piedras preciosas, de regalos y de todos los símbolos de la prosperidad.

El Caballo del Tributo es un símbolo excelente para exhibirlo en el año del Caballo. Es todavía mejor si es el Dios de la Riqueza el que acompaña al caballo hacia el interior de la casa. Pon esta imagen en el vestíbulo, cerca de la puerta principal, como muestra de respeto y de honra, o bien pon un Caballo del Tributo en el sector sur para ganar reconocimiento. (Véanse más detalles en página 170.)

CABALLO DRAGÓN
(Véase Chi Lin, página 215.)

CACTUS
Los cactus y otras plantas espinosas producen pequeñas astillas de energía venenosa que pueden provocar enfermedades y desventuras. Es mejor dejar los cactus en el exterior de la casa o de la oficina, donde sus espinas servirán para protegerte de los embates del Shar Chi. (Véase también Shar Chi, página 274.)

CAJA REGISTRADORA
Carga de energía los negocios minoristas a base de monedas y bambú. Pega a un costado de la caja registradora tres monedas chinas antiguas, atadas con cordel rojo, con el lado yang hacia arriba. El lado yang es el que tiene cuatro ideogramas chinos; en el lado yin sólo hay dos. Cuelga sobre la caja registradora tallos huecos de bambú atados con cordel rojo. Deja que los tallos cuelguen en vertical, inclinados uno hacia el otro para asegurar la longevidad del negocio. (Véase la buena suerte en la empresa, páginas 78-79.)

CALENDARIO
En el sistema chino hay dos calendarios: el lunar y el solar.

El calendario lunar se sigue para calcular las cartas astrológicas y el Año Nuevo chino oficial. El comienzo de cada año lunar varía de un año a otro.

El calendario solar (llamado también Hsia) se utilizaba para calcular las épocas de la siembra y la cosecha, y se medía en función de la llegada oficial de la primavera y del otoño. El calendario solar comienza todos los años el 4 ó el 5 de febrero, en el día llamado Lap Chun. El feng shui de la Estrella Voladora se basa en los meses y en el Año Nuevo del calendario solar. (Véase también Calendario chino, páginas 284-285.)

CALENDARIO HSIA
(Véase Calendario en esta página.)

CALENDARIO LUNAR
El calendario lunar chino se divide en doce meses de 29 días y medio cada uno. Cada dos años y medio se añade un mes adicional para ajustar el calendario, y este mes adicional se intercala sucesivamente entre los meses segundo y undécimo del año lunar. Un día propicio del calendario lunar es el «primer día de la primavera», o la Chun. En algunos años hay Lap Chun dobles (que se consideran propicios); en otros, no hay Lap Chun (se considera que trae mala suerte para los nacimientos y los matrimonios). (Véase también Almanaque, página 202, y Calendario chino, páginas 284-285.)

CALIGRAFÍA

En la caligrafía artística se exhibe la fuerza del chi en las pinceladas. La buena caligrafía contiene chi propicio, y se valora todavía más si la palabra escrita es también propicia de hecho. Si expones muestras de caligrafía en la casa, utiliza como color de fondo el rojo, para que la caligrafía «cobre vida».

Se veneran mucho las palabras cargadas de significados, entre ellas Fuk (que significa «buena suerte») y Sau (que significa «longevidad»). (Véase también Chi, página 215, y Fuk Luk Sau, página 240.)

CALLES SIN SALIDA

Las calles sin salida se interpretan en el feng shui, en efecto, como lugares «sin salida», y por tanto no se suelen recomendar. Sin embargo, una calle sin salida es a veces un lugar donde se acumula el desarrollo cósmico. Si tienes en cuenta esta circunstancia, podrás aprovechar mucha buena fortuna.

Una plaza cerrada a la que se accede por una carretera en suave curva es indicativa de la presencia de chi benévolo. Recoge este chi abriendo la puerta de tu jardín, tu puerta principal y tus ventanas a la carretera vacía que llega a la plaza sin salida. (Véanse también más detalles en página 25.)

CAMAS

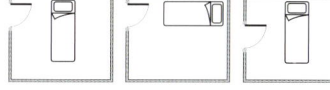

Evita que la puerta toque la cama.

Las camas deben situarse en el mejor rincón, en función de la carta natal de la casa según la Estrella Voladora.

Una cama con buen feng shui debe tener dimensiones propicias y estar decorada con colores que armonicen con el elemento del rincón en que está situada la cama o con el elemento propio Kua de la persona. Aplica el elemento del rincón para determinar los colores, pues así la cama será propicia para más de una sola persona.

Si quieres usar el color rojo, es mejor el rojo oscuro o el marrón que el rojo vivo.

Son mejores las colchas de un solo color. Evita los diseños abstractos con flechas o triángulos, que representan el elemento fuego y simbolizan las flechas envenenadas. (Véanse más detalles en página 62.)

CAMINOS

Los caminos sinuosos son mejores que los rectos, y cualquier camino, carretera particular de acceso, o incluso pasillo, resulta menos dañino si no es largo ni recto. En el jardín, el camino de curso serpenteante hace que el chi circule de manera sinuosa, con lo que se desacelera su flujo y se puede acumular. En una oficina, un camino que transcurre de manera sinuosa entre los puestos y las mesas de trabajo, evocando al dragón, servirá para que el mal chi no se quede mucho tiempo en el local.

También es buena idea producir un efecto ondulado cuando se construyen objetos de agua, ya que el borde sinuoso hace que el chi se vuelva benévolo. (Véase también Losas de piedra, página 250.)

CAMINOS DE ACCESO

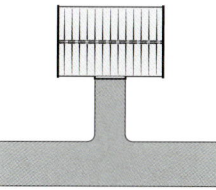

El camino de acceso de forma curva trae mejor suerte que el largo y recto.

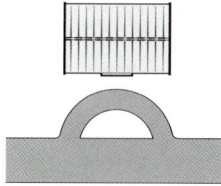

Un camino de acceso largo y recto que va hacia la puerta de entrada de la casa, como una flecha, trae mala suerte grave.

Es mejor que el camino de acceso vaya en curva o sea serpenteante. El camino curvo es muy propicio, pues la forma curva simboliza el oro. (Véanse más detalles en páginas 12-18.)

CAMPANILLAS

Las campanillas son unas curaciones excelentes para los rincones del elemento tierra que sufren aflicciones, además de servir para las limpiezas del espacio y para atraer la energía yang que hace venir a los clientes a cualquier local comercial.

Cuando estas campanillas de metal se cuelgan por encima de las puertas o en las manijas de las mismas puertas, su tintineo produce buen chi cada vez que entra alguien. Las campanillas resultan eficaces para vender artículos, tales como joyas, ropa y accesorio.

Las campanillas son más eficaces cuando se atan con una cinta roja. El rojo activa la energía yang intrínseca de las campanillas. El número ideal de campanillas debe ser de seis o siete, atadas a la manija de la puerta de la tienda o suspendidas por encima de la puerta.

También se pueden poner campanillas pequeñas en el interior, junto a la pared oeste o noroeste, o en el techo, ante la entrada de la puerta, para animar a entrar al precioso Sheng Chi. (Véanse más detalles en página 83.)

CANTOS RODADOS

Estos símbolos de la energía de la tierra pueden usarse como remedios poderosos. Los cantos rodados, atados con cordel rojo, pueden ser un antídoto para el chi venenoso. Pueden reforzar las Estrellas de la Montaña propicias, que se encuentran en las cartas natales de la Estrella Voladora. (Véase también Feng Shui de la Estrella Voladora, páginas 236-237.)

CAÑONES

Los cañones pueden servir para desviar de manera efectiva el Shar Chi provocado por los objetos agudos u hostiles que están frente a la entrada de la casa. Utiliza este remedio como último recurso, pues los cañones envían una fuerza negativa potente.

Los cañones son unos instrumentos defensivos, pero es mejor no hacer daño a tus vecinos con los objetos que pones delante de tu casa. Recuerda que los objetos que dan frente al exterior influyen sobre todo el chi de los alrededores. Los cañones antiguos que se han usado en la guerra portan un chi mortal grave, y pueden ser peligrosos. (Véanse más detalles en página 27.)

CARILLONES EÓLICOS

Cuelga carillones de bambú en el este y en el sudeste. Los carillones de metal se colgarán en el oeste y en el noroeste, mientras que los de cerámica se pueden colgar en el suroeste y en el nordeste.

Los carillones eólicos pueden cargar de energía el buen chi y corregir las malas vibraciones. Si usas el carillón para reprimir la mala suerte o para desviar el Shar Chi provocado por una flecha envenenada, cuelga un carillón de cinco o seis barras metálicas. Observa que los carillones de seis barras son más potentes; por ello, elige el número de barras en función de la intensidad de tu curación o de tu cargador de energía.

Asegúrate de que las barras sean huecas. Los carillones que tienen forma de pagoda pequeña en la parte superior también dan buen resultado para atrapar el Shar Chi. (Véanse más detalles sobre los carillones eólicos en página 91.)

CARPA DRAGÓN/PUERTA DEL DRAGÓN

La carpa dragón remonta la corriente de un río y salta a través de la puerta del dragón para convertirse en dragón. Teniendo en la casa la imagen de la carpa dragón, o de la puerta del dragón, se fomenta la suerte en los estudios y en la carrera profesional para la generación más joven. (Es interesante advertir que las carpas que no han conseguido dar el salto para convertirse en verdaderos dragones llevan para siempre la marca de haberlo intentado y fracasado; por eso, las carpas tienen una mancha roja en la frente.)

(Véanse más detalles en página 87.)

CARPETAS

Pega con cinta adhesiva tres monedas chinas atadas con cordel rojo a la cubierta de las carpetas y archivadores que contengan documentos importantes, tales como contratos y proyectos. El cordel rojo desencadena energía yang preciosa para tu trabajo. Asegúrate de que no se amontonen nunca las carpetas delante de ti en tu mesa de trabajo. Debes tenerlas a tu espalda o a tu lado izquierdo. Los montones de carpetas son como montañas que representan obstáculos ante el avance personal e impiden que tu duro trabajo sea reconocido. (Véanse más detalles en páginas 52-53. Véase también Mesas de trabajo, página 252.)

CARRETERAS Y CALLES

Las carreteras y calles tienen buen o mal feng shui en función de su nivel (de si están más bajas o más altas que tu casa) y de las direcciones en que transcurre el tráfico. Las carreteras y calles que apuntan directamente a la casa, sobre todo a su puerta principal, suelen traer mal feng shui en forma de flecha envenenada.

Los maestros modernos de feng shui aplican a las calles y a las carreteras modernas las directrices que se aplicaban antiguamente a los ríos, para analizar su impacto. Sin embargo, a un maestro experimentado de la Escuela de las Formas le suele bastar con un análisis visual para determinar si las formas que están enfrente de un edificio o a su alrededor pueden ser dañinas o no. (Véanse más detalles en páginas 18-24.)

CARTAS NATALES

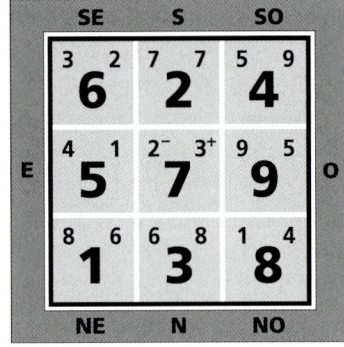

Estas cartas de feng shui revelan los «nueve palacios» de la suerte de la casa, además de resumir una gran cantidad de información en los códigos numéricos que aparecen en las casillas de la cuadrícula Lo Shu. Lo más conveniente es interpretar las cartas natales junto con las cartas anuales de la Estrella Voladora. (Véase también Feng Shui de la Estrella Voladora, páginas 236-237.)

CARTAS NATALES

En el feng shui, las cartas natales más habituales son las de la Estrella Voladora, que se preparan en función de las fórmulas de la brújula, y se pueden interpretar acto seguido. La carta natal muestra la distribución de los diversos tipos de chi dentro de cualquier edificio o vivienda.

No deben confundirse las cartas de la Estrella Voladora con las cartas de las Ocho Mansiones, en las que también se expone la distribución del chi dentro de la casa. Tampoco se deben confundir éstas con las cartas de las Cuatro Columnas, que son cartas astrológicas para el estudio del porvenir. Muchas personas confunden la práctica de la astrología de las Cuatro Columnas con el feng shui, pero son dos ciencias y dos tipos de cartas diferentes. (Véase Feng Shui de la Estrella Voladora, páginas 236-237.)

CASA

Se define como tu casa cualquier lugar de residencia en el que comes, duermes y te cobijas. Por breve que sea el tiempo que residas allí, si el feng shui es bueno, te beneficiará. Considera tanto las habitaciones de las residencias estudiantiles como los apartamentos alquilados como tu hogar mientras estés allí. Los estudiantes universitarios que viven en residencias, pero tienen habitaciones propias «en casa» en sus poblaciones de origen, seguirán siendo afectados también por el feng shui de estas habitaciones. (Véanse más detalles en páginas 20-25.)

CASA DEL ESTE

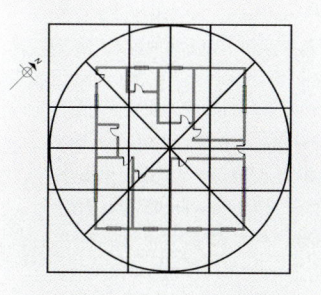

La teoría de las Ocho Mansiones requiere superponer una cuadrícula de orientaciones sobre el plano de tu casa.

Es casa del este la que da al frente a una orientación del grupo del este, según la orientación de su puerta principal. La orientación de situación de la casa es justamente la opuesta a su orientación del frente. Así pues, todas las casas que dan frente al oeste, al noroeste, al norte o al sur se consideran casas del este. Según la teoría de las Ocho Orientaciones u Ocho Mansiones, el chi de todas las personas del grupo del este es compatible con estas casas.

Este principio puede suscitar problemas a las personas que siguen la fórmula Kua. Las personas que intentan servirse de su orientación Sheng Chi para la puerta principal, y cuyo Sheng Chi es este o sudeste, descubrirán que dando frente a cualquiera de estas dos orientaciones NO ESTARÁN viviendo en una casa del este. Según la fórmula de las Ocho Mansiones, no todo el mundo es capaz de aprovechar su mejor orientación Sheng Chi como orientación de la puerta principal. (Véanse más detalles en página 117.)

CASA NUEVA

Cuando te mudes a una casa nueva, elige una fecha propicia para instalarte allí. Cuando construyas una casa nueva, asegúrate de tener en cuenta el feng shui al diseñarla. La prevención de la mala suerte empieza por el primer ladrillo que se pone, y la mejora de la buena suerte empieza el día en que se trazan los planos de la casa. Vale la pena tener en cuenta el destino que se dará a las habitaciones y la situación de los retretes, las cocinas y los dormitorios.

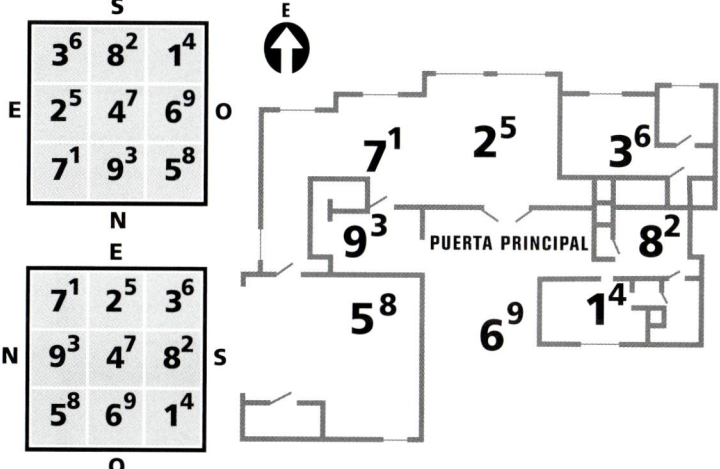

Este plano de una casa Chen que da al oeste (véase página 117) se basa en una carta de feng shui (arriba, izda.), que se ha rotado para facilitar el análisis (abajo, izda.).

Diseña tu casa de acuerdo con el feng shui utilizando las cartas y los análisis. Enfoca tu feng shui en función de tus propias necesidades y aspiraciones. (Véanse más detalles en capítulos 14 y 15.)

CASAS DE FORMA IRREGULAR

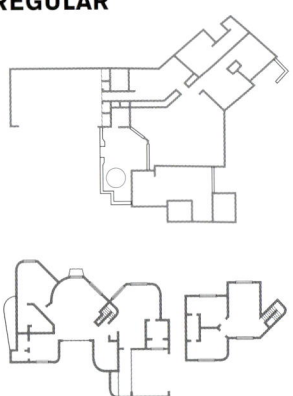

En las casas y los pisos de forma irregular pueden faltar algunos rincones, con lo que se produce un desequilibrio en la energía de la casa. Las formas irregulares pueden producir también rincones innecesarios que dificultan el análisis de feng shui. La diversidad de puntos de vista supone que habrá que aplicar mucho juicio personal. Las distribuciones de forma irregular pueden confundir. En estos casos resulta indispensable el estudio sobre el terreno. (Véanse más detalles en página 23.)

CASAS DE VARIOS PISOS

Las viviendas de varios pisos tienden a sufrir desequilibrios de la fortuna; deberías preferir habitaciones amplias que estén todas a una misma altura. (Véanse más detalles en páginas 22-25.)

CASCADAS

Cuando parece que el agua limpia corre hacia la entrada o hacia la ventana de tu casa, trae mucha buena fortuna. Es excelente construir una cascada en el rincón norte de tu terreno. Asegúrate de que la cascada sea proporcional al tamaño de tu casa. Asegúrate también de que el agua que cae produce un sonido suave y rítmico, en vez de un ruido sordo y atronador. Si utilizas una bomba para el agua, usa la menos potente. Recuerda que el agua que corre despacio es mejor que la que corre deprisa. (Véanse más detalles en páginas 161-165.)

CENTRO DEL HOGAR

El corazón del hogar tiene una importancia extrema. Todos los sistemas del feng shui subrayan la necesidad de tener un corazón de la casa dorado y abundante. Haz que el tuyo no deje de palpitar de chi yang precioso.

El sistema del Feng Shui de la Estrella Voladora recomienda tener un centro grande y espacioso en el que se refleje la importancia de esta parte de la casa. La mejor habitación para el centro es el comedor. Comer en el corazón de la casa atrae la abundancia.

Lo que no se debe tener en el centro de la casa son escaleras, cocinas, retretes o dormitorios, pues así se atribuye una importancia desmesurada a las actividades que se realizan en estos lugares. Si en el centro de la casa hay un cuarto de baño o un almacén, pinta la puerta de rojo por fuera, y pon dentro una planta. (Véase Feng Shui de la Estrella Voladora, páginas 236-237.)

CEREMONIA DEL TÉ

Una boda china no está completa si no se celebra la ceremonia tradicional del té, en la que los recién casados, con su ropa de boda, se arrodillan ante sus respectivos padres y ofrecen a ambos una tacita de té. Después de la ofrenda, los padres les dan su bendición y les dan un paquete rojo lleno de dinero.

La ofrenda del té simboliza el respeto a los padres y expresa la gratitud filial. También es habitual que los padres de la novia hagan un regalo de oro a su hija después de la ceremonia. También se ofrece té a todos los miembros de la familia de generaciones mayores que la pareja, como señal de respeto para los mayores de la familia. (Véase también Matrimonio, páginas 251-252.)

CHAKRAS

Estrictamente, los chakras del cuerpo humano no forman parte de la práctica del feng shui; sin embargo, teniendo en cuenta que los chakras son los siete centros de energía del cuerpo, es buena idea ser consciente de ellos

Muchos maestros taoístas reconocen la importancia de la meditación en su práctica, pues la apertura de los chakras

El centro del apartamento debe ser espacioso, y preferiblemente debe ser la zona de comedor.

les mejora el enfoque y la concentración. (Véase también Feng Shui del cuerpo, página 237.)

CHANG KUO LAO (ZHANG GUO LAO)

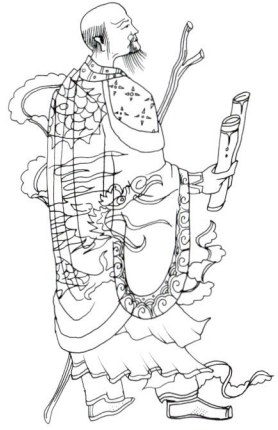

Chang Kuo Lao es uno de los Ocho Inmortales; se dice que vivió en el siglo VII o principios del VIII y es el patrón de los ancianos. Se le representa montado en una mula y con un tambor hecho de un tubo de bambú, con baquetas de hierro. Si viven contigo padres o abuelos, poner en tu casa la imagen de Lao garantizará que alcancen una buena vejez y mueran de muerte natural. (Véase también Ocho Inmortales, página 257.)

CHEN (TRIGRAMA)

El Chen, el trigrama del trueno al este, representa al hijo mayor y pertenece al elemento madera. El trueno, fuerza vivificadora que se alza de la tierra para potenciar el nuevo desarrollo de la primavera, significa una impresión fuerte, que nos puede dejar paralizados pero que también es apasionante y productiva. (Véanse más detalles en página 106.)

CHI

El chi es el aliento cósmico del dragón, y la clave del buen feng shui. El chi es una fuerza intrínseca, invisible para el ojo humano pero potente, a pesar de ello. La traducción más aproximada de la palabra *chi* sería «energía». La práctica del feng shui supone la presencia y la acumulación del Sheng Chi propicio, o «aliento del crecimiento», junto con la protección del Shar Chi negativo, cuyo nombre se traduce como «aliento mortal». (Véanse más detalles en páginas 7-9 y 38-39. Véanse también Shar Chi y Sheng Chi, página 274.)

CHI CORTANTE

El chi cortante desafortunado se produce cuando las estructuras u objetos próximos parecen filos de cuchillos o de otros instrumentos cortantes. Los pasos elevados, las estanterías abiertas y las carreteras con curvas cerradas pueden tener este efecto. Oculta a la vista la estructura ofensiva con árboles, con un muro o con cortinas o biombos. (Véanse más detalles en páginas 16-18.)

CHI KUNG

Este método de entrenamiento físico te permite mover de manera eficaz tu chi, o energía intrínseca, por medio de una serie de ejercicios lentos. El Chi Kung puede ayudar a superar enfermedades graves, y en los últimos tiempos se ha popularizado mucho en Occidente, donde también recibe el nombre de Qigong. (Véase también Enfermedad, página 231.)

CHI LIN

El Chi Lin mítico (también llamado Qi Lin y Kei Loon) se representa con cabeza de dragón, cuerpo de caballo y escamas de pez. Este símbolo fabuloso de buenos presagios, prosperidad, éxito, longevidad, hijos ilustres y encanto resulta especialmente afortunado para los militares.

Chi Lin, dotado de cualidades mágicas, salió del río Amarillo llevando en la espalda el mapa mítico, a partir del cual el legendario Fu Hsi (fundador del *I Ching*) creó los caracteres escritos de la lengua china.

Chi Lin atrae al poderoso aliento cósmico del dragón. Ten expuesto este símbolo en tu lugar de trabajo para que te traiga oportunidades de ascenso y prosperidad. (Véase también *I Ching*, página 245.)

CHIANG KAI-SHEK

El líder chino Chiang Kai-shek huyó a Taiwán después de que el Kuomintang que él presidía fuera derrotado por los comunistas de Mao Tsé Tung. Se cree que muchos maestros de feng shui huyeron con él, y se ha supuesto que estos profundos conocimientos de feng shui beneficiaron a Chiang y a toda una generación de generales y empresarios. Una buena parte de esta ciencia taiwanesa sigue guardándose en secreto, pero en los últimos tiempos se han desvelado al resto del mundo muchos secretos del oficio. (Véase también Mao Tsé Tung, página 251.)

CHIEN (TRIGRAMA)

Este es el trigrama yang por excelencia. Este primer trigrama del *I Ching* está compuesto de tres líneas enteras, y se sitúa en el cuadrante noroeste del Pa Kua yang. Este trigrama simboliza al patriarca y, por tanto, el rincón noroeste de cualquier casa rige la suerte del cabeza de familia varón. (Véanse más detalles en página 111. Véase también Pa Kua, página 262.)

CHIEN LUNG (QIAN LONG)

Emperador de la dinastía Ching al que se atribuye el progreso del feng shui. Durante el reinado de Chien Lung florecieron en China las artes y la cultura. Chien Lung introdujo aplicaciones de buen feng shui en la Ciudad Prohibida, que había sufrido incendios y otros problemas desde su construcción. Se cuenta que Chien Lung mandó que los jóvenes príncipes del reino se alojaran en los palacios del este, que se cubrieron de tejas verdes para cargar de energía el elemento madera. (Véase también China en esta página.)

CHINA

El feng shui surgió en China, pero durante siglos no se permitió su práctica al pueblo. Los emperadores guardaban celosamente los conocimientos de los maestros de feng shui, y el feng shui estuvo prohibido en China hasta la primera mitad del siglo xx. Sólo con la apertura de China al exterior ha vuelto a su patria, traído por hombres de negocios de Hong Kong, la práctica del feng shui, que había florecido en el exterior. (Véase también Chien Lung en esta página.)

CHU YUAN CHUAN

El emperador Chuan Yuan Chuan, fundador tristemente célebre de la dinastía Ming, fue, según se dice, el segundo emperador más cruel de la historia china. Nació simple campesino, pero destacó como jefe de una rebelión popular que aplastó a los Khan, fundando así una nueva dinastía. Cuando llegó a emperador, le dijeron que su gran éxito se debía al buen feng shui. Él, al oír aquello, reunió a todos los maestros de feng shui del país y los hizo matar. Después, según se dice, llenó el país de textos de feng shui falsos. (Véase también China en esta página.)

CHUEH MING

Esta es la orientación de la pérdida total en la fórmula Kua del feng shui de las Ocho Mansiones. Es fundamental que no te sientes dando el frente a tu orientación personal Chueh Ming, ni duermas con la cabeza hacia ella. (Véanse más detalles en las páginas 118-119 y 184. Véase también Pérdida total, página 265.)

CICLO PRODUCTIVO

(Véase Ciclos del Chi, abajo.)

CICLOS DEL CHI

Son los ciclos de fomento, de debilitamiento y de control de los cinco elementos según la teoría del Wu Xing. Los elementos universales: la madera, el fuego, la tierra, el agua y el metal, siguen ciclos productivos y destructivos.

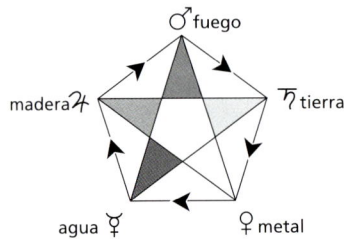

EL CICLO PRODUCTIVO

… explica la naturaleza productiva de los elementos: la madera produce el fuego, el fuego produce la tierra, la tierra produce el metal, el metal produce el agua, el agua produce la madera, y así sucesivamente.

EL CICLO DE AGOTAMIENTO

… es el ciclo directamente opuesto al Ciclo Productivo: el fuego agota la madera, la madera agota el agua, el agua agota el metal, el metal agota la tierra, la tierra agota el fuego, y así sucesivamente.

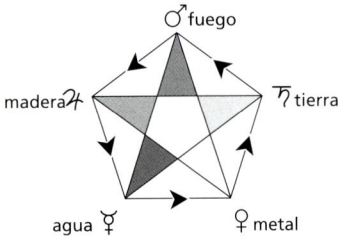

EL CICLO DESTRUCTIVO

… expresa la naturaleza controladora de los cinco elementos: el fuego destruye el metal, el metal destruye la madera, la madera destruye la tierra, la tierra destruye el agua, el agua destruye el fuego, y así sucesivamente.
(Véase también Wu Xing, página 282.)

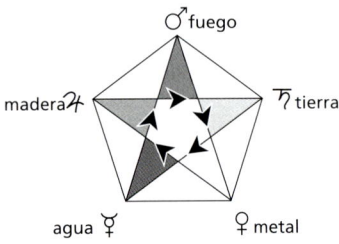

CIENCIA

Resulta mucho más conveniente practicar el feng shui como una ciencia. Las pruebas de la potencia del feng shui son, en general, parciales. Al abordarlo como una ciencia se recalca el hecho de que el feng shui no es del todo magia popular ni es del todo espiritual. Tampoco es religioso, pues no requiere tener fe en su eficacia para que funcione.

Es importante distinguir entre la práctica histórica del feng shui y la moderna. Una buena proporción de los conocimientos del feng shui se han desvelado al mundo, y, al mismo tiempo, estos conocimientos se han vuelto más accesibles. Los que vean el feng shui con escepticismo deberían considerarlo como considerarían el estudio de la geografía o de la física. La ciencia del feng shui se basa en los trigramas del *I Ching,* en los cinco elementos y en la teoría del yin y el yang. (Véanse más detalles en páginas 6-9.)

CIERVO

Los ciervos son símbolos de longevidad que se suelen representar junto al Dios de la Longevidad. (Véanse más detalles en página 173.)

CINCO (NÚMERO)

El cinco es un número de tierra, y aparece como estrella de tierra en todas las fórmulas de la brújula. En general, se considera poco propicio, salvo en determinadas circunstancias y durante determinados períodos. (Véanse más detalles en páginas 64-67, 90 y 114-116.)

CINCO AMARILLO

Esta aflicción de la dimensión temporal anual es una situación grave que debe corregirse colgando carillones eólicos de metal. El Cinco Amarillo ataca a diversos sectores de la brújula cada año. Si no se remedia el efecto del Cinco Amarillo, cualquier personas que duerma en la habitación que ocupa puede caer enferma, perder dinero o encontrarse con otras desventuras. (Véanse más detalles en páginas 152-153. Véase también Brújula, página 209, y Carillones eólicos, página 212.)

CINCO ELEMENTOS

(Véase Wu Xing, página 282.)

CINCO FANTASMAS

Los Cinco Fantasmas es el nombre que se atribuye a un tipo determinado de mala suerte en el feng shui de las Ocho Mansiones. En el feng shui de la Estrella Voladora avanzado se identifican situaciones en que los Cinco Fantasmas se pueden transformar en anuncios de buena fortuna; pero, en general, deberías evitar esta orientación. A partir de tu número Kua puedes conocer tu orientación de los Cinco Fantasmas.

Kua 1	Nordeste
Kua 2	Sudeste
Kua 3	Noroeste
Kua 4	Suroeste
Kua 5	Sudeste (varones)
Kua 5	Norte (mujeres)
Kua 6	Este
Kua 7	Sur
Kua 8	Norte
Kua 9	Oeste

(Véanse más detalles en páginas 119-121.)

CÍRCULO

La forma circular o redonda representa el elemento metal y es propicia en el oeste, en el noroeste y en el norte, y también es muy buena para los que tienen el número Kua 6 ó 7. La forma redonda también puede representar el oro. Se pueden incorporar las formas redondas a las estructuras y a los diseños que se utilizan en las orientaciones citadas de la casa o del jardín. Las mesas redondas hechas de vidrio y metal son excelentes para el rincón oeste, y resultan mejores todavía si la superficie de vidrio de la mesa tiene grabadas representaciones de objetos propicios, tales como el pez doble, los cinco murciélagos o el símbolo de la longevidad. (Véase símbolos de buena suerte en páginas 168-171. Véase también Longevidad, páginas 249-250.)

CIUDAD PROHIBIDA

La Ciudad Prohibida es el Palacio Imperial de Pekín, donde se pueden apreciar muchas características del feng shui. Los palacios de la Ciudad Prohibida están situados en el centro mismo de Pekín, al sur de la plaza de Tiananmen. Este complejo se empezó a construir en 1420 por Yong Le, tercer emperador Ming, y muchos de sus palacios, pabellones, puertas y salones se conservan maravillosamente intactos y bien conservados.

Este compendio de varios siglos del arte chino de la construcción de palacios tradicionales no sólo es un ejemplo casi perfecto de las artes y las técnicas de la arquitectura china, sino también de la práctica del feng shui al nivel más elevado e imperial. En la Ciudad se pone de manifiesto la aplicación de reglas básicas importantes del feng shui. Todos los salones, habitaciones y palacios tienen forma regular, son rectangulares o cuadrados, como también lo son los pabellones y los patios.

En los techos de los salones públicos aparece la forma octogonal protectora del Pa Kua. Casi todos los ladrillos que se usaron para la construcción del complejo del palacio son cuadrados, y los tejados siguen estrictamente en sus formas las proporciones y las dimensiones del feng shui. En conjunto, en la Ciudad Prohibida se utilizan tejados de nueve formas distintas.

La Ciudad está dispuesta a lo largo de un eje norte-sur. La entrada es la puerta Meridional, que daba al sur, una orientación propicia cuando se construyó. El eje central norte-sur de los edificios principales refleja el carácter imperial de la residencia. En la parte trasera, al norte, está la colina de la Perspectiva, que es una loma artificial que simboliza las colinas protectoras de la tortuga.

La Ciudad Prohibida está protegida por las montañas Yan Shan al norte y por el mar Bo Hay al este. El terreno se eleva hacia el norte y desciende hacia el sur. El terreno tiene cerca de un metro de altura más al norte que al sur.

El río Dorado, llamado así porque procede del noroeste, corresponde al elemento metal/oro, y se diseñó para que hubiera agua al frente del complejo del palacio. El origen, la orientación y la salida de este río se ciñen al diseño del entorno. En el caso de la Ciudad Prohibida, los maestros de feng shui de la corte de los emperadores Ming determinaron que el agua debía proceder de la orientación del cielo, que es la orientación Chien. (Véase también Pa Kua, página 262.)

COLCHONES

Es mejor tener un colchón grande en la cama del matrimonio que dos colchones sencillos unidos, que pueden provocar un distanciamiento entre el marido y la mujer. Es menos dañino dormir en camas separadas, o incluso en habitaciones separadas, que dormir en una misma cama con dos colchones. (Véanse más detalles en páginas 62 y 73.)

COLINAS

Las colinas son unas ondulaciones naturales del paisaje donde residen los dragones, y son una señal segura de buenas posibilidades de feng shui. Las colinas son donde vive el Dragón Verde y donde exhala aire propicio.

Las colinas deben ser onduladas, con laderas suaves y regulares, y no con barrancos bruscos y rocosos. Se dice que los dragones están presentes allí donde crece la vegetación verde y exuberante, y hay buen equilibrio de sol y sombra. Si en tus alrededores hay cicatrices de dragones heridos (colinas que se han cortado y destrozado de manera irregular), tu suerte se puede resentir.

Existen cinco tipos de formas de colinas, basados en cada uno de los cinco elementos: fuego, madera, tierra, metal y agua. Resulta útil desarrollar la capacidad de discernir las diferencias entre cada tipo, que ofrecen indicaciones sobre el grado en que son adecuadas para cada persona. La comprensión de las formas de las colinas y sus relaciones con los elementos permitirá a los practicantes evaluar las cualidades de feng shui de las configuraciones de colinas. (Véanse más detalles en páginas 12-18. Véase también Criaturas celestiales, páginas 219-220, y Montañas, página 253.)

COLINAS DEL TIGRE

Según el feng shui de la Escuela de las Formas, la tierra a la derecha de tu casa (según se ve desde dentro de la casa, mirando hacia fuera) representa las colinas del dragón, con independencia de la orientación que tenga según la brújula. Sin embargo, según la Escuela de la Brújula, el lado oeste de la casa representa las colinas del tigre. (Véanse más detalles en páginas 12-15.)

COLOR

El color amplifica los elementos, y las buenas combinaciones de color traen la buena suerte. La terapia del color en el feng shui se relaciona directamente con el concepto de los cinco elementos, que se representan por ciertos colores, de la manera siguiente:

Elemento madera	Marrón y verde
Elemento fuego	Rojo, amarillo y anaranjado
Elemento metal	Blanco, dorado, plateado, bronce y cromado
Elemento tierra	Ocre y amarillo claro
Elemento agua	Azul, morado y negro

Las combinaciones de colores manifiestan la buena o mala suerte sobre la base de los ciclos destructivo y productivo de los elementos. Entre las combinaciones especiales de colores que representan una suerte excelente se cuentan:

* Rojo bermellón con dorado.
* Morado oscuro con cromado o plateado.
* Negro con blanco.

Otras combinaciones de colores buenas son:

* Dos azules y un verde.
* Dos morados y un rojo.
* Dos rojos y un amarillo.
* Dos amarillos y un blanco.
* Dos blancos y un azul.

Entre las combinaciones de colores desafortunadas se cuentan las siguientes:

* Dos azules y un rojo.
* Dos rojos y un blanco.
* Dos blancos y un verde.
* Dos verdes y un amarillo.
* Dos amarillos y un azul.

(Véanse más detalles en páginas 28-29.)

COLUMNA DE LAS HORAS

La Columna de las Horas consiste en el Tallo Celestial y la Rama Terrenal de la hora en que respiraste por primera vez. La rama y el tallo se refieren cada uno a uno de los cinco elementos. En combinación con dos elementos de la Columna del Año, dos de la Columna del Mes y dos de la Columna del Día, constituyen en conjunto los Ocho Caracteres.

Los que han nacido en horas de la noche tendrán más yin en su hora de nacimiento, mientras que los que han nacido de día tendrán más yang. Pero esto no es bueno ni malo de suyo. (Véase también Cuatro Columnas del Destino, página 223, y Símbolo yin yang, página 274.)

COLUMNAS

Las columnas, sobre todo las aisladas y cuadradas, pueden provocar graves problemas de feng shui. Las columnas cuadradas tienen cuatro bordes agudos que emiten Shar Chi venenoso. Desvía y disuelve este chi poniendo plantas sobre los bordes o recubriendo las columnas de espejos. Las columnas no deben dar frente nunca a la entrada principal, ni por fuera ni por dentro. Si sucediera así, debe cambiarse de sitio la puerta o la columna. Véase también Bordes agudos, página 209.)

COMEDOR

El buen feng shui beneficia a esta habitación tan importante. Cuando el comedor está situado en el centro de la casa, representa a la familia en el corazón del hogar.

El comedor debe estar siempre al mismo nivel que el cuarto de estar, o más alto, y no debe estar junto a un dormitorio ni junto a un baño. No tengas el dormitorio al final de un pasillo largo, pues las habitaciones en esa situación son desafortunadas.

Se puede duplicar simbólicamente la comida que está sobre la mesa por medio de un espejo de pared, indicando así prosperidad. Para cargar de energía el «estómago» de la casa, pon cuadros que representen plantas exuberantes y frutas maduras y apetitosas. (Véanse más detalles en páginas 34-35.)

CONCEPCIÓN

Las parejas sin hijos que quieran tener descendencia deben empezar por activar la suerte de los descendientes durmiendo según la orientación Nien Yen del marido. (Véase las orientaciones en las Ocho Mansiones, página 121.)

En segundo lugar, cuelga cerca del lecho conyugal un cuadro que represente niños. En tercer lugar, haz que un niño nacido en el año del dragón recorra la cama tres veces, rodando, o pon junto a la cama una pequeña representación de un dragón para estimular la preciosa energía yang necesaria. (Véanse más detalles en página 109. Véase también Esterilidad, página 234.)

CONTORNOS NATURALES

Las colinas y los valles naturales del terreno simulan las cuatro criaturas celestiales, entre ellas el dragón y el tigre. Las formas de los cursos de agua indican el chi bueno o malo. En términos generales, el terreno ondulado es más afortunado que el terreno llano.

Ten en cuenta, no obstante, que allí donde aparezcan juntas las formas terrestres (las montañas) y los edificios, el impacto de la montaña natural (tanto para la buena suerte como para la mala) será mucho más fuerte, ya que el chi de la montaña tiene millones de años, mientras que el chi de los edificios sólo tiene la antigüedad del edificio. (Véanse más detalles en páginas 12-15. Véase también Feng Shui del Paisaje, páginas 237-238.)

CORAZONES

Se pueden utilizar los símbolos occidentales del amor para cargar de energía la suerte del amor. Utiliza decoraciones en forma de corazón, de colores románticos como son el rojo y el rosado. Exhíbelas en el sector suroeste de tu rincón personal del amor para atraer la suerte del amor. (Véase también Amor, página 203, y Orientación del amor, páginas 261-262.)

CORDEL ROJO

A la mayoría de los objetos de buena suerte les beneficia atarse con cordel rojo como símbolo de la energía yang que «da vida» al objeto. Cuando pongas monedas y otro objetos de buena suerte, átalos con cordel rojo para animar el chi. (Véase símbolos de buena suerte en páginas 168-171.)

CORTINAS DE ABALORIOS

Las cortinas de abalorios pueden servir de curación a las puertas afligidas. Dos puertas, una frente a otra, a ambos lados de un pasillo, provocarán riñas y malos entendidos, sobre todo entre las personas que ocupan esas dos habitaciones. Para suavizar el efecto negativo de esta distribución, cuelga una cortina de abalorios en el paso para producir la ilusión de que la puerta queda cerrada.

Tiene un efecto todavía peor una puerta que da frente a la mitad de otra puerta (es decir, que las dos puertas sólo están frente a frente en parte). Una planta puede servir de división entre las dos puertas, pero en este caso no resulta adecuada la cortina de abalorios. (Véase también Puertas, página 269.)

COSECHA

Las imágenes de la época de la cosecha representan los frutos de la tierra, y tenerlas expuestas en tu comedor trae prosperidad a tu familia. Las imágenes de los campos a punto de ser cosechados son los más afortunados de todos los símbolos de alimentos. Los cuadros que representan maizales, campos de trigo y arrozales en sazón son excelentes para la casa y para la oficina, pues simbolizan la cristalización del trabajo duro.

Del mismo modo, el verano como estación del año representa el florecimiento y el fruto de los esfuerzos, y se considera una época de abundancia en la que existe un máximo de energía yang. Ten expuestas en el comedor frutas recién cogidas del árbol o bellas pinturas de frutas frescas y lozanas como símbolo de prosperidad. (Véase también Cuadros, página 221.)

CRIATURAS CELESTIALES

Las cuatro criaturas celestiales del feng shui son el Dragón Verde del este, el Tigre Blanco del oeste, la Tortuga Negra del norte y el Ave Fénix Carmesí del sur. Cada una de estas criaturas aporta un aspecto determinado de suerte a la casa, que abrazan entre todos. El dragón trae riqueza y prosperidad; la tortuga trae patrocinio y apoyo; el ave fénix trae oportunidades y reconocimiento, y el tigre trae la protección contra las fuerzas oscuras. Entre todas, y cuando se orientan unas frente a otras, éstas simbolizan un feng shui perfecto.

Antiguamente, la presencia de estas criaturas venía dada por las formas naturales del terreno en las proximidades de la casa; pero al ir creciendo las ciudades, estas criaturas adoptan una manifestación cada vez más simbólica. Su «presencia» en tu entorno protege tu hogar y atrae la buena suerte.

El dragón tenía una popularidad especial, y muchos edificios y lugares públicos tenían la imagen o la forma del dragón. Hoy podemos hacer lo mismo con todas las criaturas, aunque el tigre es la más feroz de las cuatro y quizá sólo te interese activarlo fuera de la casa. También deben ser prudentes los que han nacido en el año del Tigre, pues aunque ellos sean capaces de soportar la energía del tigre, los demás miembros de la familia quizá no. (Véanse más detalles en páginas 13-15. Véase también Calendario chino, páginas 284-285.)

CRISANTEMO

Esta flor es muy popular en el Año Nuevo. Los crisantemos vibrantes transmiten una energía yang tan fuerte que atraen inmediatamente la buena suerte al hogar.

Los crisantemos simbolizan una vida tranquila y perdurable, y son especialmente adecuados como ofrendas para poner en el altar. Cualquier cosa que quieras perdurar (ya se trate del amor, del éxito o de la suerte) se puede hacer duradero teniendo puestas estas hermosas flores amarillas. La indicación de longevidad se refuerza cuando se combinan con otros símbolos de la longevidad, como el pino o el bambú, la grulla o el ciervo. (Véase también Longevidad, páginas 249-250.)

CRISTALES DE CUARZO

Los cristales de cuarzo son unos conductores de la energía maravillosos. Los conglomerados de cristales naturales son excelentes como activadores del elemento tierra para el suroeste y el nordeste. Estos dos rincones son interesantes para la generación más joven, pues el suroeste representa el amor y la vida social, y el nordeste simboliza la suerte en los estudios.

Es posible cargar de energía los cuartos de estar con cofres de la riqueza hechos de hermosos cristales naturales y llenos de piedras preciosas de imitación. Son muy bonitos, y aportan mucha energía yang.

Los cristales naturales son los tesoros de la tierra y simbolizan los frutos preciosos de la tierra; por tanto, úsalos para crear energía o chi de la tierra. Cuelga un vidrio artificial tallado ante una ventana para que reciba la luz directa del sol. El vidrio disgregará la luz del sol y creará en tu casa hermosos arcos iris, bañándola de energía yang preciosa y creando una sensación de optimismo. (Véase también Energía yang, páginas 230-231.)

CRISTALES NATURALES

Los cristales naturales son eficaces para cargar de energía, sobre todo si se colocan en el rincón suroeste (el rincón de la «tierra grande»). Los conglomerados de cuarzo natural son unos símbolos excelentes de la madre Tierra.

Antes de exponer los cristales, déjalos en remojo durante siete días y siete noches en agua de mar, o agua con sal, para disipar cualquier energía negativa que pudieran tener. (Véase la colocación de los cristales en página 67.)

CRUCES EN «T»

Los cruces en «T» son la flecha envenenada por excelencia. Si tu casa está en lo alto de una cuesta, una carretera que apunte hacia la casa no te dará problemas. La cuesta hace de montaña que detiene la carretera. Si la carretera que viene hacia ti tiene algo de curva, deja de ser una flecha envenenada. Sólo pueden hacer daño las carreteras rectas.

Existe una curación para los cruces en «T» que aprovecha el cruce mismo para captar el chi que se mueve con rapidez, ralentizarlo y convertirlo en chi benévolo.

Para implantar esta curación, se da la bienvenida al chi de la carretera que discurre hacia la casa construyendo un muro con ventanas que dan al patio por el otro lado. El patio interior recogerá el chi por las ventanas, haciendo que reduzca su velocidad lo suficiente para que se transforme en chi benévolo. (Véanse más detalles en páginas 22-25.)

CRUZ

Una cruz frente a tu casa o a tu oficina produce grave mala suerte. El signo de la cruz (ya sea en forma de X o de +) es poco propicio. Las cruces pueden aparecer sobre las torres de las iglesias o ser elementos estructurales de los edificios vecinos. La mejor manera de huir de los efectos de una cruz es utilizar otra entrada para acceder al edificio. Si no es posible, procura colgar un espejo Pa Kua grande para contrarrestar el efecto de la cruz. (Véase también Espejos Pa Kua, página 232.)

CUADRADO LO SHU

Es un cuadrado mágico de nueve números, que constituye uno de los símbolos más vitales del Feng Shui de la Brújula.

Un emperador descubrió el Lo Shu en el caparazón de una tortuga que salió del río Lo. La disposición de los números desvela todas las fórmulas del feng shui de dimensión temporal. Es el símbolo más importante del Feng Shui de la Estrella Voladora.

Su significado se encuentra en la disposición de los números del 1 al 9 en una cuadrícula de nueve casillas. La suma de los números, tomados de tres en tres

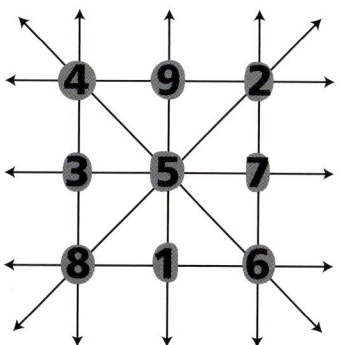

en cualquier sentido, siempre es 15. El 15 es significativo porque es el número de días que tarda la luna nueva en hacerse llena. El número 15 expresa un ciclo de tiempo lunar. El cuadrado Lo Shu ofrece indicaciones sobre la fortuna de las personas y de las casas durante un período de tiempo. El análisis Lo Shu se centra en el feng shui de dimensión temporal.

La disposición de los números en la cuadrícula produce una «pauta de vuelo» que produce, a su vez, otro símbolo, llamado Sigil. Los números «vuelan» de un lado a otro de la cuadrícula.

Los números se desplazan de una casilla a otra: del 5 al 6 (al noroeste); del 6 al 7 (al oeste), y del 7 al 8 (al nordeste), y así sucesivamente. Así se forman dos triángulos con una línea que los atraviesa por el centro: es el símbolo poderoso del Sigil. (Véanse más detalles en página 48.)

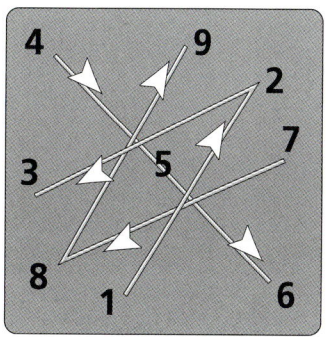

CUADRÍCULA HO TU

El diagrama Ho Tu está relacionado con los Ocho Trigramas de la disposición del Cielo Anterior. Según una leyenda china, el propio Fu Hsi recibió una disposición de números que le llegó sobre el lomo de un caballo dragón que salió del río Amarillo (Hwang Ho).

Esta disposición especial de números se llama Ho Tu, que significa «mapa del río». Los números están dispuestos de tal modo que todos los pares o todos los impares suman 20 (sin sumar el número 5 central).

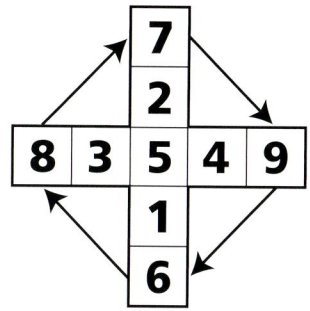

Las cuatro combinaciones numéricas del Ho Tu, 1/6, 8/3, 7/2 y 4/9, se utilizan en el Luo Pan. Estas cuatro combinaciones de números son extremadamente propicias para las parejas. Cuando los números Kua de una pareja reflejan estas cuatro combinaciones de números, aun cuando los dos miembros pertenezcan a grupos diferentes, uno del este y otro del oeste (como sucede en las combinaciones 1/6 y 8/3), la pareja no sólo es compatible sino que los dos son muy buenos el uno para el otro. (Véanse más detalles en páginas 64-66. Véase también Números Kua, página 256, y Luo Pan, página 250.)

CUADROS

Las pinturas en la casa o en la oficina pueden provocar buen o mal feng shui sin que seas consciente de ello. Tanto el tema de las pinturas como los colores y su orientación tienen consecuencias sobre el feng shui; por ello, es importante que estudies con atención los cuadros antes de decorar la casa.

Cuando elijas cuadros para la casa, ten en cuenta los siguientes consejos útiles:

Evita el arte abstracto con colores que choquen con el elemento que corresponde a la pared en la que vas a poner el cuadro. Por tanto, no expongas en los rincones de la madera (este o sudeste) pinturas que representen objetos metálicos o que estén pintadas predominantemente con colores blancos o metálicos. El elemento metal destruye la madera, y la falta de armonía del cuadro produciría problemas en el rincón de la madera y a cualquier persona que ocupe ese rincón.

La pared noroeste es el mejor lugar para colgar un retrato del fundador de tu empresa, ya que esta área activa la suerte del trigrama Chien, que aportará una suerte excepcional de los protectores.

Los mejores cuadros para crear un feng shui armonioso en la oficina son los que representan paisajes. Un cuadro que represente montañas detrás de tu asiento simboliza apoyo. Es un buen objeto que puedes añadir a tu oficina.

El Caballo del Tributo, que tradicionalmente es un caballo blanco, es un símbolo excelente para tenerlo en casa, pues significa que todo el mundo te respeta y te honra. Su simbolismo comenzó en la dinastía Sung, y el caballo solía representarse con símbolos de prosperidad.

Una pintura de un río o arroyo frente a tu mesa de trabajo simula el agua que te trae mucha fortuna. No pongas nunca a tu espalda pinturas de ríos, lagos o cascadas.

Un paisaje que represente un amplio campo abierto ante ti simboliza el salón brillante. Este simbolismo es enormemente afortunado, ya que representa una total y absoluta ausencia de obstáculos. El campo abierto facilita tu negocio y tu carrera profesional. Las frutas y las flores simbolizan también la abundancia y la buena fortuna.

Evita las representaciones de animales salvajes, tales como leones, tigres o águilas, dentro de la casa o de la oficina. Dan mejor resultado en el exterior, para protegerte a ti y a tu familia, pero dentro de la casa pueden traer desventuras y enfermedades.

Una opción excelente son las pinturas que representan símbolos tales como el Caballo del Tributo. Un tema muy popular es la representación del célebre Caballo del Tributo de la dinastía Sung, conducido hasta la presencia del emperador. El caballo representa cargas de riqueza y de oro que se llevan hasta tu casa. (Véase también más detalles en página 210.)

CUARTO DE JUEGOS

Poner el cuarto de juegos en el centro de la casa fomenta la armonía. Los miembros de la familia se llevarán mejor, el marido y la mujer se entenderán, los hijos no serán rebeldes y los hermanos estarán unidos. Esto se debe a que la casa estará equilibrada por el chi activo y vibrante del corazón. (Véanse más detalles en página 99.)

CUARTOS DE BAÑO

Reduce al máximo el tamaño de los cuartos de baño y simplifica su decoración; ten siempre cerradas las puertas de los cuartos de baño cuando no se estén usando. No es preciso tener grandes cuartos de baño muy decorados. No traen buena suerte. (Véanse más detalles en página 61. Véase también Retretes, página 271.)

CUARTOS DE ESTAR

El cuarto de estar es uno de los mejores lugares para practicar en él el feng shui simbólico.

EL RINCÓN DEL PODER

La parte más propicia del cuarto de estar es el rincón más alejado, en diagonal, de la puerta de entrada principal. Pon allí algo con significado de feng shui como símbolo de tu aspiración más importante. Los que deseen la riqueza deben poner en este rincón símbolos de riqueza. Los que deseen el amor y relaciones de pareja deberán poner aquí símbolos de amor.

LA DISTRIBUCIÓN

La distribución de los muebles del cuarto de estar tiene muchas consecuencias. No recargues demasiado el cuarto de estar, es mejor la sencillez. Las habitaciones limpias y ordenadas tienen siempre mejor feng shui que las sucias o desordenadas. Los cuartos de estar deben estar organizados de tal modo que el chi siga un recorrido sinuoso, en lugar de desplazarse en línea recta. Dispón los sofás, los sillones y las sillas dejando huecos por donde pueda fluir el chi. Son preferibles los espacios abiertos a los obstruidos.

DISPOSICIÓN DE LOS MUEBLES

Dispón los muebles en forma cuadrada o rectangular, para conseguir el equilibrio. Los sofás deberán tener tonos neutros pero con predominio yang, para asegurar la acumulación del chi yang.

Las ventanas deben ser lo más grandes que sea posible. Asegúrate de que dejan paso al chi yang (la luz del sol). Cuelga en las ventanas cristales naturales para que produzcan arcos iris mágicos con la luz solar.

Cuando la vista exterior sea propicia (plantas frondosas, árboles, flores, jardines cuidados o agua) procura hacer entrar la vista en el cuarto de estar por las ventanas, por un balcón o con espejos de pared. No utilices sillas de aspecto inestable ni sofás sin buen respaldo.

APROVECHANDO EL TAI CHI PEQUEÑO

Todas las fórmulas del feng shui de la brújula que se ocupan de las orientaciones, las direcciones y los rincones se pueden reducir al cuarto de estar. Trata el cuarto de estar como si fuera tu universo, y activa los diversos rincones de la habitación de acuerdo con los atributos del Pa Kua.

Cuando hayas activado los ocho rincones de tu cuarto de estar, empezarás a sentir en seguida la potencia del método de las Ocho Aspiraciones. Ten chi de madera al sudeste para la riqueza, chi de agua al norte para la suerte en la carrera profesional, chi de tierra al suroeste para la suerte del amor y las relaciones personales, y así sucesivamente.

PONER CUADROS PROPICIOS

Elige para tu casa cuadros propicios. Evita los cuadros que representen imágenes trágicas, tristes u hostiles. Es mejor poner cuadros que traen luz y sonrisa, y que representan momentos felices. Prueba a exponer afirmaciones poderosas de riqueza y prosperidad escritas con hermosa caligrafía. Recuerda que todo lo que tengas a la vista afecta al feng shui de tu casa. (Véanse más detalles sobre el Pa Kua en el cuarto de estar en página 99.)

CUATRO COLUMNAS DEL DESTINO

Así se llama una de las ciencias adivinatorias principales de la astrología china. En esencia, las cuatro columnas son el año, el mes, el día y la hora de nacimiento. (Véase también Astrología, página 206.)

CUATRO CRIATURAS CELESTIALES

Véase Criaturas celestiales, páginas 219-220.)

CUATRO ORIENTACIONES NO PROPICIAS

En el feng shui de las Ocho Mansiones existen cuatro orientaciones no propicias, a saber:

* Ho Hay, u orientación de Mala Suerte.
* Orientación de los Cinco Fantasmas.
* Orientación de las Seis Matanzas.
* Orientación de la Pérdida Total.

Toda persona tiene cuatro orientaciones no propicias en función de su número Kua personal. (Véanse más detalles en páginas 120-121. Véase también Números Kua, página 114.)

CUATRO ORIENTACIONES PROPICIAS

En el Feng Shui de las Ocho Mansiones existen cuatro orientaciones propicias, llamadas:

* Sheng Chi, u orientación del crecimiento.
* Tien Yi, u orientación del la salud.
* Nien Yen, u orientación del amor.
* Fu Wei, o desarrollo personal.

Toda persona tiene cuatro orientaciones propicias, según la fórmula Kua, en función de su número Kua personal. (Véanse más detalles en páginas 114-116. Véase también Números Kua, página 256.)

CUCHILLO CURVO

Un cuchillo curvo puede proteger del mal feng shui cuando se viaja hacia el este o hacia el sudeste. Antes de ponerte en camino, blande el cuchillo en el aire tres veces hacia esa orientación. (Véase también Cuchillos, abajo.)

CUCHILLOS

Los cuchillos que están expuestos apuntando hacia donde estás sentado hacen de flechas envenenadas. Si tienes expuestos cuchillos en la casa, sé consciente de la energía dañina que transmiten. Lo mismo puede decirse de las lanzas, espadas u otras armas que se tengan expuestas, y que pueden provocar desventuras con derramamiento de sangre.

No obstante, el cuchillo curvo se utiliza para cortar la energía mala cuando se emprende un viaje hacia el este o hacia el sudeste. Si ves alguna señal negativa justo antes de emprender viaje, como por ejemplo un perro cojo, un accidente de automóvil o un funeral, entonces debes usar un cuchillo curvo y blandirlo tres veces por el aire por encima de tu cabeza, en el sentido de las agujas del reloj, mirando hacia la orientación en la que vas a emprender viaje, para protegerte durante el mismo. (Véase también Cuchillo curvo en esta página.)

CUENCO CANTARÍN

Utiliza el cuenco cantarín para limpiar el espacio que está lleno de energía negativa. Portando un cuenco cantarín, de los que se hacen especialmente para este fin, recorre la habitación, en el sentido de las agujas del reloj, para absorber toda la energía negativa al final de cada día.

Golpea tres veces el borde del cuenco con un mazo de madera, llevándolo sobre un cojín de paño mientras recorres la habitación. La energía nueva y fresca carga de energía el espacio al instante, de modo que todos se sienten mejor.

Los cuencos cantarines están compuestos de siete metales diferentes. Los mejores cuencos cantarines están hechos por monjes budistas que viven en monasterios de Katmandú. (Véanse más detalles en páginas 194-197.)

CUENCOS

Los cuencos de agua en reposo son eficaces para superar la aflicción del «fuego en la puerta del cielo» del fogón o chimenea en el sector noroeste de la casa o de la cocina.

Los cuencos también pueden servir de cuencos de la riqueza cuando se llenan de símbolos, tales como monedas, piedras semipreciosas y lingotes, para representar que ha llegado tu riqueza. Ponlos en el rincón del cuarto de estar opuesto, en diagonal a la puerta de entrada.

Mejora todavía más el cuenco poniendo dentro símbolos propicios, tales como el sapo de tres patas. (Véanse más detalles en página 169. Véase también Cuenco cantarín en esta página.)

CURACIONES PARA LOS MALES DE FENG SHUI

Cuando se producen desgracias de feng shui, suele ser posible implantar curaciones o remedios. Aunque no tengan un éxito completo, sí que tienen un efecto apreciable sobre la gravedad de la aflicción.

Las curaciones van desde la construcción de estructuras físicas para bloquear, disolver o desviar el mal chi, hasta los símbolos dispuestos cuidadosamente para absorber o disipar el chi negativo. Resumimos a continuación nueve curaciones básicas.

1. Cuando sufre aflicción un rincón u orientación concreta, utiliza el ciclo de los cinco elementos.
2. Usa luces para generar la energía yang poderosa que disuelve el Shar Chi indeseable. Una luz fuerte en un rincón oscuro disipa al instante el chi yin viciado o dañino.
3. Los sonidos son unas curaciones de feng shui excelentes, pues el sonido significa vida. Las radios, los equipos de música y los televisores son unos remedios excelentes para abrir los rincones llenos de trastos y los pasillos estrechos.
4. Los animales de compañía sirven de curaciones poderosas para el chi viciado o infeliz. Los animales ruidosos (sobre todo los perros) no dejarán que la casa quede nunca en silencio; gracias a ello, la energía yin no se hará dominante.
5. Los árboles, los muros y otros objetos pueden servir para bloquear las vistas desagradables o las flechas envenenadas. Los cajones de arena, los espejos en ángulo e incluso diversos Pa Kua desvían el chi poco amistoso u hostil.
6. Los espejos y otros objetos reflectantes sirven para reflejar cualquier chi hostil que te llegue enviado por las flechas envenenadas ocultas.
7. El agua, sobre todo el agua yin, es una curación poderosa. Una tinaja de agua en reposo, en la cocina, disuelve el peligro de un fogón que está en una situación inadecuada. El agua yin absorbe también la energía de las riñas. Cambia el agua una vez por semana, por lo menos.
8. Los objetos que se mueven pueden ser también unas herramientas poderosas de feng shui. La corriente de aire que genera un ventilador puesto delante de una esquina disolverá el Shar Chi de la esquina.
9. El Pa Kua yin y otros objetos hostiles pueden repeler el chi negativo, pero no los uses más que como último recurso. (Véase también Buena fortuna, página 209.)

D

DANZA DEL DRAGÓN

La danza del dragón se suele celebrar para conmemorar ocasiones tales como inauguraciones importantes, el Año Nuevo chino y otras semejantes. Lo habitual es que en una buena danza del dragón participen cien expertos en artes marciales para crear chi propicio. (Véase también Año Nuevo chino, página 204.)

DANZA DEL LEÓN

La diferencia esencial entre la danza del dragón y la danza del león es la longitud del dragón. La danza del león la pueden realizar grupos más reducidos. ¡Este rito propicio es tan estrepitoso que ahuyenta a todos los malos espíritus! (Véase también Año Nuevo chino, página 204, y Danza del dragón en esta página.)

DEIDADES

En el feng shui, todas las deidades son taoístas si no se indica lo contrario. Simbolizan aspiraciones concretas, tales como la riqueza y la longevidad. Las imágenes de estas deidades en el hogar atraen el chi vibrante. (Véase también dioses y diosas, páginas 225-226.)

DEMARCACIÓN DE LOS PLANOS DE DISTRIBUCIÓN

Para evaluar la distribución del chi es necesario demarcar los sectores de la casa. Existen tres maneras de demarcar la planta de la casa, que resumimos a continuación.

1. Coloca la cuadrícula Lo Shu de nueve sectores sobre la planta de tu casa, y estudia los sectores uno a uno.
2. Coloca la brújula con sus orientaciones sobre la planta de la casa, como un gráfico por sectores en forma de cuña, que indican las diversas orientaciones.
3. Examina la planta de la casa, habitación por habitación.

(Véase también Plano de la casa, página 267.)

DEN XIAO PING

Deng fue el presidente chino que convirtió al país en una economía de libre mercado. Se supone que su ascenso hasta llegar a convertirse en el hombre más poderoso de China, en la década de 1980, se debió al buen feng shui. Según la leyenda, este «emperador» moderno de China se benefició del feng shui excelente de su hogar ancestral. Desde la casa se veían tres picos, que eran una señal que indicaba que un descendiente de la familia se convertiría en jefe supremo. (Véase también China, página 216.)

DESAGÜES

Aplicando la fórmula del dragón del agua se pueden aprovechar los humildes desagües de la casa para traer una buena suerte inmensa. Los desagües siempre deben estar limpios, pues los desagües atascados son un obstáculo para tus proyectos. Limpia los desagües con regularidad y asegúrate de que discurren ante la puerta principal en el sentido correcto. Este sentido se observa según se ve desde el interior de la casa hacia fuera.

* Para las casas en que la puerta principal da frente al norte, al sur, al este o al oeste (a alguno de los cuatro puntos cardinales), los desagües deben correr de izquierda a derecha.
* Para las casas en que la puerta principal da frente a una orientación secundaria (sudeste, suroeste, nordeste o noroeste), el desagüe debe correr de derecha a izquierda.

(Véanse más detalles en las páginas 94-95. Véase también Agua del cinturón de jade, página 201.)

DESPACHO EN CASA

Si trabajas en casa, presta atención especial al feng shui de la habitación de tu casa que te sirva de despacho o estudio, pues afectará a tus medios de vida y a tu reputación profesional. Carga de energía tu despacho con símbolos de buena suerte relevantes, y no dejes de tener en cuenta todas las prohibiciones y recomendaciones propios del feng shui de las oficinas. (Véase también Feng Shui de las oficinas, página 237.)

DESTRUCTIVO, CICLO

(Véase Ciclos del chi, página 216.)

DIEZ ORIENTACIONES

Además de las ocho orientaciones de la brújula, también existe la orientación hacia arriba y la orientación hacia abajo. La suerte buena y mala proceden de las diez orientaciones: ocho del mundo material y dos de los reinos celestiales. (Véase también Brújula, página 218.)

DIMENSIONES

Las dimensiones del feng shui resultan especialmente poderosas cuando se utilizan para «construir» una mesa de trabajo o una cama de feng shui. Los cuatro conjuntos de dimensiones propicias y no propicias se pueden medir con una cinta métrica especial. Los cuatro niveles de buena suerte son:

* Chai (buena suerte general).
* Yi (suerte de los protectores).
* Kwan (influencia y poder).
* Pun (riqueza y bienes).

(Véanse más detalles en página 49.)

DIOS DE LA LONGEVIDAD

Se le conoce con el nombre de Sau Seng Kong, y se considera el símbolo más propicio de la longevidad. Esta deidad amable trae buena salud, larga vida y protección contra la muerte no natural, violenta y prematura.

A Sau se le representa siempre con un melocotón maduro en la mano, y acompañado de la grulla y del ciervo, que son todos símbolos de la longevidad. Últimamente también se ha representado a Sau acompañado de niños, como símbolo de la suerte de los descendientes.

En representaciones más antiguas de Sau aparece portando un bastón con una calabaza (Wu Luo) que contiene el néctar de la longevidad. Se le muestra también con ancha frente y cráneo abombado, como símbolo de su gran sabiduría. (Véanse más detalles en página 172.)

DIOS DEL MATRIMONIO

Chieh Lien, el dios chino del Matrimonio, no es otro que el Hombre de la Luna. Se dice que tiene a su cargo todas las bodas entre los mortales y que confirma las uniones entre las parejas en potencia atándoles los pies con un cordón invisible de seda roja. Esta creencia inspiró la costumbre de que tanto la novia como el novio sellaran su compromiso matrimonial bebiendo vino de dos vasos atados entre sí con cordón rojo.

Para activar en tu hogar la suerte amorosa, pon un cuadro que represente a la luna llena, que significa el yang en el yin. El día decimoquinto de cada mes lunar es buen momento para considerar las cosas del corazón. (Véase el rescate del matrimonio en páginas 72-73.)

DIOSA DE LA MISERICORDIA

La Diosa de la Misericordia, Kuan Yin, es la deidad budista más popular del panteón chino. Su presencia en el hogar genera un ambiente de suavidad y amor que hace subir el cariño y la buena voluntad.

Según cierta leyenda, Kuan Yin fue la princesa Miao Shan, que vivió en tiempos de la dinastía Zhou. Los budistas suelen describirla como una emanación de la deidad compasiva hinduista Avalokiteshvara, mientras que en el budismo tibetano se le representa en la figura de Chenrezig, el Buda de la Compasión. En Japón se le conoce con el nombre de Kwannon. Se suele representar a Kuan Yin sentada con el Buda Amitabha, o con otras dos diosas, Pu Hsien y Wen Shu, una a cada lado. (Véase también Estatuas de Buda, página 234.)

DIOSES DE LA PUERTA

Utiliza los poderes protectores de los Dioses de la Puerta civiles para guardarte de la mala suerte.

Los Dioses de la Puerta militares surgieron en la dinastía Tang. Se basan en las figuras de dos generales leales, Chin y Yu, que montaban guardia de noche ante los aposentos del emperador para garantizar que el Hijo del Cielo durmiera en paz, sin que lo molestaran los espíritus ni los fantasmas. Ambos guardianes murieron en el ejercicio de su deber nocturnos; por ello, el emperador mandó a los artistas de la corte que pintaran dos imágenes de los generales, con todas sus armas, en las puertas de entrada de sus aposentos privados. A los generales se les dio, con el tiempo, el nombre de los Dioses de la Puerta militares, y más tarde se les representó a uno con la cara blanca y al otro con la cara negra.

Los Dioses de la Puerta civiles no tienen un aspecto tan amenazador. Estos dioses también se representan en pareja, pero aparecen con ropa de corte, por lo que tienen más aspecto de cortesanos que de guerreros. Sus poderes son más simbólicos que reales, y protegen de la mala suerte más que de los fantasmas y espíritus. Si pintas a estos dioses en tus puertas principales, asegúrate de que las puertas estén pintadas de rojo. (Véase también dioses y diosas, páginas 225-226.)

DIOSES DE LA RIQUEZA

Uno de los dioses de la riqueza más populares es Tsai Shen Yeh, al que se suele representar sentado sobre un tigre como símbolo de su dominio de este animal. Resulta especialmente oportuno para recibir protección exponer a este dios durante los años lunares del Tigre. Invita a esta deidad a entrar en tu casa como gesto simbólico que generará energía de prosperidad.

Exhibe al dios de la riqueza sobre una mesa de entre 76 y 84 centímetros de altura, justo frente a la puerta, para que sea lo primero que se vea al entrar en tu casa. Si este lugar ya está ocupado por el altar familiar, puedes poner un dios de la riqueza en diagonal respecto de la puerta principal y mirando hacia ésta. No pongas a tu dios de la riqueza en el comedor ni

Invita a uno de los dioses de la riqueza a entrar en tu casa como gesto simbólico. No es necesario que reces a esta deidad. Si lo pones frente a la puerta principal, dará la bienvenida simbólica al chi que entra en tu casa.

en el dormitorio. (Véanse también más detalles en Tsai Shen Yeh, página 281.)

DIRECCIONES
(Véase Brújula, página 209.)

DISEÑOS

Orientación	Motivo
Norte, este, sudeste	Agua
Sur, suroeste, nordeste	Fuego
Oeste, noroeste	Metal
Suroeste, nordeste	Tierra
Este, sudeste	Madera

Los motivos decorativos, las formas y los colores tienen siempre sus connotaciones de feng shui. Desarrolla diversos motivos decorativos para cada uno de los cinco elementos y utilízalos en función de las direcciones simbolizadas por cada elemento. Por ejemplo, el empleo del motivo del agua para las habitaciones del norte mejora allí el elemento agua. Utiliza la tabla (arriba), para determinar los motivos o símbolos de los elementos más adecuados:
(Véase también Wu Xing, página 282.)

DISPOSICIÓN DEL CIELO ANTERIOR

Este nombre se refiere a la disposición de trigramas alrededor del Pa Kua yin, que se utiliza en los Pa Kua defensivos. Estos símbolos suelen tener un espejo en el centro, y se colocan sobre las puertas para desviar el chi dañino que procede de las estructuras agudas del entorno. (Véanse más detalles en páginas 98-99.)

DISPOSICIÓN DEL CIELO POSTERIOR

La disposición del Cielo Posterior es la pauta de trigramas ordenados alrededor del Pa Kua yang (con el Kun al suroeste y el Chien al noroeste). Esta secuencia se descubrió cuando se advirtió que la secuencia de trigramas del Cielo Anterior resultaba inadecuada para el estudio de los reinos terrenales para las residencias de los vivos. En la disposición del Cielo Posterior se saca a los trigramas de su agrupación por parejas de opuestos, y se disponen alrededor del Pa Kua siguiendo una progresión temporal circular. Lo que se percibe entonces son los ciclos, tales como el de las cuatro estaciones o el de el día y la noche. Los puntos cardinales y las estaciones mantienen relaciones más estrechas, y esta disposición difiere drásticamente de la del Cielo Anterior.

En la secuencia se refleja la armonía y el equilibrio intrínseco del año, y se ilustra una narración de la vida tal como se refleja en la naturaleza. Su premisa básica se aproxima más a las características de la vida en la Tierra que a las de la vida posterior en el cielo. En la mayoría de las prácticas modernas del feng shui chino se adopta esta representación secuencial del Pa Kua. (Véanse más detalles en páginas 98-99.)

DORMITORIOS

Recuerda que el dormitorio es un lugar de descanso. Deben prevalecer unas energías más yin que yang; por ello, evita activar demasiado el dormitorio con un exceso de símbolos de buena suerte. Un dormitorio demasiado yang provocará dificultades para dormir e insomnios.

Los objetos de agua son propicios en general, pero en el dormitorio hacen más mal que bien. Dormir con agua detrás (ya sea una fuente, una pecera o incluso un cuadro que representa agua) puede provocar pérdidas económicas. Sin embargo, es aceptable decorar el dormitorio con tonos de luz azul para fomentar la relajación y la calma. En el dormitorio no deben dominar los tonos negros o azules oscuros, que representan el agua.

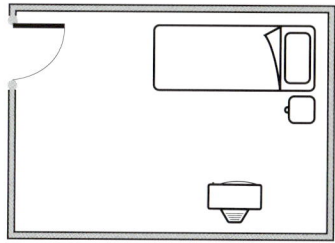

Evita tener un televisor frente a la cama.

Espejos: El empleo de los espejos para producir sensación de espacio en el dormitorio es un error habitual en la decoración moderna de interiores. El borde reflectante de los espejos, aunque éstos estén fijados en muebles o en el techo, envía Shar Chi hacia la persona o la pareja que duerme allí.

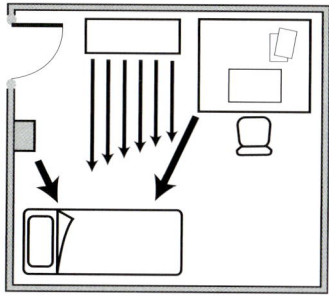

Evita las librerías y las esquinas agudas frente a la cama.

Este chi negativo provocará riñas, malos entendidos, mala salud, e incluso infidelidades. No debe haber en el dormitorio nada que tenga superficie reflectante, ni siquiera un televisor, o debe cubrirse con un paño por la noche.

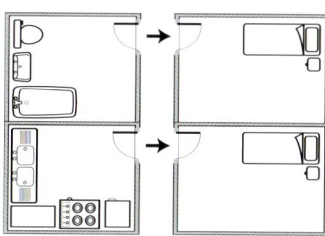

Las cocinas o los baños causan aflicción a los dormitorios.

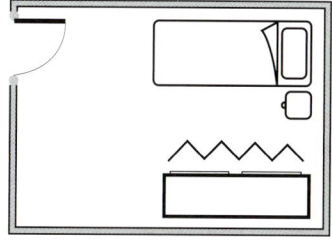

Evita tener el armario frente a la cama.

Flores y plantas: Las plantas que crecen son símbolos poderosos de la energía yang, y por ello no son adecuadas para el dormitorio. Las plantas en el dormitorio de una muchacha se opondrán a sus posibilidades de tener un noviazgo feliz. Las plantas en el dormitorio de una pareja provocarán riñas frecuentes. Las plantas sólo están justificadas en el dormitorio cuando una persona se está recuperando de una enfermedad y necesita de la energía yang para recuperarse.

Estanterías abiertas: Las estanterías deben estar siempre cubiertas, sobre todo en el dormitorio, donde hacen más daño. Si hay estanterías de este tipo ante tu cama, cada una te enviará pequeñas flechas envenenadas durante la noche. Si no puedes cubrir las estanterías abiertas con puertas, procura que éstas estén llenas de libros alineados a ras con el borde de las estanterías (para eliminar el chi negativo del borde).

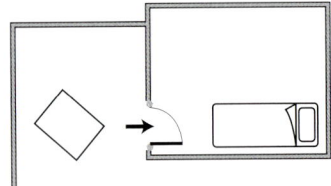

Ten los muebles apartados de la puerta.

Orientación para dormir: Te resultará beneficiosa la aplicación de buen feng shui durante el tiempo que pasas durmiendo. Debes dormir con la cabeza apuntando hacia una de tus cuatro orientaciones buenas. Determina tus orientaciones «buenas y malas» por medio de la fórmula Kua. (Véanse más detalles en páginas 64-65.)

DRAGÓN

El dragón es el símbolo más importante del feng shui y del folclore chino. Según la leyenda, existen nueve dragones, cada uno de los cuales es una criatura celestial que otorga sus dones para una de las aspiraciones de la humanidad. Los nueve dragones aparecen representados en una

hermosa pared de la Ciudad Prohibida de Pekín. Además del Dragón de la Tierra existen el Dragón del Viento, el Dragón del Mar, el Dragón del Agua, el Dragón del Cielo, el Dragón del Fuego, el Dragón Dorado, el Dragón de la Montaña y el Dragón Celeste.

El feng shui, también llamado «arte de dominar el viento y el agua», consiste en captar y crear Sheng Chi, que es el aliento cósmico precioso del dragón. El dragón se asocia tradicionalmente al este; así pues, la imagen de un dragón en el lado este de la oficina o de la casa traerá buena fortuna. Los jardines se pueden activar por medio del símbolo del dragón, disponiendo plantas en un arriate de forma serpenteante, al lado este de la casa.

Al emplear el símbolo del dragón, deben tenerse en cuenta varias prohibiciones:

1. No pongas nunca un dragón en el dormitorio; es demasiado yang para un lugar de reposo.
2. Los dragones hechos de madera, cerámica o cristal están bien para el este, pero evita tener en el este dragones hechos de oro, de metal lacado o de otros tipos de metales, pues el metal destruye la madera. Utiliza dragones de oro al oeste y al noroeste para activar y complementar los objetos de agua.
3. Una mesa de trabajo con tallas de figuras de dragones puede traer buena suerte, pero no todo el mundo tiene la energía yang suficiente para poderse sentar ante una mesa de trabajo de este tipo. Sin embargo, la imagen del dragón puede beneficiar a todos. Recuerda que el dragón no debe ser demasiado grande ni demasiado feroz.
4. Tener expuestos nueve dragones en tu casa te hará enormemente ambicioso, aunque también puede nublarte el buen juicio. Cuando la energía del dragón se vuelve excesiva, puede hacerte caer del poder de manera prematura. Trata siempre con gran respeto las imágenes de dragones.
5. Al poner dragones junto a objetos de agua, el objeto de agua se vuelve más potente. Este es uno de los secretos del feng shui taoísta, y su efecto es verdaderamente mágico. (Véanse más detalles en página 170.)

DRAGÓN DEL AGUA

El Dragón del Agua es la mejor configuración del flujo del agua alrededor de tu casa. Forma parte de los principios de la Escuela de la Brújula del feng shui sobre los cursos de agua. (Véanse más detalles en páginas 161-165.)

DRAGÓN VERDE

El Dragón Verde celestial del este es el Dragón de la Tierra, símbolo máximo de la buena fortuna. El Dragón Verde aparece en forma de colinas y de montañas, y se le suele representar abrazando al Tigre Blanco (véase página 279) para producir cantidades copiosas de energía chi que acarrean la abundancia a los que son capaces de captarla.

Las imágenes del Dragón Verde pueden estar pintadas sobre porcelana o pueden consistir en figuras del dragón. Su presencia poderosa atrae la prosperidad. Los dragones generan un feng shui poderoso dentro de la casa cuando se colocan cerca de objetos de agua. (Véanse más detalles en páginas 13-15 y 228-229. Véase también Criaturas celestiales, páginas 219-220, y Dragón, página 228.)

DRAGÓN Y AVE FÉNIX

El dragón y el ave fénix son los máximos símbolos yang y yin de la cosmología y la mitología china. El dragón es el símbolo de la fertilidad y el vigor masculinos. El ave fénix, representado junto al dragón, simboliza el esplendor yin y la belleza femenina. (El ave fénix, por sí sola, adquiere características yang y esencia masculina.)

El dragón y el ave fénix, juntos, representan al emperador y a la emperatriz en un matrimonio fructífero que goza de éxito y prosperidad. La unión de estas dos criaturas simbólicas, como imagen popular en la celebración de las bodas, sobre todo durante la ceremonia del té, atrae la suerte de la riqueza y de los descendientes. (Véanse más detalles en página 68. Véase también Ave Fénix Carmesí, página 207, y Dragón Verde, páginas 228-229.)

DUPLICACIÓN

El concepto de la duplicación de la riqueza forma parte de la amplificación del feng shui. Cuando se duplica cualquier cosa propicia, el resultado es todavía mejor. También deben duplicarse los ingresos diarios de un restaurante o de una tienda poniendo un espejo de pared que refleje la caja registradora. Si hay espejos en todo el local, se duplicará el número de clientes. (Véase también Suerte de la riqueza, páginas 275-276.)

DZAMBHALA (O JHAMBALA)

Se considera que este Dios de la Riqueza atiende las oraciones de los pobres. Existe también la tradición de preparar jarrones de la riqueza que invocan la ayuda del Dzambhala. A esta deidad, que forma parte de la tradición del budismo Mahayana, no se le cita en los textos chinos de feng shui. El rito taoísta de preparar jarrones de la riqueza se ha guardado en relativo secreto durante centenares de años. Esta tradición también es tibetana, y el conocimiento de estos jarrones es secreto y poderoso. (Véanse más detalles en las páginas 174-175. Véase también Jarrones de la riqueza, página 247.)

E
EDIFICIO DE OFICINAS

La parte trasera de tu edificio de oficinas debe estar apoyada por colinas o por un

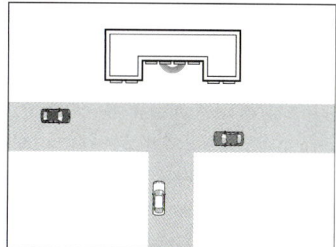

Arriba: *Lugar no propicio en un cruce en «T», que puede afectar negativamente a la suerte de la riqueza.*

Abajo: *Una entrada propicia, que da frente a una carretera ancha y a un espacio abierto en un parque.*

edificio más alto, para que todos los negocios que se realicen allí tengan buen apoyo. Los edificios altos justo delante del tuyo bloquean las oportunidades y la suerte, a no ser que haya en medio una calle ancha que permita el flujo regular de la energía. El tráfico que transcurra por delante del edificio debe ser más bien lento que rápido. El tráfico que transcurre en dos sentidos es peor que el de sentido único, aunque el sentido del tráfico será bueno o malo en función de la orientación del frente del edificio.

Siempre es propicio tener vistas al agua delante del edificio. Ten cuidado si pones alguna escultura delante del edificio, pues podrías hacer daño a tu puerta o entrada principal sin saberlo.

Deben tenerse en cuenta en el diseño del edificio las consecuencias para el feng shui de los vidrios reflectantes, los colores y las formas. El aspecto más importante es la buena planificación de la entrada; una empresa no debe tener nunca múltiples entradas, pues dificultan la orientación, ni tampoco debe tener una entrada principal que parezca un agujero profundo, lo que significaría que al edificio le falta algo. (Véanse más detalles en páginas 26-31.)

EDIFICIOS

En el análisis del feng shui, los edificios simulan las montañas. En la antigüedad, las colinas y las montañas de los alrededores determinaban las cualidades del terreno en cuanto al feng shui. Dado que el feng shui es simbólico, en las ciudades modernas son los edificios los que constituyen el paisaje y los alrededores, y en la actualidad se actualizan como se determinaban antes los montes y colinas. Las calles y carreteras suelen sustituir a los ríos en el análisis. (Véanse más detalles en páginas 26-27.)

EDIFICIOS ALTOS

La construcción de cualquier edificio nuevo en las proximidades de tu casa afectará al feng shui de ésta. Si el edificio nuevo bloquea la entrada principal, el efecto suele ser negativo. Si se levanta detrás de tu casa, simbolizando un apoyo sólido, el efecto es positivo. (Véase también Estructuras elevadas, página 234.)

EL REY WEN

El rey Wen es uno de los cuatro hombres que participaron en el desarrollo definitivo del *I Ching*. El sabio Fu Hsi inventó los trigramas hace más de cuatro mil años. El rey Wen tomó los trigramas y combinó cada uno de ellos consigo mismo y con los demás, formando los 64 hexagramas. Más tarde, el duque de Chou asignó a cada hexagrama un significado, un texto explicativo y una interpretación. En época posterior, el sabio Confucio aportó unos comentarios que enriquecieron todavía más el libro. (Véase también *I Ching*, página 245.)

ELEFANTE

El elefante es un animal precioso que simboliza la fertilidad, la fuerza y la riqueza. Su presencia en la casa beneficia a la suerte de los descendientes de la familia.

Los chinos consideran al elefante como uno de los cuatro animales de poder y energía; los otros tres son el tigre, el leopardo y el león. El elefante es, por otra parte, uno de los siete tesoros preciosos del budismo, y en Tailandia se le considera una criatura muy valiosa. En China se ha adoptado el elefante blanco como símbolo nacional. Según la mitología hinduista, el mundo está sobre el lomo de un elefante que a su vez está sobre una tortuga, y en el panteón hinduista el señor Ganesha se manifiesta en forma de dios elefante. En el budismo Mahayana, el elefante es el «portador de la gema que otorga los deseos». A ambos lados de la avenida que conduce a las tumbas de los Ming, en Pekín, se ven estatuas gigantes de elefantes, de pie y arrodillados. (Véanse más detalles en página 109.)

ELEMENTO METAL

El metal, o el oro, es uno de los cinco elementos, y se asocia al oeste y al noroeste. En chino, las palabras metal y oro son sinónimas. La presencia de la tierra carga de energía el metal, ya que la tierra produce el oro. Así pues, un elemento de tierra simbólico en el rincón del metal de tu casa te aportará éxito y riqueza.

El elemento fuego destruye el metal; por tanto, las luces fuertes no son propicias en los rincones del metal. En estos lugares no tengas luz fuerte, y pon en ellos tus aparatos metálicos, como son los equipos de música y los ordenadores. (Véanse más detalles sobre los elementos en página 40.)

ELEMENTOS

(Véase Wu Xing, página 282.)

EMPRESAS

El feng shui de las empresas se centra en crear suerte de la riqueza y de la prosperidad. Tanto los profesionales como los empresarios en ciernes reconocen el poder del feng shui para aumentar las ventas y mejorar la cuenta de beneficios. En la empresa, el feng shui debería tener la misma consideración que cualquier otra inversión de la empresa. Cuando abras una tienda o una sucursal de la empresa, ten en cuenta el feng shui dentro de la planificación general. (Véanse más detalles en páginas 76-83.)

ENERGÍA

El feng shui es el estudio de la energía del ambiente, que se puede equiparar al aliento del dragón que llamamos chi. (Véase también Chi, página 215.)

ENERGÍA YANG

La energía yang es la naturaleza intrínseca de la energía vital, la claridad, la luz del día, la luz solar, el movimiento y la actividad. El yang es la mitad vital del símbolo Tai Chi o del yin y el yang, que representa el universo. La energía yang es fundamental para la presencia de buen feng shui.

Pero la energía yang no debe estar nunca presente en cantidades tan excesivas que se anule por completo el yin. Cuando está ausente el yin, también deja de existir el yang. El yang y el yin forman juntos el Tai Chi y son la base fundamental de toda la vida. (Véase también Toldo, página 279, y Energía yin en esta página.)

ENERGÍA YIN

La energía yin es diametralmente opuesta a la energía yang, pero no se produce conflicto entre las dos, sino que se complementan mutuamente. Las energías yin son más adecuadas para las casas de los muertos, como son las tumbas y los cementerios. El yin es oscuridad y silencio total, por lo que resulta excelente para los lugares de reposo tales como el dormitorio. (Véanse más detalles en página 41.)

ENERGÍAS HOSTILES

Los edificios, los elementos del paisaje, las rocas desnudas, las carreteras elevadas y otras estructuras artificiales grandes pueden enviar hacia tu casa chi intimidador. Si tienes cerca de tu casa estructuras hostiles de este tipo, repasa las indicaciones sobre las flechas envenenadas para ver el modo de superar sus efectos dañinos. (Véanse más detalles en páginas 22 y 27.)

ENFERMEDAD

Esta es la manifestación más habitual del mal feng shui. Cuando los habitantes de una misma casa caen enfermos con frecuencia, esto indica que el feng shui de la casa se puede mejorar.

Busca las flechas envenenadas que hacen daño a la casa. Comprueba las puertas principales, así como las puertas de entrada de los dormitorios, atendiendo a la presencia de bordes agudos de las estructuras próximas, paredes o bordes de los muebles próximos. Observa la presencia de vigas vistas o de un ventilador de techo justo por encima de una zona de dormir. Determina si hay desagües atascados alrededor de la casa y si está limpia la fontanería y el alcantarillado. Basta frecuentemente con un simple ajuste para eliminar los obstáculos del chi que provocan enfermedades. (Véanse más detalles en páginas 184-197.)

ENTRADAS

Las entradas de los edificios y las casas tienen una importancia enorme, pues dejan pasar al chi propicio. Las entradas que padecen afflicciones de feng shui afectarán al chi de manera negativa.

Si vives en un piso, la puerta de entrada del edificio tiene tanta importancia como la puerta de entrada de tu piso. Al menos una de las dos debe dar frente a una orientación que sea propicia para ti. Para el análisis de la carta natal de la Estrella Voladora utiliza la orientación del frente de toda la casa.

Se define la puerta principal como aquella que se usa con mayor frecuencia. Las entradas de los hogares pueden protegerse de muchas maneras, pero el método mejor es poner una pareja de leones a un lado y otro de la puerta, con el león macho a la derecha y la hembra a la izquierda. Los leones son unos protectores poderosísimos, pero también puedes poner cuadros que representen a otros animales feroces, como los tigres, los elefantes o las panteras, para crear chi protector. (Véanse más detalles en página 78.)

ENTREVISTAS

Si te van a hacer una entrevista para un puesto de trabajo, llévate una brújula pequeña, pero fiable, y comprueba discretamente las orientaciones para asegurarte de que estás sentado dando el frente a alguna de tus orientaciones propicias durante la entrevista.

La suerte de la buena orientación no brinda protección de por sí contra el Shar Chi que pueda estar provocado por las vigas, las columnas y los bordes agudos. Atiende a las estructuras, componentes y objetos menos evidentes que también pueden estar enviando flechas venenosas. Por ejemplo, los cuadros que representan armas de fuego o espadas emiten energía dañina y negativa. (Véase el éxito en los negocios en páginas 52-59 y 73-83.)

EQUILIBRIO

Asegurar el equilibrio adecuado del yin y el yang es un concepto fundamental del feng shui. Este equilibrio se alcanza entre las fuerzas cósmicas del yin y el yang, que son dos energías opuestas entre sí pero que se complementan.

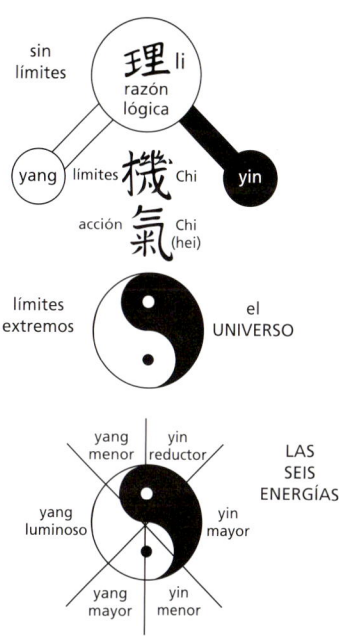

El yin es la oscuridad; el yang es la luz. El yin es el frío; el yang es el calor.

El yin es femenino; el yang es masculino. El yin es pasivo; el yang es activo. El yin es la lluvia; el yang es la luz del sol. Todo lo que existe está compuesto de ambas energías. No puede existir una sin la otra. ¿Qué sería la luz si no existiera la oscuridad? ¿Qué sería el calor si no existiera el frío? (Véanse, en página 41, más detalles sobre el equilibrio del yin y el yang. Véase también Símbolo yin yang, página 274.)

EQUIPOS DE MÚSICA

Los equipos de música o de alta fidelidad pertenecen al elemento metal, y deben ponerse en el sector oeste. Los equipos de música son una fuente excelente de energía yang; por tanto, tenlos encendidos para traer al hogar la energía yang de la música. Esto es especialmente bueno para el feng shui cuando el resto de la casa está en silencio. (Véase también Música, página 254.)

ESCALERAS

El feng shui de las escaleras interiores tiene gran importancia, pues éstas son unos conductos de chi que llevan la energía de un piso a otro. Las escaleras deben ser amplias y de forma curva, para fomentar el flujo benévolo del chi.

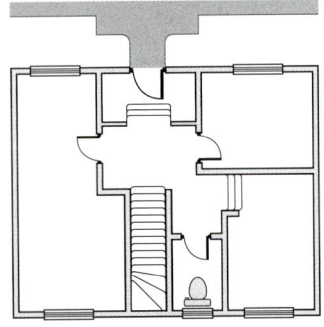

Las escaleras son conductos del chi.

Las escaleras de metal son más convenientes en el oeste y en el noroeste. Las de madera son mejores en el este, en el sudeste y en el sur. Elige el material en función del elemento del rincón donde está situada la escalera.

Los huecos de las escaleras deben estar en un costado del edificio. Las escaleras no deben empezar ni terminar directamente frente a una puerta, a un retrete, a un espejo ni al dormitorio. (Véase flujo del chi en páginas 38-39.)

ESCALONES

En lo que se refiere a los escalones en el jardín, existen dos directrices principales. El nivel de la parte trasera de la casa debe ser superior al de la parte delantera, y la tierra a la izquierda debe estar más alta que la tierra a la derecha. Los escalones de subida ante tu puerta principal son componentes propicios. (Véase también Feng Shui del Paisaje, páginas 237-238.)

ESCOBAS

Las escobas, las fregonas y los materiales de limpieza no deben quedar nunca expuestos en la casa, sino que deben tenerse siempre ocultas cuando no se estén usando. Pueden barrer tanto la buena suerte como la mala. Las escobas resultan especialmente malas si se dejan a la vista en el comedor, pues simbolizarían que están barriendo tu cuenco de arroz, es decir, tus medios de vida. (Véase también Buena suerte, página 209.)

ESCUELA DE LAS FORMAS

(Véase Feng Shui del Paisaje, páginas 237-238.)

ESCULTURAS

Las esculturas pueden producir chi benéfico o dañino en función de si parecen hostiles o amistosas.

En el jardín, las esculturas traen buena suerte cuando se colocan en rincones con los que armonizan. Las esculturas hechas de piedra, granito, mármol o cerámica son adecuadas para los rincones de tierra (suroeste y nordeste), mientras que las esculturas metálicas son adecuadas para el oeste y el noroeste. Evita las esculturas con puntas o ángulos agudos, o que representen animales salvajes. (Véase también Cuadros, página 221.)

ESPEJO PA KUA

Este símbolo del Pa Kua yin, que se utiliza para desviar las flechas envenenadas del entorno, suele estar pintado sobre fondo rojo para producir la energía vital yang. Los trigramas siguen la disposición del Cielo Posterior. En el centro está el espejo que absorbe toda la energía hostil que viene hacia él. El espejo Pa Kua es una herramienta defensiva popular; no obstante, dado que tiene el poder de hacer daño a las personas con sus rayos ardientes, utiliza más bien plantas, árboles, muros y setos en vez del espejo Pa Kua yin para cerrar el paso a las flechas envenenadas. (Véase también Pa Kua, página 262.)

ESPEJOS

Los espejos de pared son excelentes para hacer entrar el buen Sheng Chi del exterior. También son excelentes para corregir los espacios constreñidos y los pasillos estrechos. Los espejos pueden utilizarse para corregir la falta de rincones y las columnas. También pueden usarse para duplicar los símbolos propicios y para contrarrestar las flechas envenenadas.

Al usar espejos de pared, asegúrate que no queden demasiado bajos («cortando» las cabezas) ni demasiado elevados del suelo («cortando» los pies). Los espejos no deben reflejar nunca las escaleras, las puertas, los retretes ni las cosas desagradables a la vista.

Además de los espejos de pared

puedes usar espejos pequeños hechos de oro o de otros metales y adornados con símbolos propicios para que aporten protección. Estos espejos pequeños pueden usarse también para aprovechar la energía del Sol y la Luna, con el fin de mejorar las relaciones de pareja y traer a tu vida el amor. (Véase también Duplicación, página 229.)

ESPINAS

Las espinas son esquirlas de flechas envenenadas; por ello, las flores y las plantas con espinas no traen buen feng shui. No envíes a tus personas queridas rosas rojas, a menos que se les hayan quitado las espinas. Tampoco son recomendables los cactus. Provocarán problemas y dificultades con el tiempo. (Véanse también Cactus, página 210, y Flechas envenenadas, páginas 238.)

ESQUINAS (ÁNGULOS)

Los bordes agudos pueden ser dañinos si están frente a los lugares donde te sientas o donde duermes. Los bordes agudos están producidos por los pilares cuadrados o se forman en la unión de dos paredes. La mejor manera de resolver las esquinas ofensivas es poner plantas justo delante del borde agudo. (Véanse páginas 30-31.)

ESQUINAS

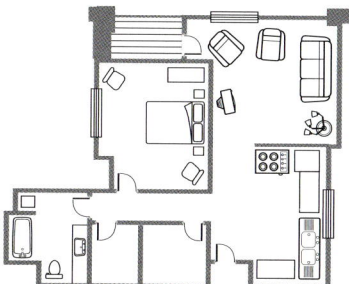

La esquina que asoma del baño puede apoyar o puede destruir el chi de la puerta.

Las esquinas que asoman producen bordes agudos verticales que transmiten energía negativa, provocando así desastres en la casa. La esquina se puede anular poniendo delante una planta alta y frondosa.

Otro tipo de esquina que asoma es la presencia de una habitación que sobresale de una casa de forma regular. Utiliza el análisis de los elementos para evaluar las esquinas que asoman. Si la esquina está situada en el sur y la puerta principal está situada en el oeste, la esquina «destruye» la puerta porque el fuego destruye el metal.

Aplica la fórmula Kua de las Ocho Mansiones para los rincones que falten de la casa. Si el rincón que falta habría sido desafortunado, tanto mejor. Pero si falta un rincón que sería afortunado para ti personalmente, o que representa un rincón que desearías activar por los atributos que simboliza (por ejemplo, el suroeste para el amor), entonces amplía visualmente el rincón utilizando un espejo de pared, o instala una luz fuerte para que ilumine el rincón que falta. (Véanse más detalles sobre las Ocho Mansiones en páginas 114-123. Véase también Espejos, página 232-233.)

ESTACIONES

En el feng shui, cada una de las cuatro estaciones tiene su elemento correspondiente. El invierno pertenece al elemento agua, la primavera es del elemento madera, el verano es del elemento fuego y el otoño es del elemento metal. Al disponer la decoración y los colores de tu casa, ten en cuenta las estaciones. En invierno hace frío y tu casa necesita calor, por lo que se precisa la energía del fuego.

Al crear energía del fuego (encendiendo la chimenea, llevando ropa roja y poniendo luces más fuertes) mejorará el chi de la casa. En verano hay un exceso de fuego, por lo que resulta útil el agua para apagar en parte el fuego, o la tierra y el metal para agotar la energía del fuego. Podrás mejorar tu casa durante todas las estaciones del año por estos medios. (Véase también Wu Xing, página 282.)

ESTANQUES

La mejor situación para los estanques pequeños es al norte, al sudeste y al este. Haz que el agua del estanque se mueva o circule para que esté bien oxigenada. Ten vida en el estanque: peces, galápagos o plantas. Todo esto trae buen chi a la casa. Pero recuerda que no debes excavar un agujero en el suelo dentro de la casa. Si quieres tener dentro de la casa un objeto de agua, utiliza una tinaja puesta de pie o un objeto de agua instalado por encima del nivel del suelo. La única manera de tener un estanque dentro de la casa es ampliar ésta para que rodee un estanque ya existente en el patio o en el jardín, pues así se ampliará la casa para que abarque también el agua. (Véanse más detalles en páginas 180-185.)

ESTANQUES CON PECES

Los estanques con peces son unos objetos de agua excelentes al norte, sudeste y este, y también en el suroeste desde el 4 de febrero de 2004, cuando empezó el Período Ocho. Durante este período, los objetos de agua al suroeste serán extremadamente propicios, sobre todo si tu entrada principal está situada también al suroeste.

Los peces son eficaces para cargar de energía rincones determinados. Advierte que los estanques con peces resultan especialmente beneficiosos al norte (agua) y al sudeste o este (madera), pues el elemento agua es compatible tanto con el agua misma como con la madera, a la que alimenta. (Véanse más detalles sobre los objetos de agua en páginas 160-165.)

ESTANTERÍAS ABIERTAS
(Véase Librerías, página 248.)

ESTATUAS
Las estatuas talladas en piedra producen un feng shui excelente si se ponen al suroeste o al nordeste. (Véase también Esculturas, página 232.)

ESTATUAS DE BUDA

Los objetos sagrados, tales como las estatuas de Buda, deben ocupar un lugar de respeto en la casa. Las pinturas y las estatuas que representan a Buda no deben tratarse nunca como meros adornos o muebles El mejor lugar para tener expuesta tu estatua de Buda es el sector noroeste de tu vestíbulo o de tu cuarto de estar. (Véase también Altar, página 202, y Buda Grueso, página 209.)

ESTE
El este es el hogar tradicional del dragón y, en la disposición del Cielo Posterior, es el lugar del elemento madera grande.

En esta parte de la casa, el chi significa la esencia del crecimiento que se refleja en el elemento madera. En la China imperial, este lugar estaba reservado para los príncipes herederos de las dinastía. Procura a toda costa tener en esta zona una reserva sana de energía yang. No permitas que se acumule en el este la energía viciada. (Véanse más detalles en las páginas 106-107.)

ESTERILIDAD
Si ambos cónyuges tienen buena salud reproductiva, la esterilidad puede deberse a una aflicción de feng shui. También puede curarse utilizando el feng shui, si han fallado todos los demás recursos.

Si se intenta concebir un hijo sin éxito, cambia el lugar de dormir y la orientación del marido. Utiliza la orientación Nien Yen del marido según la fórmula Kua del sistema de las Ocho Mansiones, que es muy potente.

Pon, además, un elefante precioso cerca de la cama. El elefante simboliza la buena suerte de los descendientes. También resultará útil para concebir un hijo poner en el dormitorio cuadros especiales que representen niños. (Véanse más detalles en páginas 70-71.)

ESTRELLA DE LA MONTAÑA
Las Estrellas de la Montaña indican la buena fortuna en el área de las relaciones personales para los que viven donde su número es propicio. La Estrella de la Montaña se llama también Chor Sin o «estrella de situación».

En la carta natal de la Estrella Voladora de la ilustración, las Estrellas de la Montaña son los números pequeños que aparecen a la derecha de cada uno de los números grandes. (Véanse más detalles en páginas 186-189.)

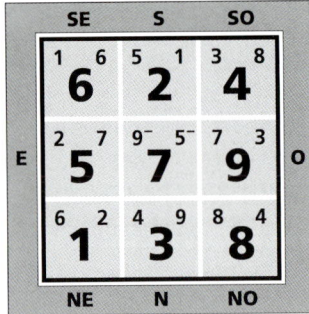

ESTRUCTURAS ELEVADAS
Este tipo de estructuras deben examinarse para determinar su efecto sobre tus puertas exteriores. Entre ellas se cuentan los edificios altos y las carreteras elevadas, que si están demasiado cerca de la puerta principal pueden causar aflicción tanto a la puerta como a la casa. Los árboles pueden servir para ocultar a la vista estas estructuras elevadas. (Véanse más detalles en páginas 16-18.)

F

FALTA DE ESQUINAS
(Véase Esquinas, página 233.)

FECHAS DE NACIMIENTO
Las fechas de nacimiento se utilizan en el feng shui de las Ocho Orientaciones y en el de las Cuatro Columnas, y se requieren para calcular las orientaciones personales afortunadas y desafortunadas.

El método de las Cuatro Columnas es el mismo de los Ocho Caracteres (Paht Chee) para la predicción del porvenir. Para aplicarlo debes conocer tu fecha de nacimiento, según el calendario lunar, y tu hora de nacimiento. (Véase Calendario chino, páginas 284-285.)

FELICIDAD DOBLE

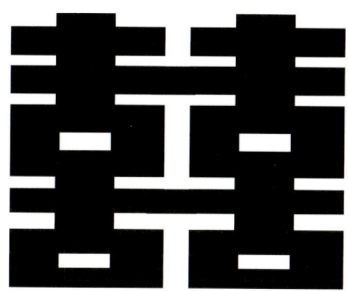

Un símbolo excelente y popular en el feng shui es el de la «felicidad doble», que consiste en el ideograma chino que representa la palabra felicidad, escrito dos veces. Este símbolo activa la suerte para los matrimonios. Si deseas encontrar el amor o pareja, pon este símbolo en el rincón suroeste de tu casa o llévalo puesto en forma de anillo. (Véanse más detalles en páginas 75 y 173.)

FENG HUANG
(Véase Ave Fénix Carmesí, página 207.)

FENG SHUI

Feng shui significa «viento y agua», y también la suerte que transmiten estos dos elementos naturales del entorno. El feng shui es la ciencia de disponer el espacio vital usando orientaciones correctas que reflejan las pautas de la energía chi del entorno. Sus diversos métodos y sistemas contribuyen a crear una relación armoniosa entre el chi del cielo, el de la tierra y el de la humanidad en cualquier espacio dado.

El feng shui trae la armonía al hogar produciendo vibraciones que atraen la riqueza, la salud y la felicidad. Cuando un hogar se orienta para que esté en armonía con las formas terrestres, está dando la bienvenida al buen feng shui, y las consecuencias son la salud, la riqueza y la prosperidad.

La clave del feng shui es el equilibrio de las fuerzas del yin y el yang, y crear la armonía entre los cinco elementos presentes en el espacio (véanse páginas 40-41). El feng shui coordina el tiempo, la situación, el espacio y la energía para obtener los máximos efectos, reflejando el juego mutuo del chi entre la humanidad y el universo.

Si bien el feng shui es una de las disciplinas más antiguas que se conocen, sus repercusiones sobre nuestra salud y felicidad le están haciendo adquirir mucha popularidad, al comprenderse cada vez más y al extenderse su práctica, así como la fe en su poder. (Véase también Símbolo yin yang, página 274.)

FENG SHUI DE INTERIORES

El feng shui de interiores aplica directrices y orientaciones espaciales a la colocación y disposición de los muebles y las puertas para producir vibraciones armoniosas en la casa y para asegurar que se disuelve el chi negativo.

El feng shui de interiores se ocupa también del diseño de la casa y de la asignación de sus habitaciones, así como de la selección de colores y diseños para las cortinas, las alfombras, moquetas y otros complementos. La casa ideal ofrece un ambiente de calor, donde fluyen libremente de una habitación a otra la energía yang y el chi propicio. Ten en cuenta estos consejos para producir el buen feng shui:

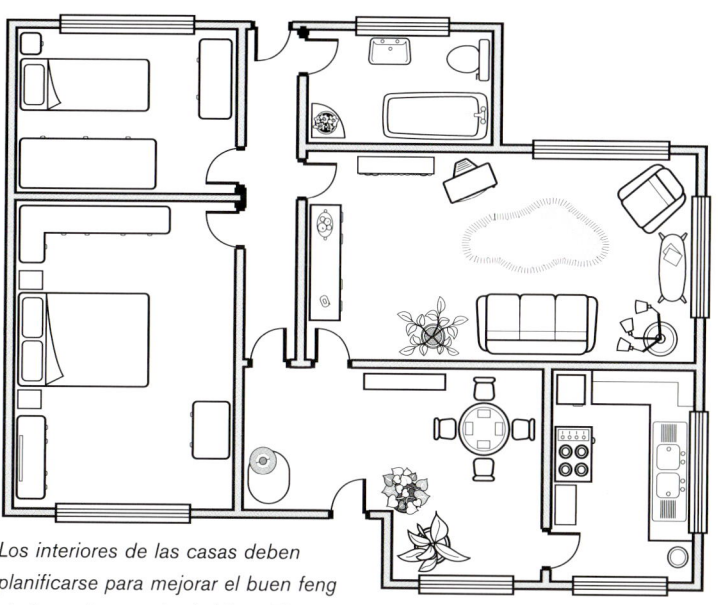

Los interiores de las casas deben planificarse para mejorar el buen feng shui para los que las habitan. El empleo de las habitaciones se debe asignar según las directrices del feng shui, teniendo en cuenta la elección de colores, la iluminación y las cortinas y tapizados

- Utiliza en las paredes colores que recalquen los elementos que quieras activar.
- Utiliza colores mixtos, a los que se ha añadido el blanco, como símbolo de la presencia de energía yang.
- Haz que la distribución de tus interiores sea sinuosa, para que se pueda acumular el chi benévolo.
- Camufla con plantas frondosas todas las esquinas que asoman.
- Incluye una iluminación discreta a todas las zonas y rincones importantes.
- No pongas nunca cuadros de aspecto hostil, terrible o desfigurado, pues atraerán la energía negativa.
- Incorpora en tu casa símbolos propicios para atraer la buena fortuna.
- Estudia el feng shui de la Estrella Voladora para aplicar en tu labor el análisis de la carta natal.
- Pon objetos de agua en los rincones convenientes para producir la suerte de la riqueza. Aquí es donde puede resultar más útil el análisis de la Estrella Voladora.
- Evita las escaleras poco propicias.
- No pongas cosas importantes debajo de las escaleras.
- Ten bajadas las tapas de los retretes y cerradas las puertas de los cuartos de baño.
- Atiende sobre todo la puerta principal, los dormitorios, el comedor, la cocina y el cuarto de estar, por este orden, cerciorándote del que el flujo del tráfico en la casa sea sinuoso.
- Evita tener dentro de la casa pasillos largos y estrechos.

Utiliza una brújula para determinar la orientación de la puerta principal. A continuación, identifica los diversos rincones y determina qué habitación está situada en cada rincón. Identifica sistemáticamente todas las flechas envenenadas, observa el flujo del chi, y analiza la situación y la distribución de los muebles. Asigna las habitaciones en función de la fórmula Kua. Por último, carga de energía los rincones de cada habitación. (Véase formas de las casas, página 23.)

FENG SHUI DE LA COCINA

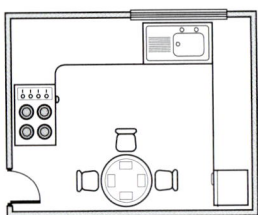

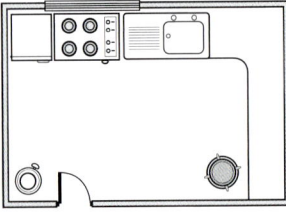

Es preferible que el fogón y el fregadero no se hallen enfrentados. Evita colocarlos uno frente al otro.

La situación y la orientación de la cocina es fundamental. Es regla general que las cocinas (y, sobre todo, el fogón) no se deben situar al noroeste. Esta situación se llama «fuego a la puerta del cielo» y es terriblemente desafortunada. No tiene curación permanente, pero puedes probar a poner en la cocina una tinaja llena de agua yin para reducir al mínimo el efecto. Es mejor situación para la cocina a la derecha de la puerta principal que a la izquierda, según se mira al entrar en la casa. Así se asegura la armonía familiar, sobre todo entre los hermanos.

La cocina debe estar situada más bien al fondo de la casa que al frente, para asegurarse de que no se pierdan fácilmente los bienes de la familia. Si estás familiarizado con la fórmula Kua, procura situar la cocina en tu peor orientación, la Chueh Ming o de la pérdida total. Las cocinas en esta situación contendrán tu mala suerte. Del mismo modo, no pongas la cocina en ninguno de tus sectores propicios personales, ya que esto reprimiría tu buena fortuna. Si la cocina se encuentra en esta orientación de la casa, los resultados posibles son los siguientes:

Sheng Chi	Abortos, impopularidad y falta de medios de vida.
Tien Yi	Enfermedad, debilidad y fatiga.
Nien Yen	Dificultad para casarse, muchas disputas.
Fu Wei	Pobreza y vida corta.
Chueh Ming	Dinero, criados y buena salud.
Seis Matanzas	Vida familiar regular.
Cinco Fantasmas	Salud y éxito.
Ho Hai	Seguridad económica y ausencia de enfermedades graves.

Recuerda que si bien la cocina debe estar situada en tu orientación de la mala suerte, los fogones, las ollas eléctricas y los microondas que utilices para cocinar deben estar situados de tal modo que la energía que entre en el aparato proceda de tu buena orientación.

Asegúrate de que los aparatos de cocina no están unos frente a otros, como enfrentados, ni tampoco deben estar uno junto a otro. (Véanse más detalles en página 123.)

FENG SHUI DE LA ESTRELLA VOLADORA

El Feng Shui de la Estrella Voladora estudia la dimensión temporal. Enseña a preparar cartas natales y forma parte del Feng shui de los Tres Períodos. Esta escuela del feng shui interpreta la influencia intangible de los números, que se cree que contienen claves sobre la naturaleza del chi en el entorno, y sus cambios a lo largo del tiempo.

Las cartas anuales y mensuales de la Estrella Voladora revelan los cambios de la suerte cada año y cada mes, indicando las orientaciones afortunadas y las que sufren aflicciones en un mes o en un año determinado. Saber interpretar las cartas de la Estrella Voladora te da la ventaja de saber determinar el momento de todos tus actos y decisiones importantes.

La fórmula de la Estrella Voladora revela la pauta de la distribución del chi en las casas y en los edificios, haciendo así posible identificar los sectores propicios y no propicios de cada uno. También sabrás cuándo no debes usar las habitaciones que sufren aflicciones, o aplicarles antídotos, evitando así las desventuras.

Con la Estrella Voladora se puede determinar con gran precisión la prosperidad y la suerte de cualquier edificio residencial o comercial; pero dado que se trata de una fórmula avanzada, los principiantes tendrán que tener paciencia hasta llegar a dominar su sistema. Los que quieran servirse del feng shui para mejorar su salud y su suerte deberán dedicar algún tiempo y dinero a aprender el Feng Shui de la Estrella Voladora, en lugar de contratar a un asesor profesional.

Esta es la carta natal de la Estrella Voladora (abajo, izquierda) de una casa que da frente al sur y que fue construida después de febrero de 1984. Los números de cada casilla revelan información sobre la suerte de las diversas partes de la casa. (Véanse más detalles en páginas 124-147.)

FENG SHUI DE LA FAMILIA

Si quieres mejorar la armonía de las relaciones en la familia, carga de energía el centro de la casa poniendo en esta zona el cuarto de juegos o el comedor. Añade una luz fuerte para potenciar y magnificar la tierra madre. La actividad en el centro de la casa le aporta vida y energía yang preciosa.

Si adviertes que los miembros de la familia riñen demasiado entre ellos, o que hay demasiadas rabietas y enfados, pon en esta habitación un jarrón grande lleno de agua yin, en reposo, para tranquilizar un poco las cosas. (Véase también Centro del hogar, página 214.)

FENG SHUI DE LAS FÓRMULAS

Estos métodos científicos de feng shui requieren precisión en el análisis y en su aplicación. El Feng Shui de las Fórmulas abarca una amplia variedad de métodos, que constituyen la Escuela de la Brújula del Feng Shui. A veces, se describen en términos generales con el término de Feng Shui Shuang Kong. El Feng Shui de las Fórmulas elimina la subjetividad y las especulaciones, y da buen resultado cuando se aplica y se interpreta correctamente. (Véase también Feng Shui, página 235.)

FENG SHUI DE LAS OFICINAS

En los centros de trabajo se aplican los mismos principios de feng shui que en la casa, con la diferencia de que en la oficina las prioridades se centran en cargar de energía la riqueza y la colaboración entre el personal. Las orientaciones que benefician a cada uno son las que se desprenden de las fechas de nacimiento de las personas y de sus números Kua respectivos, mientras que la suerte general de la oficina depende del número Kua de la persona de mayor categoría. Para asegurarse de que la empresa está protegida ante las fases negativas del ciclo empresarial, el rincón de la prosperidad de la oficina deberá estar siempre cargado de energía con la presencia de una planta fresca y sana al sudeste. (Véase también Feng Shui de la Estrella Voladora, páginas 236-237.)

FENG SHUI DEL CUERPO

La práctica de mejorar tu espacio vital se puede extender a la mejora de tu espacio personal y del aura que rodea tu cuerpo. Ponte ropa de colores que complementen tu chi natural y, si es posible, joyas auténticas de oro y diamantes que representen símbolos propicios.

La creación de un aura de abundancia y buena salud aporta los mejores resultados a las personas que tienen una visión positiva de la vida. Los secretos de la mejora del aura se encuentran en los principios de los cinco elementos y de sus ciclos productivo y destructivo. (Véase la Teoría de los Cinco Elementos, página 40. Véase también Wu Xing, página 282.)

FENG SHUI DEL PAISAJE

El Feng Shui del Paisaje es la escuela más antigua y clásica de esta ciencia. Todos los practicantes del feng shui deben estar familiarizados con los principios del Dragón Verde y el Tigre Blanco.

El Feng Shui del Paisaje se llama también Escuela de las Formas y, como su nombre indica, estudia las formas de la tierra (sus estructuras, configuraciones, topografía y niveles) para investigar el chi.

El entorno está lleno de chi, y su carácter propicio o no propicio dependerá de las formas que hayan dado los vientos y las aguas al paisaje a lo largo del tiempo.

Siempre habrá que empezar por evaluar el feng shui del exterior. No obstante, dado que en nuestros tiempos sólo tenemos un control limitado sobre el entorno externo, actualmente se está prestando más atención al feng shui de los interiores. (Véanse más detalles en páginas 12, 16-17 y 22.)

FENG SHUI PROPICIO

Cuando en el feng shui se habla de buena suerte, ésta suele referirse a ocho clases de suerte, que son:

* la salud y la prosperidad
* el amor en la familia y en las relaciones personales
* la salud y la larga vida
* felicidad en el matrimonio (o en la vida amorosa)
* buenos hijos
* el patrocinio de los protectores
* una educación sólida
* una buena reputación.

(Véanse más detalles en páginas 82-83 y 102-103. Véase también Ocho Aspiraciones, página 257.)

FLAUTAS

Las flautas largas de bambú son un antídoto excelente para las vigas vistas del techo. Colgando dos flautas unidas por un cordel rojo, e inclinadas una hacia otra en forma de letra «A», fomentas que el chi ascienda por el tubo de las flautas y se reúna donde se juntan las boquillas. Esto hace que se forme Sheng Chi propicio y disipe el Shar Chi que emite la viga vista del techo.

Las flautas también pueden beneficiar a tu negocio usadas del mismo modo. Cuelga las dos flautas por encima de tu caja registradora, esta vez con las boquillas hacia abajo. El chi fluirá hacia la caga registradora y se asentará allí, haciendo simbólicamente que «se llene de dinero». (Véase también Vigas, página 282, y Sheng Chi, página 274.)

FLECHAS ENVENENADAS

Estas estructuras hostiles y dañinas del entorno envían Shar Chi dañino. Aprende a detectarlas y el modo de desviarlas, disolverlas y bloquearlas. Asegúrate de que tu puerta principal no sufre la aflicción de una flecha.

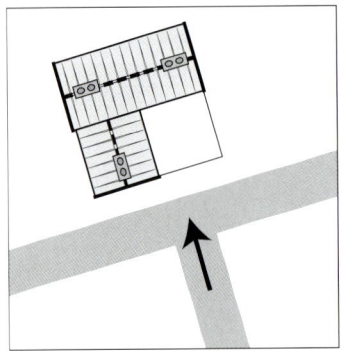

Un cruce en «T» con flecha envenenada.

Entre los ejemplos de estructuras de flechas envenenadas que pueden hacer daño a tu casa, podemos citar los siguientes:

* Una carretera larga y recta que parece que apunta a tu puerta principal, como sucede en los cruces en forma de «T».
* El vértice del tejado de una casa vecina.
* Una antena o edificio alto de transmisiones, o una grúa.
* Un edificio alto e imponente, o las fachadas puntiagudas de un edificio próximo.
* Rocas desnudas o esculturas de formas agudas.

(Véase también Shar Chi, página 274.)

FLOR DE LOTO

Esta flor se considera símbolo de la iluminación. Un estanque con lotos es un componente excelente de cualquier jardín y resulta extremadamente propicio, aunque no desde el punto de vista material. Los estanques con lotos indican mayores sentimientos de paz y de transformación de la mente. Fomentan el desarrollo espiritual. (Véase también Ocho objetos preciosos, página 259.)

FLOR DEL CIRUELO

Pon un cuadro que represente la flor del ciruelo para tener una vida larga y feliz. Las cuatro flores propicias son la flor del ciruelo, la peonía, el loto y el crisantemo. Representan, además, a las cuatro estaciones. La flor del ciruelo representa el invierno y simboliza la longevidad, debido a que las flores aparecen en las ramas del árbol, desnudas de hojas y sin vida aparente, hasta que éste alcanza una edad avanzada. Por este motivo, en muchas casas se exhibe el ciruelo durante el Año Nuevo lunar. En Malasia, en lugar del ciruelo se utilizan ramas de sauce alemán importadas de China. El significado del sauce alemán es el mismo. De unas ramas de aspecto muerto brotan hojas y flores, señales de renovación y de rejuvenecimiento. (Véase también Flores en esta página y siguiente.)

FLOR MOU TAN

(Véase Peonías, página 265.)

FLORES

Las flores frescas cargan de energía la casa y benefician de manera especial a las hijas. Antes de exponer las rosas, quítale las espinas. Recuerda que las flores marchitas producen energía yin enferma; por eso es importante tener siempre flores frescas y tirarlas en cuanto empiezan a ponerse mustias. Tampoco son propicias las flores secas.

No expongas flores en el dormitorio, pues traen demasiada energía yang a un lugar de descanso. La única excepción a la regla de no poner flores en el dormitorio es cuando el ocupante del mismo está enfermo o en un hospital, en cuyo caso la energía yang de las flores contribuirá a que el paciente se sienta mejor. Evita poner flores rojas en la habitación de un enfermo o convaleciente. El rojo indica que el paciente no mejorará. (Véanse más detalles sobre las flores frescas en página 95. Véase también Flores secas en esta página, y Flores artificiales, también en esta página.)

FLORES ARTIFICIALES

Las flores artificiales pueden ser tan buenas como las verdaderas para los fines del feng shui, si bien las flores frescas son mejores para potenciar el chi del elemento madera. Las flores cargan la energía yang fresca en la casa, sobre todo en el cuarto de estar. Sin embargo, nada peor que las flores marchitas o secas. Si no tienes tiempo para sustituir las flores que se marchitan, las flores artificiales resultan igualmente efectivas. Las flores de seda pueden ser incluso mejores que las verdaderas, si tienen un aspecto más vibrante y vivo. (Véase también Flores, páginas 238-239.)

FLORES AZULES

Las flores azules simbolizan el elemento del agua; por ello, son buenas para el norte (la carrera profesional), el este (la salud) y el sudeste (la riqueza) del jardín o del patio. Los colores son unos potenciadores poderosos, y brindan una manera creativa de perfeccionar el feng shui de tu jardín. (Véase también Jardines de flores, página 246.)

FLORES SECAS

Las flores que se han secado o prensado para conservarlas aportan energía yin y no se recomiendan en las casas. Si bien las flores de seda pueden generar el buen chi de las flores frescas, las flores secas no pueden. Exceptuamos, sin embargo, los popurrí de flores secas, ya que no se suelen exhibir, sino que se tienen sólo por su fragancia. (Véase también Jardines de flores, página 246.)

FLUJO DEL TRÁFICO

En las ciudades modernas, las calles y carreteras se interpretan del mismo modo que los ríos; por tanto, el tráfico rápido produce Shar Chi, mientras que el tráfico lento produce Sheng Chi. En consecuencia, los semáforos y los badenes para reducir la velocidad del tráfico en las cercanías de tu casa u oficina son excelentes, porque obligan al tráfico a ralentizarse. Sin embargo, los embotellamientos producen mal feng shui, pura y simplemente, porque representan bloqueos del flujo. (Véanse más detalles en páginas 12-18.)

FOGÓN

(Véase Feng Shui de la Cocina, página 236.)

FORMA DE TRIÁNGULO

La forma triangular puede hacer daño a una casa cuando alguno de los tres vértices apunta hacia la entrada. El triángulo se suele tener por símbolo protector, y se considera excelente cuando está situado en el sur, pues es símbolo del elemento fuego. (Véanse más detalles en páginas 28-29. Véase también Fuego, página 240, y Wu Xing, página 282.)

FORMACIÓN EN SILLÓN

En el Feng Shui del Paisaje, la formación en sillón representa la formación clásica del Dragón Verde y el Tigre Blanco, que asegura un feng shui excelente.

La formación en sillón recomienda que haya detrás de la casa un terreno más elevado (llamado la Tortuga Negra) que sirve de apoyo, como el respaldo de un sillón. El terreno al lado izquierdo de la casa debe ser más elevado, pues se considera que este es el lugar del Dragón Verde. El terreno a la derecha de tu casa es el lugar del Tigre Blanco, que debe estar más bajo que el del dragón.

Si el terreno a tu derecha es más elevado que el terreno a tu izquierda, el tigre puede volverse soberbio y peligroso. Delante de la casa debe haber un montículo pequeño que representa al Ave Fénix Rojo, y que sirve de «taburete para los pies». Puede resultar difícil encontrar de forma natural la formación del sillón, pero resulta aceptable crearla de manera artificial.

Antiguamente, los Dragones Verdes, los Tigres Blancos, las Tortugas Negras y las Aves Fénix Rojos eran alusiones metafóricas a colinas y montañas. En las ciudades modernas se equiparan los edificios a las colinas y montañas. (Véanse más detalles en páginas 13-16. Véase también Feng Shui del Paisaje, páginas 237-238.)

FORMAS

En el feng shui de la Escuela de las Formas, las formas representan a los cinco elementos, y pueden aumentar o reducir la armonía de los elementos en cualquier rincón de la casa. Tenlo en cuenta cuando ordenes y decores tus habitaciones. Las formas de los cinco elementos son las siguientes: el círculo corresponde al metal; el cuadrado es la tierra; el triángulo es el fuego; la forma ondulada es el agua, y la rectangular es la madera.

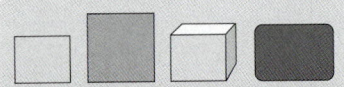

FORMAS PROPICIAS

Siempre son preferibles las formas regulares a las irregulares. Por tanto, los cuadrados, los círculos y los rectángulos son propicios, mientras que los triángulos, las formas en «L» y otras formas irregulares son no propicias. Las formas regulares indican equilibrio. La forma perfecta para los equilibrios es la cuadrada.

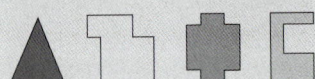

FORMAS DESAFORTUNADAS

En las casas de planta irregular suelen faltar rincones. Añade energía yang a los rincones que faltan poniendo luces brillantes o añadiendo más espacio.

Actualmente se ha popularizado la forma de pirámide. Es una forma yin. Vivir o trabajar debajo de esta forma puede acarrear pérdidas, enfermedades, o algo peor. Las empresas con edificios en forma de pirámide pueden sufrir pérdidas económicas. (Véanse páginas 28-29.)

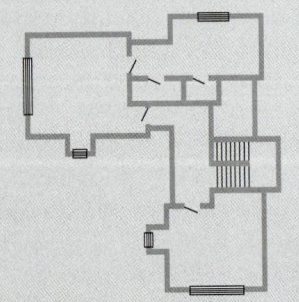

El primer piso (arriba) *y la planta baja* (derecha, arriba) *de una casa en forma de «L». Regulariza la forma ampliando la casa, o pon flores en el rincón que falta e instala luces fuertes en el jardín, como remedio.*

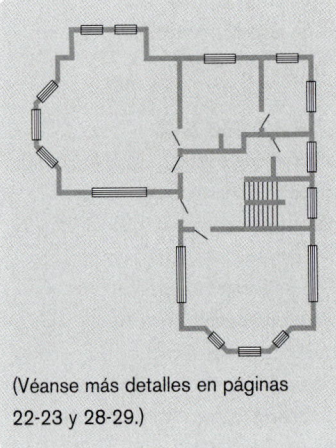

(Véanse más detalles en páginas 22-23 y 28-29.)

FORMAS DE LAS HOJAS

Las formas de las hojas de las plantas que están cerca de la casa determinan la suerte que producen éstas. Las plantas con espinas o con hojas espinosas emiten energía negativa. Las hojas redondeadas o crasas son más propicias que las hojas largas semejantes a cuchillos. (Véase también Cactus, página 210, y Plantas, página 267.)

FOTOGRAFÍAS

No guardes nunca fotografías en el baño, debajo de una cama o debajo de la escalera, pues nunca se deben «pisar» los álbumes familiares. Aplica el mismo principio a todos los libros, archivadores y escritos importantes. Cualquier cosa sobre la que pisas sufre los efectos negativos, y es frecuente que se presente la mala suerte relacionada con esos artículos. (Véase también Retratos, página 270, y Retratos de la familia, página 270.)

FUEGO

El fuego es uno de los cinco elementos que constituyen el Wu Xing, y le corresponde la orientación sur. Para cargar de energía la suerte de las oportunidades y del reconocimiento deberás instalar luces fuertes en las paredes del sur. Las luces magnifican la energía del fuego y aportan la energía yang, que es tan vital para que se manifieste la suerte del éxito. (Véanse más detalles en página 40. Véase también Wu Xing, página 282.)

FUENTES

Una fuente es un recurso muy popular para producir la energía necesaria para traer la buena suerte, aunque las fuentes son más adecuadas para los parques y los centros comerciales que para las casas particulares.

Las fuentes pueden producir desequilibrios en el hogar, a menos que sean muy pequeñas. No son tan seguras como otros objetos de agua, tales como las cascadas y los estanques, pues en la fuente el flujo del agua transcurre en una dirección incierta: puede correr hacia abajo y hacia el exterior o hacia el interior. Dentro de la casa puedes usar fuentes en miniatura para activar los rincones de agua (norte) o los rincones que se benefician del agua (este) para traer la suerte de la prosperidad. (Véanse más detalles en páginas 160-164.)

FUK LUK SAU

Son los Tres Dioses de las Estrellas de la salud, la riqueza y la felicidad. No es habitual rendir culto a los Tres Dioses de las Estrellas, pero ocupan un lugar destacado en la sociedad china y se exhiben en muchos hogares de todo el mundo. Su popularidad es enorme, ya que simbolizan prácticamente todo lo que hace felices y contentas a las personas.

El lugar más adecuado para los Dioses de las Estrellas es el comedor, en una posición alta. No los pongas por debajo de la altura de los seres humanos que ocupan la habitación, ni tampoco los pongas en el dormitorio. (Véanse más detalles en página 171.)

Los Tres Dioses de las Estrellas son unos dioses populares, que están expuestos en muchos hogares de todo el mundo para fomentar la salud, la riqueza y la felicidad. Ponlos en el comedor, en posición elevada.

G
GALÁPAGOS

Los galápagos son un género de tortugas domésticas muy populares. Se pueden tener en estanques poco profundos situados al norte, para que traigan buena suerte a la casa. Construye una cascada pequeña que vaya a caer a un estanque circular de poco menos de un metro de diámetro, para tener allí galápagos vivos.

Aprenderán pronto a reconocerte. Traerán a tu casa un chi magnífico, asegurándote larga vida, hijos excelentes y defensa contra las enfermedades. También traen a la casa riqueza, prosperidad y protección. (Véanse más detalles en página 172. Véase también Tortuga Negra, página 280.)

GANSOS

Si bien una pareja de patos mandarines simboliza la fidelidad conyugal, una pareja de gansos que vuelan alto y juntos son símbolos de la compañía feliz de los cónyuges. Los patos mandarines son adecuados para los que aspiran al matrimonio, pero las parejas casadas deben exhibir una pareja de gansos, como promesa de un matrimonio glorioso y feliz sin separación.

Las parejas recién casadas con compromisos de trabajo que les obligan a pasar mucho tiempo separados deben poner la imagen de una pareja de gansos voladores en la pared sur del cuarto de estar, para contribuir a la creación de chi de la compañía y, por tanto, unas relaciones de pareja más felices.

Los gansos, como aves migratorias que son, representan el espíritu de la aventura, pero no vuelan nunca solos, siempre en pareja. Los gansos se entristecen cuando se separan de sus compañeros, y son unas criaturas fieles que no buscan pareja por segunda vez. Por eso simbolizan el amor perdurable.

Los gansos simbolizan también la energía yang, y son emblemas de la buena suerte. (Véase también Patos mandarines, página 264.)

GEMAS

Las piedras preciosas y semipreciosas son los tesoros vitales de la tierra. Su potencia intrínseca puede mejorar tus espacios personales y vitales. Los diamantes, los cristales naturales, el cuarzo, etc., poseen cualidades especiales que se pueden aprovechar para mejorar el feng shui. (Véanse también Cristales naturales, página 220, y Cristales de cuarzo, página 220.)

GINSENG, RAÍZ DE

El ginseng es una planta medicinal cuya raíz se utiliza para potenciar la longevidad (la buena salud y la duración de la vida). Los chinos creen que la raíz de ginseng tiene virtudes para alargar la vida. Se rumorea que los líderes chinos tienen acceso a una poción mágica a base de ginseng, y que por eso gozan de una vida tan larga. (Véase también Longevidad, páginas 249-250.)

GLOBO TERRÁQUEO

El globo terráqueo es un símbolo potente del elemento tierra, sobre todo cuando está hecho de lapislázuli, de cuarzo transparente o de jaspe. Puesto en el nordeste, atrae la suerte de los estudios. Si se pone un globo terráqueo de este tipo en la habitación de un estudiante universitario, le ayudará a tener buenos resultados en los exámenes.

El globo terráqueo también puede servir para estimular las ventas al extranjero. Ponlo en el despacho del jefe de exportaciones y hazlo girar todos los días para fomentar la penetración en los mercados mundiales. (Véase los globos terráqueos de cristal en página 87.)

GRAN DUQUE JÚPITER

El Gran Duque Júpiter (llamado Tai Sui) cambia de situación todos los años. Es fundamental conocer su situación, pues nunca debes provocar la ira del Gran Duque dándole frente ni plantándole cara. Si lo hicieras así, sufrirías con toda seguridad derrotas, pérdidas de categoría y otras pérdidas graves. Perderías a lo largo del año toda situación ventajosa o competitiva que pudieras tener. Por fortuna, el Gran Duque Júpiter sólo ocupa 15 grados de la brújula, y su dirección coincide exactamente con la de los doce animales del Zodiaco, que son las orientaciones de las ramas terrenales; por eso, es fácil evitar ofenderle.

La mejor protección para prevenirse del peligro de ofender al Gran Duque es el Pi Yao. De hecho, siempre es buena idea tener una imagen de esta criatura dentro de la casa, pues es un protector muy poderoso. Al Pi Yao también se le llama a veces Pi Kan o Pi Xie.

Respecto del Gran Duque, se deben guardar las reglas siguientes:

REGLA 1
No te sientes nunca en una posición directamente opuesta a la del Gran Duque Júpiter, es decir, dándole frente. Nunca conviene plantar cara al Gran Duque: saldrás perdiendo tú siempre.

REGLA 2
No molestes nunca al Gran Duque Júpiter, pues podrías provocar su ira. Si piensas hacer remodelaciones, no olvides comprobar qué sector de la casa ocupa el gran duque en el año en que piensas hacer las obras, y no hagas nada en ese sector. Si debes hacer excavaciones o ruido con martillos en el sector del Gran Duque, al menos procura no empezar (empezar a cavar, por ejemplo) o terminar en su sector. Esta regla se aplica por igual a los terrenos y a los edificios. (Véanse más detalles sobre el Gran Duque en página 151.)

GRANADA
La granada, por sus muchas semillas, es símbolo de fertilidad. En muchas familias se recomienda a los jóvenes recién casados que tengan expuesto en el dormitorio conyugal un cuadro o una escultura que represente los frutos de la granada para que genere la suerte que les traerá muchos nietos sanos. (Véanse más detalles en página 109.)

GRULLAS
Estas hermosas aves de largos cuellos, con un moño de plumas rojas en la frente, son símbolos populares de la longevidad. Se suelen ver con frecuencia en las pinturas chinas, o aparecen representadas junto al Dios de la Longevidad. Pon figuras de estas grullas en el oeste o en el sur de tu jardín. Atraerán la buena salud y la felicidad para tu familia. (Véanse más detalles en página 172.)

GRUPO DEL ESTE
Cada persona se beneficia de las orientaciones del grupo del oeste o del grupo del este, en función de su número Kua personal. Los números Kua 1, 3, 4 y 9 pertenecen al grupo del este. Las orientaciones propicias del grupo del este son el sudeste, el norte, el este y el sur.

A las personas del grupo del este les beneficiará el uso de sus orientaciones. Deberán evitar usar las orientaciones del grupo del oeste, pues no son propicias para ellos. (Véanse más detalles en páginas 115-116. Véase también Números Kua, página 256.)

GRUPO DEL OESTE
A toda persona la benefician las orientaciones del grupo del oeste o del grupo del este, en función de su número Kua. Los números Kua 2, 5, 6, 7 y 8 pertenecen al grupo del oeste. Las orientaciones propicias para las personas del grupo del oeste son el oeste, el noroeste, el suroeste y el nordeste.

Las personas del grupo del oeste deben usar orientaciones del grupo del oeste. Deben evitar las orientaciones del grupo del este, que no les son propicias. (Véanse más detalles en páginas 64-65. Véase también Números Kua, página 256.)

H
HABITACIONES
Cada una de las habitaciones de la casa o de la oficina se pueden considerar como un pequeño universo donde tienen aplicación todas las reglas y todas las fórmulas. El feng shui para las viviendas yang se puede plantear habitación por habitación, lo que implica la aplicación del principio del Tai Chi pequeño.

El espacio que da la impresión de fluir de una habitación a otra sin demasiadas paredes resulta excepcionalmente bueno. El buen chi de cada habitación rebosa hacia la siguiente.

Asigna las habitaciones en virtud de los atributos del los trigramas que rodean al Pa Kua, que indican el uso más conveniente de los espacios de la casa en virtud de sus orientaciones. Utiliza la

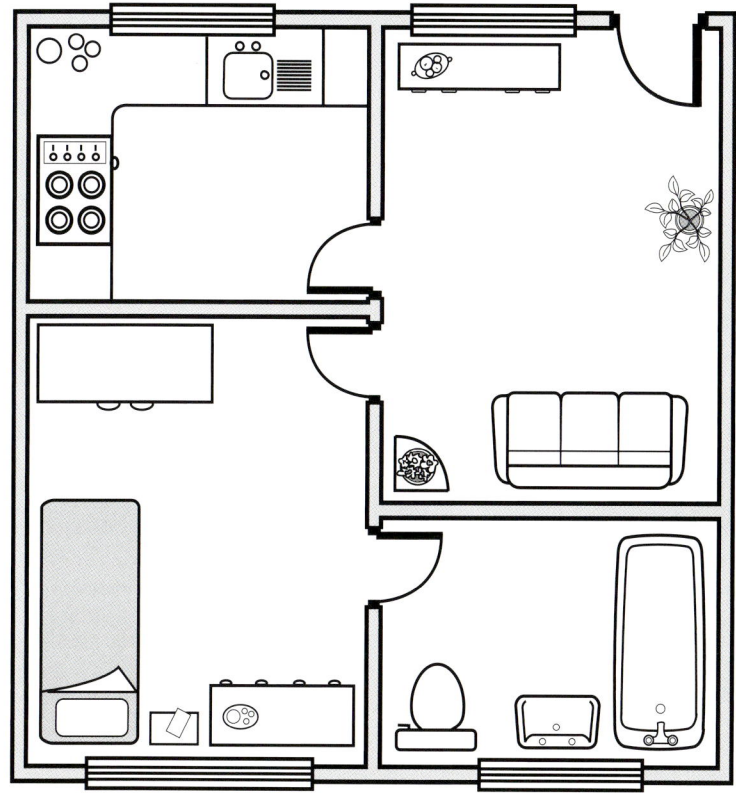

Las habitaciones de la casa deben asignarse en función de sus orientaciones.

disposición de trigramas del Pa Kua para asignar a tus hijos sus cuartos respectivos. (Véanse más detalles en páginas 84-87.)

HAN HSIANG TZU
(Véase Ocho Inmortales, página 257.)

HEMISFERIO SUR
El norte del feng shui es el mismo norte, con independencia de si el país donde se practica está en el hemisferio norte o en el hemisferio sur. Las personas que residan en países del hemisferio sur no tienen por qué cambiar las orientaciones de la brújula al aplicar y usar las fórmulas de la Escuela de la Brújula.

Los maestros chinos del feng shui consideran que la disposición de los trigramas alrededor del Pa Kua es la pauta que determina el elemento que se asigna a cada una de las orientaciones de la brújula. Así pues, según la secuencia del Cielo Posterior, al norte le corresponde el trigrama Kan, que representa el agua. Al sur está el trigrama Li, que es símbolo del fuego. Por tanto, el elemento del sur es el fuego. (Véase también Trigrama Li, página 281.)

HERRADURA
En Occidente, la herradura es un símbolo de suerte excepcional, y es bueno colgarla en el lugar de trabajo. No olvides colgarla con la parte abierta hacia arriba, para que no se agote la suerte.

En el Feng Shui del Paisaje, la forma de herradura representa la formación terrestre ideal. Cuando hay tres cadenas de colinas que forman una herradura perfecta, con la casa en el centro (sobre todo si domina terreno llano), la suerte del feng shui será excelente durante cinco generaciones, por lo menos. (Véanse también más detalles en Buena suerte, página 209.)

HEXAGRAMA

Superior

Inferior

Los hexagramas son los 64 símbolos de seis líneas que componen el *I Ching*. Surgen a partir de los dos elementos fundamentales de las fuerzas yang y yin: de la luz y la oscuridad, del movimiento y de la quietud. De esta interacción del yin y el yang sur proceden los trigramas, que a su vez forman los hexagramas.

Las líneas de los hexagramas están en reposo o en movimiento. Cuando están en reposo, construyen el hexagrama; cuando están en movimiento, transforman el hexagrama en un nuevo hexagrama. En estos dos sencillos procesos se encierran los secretos del *I Ching*. La filosofía del *I Ching* es que todo se encuentra en un estado de flujo, en un estado de cambio, a pesar de lo cual existe una quietud general.

Cuando una línea está truncada, representa la oscuridad, la tierra y lo flexible; simboliza el yin. Cuando está entera, representa la luz, el cielo y lo no flexible; simboliza el yang. Pero las líneas yin y yang pueden estar en reposo o en movimiento, reflejando todos los matices de un hexagrama: interior, exterior o secreto. Al nivel más evidente, la interpretación de los hexagramas se basa en las relaciones entre los dos trigramas (conjuntos de tres líneas yin y/o yang) que componen cada uno

El *I Ching* es, además, la base de la tecnología del feng shui. Vemos en él las interacciones entre el yin y el yang. Los hexagramas y los trigramas contienen todos los secretos de las fórmulas, los ritos y la magia del feng shui. Pero existen niveles de significado, envueltos en el simbolismo de los trigramas, en su disposición y en la influencia penetrante del Tai Chi (el símbolo yin/yang), así como del Wu Xing (los cinco elementos). (Véanse más detalles en página 42.)

HIERBA DE LA INMORTALIDAD

Pocos saben que la hierba de la inmortalidad (también llamada Ling Zhi) no sólo otorga la promesa de una vida inmortal, sino también el crecimiento rápido y el éxito en carreras profesionales, tales como la política y el espectáculo.

La hierba tiene el aspecto de la hierba acuática *luziola fluitans:* es larga, ovalada y puntiaguda. La hierba Ling Zhi suele aparecer en las pinturas que representan al ciervo, a la grulla y otros símbolos de la longevidad. Cuando se talla la imagen de esta hierba en los altares familiares, los habitantes de la casa gozarán de vidas largas y sanas. (Véase también Altar, página 202.)

HIJOS

Los hijos son la próxima generación, y constituyen una de las Ocho Aspiraciones. Carga de energía el lado oeste de la casa para conseguir la suerte de los descendientes; pero los hijos mismos (sobre todo los varones) deberán dormir en la parte este de la casa, o bien en sus situaciones propicias personales, sobre la base de la fórmula de la Escuela de la Brújula. (Véanse más detalles en páginas 86-87.)

HIJOS, SUERTE DE LOS

(Véase Suerte de los descendientes, página 276.)

HO HAI

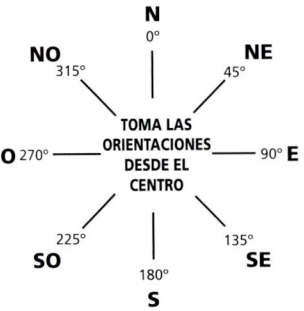

La orientación Ho Hai es la menos dañina de las cuatro orientaciones no propicias. Su nombre significa, literalmente, «accidentes y percances». Cuando te sientas o te acuestas dando frente a tu orientación Ho Hai, te produce mala suerte; no obstante, las desventuras serán tolerables.

He aquí tu orientación Ho Hai en función de tu número Kua.

Kua 1	Oeste
Kua 2	Este
Kua 3	Suroeste
Kua 4	Noroeste
Kua 5	Este (varones)
Kua 5	Sur (mujeres)
Kua 6	Sudeste
Kua 7	Norte
Kua 8	Sur
Kua 9	Nordeste

(Véanse más detalles en páginas 114-121.)

HO HSIEN KU

(Véase Ocho Inmortales, página 257.)

HOGAR

El feng shui de las residencias es el que más afecta a la suerte de la persona. Aunque tengas mal feng shui en el lugar de trabajo, si vives en una casa que tiene buen feng shui tu suerte general será bastante buena. El feng shui de las residencias resulta especialmente importante para las familias. Los tres componentes más importantes que deben equilibrarse son la entrada principal (véase página 231), el dormitorio (véase página 227) y la cocina (véase página 236). Véase también Centro del hogar, página 214.

HONG KONG

En la metrópoli floreciente de Hong Kong hay más creyentes y practicantes del feng shui que en ninguna otra ciudad del mundo. De ser una roca desnuda, se ha convertido en un gran centro financiero. Existen muchas teorías sobre su feng shui. Algunos dicen que está protegido por sus nueve dragones. Otros dicen que la bahía es como una bolsa de dinero honda. Hay quien dice que su riqueza se debe al aprovechamiento hábil de las aguas que rodean la ciudad. En los edificios de Hong Kong se aprecian muchos rasgos de feng shui, y todos ellos se benefician de la riqueza de la bahía y del apoyo y la protección del pico Victoria. (Véanse más detalles en página 20.)

HORÓSCOPOS

(Véase Zodiaco, página 283.)

HOSPITAL

Las casas y los edificios construidos cerca de hospitales son demasiado yin. Las energías yin que emanan de un hospital pueden ser abrumadoras, pues portan el chi negativo de la enfermedad, la tristeza y la muerte. En consecuencia, si tu hogar está situado en un terreno donde estuvo antes un hospital, es posible que el lugar siga siendo demasiado yin, hasta niveles dañinos en muchos casos. Tampoco conviene tener la casa demasiado cerca de un hospital. Para resolver los excesos de energía yin, introduce en tu casa dosis saludables de energía yang. (Véase también Energía yang, página 230-231, y Energía yin, página 231.)

I

«I CHING»

El *I Ching* es el libro que sirve de fuente a la mayor parte de las prácticas culturales chinas. Tanto el confucianismo como el taoísmo tienen raíces comunes en este antiguo tratado clásico, también llamado el *Libro de los Cambios*. Cuando el emperador Chin Shih Huang Ti mandó quemar todos los textos clásicos confucianistas en el año 213 a.C., sólo se salvó el *I Ching*.

Los hexagramas del *I Ching* contienen símbolos e ideas tomados de la naturaleza, la sociedad y el individuo, y ofrecen sabiduría, advertencias y predicciones de los posibles resultados.

Los textos que acompañan a los hexagramas también aportan consejos sobre la oportunidad, la conducta y las actitudes relacionadas con cuestiones concretas y, según los casos, aconsejan mayor preparación, recomiendan la paciencia, o incluso revelan las desventuras que se ocultan en la aparente buena fortuna, y viceversa. (Véase también Hexagrama, página 243.)

INCIENSO

Practica con regularidad ritos de limpieza y purificación del espacio, con bloques o varillas de incienso.

Quema incienso todos los meses en cada habitación de tu casa. Recorre la habitación en el sentido de las agujas del reloj, y deja que el incienso despeje los rincones que tienen mal chi. Entona tus mantras favoritos o da las gracias por los bienes recibidos mientras vas recorriendo las habitaciones.

Utiliza el incienso para purificar cuando se haya producido alguna riña especialmente ruidosa entre los residentes de la casa. Así se limpiará la energía de la ira en la casa y se recuperará la armonía.

La costumbre de limpiar el espacio con incienso es semejante a la de los nativos americanos, que ahúman las casas con el humo de ramas de pino o de salvia. Naturalmente, el olor maravilloso de las hierbas es excelente para hacer que las energías se limpien y se aclaren.

Al quemar incienso se produce ceniza, lo que evoca la creación de la tierra por la energía del fuego. Así como el fuego produce la tierra en el Ciclo Productivo de los elementos, la esencia de la energía del fuego dilata el chi de la tierra.

El rito de quemar incienso de sándalo se recomienda desde hace siglos para las personas que se quedan estudiando hasta bien entrada la noche. También puedes utilizar un incienso especial de hierbas o de pino como ayuda a la meditación. (Véanse más detalles en páginas 192-193.)

INFIDELIDAD

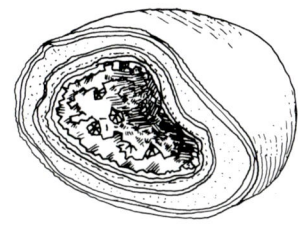

Para protegerte de la infidelidad, evita tener objetos de agua a la derecha de la puerta principal (según se mira al salir de la casa) y evita tener en el dormitorio espejos u otras superficies reflectantes en las que se refleje a la pareja que duerme en la cama.

Una geoda de amatista atada con cordón rojo es un talismán poderoso contra la infidelidad. Debe ponerse bajo la cama, en el lado que ocupa la mujer, que debe ser idealmente el lado derecho. Los extremos del cordel rojo deben estar atados al pie de la cama. La amatista también es excelente para hacer volver al hogar a los maridos perdidos. El hombre debe dormir en el lado izquierdo de la cama. (Véanse más detalles en página 75. Véase también Amatista, páginas 202-203, y Espejos, páginas 232-233.)

INMOBILIARIAS

El negocio inmobiliario pertenece al elemento tierra. A todo negocio que se ocupe de las fincas y de las promociones inmobiliarias le beneficiará cargar de energía el elemento tierra. Pueden usarse como símbolos de buena fortuna los cristales naturales, las tinajas, los recipientes de terracota y las piedras decorativas. Inclúyelos en el decorado de la oficina, y asegúrate de que se colocan en los sectores de tierra (al suroeste o al nordeste). (Véase el éxito en los negocios en páginas 52-59.)

INMORTALIDAD

Este concepto taoísta forma parte de las Siete Columnas del Tao, y representa la aspiración de alcanzar un estado libre de muerte, regresando al Origen como ser espiritual que vive en un reino espiritual. Sin embargo, para los taoístas los Ocho Inmortales son unos seres humanos que han alcanzado nivel de divinidad.

Otra definición del Origen es una meta tan alta que trasciende todas las demás metas que han concebido los seres humanos a lo largo del tiempo. La dicha de alcanzar el Origen es una dicha tan exaltada, una sabiduría tan divina, que trasciende toda la existencia, y las palabras no bastan para describirla. (Véase también Ocho Inmorales, página 257.)

INSIGNIAS

En la China imperial, los mandarines de la corte llevaban túnicas con insignias bordadas que indicaban su categoría. Puedes colgar en tu casa túnicas antiguas, en las que se conserven las insignias, para producir un aura propicia en la que las corrientes cósmicas generarán suerte favorable. (Véase también Ropa, página 272.)

INTERIORES DE OFICINAS

El feng shui de las empresas se está popularizando cada vez más, y muchos directores generales del Reino Unido y de Estados Unidos están aplicando el feng shui para producir mejor imagen y atraer mejores resultados para sus empresas. Es importante escoger con cuidado al experto de feng shui. Si no acudes a una persona que también sepa algo de gestión de empresas y que esté familiarizada con los diversos métodos del feng shui, todo podría quedar en una pérdida de tiempo. Documéntate bien siempre que acudas a consultores de feng shui. (Véanse más detalles en página 19.)

INVERNADERO

Los invernaderos tienen el mismo efecto de los miradores, pues refuerzan o debilitan el feng shui de la puerta principal. (Véase también Miradores, página 252, y Entradas, página 231.)

J
JARDÍN

Uno de los lugares donde se puede canalizar de manera más efectiva la energía sana de la tierra para el hogar es en el patio o en el jardín. Pon luces fuertes en un jardín que dé frente al sur. Las luces también son excelentes para los jardines que dan frente al suroeste o al nordeste. Ten encendidas las luces por la noche durante tres horas por lo menos.

Las fuentes, las cascadas, los estanques con peces y los baños para pájaros son grandes activadores que atraen el buen chi para el jardín que da frente al norte, así como para los que dan frente al este y sudeste.

Cultiva muchas plantas exuberantes y de muchas hojas en los jardines que dan frente al este, al sur y al sudeste para recalcar el chi del crecimiento del elemento madera. Las plantas fuertes atraen la buena suerte. Si es posible, ten también una planta de bambú, que aportará salud y longevidad. Recorta y recoge siempre las hojas secas. Cuando las plantas están descuidadas, entra la energía yin y el chi se estanca.

Los adornos de metal como los carillones eólicos y las campanillas son excelentes para los jardines que dan frente al oeste y al noroeste. A los jardines que dan frente al norte también les beneficia la energía del metal, como la que dan los bancos de metal o las pérgolas de metal para plantas trepadoras.

Los muros bajos de ladrillo, los roquedales y los jarrones de cerámica aportan un chi de la tierra excelente a los rincones nordeste y suroeste. Un poste largo y hueco, con una luz redonda en lo alto, anima al Sheng Chi a subir de lo hondo de la tierra, trayendo con él energía preciosa. (Véase también Jardines de flores en esta página.)

JARDÍN JAPONÉS

Los jardines japoneses están diseñados de modo que sugieran calma y serenidad, y son por ello lugares excelentes para practicar la meditación. El diseño y la distribución de los jardines japoneses se basa en los principios del zen, optimizados para la contemplación silenciosa y filosófica. No están pensados para atraer el chi de la buena fortuna; sin embargo, los jardines japoneses aportan ideas creativas sobre el uso de las piedras y los guijarros, que se pueden incorporar en los jardines de feng shui que dan frente al suroeste o al nordeste. (Véase también Jardín en esta página.)

JARDINES DE FLORES

El feng shui de los jardines te permitirá diseñar los arriates y elegir las flores adecuadas para producir armonía. Diseña los arriates dándoles las formas más adecuadas para los diversos sectores de tu jardín, y elige las flores en función de sus colores.

En el sudeste, en el norte y en el este de tu jardín pon arriates rectangulares y cultiva flores azules y plantas de muchas hojas. La crásula ovata o planta del jade, también llamada planta del dinero, es excelente para esta parte de tu jardín.

En el oeste y noroeste elige arriates y planteles redondos o semicirculares, y cultiva flores amarillas o blancas.

En el sur, suroeste y nordeste pon arriates o planteles cuadrados, y cultiva flores con profusión de rojos, rosados, amarillos y anaranjados. (Véase también Jardín en esta página.)

JARDINES INTERIORES

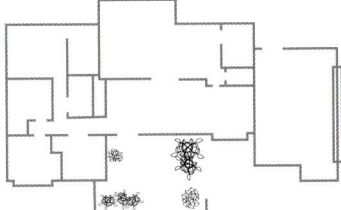

Pasar por el jardín antes de entrar en la casa, puede ser propicio.

Si el diseño general de tu casa recomienda tener jardines interiores, ponlos en los sectores este, sudeste (véase página 112) o sur de tu casa, y no al suroeste ni al nordeste de la casa. En el suroeste alterarían tu vida familiar y harían daño al matrimonio. Al nordeste, podían destruir la suerte de los estudios, provocando problemas a tus hijos. (Véase también Jardín, página 246.)

JARRONES

El jarrón se denomina en chino, *ping,* que significa «paz». Una de sus aplicaciones principales es la preparación de jarrones de la riqueza, que atraen la buena fortuna. (Véanse más detalles en páginas 174-175.)

JARRONES DE LA RIQUEZA

Los jarrones de la riqueza, que suelen estar hechos de oro o de porcelana, se llenan de objetos preciosos: oro, dinero, perlas y diamantes.

Un jarrón de la riqueza personal es una manera excelente de producir el chi de la riqueza en la casa. Tu jarrón puede estar hecho de elementos de tierra o de metal. Llena el jarrón de gemas «preciosas» (piedras semipreciosas) tales como cristales naturales, malaquitas, amatistas, citrinas, etc. También puedes guardar joyas en el jarrón. Oculta el jarrón, quizá en una cómoda de tu dormitorio, pero nunca dando frente a tu puerta principal, pues representaría la pérdida de tu riqueza. (Véanse más detalles en páginas 174-175.)

JOYAS

Las joyas que dan buena fortuna o los amuletos protectores personalizados aportan un excelente feng shui del espacio personal.

Las joyas modernas pueden garantizar que el chi que fomenta la suerte abrace el cuerpo físico, tal como hacían los amuletos y los talismanes de tiempos antiguos. Los anillos de boda y de compromiso con el símbolo de la felicidad doble (véase página 235) aportan una suerte excelente del matrimonio, mientras que las joyas con monedas cargan de energía la suerte de la riqueza.

Los diamantes tienen más poder que los cristales naturales. Si bien no es preciso que los diamantes sean grandes, deben ser auténticos, para que la suerte que atraigan sea real y no falsa. El oro o el platino auténticos son más potentes que el acero o la plata para cargar de energía la suerte de la riqueza. Antes de pasar a los diamantes, aprovecha el simbolismo propicio de los cristales naturales. Pero empieza a ponerte diamantes en cuanto te resulte practicable.

Otra alternativa divertida es ponerte piedras de colores como protección. Las piedras semipreciosas que se corresponden con las diversas vibraciones y planetas pueden atraer la buena fortuna y también sirven de protección.

Prueba con los zafiros (azules, rosados y amarillos), los berilos, las esmeraldas y rubíes, las piedras estrelladas, los rubíes estrellados, las piedras de Luna y los corales rosados y rojos. El lapislázuli es un protector excelente que se usa para protegerse de las enfermedades. (Véase también Amuletos, página 203, y Cristales naturales, página 220.)

K
KEN HUA

Esta flor blanca y poco común se parece al loto y representa la buena fortuna cuando florece. El Ken Hua es una especie rara de cactus craso que abre los pétalos por la noche, alcanzando la plenitud a medianoche. La flor es completamente blanca, con estambres amarillos, y es fragante y hermosa. Cuando florece en una noche de luna llena indica matrimonios ilustres, gran éxito profesional y material, y un lugar destacado en el mundo para los hijos y las hijas de la familia. Cuando florece en una noche de lluvia, anuncia lágrimas y no es buena señal. En tiempos pasados, las abuelas solían atar el capullo las noches de lluvia para evitar que se abriera. (Véase también Cactus, página 210, y Flor de loto, página 238.)

KWANG KUNG

El general Kuan Ti, que después se llamó Kwan Kung, fue el general más célebre de la historia china. Kwan Kung, que fue deificado como Dios de la Guerra, acabó por ser conocido como un Dios de la Riqueza.

Exhibiendo su imagen en la casa, frente a la puerta principal, se ahuyentará el Shar Chi. Alcanza el máximo de su poder cuando está situado en el rincón noroeste de la casa. En el trabajo, pon su imagen detrás de tu asiento, para que nunca te falte el apoyo poderoso de personas importantes.

Las mejores imágenes de Kwan Kung son las que lo muestran con una túnica de cinco dragones y montado a caballo. Si en tu casa tienes una única imagen de Kwan Kung, es mejor que sea pesada y esté hecha de buenos metales. Kwan Kung trae la riqueza y aporta una protección real. (Véanse más detalles en página 180.)

L
LA DIMENSIÓN TEMPORAL EN EL FENG SHUI

El tiempo complementa la perspectiva especial de la filosofía del feng shui, y determina si un edificio y sus habitantes gozarán de prosperidad.

El tiempo se divide en ciclos de 180 años, cada uno de los cuales tiene tres períodos de 60 años, llamados período superior, medio e inferior. En cada período hay tres eras de 20 años de duración; por tanto, cada ciclo de 180 años tiene un total de nueve eras. (Véanse más detalles en páginas 44-45.)

LADERAS

Si se vive en una ladera, es mejor estar a media altura. Si se está en lo más alto, la casa queda expuesta a los elementos, mientras que si está al fondo el chi propicio se hunde. (Véanse más detalles en páginas 12-18.)

LAGO

Un lago es una masa de agua grande delante de una casa, y trae mucha suerte de la riqueza. Un hermoso lago ante la puerta principal de tu casa es una fuente de Sheng Chi precioso.

Un lago hacia el norte de la puerta principal representa mejor fortuna que un lago al sur, porque el norte pertenece al elemento agua, mientras que el sur es del fuego.

Asegúrate de poder ver el lago desde dentro de tu cuarto de estar. Haz entrar en la casa el chi del lago instalando en el cuarto de estar un espejo de pared donde se refleje la vista del lago. Esto simboliza la llegada de la riqueza a tu casa. No construyas una casa con un lago detrás. (Véanse más detalles sobre el flujo del agua en páginas 164-165.)

LÁMPARAS

Las lámparas fomentan la suerte del amor, además de ganarnos la atención de las personas poderosas. Para el amor no hay nada mejor que una lámpara roja con el símbolo de la felicidad doble pintado en color dorado en la pantalla. ¡La luz activa el signo caligráfico propicio! Te llegará el reconocimiento si tienes una lámpara roja fuerte encendida siempre en el rincón sur de tu casa o de tu cuarto de estar.

Las lámparas simulan la energía yang preciosa. Al poner una lámpara en el rincón norte, que es el lugar del elemento agua, no se estropea el feng shui, porque la energía yang convierte el agua en vapor, creando el símbolo del poder. Las lámparas aportan buena energía en toda la casa, pero haz uso de este recurso de manera equilibrada. Tampoco pongas lámparas demasiado fuertes. (Véanse más detalles en página 57.)

LEONES

Una pareja de leones que montan guardia a ambos lados de la puerta son un objeto clásico del feng shui. El empleo de estas formas demuestra la creencia china en el simbolismo. La práctica del feng shui no puede ser completa sin el empleo de objetos simbólicos.

Un par de leones fuertes, pesados y bien esculpidos en la entrada protegerá tu casa y a sus habitantes de los accidentes, los robos y la muerte prematura (véase página 78). El tamaño de los leones debe estar proporcionado al de tu puerta. No es necesario que los bendigan. No obstante, puedes abrirles los ojos simbólicamente, en un día propicio (el primero o el quince de cada mes), entre las 9 y las 11 de la mañana, o bien puedes hacerlo en los momentos propicios que se indican en el almanaque, a ser posible cuando hace sol. (Véase también Almanaque, página 202.)

LEYENDAS TAOÍSTAS

Se puede encontrar el origen de una buena parte de la «magia» del feng shui en los relatos taoístas sobre los Ocho Inmortales. En estos relatos se habla de la clarividencia de estos personajes y de su capacidad de estar en varios lugares al mismo tiempo. Los combates contra los dragones y las desapariciones de los sabios reforzaron las creencias en la magia taoísta y en los personajes inmortales, a muchos de los cuales se divinizó a lo largo de los años. En la actualidad, las imágenes de los Ocho Inmortales atraen un chi poderoso asociado a sus poderes mágicos. (Véase también Ocho Inmortales, página 257.)

LIBRERÍAS

Las librerías descubiertas representan cuchillos y, por tanto, mal feng shui. Cubre con puertas las estanterías descubiertas de tu despacho o estudio. También puedes llenar las librerías con libros alineados a ras con los bordes de los estantes, para eliminar las flechas envenenadas. (Véanse más detalles en páginas 31 y 86. Véase también Flechas envenenadas, página 238.)

LIBRO DE LOS CAMBIOS

(Véase *I Ching*, página 245.)

LIMA (FRUTA)

La lima absorbe todas las vibraciones negativas que siguen aferradas a tu cuerpo después de haberte estado tratando con personas que te querían mal. Haz girar una fruta de lima fresca sobre la palma de tu mano derecha siete veces, en el sentido de las agujas del reloj, para que absorba la energía de tu palma.

A continuación, llévala en el bolsillo un día entero, o ponla debajo de tu cama y, después de haber dormido una noche entera, envuélvela en papel y tírala a un curso rápido de agua. Este rito te libera de todas las vibraciones negativas del cuerpo del mismo modo que la sal, pero hace menos daño a los espíritus errantes. (Véase también Limero en esta página.)

LIMERO
El árbol que da las limas simboliza la madurez de la prosperidad. Suele exhibirse cerca de la puerta durante el Año Nuevo lunar, pues se dice que la lima tiene el poder de absorber al instante todo el mal chi. Así se puede comenzar el Año Nuevo con mucha prosperidad. El naranjo tiene el mismo efecto. (Véase también Naranjo, página 254.)

LÍMITES
Señala en el plano de la planta de tu casa los límites de tu espacio antes de superponerle el Pa Kua, o la carta o brújula Lo Shu.

Cuando utilices las fórmulas de la brújula, es fundamental tomar con precisión las medidas y los rumbos de la brújula para establecer los parámetros de tu espacio en función de las orientaciones, las situaciones y los elementos. (Véase también Brújula, página 209.)

LIMONERO
Este árbol es un indicador poderoso de buena fortuna, sobre todo cuando está bien cargado de frutos. Cuando se sitúa cerca de la parte delantera de la casa durante la primavera, anuncia la madurez de la buena fortuna. También es adecuado como cargador de energía un limonero hecho de jade. (Véase también Planta del jade, página 267.)

LÍNEAS ONDULADAS
Las líneas sinuosas y onduladas, dentro del motivo de algún diseño, sugieren el elemento agua y son adecuadas para el norte, el este o el sudeste de tu casa o de una habitación. (Véase también Diseños, página 226.)

LINGOTES

Los lingotes son unas antiguas monedas chinas, que tenían forma de barco y estaban hechas de oro o de plata. Estos símbolos populares de la prosperidad deben tenerse expuestos con profusión, sobre todo durante el Año Nuevo lunar chino. Tener expuestos en tu casa lingotes de oro de imitación es propicio, ya que el oro atrae la buena suerte. Llena de lingotes un cuenco y ponlo en el rincón de la riqueza para atraer la prosperidad. (Véanse más detalles en página 171.)

LOGOTIPOS
El logotipo de una empresa debe diseñarse siempre teniendo presentes sus repercusiones de feng shui. Algunas empresas se han beneficiado de tener logotipos propicios, y otras han padecido las consecuencias de los no propicios. Sigue las directrices siguientes:

* Los diseños circulares y con formas curvas son más seguros, en general, que los que tienen bordes y ángulos agudos. Evita los triángulos y las líneas en zigzag. Si algunas empresas tienen buenos resultados, a pesar de su logotipo, con líneas angulares es porque estos ángulos apuntan hacia el exterior, nunca hacia el nombre de la compañía.
* Los animales se incorporan al logotipo como símbolo de valor, fuerza y resistencia. Son ejemplos de ello el dragón, el tigre y el león. Lo mejor es el dragón, sobre todo si está rollizo y de aspecto próspero, y en postura de echar a volar hacia lo alto, lo que indica ambiciones elevadas. Ten en cuenta que los animales feroces pueden volverse contra la empresa en los períodos no propicios.
* Tampoco es buena idea usar el símbolo Pa Kua, sobre todo si el diseño parece roto. En las tiendas, más concretamente, es mejor no utilizar el símbolo Pa Kua, pues en general ahuyenta a los clientes.
* Está bien usar flores, aunque no son tan poderosas como una criatura viva y que se mueve. Es mejor usar capullos que flores ya abiertas, pues los primeros simbolizan un negocio que va a ponerse en marcha, y las segundas un negocio que se va a marchitar. Es mejor utilizar colores primaverales (verdes) que otoñales (anaranjado y marrón).
* Es bueno usar imágenes de montañas, colinas y peñas, pues son símbolos de fuerza, resistencia y apoyo.
* Las formas abstractas deben usarse con precaución. En general, los diseños con formas curvas dan mejor resultado que los de formas angulosas. Ten cuidado siempre con los bordes agudos.

(Véanse más detalles en página 78.)

LONGEVIDAD
Esta es la más poderosa de las aspiraciones. La longevidad supone siempre una vida sana en la que se tienen a raya las enfermedades y los achaques. La longevidad supone también estar a salvo de los accidentes o la muerte por causas no naturales. La longevidad

significa ver cómo nuestros descendientes tienen éxito y traen honra al nombre de la familia.

El símbolo de longevidad más importante es el Dios de la Longevidad, Sau Seng Kong. Otros símbolos son el pino, el bambú, el melocotón, la grulla, el ciervo y la tortuga. Cualquiera de ellos que se tenga en la casa traerá una suerte excelente. (Véase también Dios de la Longevidad, página 225.)

LOSAS DE PIEDRA

Un camino sinuoso de losas de piedra trae un buen flujo de Chi hacia la casa, y resulta excelente en los rincones de tierra de tu jardín (es decir, en el nordeste o en el suroeste). (Véase también Caminos, página 211.)

LUCES

Las luces, como las lámparas, son unos remedios excelentes contra el feng shui dañino. Pueden disolver las flechas envenenadas y disipar la mala suerte. Tener la casa siempre bien iluminada es bueno para el feng shui. La luz cálida y amortiguada es mejor que la luz fuerte y deslumbrante.

Las luces son una de las herramientas más versátiles de la práctica del feng shui. Sirven para corregir multitud de problemas gracias a su energía yang. Pueden resolver los problemas de la falta de rincones, de los rincones demasiado yin y de los niveles demasiado bajos del terreno.

Las luces atraen el Sheng Chi, hacen que los clientes acudan a los restaurantes y hacen venir la buena fortuna a las empresas que tienen bien iluminadas las entradas. Resultan especialmente propicias en el sur y combinadas con cristales naturales. Asegúrate también de que el vestíbulo de tu casa está siempre bien iluminado. (Véanse más detalles en páginas 57 y 191.)

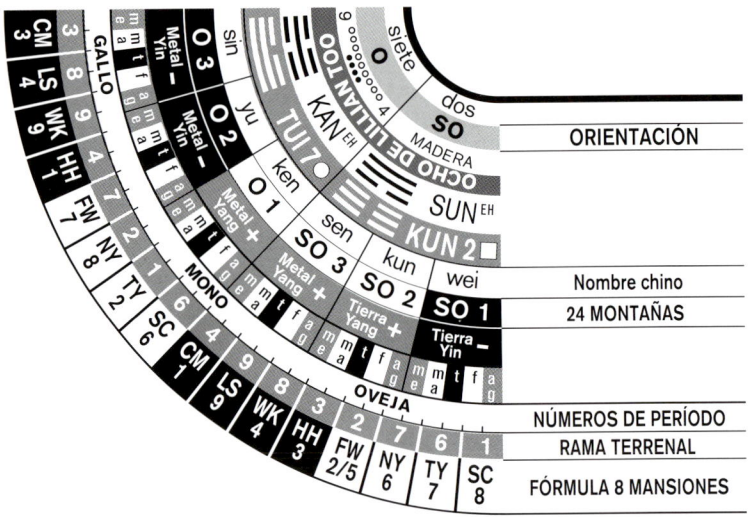

Esta versión moderna del Luo Pan chino, la brújula del geomántico, es un instrumento avanzado del fen shui.

LUO PAN

El Luo Pan es la brújula geomántica china, que suele contener códigos y fórmulas secretas. Es muy complicada, con 24 anillos concéntricos alrededor de una brújula magnética pequeña. En el anillo interior se muestran los ocho trigramas y sus orientaciones. En los anillos sucesivos se muestran los Tallos Celestiales y las Ramas Terrenales (estos términos se utilizan en el sistema Ganzhi).

El Luo Pan puede llegar a confundir. Para usarlo no se precisa un conocimiento profundo del feng shui, pero sí que es preciso conocer las fórmulas del feng shui. El Feng Shui de las Fórmulas se basa en unos principios fundamentales: los trigramas y sus atributos, y las manifestaciones yin y yang de sus combinaciones. Resulta más fácil trabajar a partir de tablas ya preparadas, simplificadas por los maestros y dispuestas sobre la brújula. (Véanse más detalles en páginas 42-43.)

LUZ SOLAR

Hay pocas cosas mejores que la luz natural del sol para traer energía a una habitación. Diseña las ventanas y las puertas de tal modo que recojan la luz solar. Pon las ventanas en las paredes que den frente a la luz solar. (Véanse más detalles en página 189.)

LUZ SOLAR DE PONIENTE

Templa la intensidad del sol de la tarde colgando pequeños cristales tallados para que dispersen la luz solar en un arco iris de rayos de luz. Así no sólo se suaviza la fortaleza de la energía yang intensa, sino que se restablece el equilibrio cósmico. Los arcos iris dentro de la casa producen felicidad para la familia. (Véanse más detalles en página 189.)

M
MADERA (ELEMENTO)

La madera es uno de los cinco elementos, y es el único dotado de energía vital propia. Por ello, el elemento madera es símbolo de crecimiento, y es excelente tener este elemento yang en todos los rincones de la casa.

Las orientaciones que se corresponden con la madera son el este y el sudeste, y sus trigramas son el Chen y el Sun. El mejor cargador de energía para la madera es un jardín sano y vivaz, con plantas y flores exuberantes. (Véase también Jardines de flores, página 246.)

MADRE TIERRA

El trigrama Kun, que gobierna el suroeste, simboliza a la Madre Tierra (la tierra grande). Es el trigrama yin por excelencia, y simboliza lo femenino que tenemos todos. Fomenta la suerte de las relaciones personales duplicando este trigrama (tres líneas truncadas) para formar el hexagrama Kun (seis líneas truncadas) y colgarlo en el sector suroeste. También se puede cargar de energía a la Madre Tierra poniendo al suroeste un globo terráqueo grande o un mapamundi. (Véanse más detalles en página 110.)

MAESTROS

Los maestros de feng shui auténticos, con verdaderas dotes, son verdaderamente una especie rara y valen su peso en oro. En general, estos maestros suelen ser humildes y rara vez desvelan las profundidades de sus conocimientos. Si tienes paciencia para irles sacando poco a poco lo que saben, empezarás a valorar su grandeza. Pero desconfía de aquellos que van proclamando su superioridad.

Del mismo modo que en otras prácticas esotéricas y holísticas, el feng shui se debe practicar dentro del contexto de la vida contemporánea. Sus practicantes no siempre se podrán llamar a sí mismos maestros, pero los resultados serán el criterio definitivo por el que deberemos valorarlos. (Véanse más detalles en página 19.)

MAGIA

La magia del feng shui fue considerada en su época «magia taoísta», ya que en muchos ritos mágicos taoístas se usaba también la cuadrícula Lo Shu de nueve casillas, herramienta principal del análisis de feng shui. Si bien el feng shui no es verdaderamente mágico, sus resultados son tan espectaculares que, a veces, es disculpable tenerlos por mágicos. (Véase también Cuadrado Lo Shu, página 220.)

MAGNOLIA

La magnolia es un buen arbusto de flor para tenerlo en la parte oeste de tu casa, o en un jardín orientado al oeste. La magnolia es símbolo de la dulzura y la belleza femenina. (Véase también Jardín, página 246.)

MAL FENG SHUI

Esto significa lo contrario de la buena suerte. Una serie de desventuras, o varias desventuras simultáneas, pueden deberse a un feng shui no propicio. Si tu familia está sufriendo continuamente enfermedades, pérdidas, accidentes o problemas, es posible que haya alguna estructura o alineación que haga daño a tu casa. Por fortuna, casi todos los componentes del mal feng shui se pueden disolver.

Las afliciones pueden estar causadas por los cambios anuales de la energía. Así pues, cuando la puerta principal, el dormitorio principal o el centro de tu casa estén afectados por la energía negativa en función de la época del año, pueden producirse enfermedades, pérdidas y otras manifestaciones de la mala fortuna. (Véanse, en página 41, las causas del Shar Chi en el hogar.)

MANGOSTA

La mangosta simboliza la riqueza, y se suele representar echando monedas por la boca. Este símbolo suele resultar especialmente poderoso cuando se expone junto a una imagen de los Dzambhalas, dioses tibetanos de la riqueza. (Véanse más detalles en página 169.)

MAO TSÉ-TUNG

«Emperador» comunista de China, célebre por su *Libro rojo* y por la revolución cultural que desencadenó a mediados del siglo XX.

Se cuenta que la ascensión de este líder legendario se debió al feng shui especial y poco común de la tumba de sus padres. Según se dice, estaba «en la palma de la mano de la Diosa de la Luna» y anunciaba que un descendiente suyo ascendería al trono del Dragón.

Cuando Mao se convirtió en el hombre más poderoso de China, estudiaba con obsesión la ascensión y la caída de las dinastías del pasado. Mao no puso nunca el pie dentro de la Ciudad Prohibida, pues creía que aquella alineación norte-sur haría daño a su feng shui personal. ¡En efecto, había nacido en un año de la Serpiente, y pertenecía al grupo del oeste! (Véase también Ciudad Prohibida, páginas 217-218.)

MATRIMONIO

Para cargar de energía la buena suerte en el matrimonio, activa los elementos de tierra del suroeste. El elemento gobernante de este rincón es la tierra grande; por ello, son excelentes cargadores de energía los objetos que simulan o producen este elemento, tales como las luces y los cristales naturales. (Véanse más detalles en página 110. Véase también Amor, página 203.)

MELOCOTÓN

Los melocotones son las frutas de la longevidad. Teniendo expuesta una joya de jade que represente un melocotón se potenciará la longevidad. Las pinturas o las piezas de porcelana decoradas con melocotoneros, los melocotones como decoración, o un melocotonero en el jardín, no sólo son símbolos de longevidad sino también de larga vida. Exhibir el melocotón en el centro de la casa es excelente para la salud de la familia.

Los melocotones son un regalo de cumpleaños cargado de simbolismo para hacérselo a tus padres y a tus abuelos. Los adornos, los alimentos y los regalos en los que figuran los melocotones sirven para desear a tus padres muchos más años de vida, con felicidad y con salud. (Véanse más detalles en página 93.)

MESA DEL COMEDOR

Las mesas son propicias cuando tienen formas afortunadas. De las cuatro formas propicias para las mesas del comedor (redonda, cuadrada, rectangular y octogonal), la mejor es la redonda, pues simboliza que todo marcha con regularidad. La forma redonda es, además, símbolo del oro. Por eso, las mesas redondas simbolizan la creación de riqueza y prosperidad. (Véase también Muebles, página 253.)

MESAS DE TRABAJO

Si tu mesa de trabajo se carga de energía como es debido, puede atraer una suerte de trabajo excelente. Para comprobar sus dimensiones, utiliza la regla de feng shui que se describe en la página 49. Carga de energía la superficie de tu mesa con objetos que simbolicen los cinco elementos. Utiliza la cuadrícula Lo Shu y la brújula para señalar la orientación correspondiente de cada una de las casillas, y carga de energía la mesa en virtud de los significados de las diversas orientaciones.

En el rincón este de tu mesa de trabajo pon un cuenco con flores frescas. En el rincón sudeste pon una planta verde pequeña. En el oeste, pon tu teléfono, y en el noroeste, tu ordenador. En el norte pon tu taza de café o tu vaso de agua habitual. En el lado sur pon una lámpara roja y en el nordeste, un pisapapeles de cristal. Y en el rincón suroeste pon un globo terráqueo hecho de lapislázuli o de cristal, a ser posible.

Calcula tu número Kua para determinar tu mejor orientación de situación. Con la ayuda de la brújula, señala la orientación a la que debes dar frente para dar la bienvenida a la suerte. Siéntate en esa posición siempre que puedas.

Ten tu mesa de trabajo limpia y ordenada. El desorden puede provocar muchos problemas innecesarios. Carga de energía tu mesa de oficina con la presencia de un Ru Yi, símbolo de autoridad, si lo que quieres es ascender hasta los niveles más altos de la empresa. Pon monedas metálicas si deseas la riqueza y símbolos del crecimiento, tales como cristales y los árboles de gemas con citrinas, si deseas el éxito.

Por último, asegúrate de no tener nunca oculta la vista con un montón de carpetas o de papeles. Ten despejada la vista, manteniendo desocupado el espacio ante ti. (Véanse más detalles en páginas 52-53.)

MIRADORES

Los miradores refuerzan el chi de la puerta principal cuando se sitúan en un lugar complementario. Considera la posibilidad de incluir este componente si tienes el terreno suficiente. Asegúrate de que refuerza el chi de la puerta principal, en vez de debilitarlo, siguiendo las directrices siguientes:

* Cuando la puerta principal está al este o al sudeste, un mirador al norte es excelente y brinda apoyo a la puerta. Cuando la puerta principal está al oeste o al noroeste, el mirador debe estar al sudeste o al nordeste.
* Cuando la puerta principal está al norte, el mirador debe estar al oeste o al noroeste. Cuando la puerta principal está al sur, el mirador debe situarse al este o al sudeste. Y cuando la puerta principal está al suroeste o al nordeste, el mirador debe situarse al sur. (Véase también Puertas, página 269.)

MONEDAS

Las monedas chinas antiguas, o las reproducciones de las mismas, son unas herramientas poderosas para activar la riqueza. Las formas circulares y cuadradas de las monedas chinas auténticas representan conjuntamente el cielo y la tierra. Ata tres monedas con cordel rojo y cuélgalas por el interior de tu puerta principal, para indicar que el dinero ya está dentro de tu casa. (Véanse más detalles en página 169. Véase también Caja registradora, página 210.)

MONEDAS DE DIEZ DINASTÍAS

Colgar monedas de diez dinastías aporta un feng shui excelente a la oficina. Ponlas detrás de tu asiento habitual, o a tu izquierda, para simular el dragón. Las monedas de los reinados de diez emperadores diferentes, atadas con cordel rojo, simbolizan la riqueza. Pueden ser monedas antiguas auténticas o imitaciones. Las monedas antiguas llevan el chi de su época; por tanto, si la época fue propicia, el chi será beneficioso. (Véanse más detalles en página 169.)

MONO SOBRE CABALLO

Si quieres ascensos, pon esta imagen en el rincón noroeste de tu oficina para fomentar la suerte de tu carrera profesional.

La imagen del mono sobre un caballo es símbolo de ascenso inmediato, y resulta especialmente propicia para los que trabajan en grandes empresas o están en el ejército o en la política. (Véanse más detalles sobre el éxito en la carrera profesional en páginas 52-59.)

MONTAÑAS

Las montañas son fundamentales para el buen feng shui del entorno, y simbolizan el origen de la suerte del cielo. Las montañas que son lo bastante bajas como para tener vegetación suelen albergar al Dragón Verde benévolo. También aportan un apoyo y un sostén increíble, anclándote bien e impidiendo que se te lleven las desventuras, la mala suerte o las traiciones.

Los terrenos completamente llanos, sin formas terrestres elevadas, no pueden sustentar la guarida del dragón y no son propicios. Cuando no hay montañas, puedes simular su presencia con un cuadro que represente una montaña. Las formas de las montañas se clasifican en función de los cinco elementos, y las orientaciones de las montañas se atribuyen a cada una de las criaturas celestiales. En las ciudades, los edificios altos se consideran montañas. (Véanse más detalles en páginas 12-15.)

MORADO

El color morado representa el agua, pero es más propicio que el azul. El morado resulta especialmente afortunado cuando está acompañado del cromado o del plateado. Uniendo los nombres de los dos colores (ngan-chee) se forma la palabra «dinero» en chino cantonés. (Véase los colores de los edificios en páginas 28-29.)

MÓVILES

Cuelga una escultura o juguete móvil donde pueda verla el recién nacido, pero no pongas nunca nada justo por encima de su cabeza, pues estaría reprimiendo simbólicamente el crecimiento de la criatura. (Véanse, en páginas 84-85, detalles sobre cómo contribuir al crecimiento del niño.)

MUEBLES

Los muebles inspirados en el feng shui resultan especialmente agradables, porque tienen muy poco chi negativo o ninguno. Estos muebles deben estar diseñados de modo que vayan ensamblados, sin tener clavos en su construcción. Los hermosos sillones Ming antiguos, por ejemplo, se valoran mucho porque se construían sin ningún clavo. En segundo lugar, estos muebles siempre tienen hermosas formas curvas, sin el más mínimo borde ni esquina aguda.

Los muebles modernos pueden imitar el concepto y la esencia de este tipo de mobiliarios. Los tresillos deben tener respaldos y apoyabrazos de bastante tamaño. Las mesas y los armarios deben tener bordes redondeados. Las estanterías y librerías deben tener puertas para cerrar el paso al chi negativo de los estantes.

Evita los muebles que tienen demasiado metal, pues éste emite chi no armonioso. No es buena idea tener sillas y mesas de acero, a no ser que tengan superficies de vidrio y no de madera. Evita también los muebles con bordes agudos y puntiagudos o de formas triangulares. (Véase también Silla, página 274, y Mesas de trabajo, página 252.)

MURCIÉLAGOS

Si bien los murciélagos se suelen asociar a las brujas en Occidente, para los chinos han sido desde hace mucho tiempo un símbolo de abundancia y prosperidad, de felicidad y de longevidad. Esta asociación se debe al del nombre del animal en chino, *pian fu*: el vocablo *fu* suena como la palabra que significa felicidad y buena suerte.

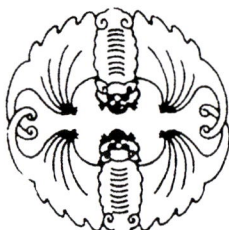

Los murciélagos suelen pintarse de color rojo bermellón, el color de la alegría, y en grupos de cinco que representan las cinco bendiciones del cielo: la riqueza, la salud, la longevidad, el amor a la virtud y una muerte natural. Un grupo de cinco murciélagos rojos es el símbolo yang de la prosperidad, y adquiere un significado más profundo cuando los murciélagos forman un círculo alrededor del símbolo de la longevidad, indicando la abundancia para toda la vida.

Si una familia de murciélagos se instala en tu casa, es de un augurio excepcional, que presagia inmensa buena fortuna y éxito para toda la casa. (Véanse más detalles en página 170.)

MURO DE LADRILLO

Este remedio de feng shui bloquea las vistas no deseadas y poco propicias, como son las de las estructuras que envían chi negativo hacia la casa. También es un bloqueo eficaz contra las carreteras y calles rectas que vienen hacia tu casa, si ésta está situada en un cruce en forma de «T». (Véase también Cruce en «T», página 220.)

MÚSICA

La música aporta al hogar una energía yang preciosa, haciendo que el chi se vuelva benévolo, y resulta especialmente eficaz en los hogares en que tanto el marido como la mujer están ausentes trabajando durante todo el día. Ten aparatos de radio y televisores encendidos para simular la presencia de energía, de modo que el chi no se quede estancado ni viciado. Se ha descubierto que la productividad aumenta en las fábricas cuando se pone música. Las ventajas de esta medida para el feng shui saltan a la vista. El chi del espacio se vuelve más ligero y más propicio. (Véase también Sheng Chi, página 274, y Equipos de música, página 232.)

N

NARANJAS

En la lengua china, el nombre de la naranja, *kum,* suena fonéticamente como la palabra «oro», y por lo tanto significa lo mismo. Puedes tener expuestos fruteros con naranjas como símbolo del «oro» durante las fiestas de Año Nuevo. (Véase también Lima (Fruta), páginas 248-249.)

NARANJO

Una manera favorita de activar el simbolismo de la naranja como representación del oro es poniendo naranjos en la casa. Los naranjos se exponen en el Año Nuevo lunar como símbolo de la suerte de la riqueza. Si quieres plantar un naranjo en tu jardín, hazlo en el rincón sudeste. (Véase también Limero, página 249.)

NARCISO

El narciso, una planta bulbácea de flores fragantes, aporta una suerte excelente para la carrera profesional si florece durante los quince días siguientes al Año Nuevo. Cuanto antes crezcan y florezcan estas plantas después de Año Nuevo, más rápido será el ascenso de tu carrera profesional. Ten visible un narciso en tu oficina como símbolo de la manifestación de tus talentos latentes, que conducirán al reconocimiento y a los ascensos. (Véase éxito en la carrera en páginas 52-59. Véase también Flores, páginas 238-239.)

NENÚFARES

Los nenúfares son unos sustitutos excelentes del loto y, como éste, son símbolos de pureza. Si tienes un objeto de agua exterior pero las aves atacan a tus peces, considera la posibilidad de poner unos nenúfares. Los nenúfares son plantas propicias en tu jardín. (Véase también Flor de loto, página 238.)

NEVERA

(Véase Refrigerador, página 270.)

NIEN YEN

Nien Yen es una de las cuatro orientaciones propicias que se asignan a cada número Kua en la fórmula de las Ocho Mansiones. La orientación Nien Yen es la que más conviene cargar de energía para las cuestiones relacionadas con el amor, el matrimonio y la familia. Activar tu rincón Nien Yen te ayuda a atraer el chi del amor que conduce al matrimonio. (Véanse más detalles en página 119.)

NIVELES DEL TERRENO

Este se refiere a la topografía del terreno que rodea tu casa, y que aporta datos para el estudio de las propiedades de feng shui de un lugar. Al terreno llano le falta chi, y es poco propicio a no ser que se procure crear variaciones de nivel introduciendo elementos de paisaje artificiales o construyendo edificios. Los desiertos tienen un feng shui poco interesante, pero cuando se edifican en ellos, éstos producen diferentes niveles que atraen un flujo propicio del chi. (Véanse más detalles en páginas 12-18. Véase también Criaturas celestiales, páginas 219-220, y Feng Shui del Paisaje, página 237.)

NORDESTE

Este sector de la brújula se simboliza por el trigrama Ken, que representa la montaña, que a su vez significa el elemento de la tierra pequeña. Esta orientación activa el éxito en los estudios y en la erudición. Se representa por el número 8, y es una orientación yang. Pon en el nordeste objetos del elemento tierra, tales como cristales naturales, porcelana y objetos decorativos de cerámica. (Véase también Trigrama Ken, páginas 280-281).

NOROESTE

Este sector de la brújula se representa por el trigrama Chien. Esta orientación yang es el rincón más importante de cualquier hogar, ya que su energía procede del cielo. Ten siempre activadas y frescas las energías de este sector: limpias, luminosas y aireadas.

El noroeste es el lugar del metal grande, y al poner aquí objetos de tierra o de metal se creará una energía excelente. Los objetos de metal pueden ser cualquier cosa hecha de bronce, de metal lacado o de oro.

No pongas nunca en este rincón fuego abierto, ni tampoco objetos del elemento del fuego, como lámparas y otras luces, ya que en el ciclo de los elementos el fuego destruye el metal. (Véase también Chien, Trigrama, página 216.)

NORTE

Esta orientación está simbolizada por el trigrama Kan, que pertenece al elemento agua. El norte es también el lugar de la tortuga. Los atributos de feng shui del sector norte de cualquier casa se cargan de energía con la presencia de agua; por ello, resulta muy beneficiosa la presencia de un objeto de agua en este sector.

El mejor objeto de agua es un estanque con peces. Si no puedes poner un objeto de agua verdadera, una buena manera de simular el agua es un cuadro que represente agua. También es recomendable poner aquí metal, ya que el metal produce agua. El número del norte en la disposición del Cielo Posterior es el 1. (Véase también Trigrama Kan, página 280.)

NUDO MÍSTICO

Existen muchas variedades del nudo místico, que representa el amor eterno, el éxito interminable y las riquezas. Llevar encima el nudo místico, en forma de joya buena, hecha de oro y diamantes, es una manera excelente de activar la suerte del amor. El nudo místico es un símbolo casi tan popular como el de la longevidad. (Véanse más detalles en página 173.)

NUEVE (NÚMERO)

El nueve es un número pleno y completo. Algunos dicen que es más afortunado todavía que el ocho. Pero el número nueve también tiene la capacidad de fomentar la mala suerte que producen los números desafortunados; por tanto, deberá usarse con precaución. Es mejor cuando no aparece acompañado de otro número que no sea el ocho.

El número nueve, multiplicado por cualquier otro, siempre produce cifras que se reducen al nueve. Compruébalo: 9 x 3 = 27, y 2 + 7 = 9. Compruébalo con todos los números multiplicados por nueve, y comprenderás por qué es más poderoso este número cuando está solo. (Véanse más detalles en página 135.)

NÚMEROS

Los números del 1 al 9 tienen multitud de connotaciones de feng shui buenas y malas. Una de sus interpretaciones posibles se basa en el sonido de los nombres chinos de los números, que indicaría que el 3 y el 8 son excelentes, mientras que el 4 es temible. Sin embargo, la numerología china va más allá de observar «a qué suenan» los números, y si bien el nombre del 4 suena a «morir», es un número bueno en la Estrella Voladora. Mientras que el nombre del 3 suena como «crecer», en la Estrella Voladora significa hostilidad y riñas. Según este análisis, los números 5 y 2 son los malos, mientras que el 1, el 6 y el 8 se consideran excelentes. Se considera que el número 9 tiene una buena suerte potente. El número 8 tiene atractivo universal, e indica gran prosperidad según todos los sistemas de análisis. (Véanse más detalles en página 135.)

NÚMEROS AFORTUNADOS

Si la dirección de tu casa o de tu edificio de oficinas contiene un número propicio, tenla expuesta de manera destacada. Los números propicios terminan con cualquiera de los números afortunados: 1, 6, 7, 8 y 9. El número 8 es especialmente afortunado, porque su nombre chino tiene un sonido semejante a *Phat*, que significa «crecimiento próspero». El 9 es el número fundamental, pues significa la «plenitud del cielo y la tierra».

Se considera que las combinaciones más afortunadas son las de los números 1, 6 y 8 en cualquier orden. El número 8 también es afortunado porque es el del período en curso (2004-2024).

Si te es posible, elige los números de la casa, de teléfono, de las matrículas de los automóviles, etc. que tengan una combinación afortunada. Si no puedes cambiar un número desafortunado, quítale importancia mostrándolo con números pequeños.

El cuatro se consideraba el número de la muerte, porque fonéticamente suena como *sey*, es decir, «morir» en chino. ¡Sin embargo, el número cuatro ha traído una buena suerte fabulosa a muchas personas!

La combinación de doses y treses juntos no es propicia. Suele conducir a malos entendidos, riñas y otros problemas. El número peor es el cinco. Cuando aparece este número, trae consigo graves dificultades y problemas. (Véanse más detalles en página 135.)

NÚMEROS DE ESTRELLAS ANUALES

Los números del 1 al 9 dispuestos en una cuadrícula Lo Shu indican la distribución de la suerte chi para un año determinado. La carta que presentamos aquí es la carta anual para el último año del Caballo, el 2002. En esta carta, el número central es el 7, y los demás números se reparten por las diversas casillas de la brújula. La suerte del año se puede determinar en función de los atributos que se asignan a estos números. (Véanse más detalles en páginas 134-135. Véase también Cuadrado Lo Shu, páginas 220-221.)

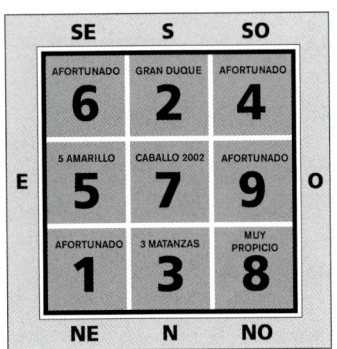

NÚMEROS KUA

Estos números personales revelan las orientaciones de buena y mala suerte para los individuos, y se derivan de la poderosa fórmula de las Ocho Mansiones.

Para determinar tus orientaciones personales, empieza por calcular tu número Kua personal en función de tu año lunar de nacimiento y de tu sexo. Si has nacido en enero o en febrero, antes del día de Año Nuevo lunar de ese año, resta 1 a tu año de nacimiento. Los cálculos son los siguientes:

LA FÓRMULA PARA LOS HOMBRES

Tomar el año de nacimiento
Sumar las dos últimas cifras
Reducir a una sola cifra
Restar de 10 la cifra resultante.
Ejemplo: Año de nacimiento, 1936:
$3 + 6 = 9; 10 - 9 = 1$
El número Kua es el 1.
Para los muchachos nacidos en el año 2000 y posteriores, en vez de restar del 10 se deberá restar del 9.

LA FÓRMULA PARA LAS MUJERES

Tomar el año de nacimiento
Sumar las dos últimas cifras
Reducir a una sola cifra
Sumar 5.
Ejemplo: Año de nacimiento, 1945:
$4 + 5 = 9; 9 + 5 = 14; 1 + 4 = 5$
El número Kua es el 5.
Para las muchachas nacidas en el año 2000 y posteriores, en vez de sumar 5 se sumará 6.

* Los que tienen los números Kua 1, 3, 4 y 9 pertenecen al grupo del este, y sus orientaciones propicias son el este, el norte, el sur y el sudeste.

* Los que tienen los números Kua 2, 3, 6, 7 y 8 pertenecen al grupo del oeste, y sus orientaciones propicias son el oeste, el suroeste, el noroeste y el nordeste. (Véanse más detalles en páginas 64-65.)

O
OBJETOS COLGADOS

Las curaciones a base de objetos colgados superan diversos males y aflicciones provocadas por el chi envenenado. Los carillones eólicos, las campanillas y las flautas, colgados de las vigas y de los techos, pueden contrarrestar los efectos de los bordes agudos y de las líneas rectas.

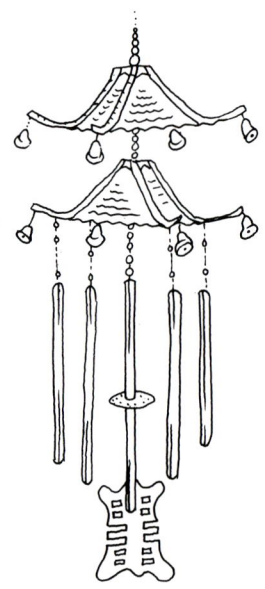

Estos objetos deben ser discretos: ponlos a un lado de la habitación. Los carillones eólicos no deben estar colgados nunca directamente sobre tu cabeza, pues provocarían energía negativa. Del mismo modo, cuando una puerta sufre una aflicción, no deben colgarse objetos justo encima de ella, pues afectarían a las personas que entran y salen por la puerta. (Véanse más detalles sobre los carillones eólicos en página 91.)

OCHO ASPIRACIONES

Las Ocho Aspiraciones se puede activar en sus sectores particulares por medio de los objetos que se indican en este diagrama.

Las ocho aspiraciones son los tipos de suerte que se asocian a los ocho lados del Pa Kua. El norte representa las aspiraciones de la carrera profesional; el sur simboliza las aspiraciones relacionadas con la fama y el reconocimiento; el este representa la salud; el oeste, los hijos; el suroeste, el amor, el matrimonio y la familia; el nordeste, la sabiduría y la suerte en las letras; el sudeste, la riqueza; el noroeste, los protectores y patrocinadores. Para atraer la suerte asociada a cada una de estas aspiraciones, basta con «activar» el rincón de la brújula que representa cada uno de los tipos de suerte.

La suerte de la carrera profesional se activa con objetos de agua en el norte. El reconocimiento viene al tener encendida una luz fuerte al sur. La riqueza acude a los hogares cuyo rincón sudeste está lleno de plantas vivas y exuberantes. Las flores frescas al este simbolizan la buena salud. La suerte de los hijos y la de los protectores llega al poner oro en el oeste y en el noroeste, respectivamente. Y la buena suerte en los estudios viene cuando se activa bien el nordeste con bolas de cristal. (Véanse más detalles en página 113.)

OCHO INMORTALES (O PA HSIEN)

Son los Inmortales taoístas, cuya presencia en la casa aporta buena suerte y protección ante las personas de malas intenciones. Son unos seres humanos que fueron divinizados y están dotados de poderes mágicos. Según la leyenda, todo lo que tocan se convierte en oro. Al tenerlos expuestos en la casa, no sólo se produce una gran suerte del éxito, sino también el chi de la inmortalidad. Cada uno de ellos representa un estado diferente en la vida: pobreza, riqueza, aristocracia, pueblo llano, vejez, juventud, masculinidad y feminidad. (Véanse detalles en la página 93.)

CHANG KUO LAO. Ermitaño del siglo VII y dotado de unos poderes mágicos sobrenaturales que le permiten volverse invisible. Su emblema es el Y Ku, instrumento musical que es un tambor de bambú en forma de tubo con dos mazos para tocarlo. El emperador Ming Huang quiso hacerlo venir a su corte imperial, pero Chang Kuo se negó a dejar su vida de eremita vagabundo. Desapareció y alcanzó la inmortalidad sin haber muerto, según se cuenta.

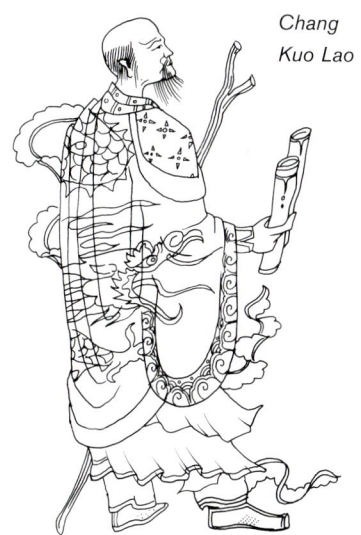

Chang Kuo Lao

CHUNG LI CHUAN. Es el jefe de los Ocho Inmortales, vivió en tiempos de la dinastía Chou y descubrió el elixir de la vida. Se le suele representar como a un hombre grueso que enseña el vientre; lleva a veces un melocotón, y porta también su emblema, el abanico que sirve para devolver la vida a los muertos.

Chung Li Chuan

HO HSIEN KU. Vivió en el siglo VII y era hija de un tendero. Comió el melocotón de la inmortalidad y se convirtió en hada. Alimentándose de madreperla machacada y rayos de luna, alcanzó la inmortalidad. Desapareció cuando la llamó a su corte la emperatriz Wu, de la dinastía Tang. Su emblema es el loto, que lleva en la mano izquierda. Trae suerte a las amas de casa.

HANG HSIANG TZU. Es el más joven de los Inmortales, y tiene el poder de hacer crecer y abrirse las flores al instante. Lleva cantidad de ellas en un saco que porta a la espalda. Su emblema es la flauta, que toca constantemente como patrón que es de los músicos. Los animales, los insectos y las plantas crecen con su presencia. A los que les

Ho Hsien Ku

Lu Tung Pin

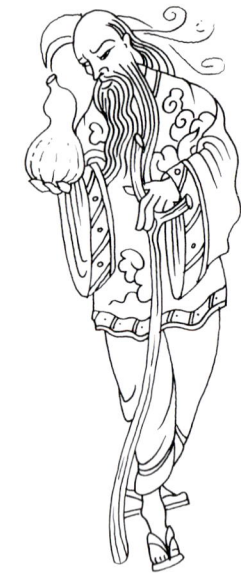

Li Tieh Kuai

Han Hsiang Tzu

Lan Tsai Ho

con poderes sobrenaturales. Recorre el mundo matando criaturas malignas. Al tener expuesta su imagen en la casa te protege de los que pretenden hacerte daño.

gusten los jardines les beneficiará tener su imagen en casa.

LU TUNG PIN. Erudito y ermitaño que aprendió los secretos del taoísmo, alcanzó la inmortalidad a los cincuenta años de edad. Es el patrón de los barberos, y lo veneran los enfermos. Su emblema es el espantamoscas, y suele llevar colgada a la espalda una espada

LI TIEH KUAI. El mendigo que se apoya en su bastón de hierro tiene un dominio enorme de la magia. Lleva en la mano una calabaza de peregrino de la que sale una voluta. Esto representa su poder para liberar los espíritus de sus cuerpos.

LAN TSAI HO. Seguramente es la más extraña de los Inmortales, y se le suele representar con un pie desnudo. Su emblema es la cesta de flores, y es patrona de las floristas. Es la manifestación del espíritu de la feminidad. Si quieres cargar de energía la suerte de la familia y del matrimonio, pon su imagen en el suroeste de tu casa.

TSAO KUO CHIU. Hijo de un jefe militar y hermano de una emperatriz de la dinastía Sung, se le representa con ropa de corte, como aristócrata. Su emblema es un par de castañuelas, que en su origen eran las tablillas que identificaban a las personas autorizadas a entrar en palacio.

Tsao Kuo Chiu

OCHO MANSIONES

Es una fórmula poderosa del feng shui, basada en el año de nacimiento de la persona y en su sexo, y que indica sus orientaciones propicias y desventuradas. (Véanse más detalles en páginas 122-123. Véase también Números Kua, página 256.)

OCHO OBJETOS PRECIOSOS

Estos ocho tesoros son extremadamente propicios, y consisten en el parasol, el pez doble, el jarrón, la flor de loto, la concha, el nudo místico, la bandera de la victoria y la rueda del dharma.

Los practicantes del feng shui simbólico suelen exponer estos ocho tesoros en forma de biombos de tejido bordado que se cuelgan en las puertas para atraer la buena fortuna. Estos biombos de tela sirven también de escudos excelentes para impedir que las zonas que tienen chi dañino afecten al resto de la casa.

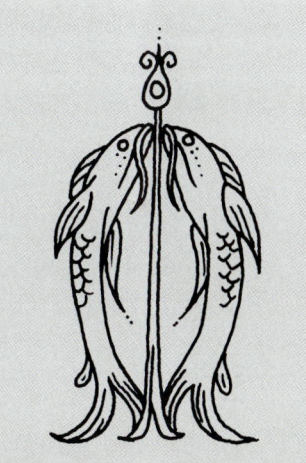

EL PEZ DOBLE es un símbolo que se suele llevar en forma de amuleto para protegerse de las malas intenciones. Ponlo cerca de la entrada de la casa, y las personas que tengan malas intenciones hacia ti no conseguirán quedarse mucho tiempo. Para ello puede servirte una pareja de carpas de bronce.

EL LOTO trae la buena fortuna de todo tipo. Cuando se cultiva en casa tiene el poder de convertir la mala suerte en buena.

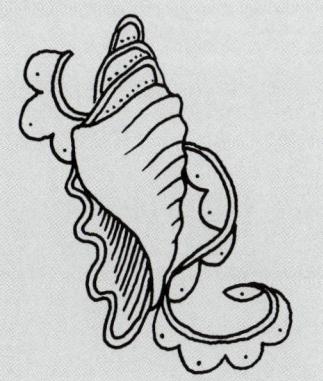

LA CONCHA atrae la suerte propicia para los viajes. Las mejores conchas son las que se enroscan hacia la izquierda. Las conchas marinas deben limpiarse y dejarse en remojo en agua salada durante un mes por lo menos, y después puedes ponerlas en tu cuarto de estar. Los viajeros llevan a veces las conchas del género *cypraea* como amuleto.

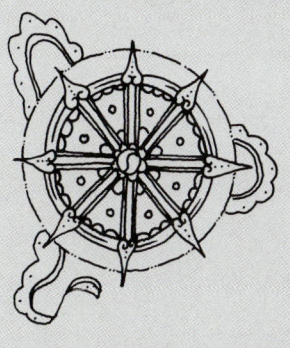

LA RUEDA DEL DHARMA (o Rueda de la Ley) representa el poder de la energía celestial. Una representación de esta rueda conduce al desarrollo espiritual positivo.

EL JARRÓN PRECIOSO, colocado cerca de la entrada de una casa, atrae el chi pacífico. El jarrón se llama en chino *ping*, que también significa «paz». Si los jarrones están fuera de la casa, tenlos vacíos, pero llénalos si están dentro. Llena los jarrones hasta la boca con siete variedades de piedras semipreciosas para atraer la buena suerte. Conviértelos en jarrones de la riqueza para beneficiar a la familia. (Véase Jarrones de la riqueza, página 247.)

EL PARASOL O SOMBRILLA es un símbolo de protección excelente. Cuando se pone cerca de la parte delantera de la casa, la protegerá de ladrones.

EL NUDO MÍSTICO simboliza un ciclo interminable de buena suerte que se convierte en mala suerte y de nuevo en buena, como el ciclo del nacimiento y el renacer. En el feng shui es un símbolo popular de afecto y devoción interminable: un ciclo de amor que perdura hasta la muerte. El nudo místico es un símbolo muy poderoso para llevarlo encima, como amuleto protector y como cargador de energía de la suerte de las relaciones personales.

LA BANDERA DE LA VICTORIA simboliza el éxito en todas tus actividades. Se suele representar en forma de bandera larga, como las que usaban los antiguos ejércitos chinos. La bandera de la victoria es especialmente propicia para los que se dedican a la política, para los militares o para los gobernantes, y les aportará ascensos y puestos más elevados.

OCHO ORIENTACIONES

Se alude con frecuencia a las ocho orientaciones: noche, sur, este, oeste, noroeste, nordeste, suroeste y sudeste. El estudio del feng shui incluye la búsqueda de la suerte en estas orientaciones de la casa.

Familiarízate con la brújula, en la que se toma como norte el norte magnético. En todas las fórmulas se aplican las orientaciones de la brújula para describir la distribución de diversos tipos de chi. (Véanse más detalles en página 130.)

OCHO TRIGRAMAS

Los ocho trigramas son los símbolos principales del análisis de feng shui. Los trigramas, que se disponen en los ocho lados del Pa Kua, son combinaciones de tres líneas enteras o truncadas. Las líneas enteras son yang, y las truncadas son yin. Los ocho trigramas se llaman Chien, Kun, Kan, Li, Ken, Chen, Tui y Sun, y constituyen la raíz de los 64 hexagramas que componen, a su vez, el *I Ching*. Al comprender el significado de estos trigramas y su disposición alrededor del

Pa Kua, se penetran los secretos de este símbolo octogonal. (Véanse más detalles en páginas 88-89.)

OESTE

Si quieres producir en tu casa buena suerte de los descendientes, para beneficiar a la nueva generación, carga de energía el chi del metal del sector oeste de tu casa. Puedes servirte para ello del color blanco, o exhibir objetos de adorno metálicos y otros, como campanillas y cuencos cantarines. Al golpear tres veces con un mazo especial de madera un cuenco cantarín auténtico, éste produce un sonido limpio que atrae el chi propicio. (Véanse más detalles en páginas 196-197.)

OJO DE TIGRE

Esta piedra tan popular tiene diversos colores, desde el dorado hasta el crema, pasando por el marrón y el negro rojizo. Emite vibraciones de dinamismo y estabilidad, y fomenta el orden en los proyectos y empresas nuevas. Cuando se lleva encima, el ojo de tigre fomenta el pensamiento claro y aporta confianza al que lo lleva. Se dice que resulta eficaz en el tratamiento de diversas enfermedades, tales como los dolores de cabeza y trastornos de la garganta, los ojos, el aparato reproductor y los huesos. También se considera que el ojo de tigre es protector. (Véase también Enfermedad, página 231.)

OLLAS ELÉCTRICAS O APARATOS PARA GUISAR ARROZ

El feng shui no recomienda poner el fogón, ni siquiera una olla eléctrica, en el noroeste de la cocina, porque ese rincón representa a la persona que es el principal sostén económico de la familia, y el elemento fuego le quemará la suerte.

El rincón noroeste representa también el cielo; por eso, cocinar en el noroeste indica «fuego a la puerta del cielo». El noroeste es del elemento metal, y el fogón representa el fuego, que es el único elemento capaz de destruir el metal. Este grave defecto de feng shui debe corregirse inmediatamente poniendo en las proximidades una tinaja de agua yin (el agua yin es agua quieta que no contiene vida). (Véase también Energía yin, página 231.)

ORDENADORES

Aunque puede que hayas oído decir lo contrario, los ordenadores no necesariamente provocan mal feng shui; de hecho, puestos en el oeste o en el nordeste, los ordenadores cargan de energía dichos rincones. Elige las imágenes para el salvapantallas en función de dónde se está usando el ordenador. He aquí algunas sugerencias:

* En el norte, este y sudeste, pon imágenes de peces en movimiento.
* En el sur, suroeste y nordeste, paisajes de montaña.
* En el oeste y noroeste, inventos y héroes.

(Véanse más detalles en las páginas 52-59.)

ORIENTACIÓN DE LA RIQUEZA

Tu orientación personal de la riqueza (orientación Sheng Chi) depende de tu número Kua. Tu orientación de la riqueza te aportará éxito, crecimiento y prosperidad: todas las manifestaciones y consecuencias de la riqueza. Siéntate dando frente a tu orientación Sheng Chi. Cuando duermas, ten la cabeza orientada hacia tu Sheng Chi. Tu entrada principal también deberá dar frente a tu orientación Sheng Chi.

En función de tu número Kua, tu dirección Sheng Chi será la siguiente:

Kua 1	Sudeste
Kua 2	Nordeste
Kua 3	Sur
Kua 4	Norte
Kua 5	Nordeste (varones)
Kua 5	Suroeste (mujeres)
Kua 6	Oeste
Kua 7	Noroeste
Kua 8	Suroeste
Kua 9	Este

(Véanse más detalles en páginas 118-121.)

ORIENTACIÓN DE SITUACIÓN

Es la opuesta a la orientación del frente. (Véanse más detalles en páginas 28-29.)

ORIENTACIÓN DEL AMOR

Existen dos orientaciones principales de la brújula que cualquier persona puede utilizar para activar una mayor suerte en el amor. La primera es la orientación general, que indica que la suerte del amor depende del suroeste de cualquier espacio. Si tienes un baño, almacén o cocina en el suroeste de tu casa, es posible que las relaciones románticas se echen a perder. Para traer las relaciones románticas a tu vida, activa el suroeste con buena energía de la tierra y con los símbolos del amor, del matrimonio y de la familia.

La segunda orientación del amor es la orientación personal llamada orientación Nien Yen, que aporta suerte del amor y de la familia. Esta orientación personal del amor se basa en tu número Kua, que a su vez se calcula en función de tu año de nacimiento y de tu sexo. Para captar tu chi del Nien Yi deberás sentarte dando frente a tu orientación personalizada siempre que te sea posible, y dormir con la cabeza hacia tu orientación Nien Yen.

Kua 1	Sur
Kua 2	Noroeste
Kua 3	Sudeste
Kua 4	Este
Kua 5	Noroeste (varones)
Kua 5	Oeste (mujeres)
Kua 6	Suroeste
Kua 7	Nordeste
Kua 8	Oeste
Kua 9	Norte

(Véanse más detalles en páginas 119-121.)

ORIENTACIÓN DEL FRENTE

Este término se refiere a la orientación de la brújula a la que da frente una casa. En general, la orientación del frente es la misma de la entrada principal, pero no sucede así en todas las casas. Algunos maestros aplican la vista de la calle o carretera principal. Así pues, si tu casa está orientada hacia la calle o carretera principal pero tiene la puerta hacia un lado, entonces la orientación del frente será el lado de la casa que mire hacia la calle o carretera. Otros maestros aseguran que la orientación del frente de la casa es la que tiene la vista más despejada. Así pues, si vives en un piso que tiene un balcón con vistas a un valle, lo más probable será que ésta sea la orientación del frente de tu piso. (Véanse más detalles en páginas 32-33.)

ORIENTACIONES

Las orientaciones se refieren a las direcciones de las puertas, así como a las direcciones con que nos sentamos, damos el frente y dormimos. Las orientaciones son un aspecto importante de la práctica correcta del feng shui, y deben implantarse correctamente, según las diversas fórmulas y directrices del feng shui. También se llama orientación la disposición correcta de la casa con respecto al entorno que lo rodea, entre ellos los ríos, los lagos, las colinas y los campos. (Véanse más detalles en páginas 42-43.)

ORO

El oro simboliza la riqueza, la prosperidad y el éxito. Diversas manifestaciones del oro dentro de la casa estimularán la suerte de la riqueza.

Un símbolo tradicional de la riqueza son los lingotes de oro, pero también resulta eficaz crear piedras o cantos dorados para simular una montaña de oro. Cierta lectora mía prepara piedras doradas revistiéndolas de panes de oro y las dispone en pequeños montes de oro. Pon «pepitas de oro» de este tipo en tu jardín interior; utilízalas para potenciar tus adornos de mesa o ponlas en cuencos en cualquier parte de la casa para que sirvan de cargadores de energía de la riqueza. (Véanse más detalles en página 171.)

También puedes tomar cantos rodados grandes y recubrirlos de purpurina con el mismo fin. Ponlos delante de la entrada principal para invitar a entrar a la energía de la riqueza. (Véanse también más detalles en Entradas, página 231.)

ORQUÍDEAS

Al elegir las plantas para el jardín, si el clima te permite cultivar orquídeas, estas hermosas plantas significarán fuerza y valor, además de la durabilidad de tu cargo profesional. Las orquídeas son plantas que duran mucho tiempo y traen chi saludable a la casa. (Véase también Jardines de flores, página 246.)

P
PA KUA

Este diagrama octogonal contiene los símbolos, las orientaciones y los números que se requieren para el análisis básico del feng shui. Existen dos tipos de Pa Kua: el yin y el yang.

El Pa Kua yang se utiliza para analizar el feng shui de las casas, los pisos y apartamentos, y los edificios. El Pa Kua yang se basa en la disposición del Cielo Posterior de los trigramas.

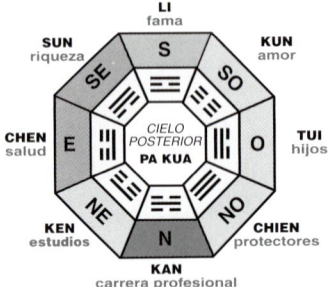

En el Pa Kua yang, la disposición de de los ocho trigramas muestra el Kun en el suroeste y el Chien en el noroeste. Cada uno de los sectores de la brújula representa el tipo de suerte que se puede activar en las esquinas correspondientes sobre el terreno. Este método sencillo del feng shui se llama el Feng Shui del Pa Kua de las Ocho Aspiraciones.

El Pa Kua yin muestra una disposición diferente de los trigramas en los lados del diagrama, y la diferencia es fundamental. El Pa Kua yin se utiliza para protegerse de las flechas envenenadas y del chi maligno provocado por las estructuras hostiles del entorno. El Pa Kua yin tiene el poder de disolver la energía mala; sin embargo, al mismo tiempo, también repele y daña todo lo que se encuentra directamente en su camino. No utilices el Pa Kua yin más que como último recurso, porque hace daño a la gente.

El Pa Kua yin se utiliza también en conjunción con el Pa Kua yang en trabajos de feng shui avanzado en los que intervienen a la vez casas yin y yang. Resulta especialmente útil para analizar los efectos de las calles, carreteras y de las montañas que rodean la casa.

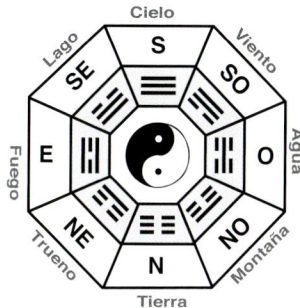

En este Pa Kua, el Chien fundamental está situado en la parte superior, que corresponde al sur, y está en situación opuesta al Kun, de manera que el yang por excelencia está frente al yin por excelencia, el padre está frente a la madre, el cielo está frente a la tierra. El agua está al oeste, enfrente del fuego, que está al este. El trigrama Kan está frente al trigrama Li. (Véanse más detalles en páginas 98-99.)

PALILLOS DE COMER

El empleo de los palillos y un cuenco de arroz, en vez de tenedor y cuchara, aporta significado al acto de comer. No metas nunca los palillos en vertical en el cuenco de arroz, pues esto significa muerte o grandes pérdidas. Utiliza, en cambio, palillos dorados y un cuenco de arroz dorado para atraer el significado de la abundancia. Deja siempre los palillos juntos, ya sea directamente sobre la mesa o sobre un soporte de palillos decorado con un símbolo de longevidad. (Véase también Abundancia, página 200, y Longevidad, página 249-250.)

PAREDES

Puedes pintar las paredes de tu casa de colores que fomenten el elemento correspondiente a su situación. También puedes colgar cuadros y exhibir objetos propicios para cargar de energía tipos concretos de buena suerte. (Véase también Cuadros, páginas 221-222, y Color, página 218.)

PARQUE

Cuando tienes delante de tu puerta principal un parque o cualquier otro espacio despejado, éste produce el efecto del salón brillante, que atrae un precioso chi yang. El chi puede asentarse y acumularse allí antes de entrar en tu casa. Cuando busques casa para comprarla o alquilarla, elige una que tenga delante un espacio despejado o un parque. (Véanse más detalles en páginas 12-18. Véase también Salón brillante, página 273.)

PARTES Y ÓRGANOS DEL CUERPO

Los maestros expertos del feng shui son capaces de diagnosticar las enfermedades y prevenir de su aparición, además de dar indicaciones sobre su carácter, con sólo investigar el feng shui de las habitaciones de la casa de una persona. Cuando las orientaciones de los elementos sufren una aflicción, la consecuencia pueden ser enfermedades asociadas a las partes del cuerpo correspondientes.

El análisis permite identificar las habitaciones afligidas por malas Estrellas Voladoras, además de por las estrellas anuales de la enfermedad, que cambian todos los años. Cuando se han identificado las habitaciones afligidas, se aplica el análisis de los elementos para identificar las partes del cuerpo asociadas a las situaciones afligidas. (Véanse más detalles en páginas 88-90.)

PASILLOS

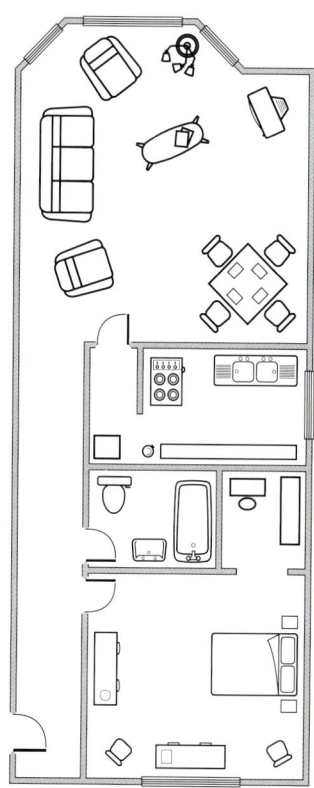

Los pasillos largos, estrechos y rectos pueden convertirse en flechas envenenadas que provocan falta de armonía en las relaciones personales. El símbolo de la flecha envía Shar Chi por la oficina o por el hogar, provocando habladurías, disputas y malos entendidos.

Si tu habitación está al fondo de un pasillo largo, el peso de las disputas recaerá principalmente sobre ti. Si tu habitación tiene una puerta que da al pasillo, tendrás problemas con la persona que ocupe la habitación de enfrente. Desacelera la circulación veloz del chi poniendo a lo largo del pasillo plantas, cuadros y carillones eólicos.

Si tu piso da la sensación de ser un pasillo, pon cuadros en las paredes y utiliza un espejo de pared para ensanchar el espacio. (Véanse más detalles en página 38.)

PATIO

Un patio interior representa buen feng shui para el corazón de la casa, pues permite que se reúnan allí el cielo y la tierra, trayendo así chi propicio al núcleo mismo de la casa. Si tienes en tu casa un patio, asegúrate de que está limpio y lleno de símbolos propicios. Lo mejor es crear un jardín interior decorado con piedras que parezcan dragones, Chi Lin y tortugas. (Véase también Atrios, página 207.)

PATIO EXTERIOR

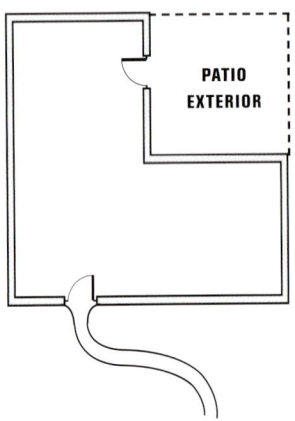

Los patios exteriores pueden servir para resolver el problema de los rincones ausentes. En función de la orientación del patio, también puedes fomentarlo con los cargadores de energía de los elementos. Por ejemplo, a un patio exterior situado al norte le resultará beneficioso un objeto de agua; uno que está en el sur puede ser la zona de barbacoa, y así sucesivamente. Los patios exteriores deben considerarse como parte de la casa a efectos de superponer la carta Lo Shun sobre el plano de la casa. (Véase también Cuadrado Lo Shu, páginas 220-221.)

PATOS MANDARINES

Estas representaciones maravillosas de la felicidad conyugal simbolizan a una pareja joven de enamorados. Al tener expuesta una pareja de patos mandarines en el rincón suroeste se atrae la suerte del amor. Los patos de madera no son tan eficaces como los esculpidos de la piedra semipreciosa llamada jaspe. (Véanse más detalles en páginas 69, 75 y 103.)

PAVO REAL

Esta ave tan hermosa, de plumaje extraordinario, es símbolo de dignidad y de belleza, de supremacía y de victoria. Si mantienes una competencia contra alguien, te beneficiará enormemente tener cerca de ti la imagen de un pavo real. Busca una hecha de metal lacado.

Los matices impresionantes de las plumas de la cola del pavo real han servido para que se utilizaran durante siglos como signos de categoría oficial, y los abanicos de plumas de pavo real se suelen utilizar como decoración en la casa. El ave real puede servir de sustituto del ave fénix. (Véase también Ave fénix, página 207.)

PECES

El pez representa la abundancia, porque la palabra china que significa pez, *yu*, significa también «abundancia». Por eso, a muchos hombres de negocios les gusta tener peces vivos en acuarios, tanto en la oficina como en la casa.

El modo más fácil de tener peces es en un acuario, que se debe tener preferentemente cerca de la entrada principal o en el cuarto de estar. Ten peces de colores, carpas, arowanas, gupis o cualquier otro pez hermoso de agua dulce. Muchos dicen maravillas de los arowanas, también llamados arahuanas, y también son muchos los que adoran los fabulosos peces de colores. Otros prefieren tener estanques en miniatura en vez de acuarios, y éstos son perfectos para relacionarse directamente con el *koi*, la carpa de vivos colores. En el jardín puedes tener gupis en estanques pequeños de lotos y nenúfares, que son fáciles de instalar.

Los gupis de colores fosforescentes están siempre preñados y atraen un chi del crecimiento maravilloso. El feng shui de la Estrella Voladora te ayudará a identificar los lugares del jardín y del interior de la casa donde los objetos de agua atraerán mayor suerte de la riqueza.

Ten siempre a tus peces sanos y limpios. ¡No hay nada peor que un acuario feo y mal cuidado, o que unos peces enfermos que tienen un aspecto tan desgraciado que se nota la tristeza del chi que emana de ellos!

Si tener peces vivos te resulta difícil por tu forma de vida, será igualmente buena una figurita o dos de peces, o un jarrón o un cuadro donde estén pintados peces. No tengas nunca peces en el dormitorio, ya que el agua no es buena señal allí. (Véase también Acuarios, página 200.)

PECES DE COLORES

Los peces de colores son especialmente propicios cuando se tienen en acuarios en el sector norte. Ten nueve peces de colores, ocho dorados y uno negro. El pez negro absorberá la mala suerte que entre en casa sin que nos demos cuenta. Ten el acuario bien iluminado y burbujeante. Los peces traen más suerte cuando están situados en el norte, el este o el sudeste de la casa. No deben estar nunca en el dormitorio. (Véanse más detalles en páginas 104, 112 y 163.)

PEONÍAS

La peonía es la reina de las flores, y es excelente para producir buena suerte en el amor. La peonía se asocia a las mujeres hermosas. La legendaria Yang Kwei Fei, una de las mujeres más hermosas de la historia de China, que fue concubina del emperador, decoraba su dormitorio con peonías durante todo el año. El emperador, que no era capaz de negarle nada, tenía que ordenar que le trajeran las flores desde el lejano sur.

La peonía también se llama flor Mou Tan, y es el símbolo floral principal del amor y del matrimonio. Al tenerla expuesta en la casa, trae la suerte del matrimonio a los miembros no casados de la familia. Las pinturas de peonías sobre seda en el dormitorio de las hijas jóvenes son muy beneficiosas.

No pongas peonías en el dormitorio de una pareja mayor, pues pueden hacer que el marido empiece a mantener relaciones extramatrimoniales con una mujer más joven. (Véase también Amor, página 203, y Matrimonio, páginas 251-256.)

PÉRDIDA TOTAL

La orientación Chueh Ming, o de la Pérdida Total, es la más dañina de las cuatro orientaciones desafortunadas. Significa la pérdida total de la riqueza y de los descendientes. Dar frente a tu orientación Chueh Ming o dormir en una situación Chueh Ming te traerá una mala suerte grave. Tu orientación Chueh Ming se basa en tu número Kua, según la tabla siguiente:

Kua	Orientación
Kua 1	Suroeste
Kua 2	Norte
Kua 3	Oeste
Kua 4	Nordeste
Kua 5	Norte (varones)
Kua 5	Sudeste (mujeres)
Kua 6	Sur
Kua 7	Este
Kua 8	Suroeste
Kua 9	Noroeste

(Véanse más detalles en páginas 118-121.)

PERÍODO OCHO

El Período Ocho comenzó el 4 de febrero del 2004 y terminará veinte años más tarde, el 3 de febrero de 2023. El Período Ocho simboliza la montaña. Es un período de tierra, representado por el trigrama Ken. Durante este período habrá mucha introspección y aumentará el interés por los temas relacionados con la meditación y los estudios e investigaciones.

Los que aplican el feng shui de la Estrella Voladora deben empezar a convertir su hogar en casas del Período Ocho, ya que las casas del Período Siete perderán energía al irse debilitando su chi. Será útil conocer con bastante profundidad el feng shui de la Estrella Voladora para llevar a cabo este cambio sin sobresaltos. (Véanse más detalles en páginas 44-45.)

PERÍODO SIETE

El Período Siete, los veinte años anteriores al Período Ocho, se llamó el Período de la Alegría, o del *Tui,* que significa «mujeres jóvenes» y «alegría». *Tui* también significa «lago» y «boca», y representa, por tanto, la riqueza y las comunicaciones. Durante este período, que concluyó el 3 de febrero de 2004, se vio aumentar la influencia de las mujeres y la importancia de los medios de comunicación, así como una gran acumulación de riqueza. (Véanse más detalles en páginas 44-45.)

PERROS FU

Estos perros guardianes tan importantes se utilizan tradicionalmente como símbolos protectores contra todo tipo de mala suerte.

Hay pocos hogares chinos que no tengan una pareja de perros Fu. No hay reglas acerca del tamaño que deben tener los perros Fu, pero deben guardar proporción con el tamaño de la casa que protegen. Los perros Fu deben situarse en un lugar elevado, a ambos lados de la puerta. Pueden estar a la altura de la mesa, pero nunca deben estar sobre el suelo mismo; pon siempre una mesa o una peana.

Es fácil conseguir perros Fu en cualquier tienda china auténtica donde se vendan figuras y porcelanas. Resulta adecuado cualquier color, pero lo mejor es guiarse por el elemento del rincón donde pondrás el perro Fu. Que sea un elemento controlador. Así pues, si tu puerta está situada al este, resultará efectivo poner un par de perros de color de metal, ya que el oro controla a la madera, el elemento del este. (Véanse más detalles en página 183.)

PERSONAL SATISFECHO

Si quieres que tu empresa crezca y prospere, asegúrate de que tus trabajadores están contentos, motivados e interesados. El estrés suele deberse al exceso de trabajo y al mal feng shui. Elimina sistemáticamente las fuentes de mal chi. Pon objetos de agua para animar la circulación del chi. Alimenta la energía del personal poniendo un cristal natural grande o un canto rodado en el rincón donde esté situada en tu oficina la Estrella de la Montaña Ocho. No olvides situar a los empleados de acuerdo con sus orientaciones personales propicias. Los empleados contentos son tus mejores activos. (Véase también cómo contribuir a que se manifieste el éxito en los negocios en páginas 52-59.)

PEZ DRAGÓN

(Véase Arowana, páginas 205-206.)

PI YAO

Es un símbolo de buena fortuna, en forma de una criatura celestial que tiene un cuerno, cara de perro-león, cascos, un ala y cola, y brinda protección contra los malos espíritus. El Pi Yao tiene el poder de contrarrestar y superar la mala suerte provocada por el Gran Duque Júpiter cuando has reformado tu casa o te has mudado a otra nueva. (Véanse más detalles en página 15.)

PIEDRAS

Las piedras atadas con cordel rojo son un antídoto eficaz para los baños situados en la parte norte de la casa, donde pueden provocar mala suerte para la carrera profesional.

Las piedras pueden servir para cargar de energía para la buena suerte en las partes nordeste y suroeste del jardín. Simulan la energía de la tierra, que es propicia para las relaciones personales. (Véase también Cantos rodados, página 211, y Suerte de la tierra, página 276.)

PILARES

(Véase Columnas, páginas 218-219.)

PINOS

Los pinos son unos símbolos asombrosos de longevidad y de fuerza ante la adversidad. Planta al menos un pino en tu patio o en tu jardín. Las agujas de pino poseen cualidades excelentes para limpiar de energía negativa la casa. (Véase también Árboles, página 205.)

PINTURAS

Las pinturas pueden provocar desventuras o pueden traer suerte, en función de sus colores, de sus texturas y de su tema. Cuando ya conozcas el simbolismo propicio o no propicio podrás evaluar las figuras con cuidado. Evita las líneas agudas y las estructuras angulares que pudieran enviar pequeñas astillas de flechas envenenadas. Elige mejor formas redondeadas o circulares. (Véase también Cuadros, página 221.)

PISCINAS

Las piscinas deben situarse de manera estratégica, a la izquierda de la puerta de entrada (según se mira desde la casa hacia fuera). Las piscinas deben tener forma regular, con bordes redondeados que no hagan daño a la casa. Las piscinas rectangulares están bien a condición de que sus esquinas no apunten directamente a las puertas de la casa. (Véanse más detalles en página 160.)

PISOS

Existen algunas reglas básicas respecto de las formas de los pisos y apartamentos, como existen también para las casas. Son preferibles las plantas cuadradas o rectangulares a las irregulares.

Los espejos y las luces son recursos útiles para «regularizar» una planta

Abajo: Planifica la distribución de las habitaciones según la carta natal de la Estrella Voladora, para aprovechar todos los sectores afortunados y alcanzar la buena suerte.

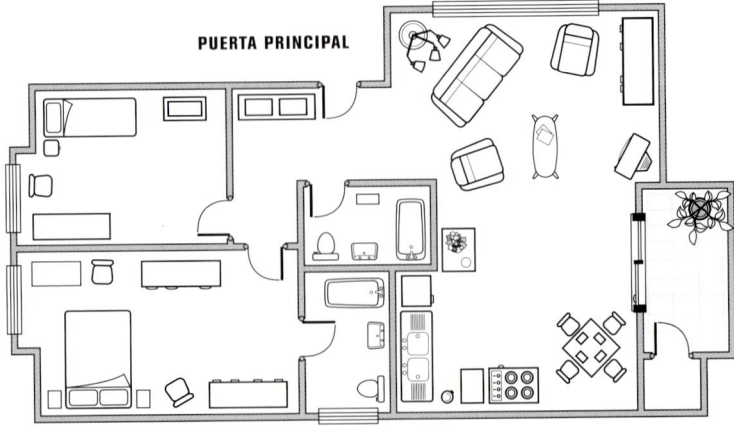

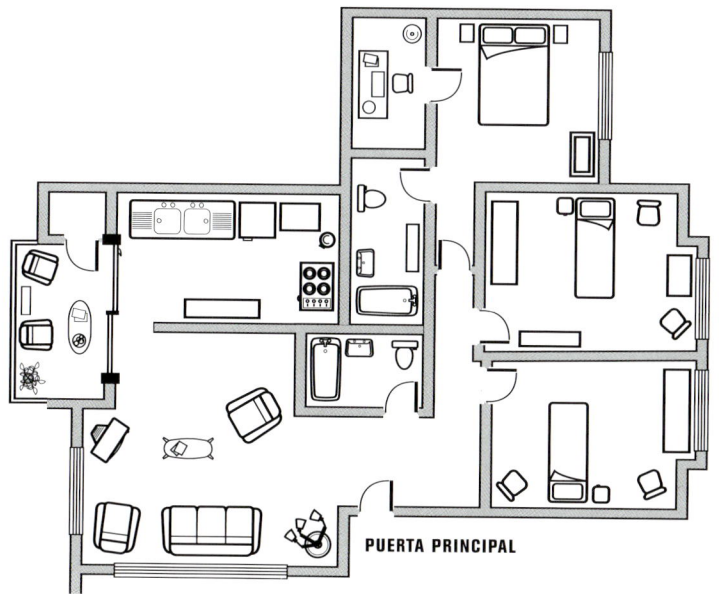

Aunque puede resultar imposible conseguir un piso de forma regular, la forma y distribución irregulares producen rincones difíciles a los que hay que atender.

irregular. Un piso de planta en forma de «L» puede parecer rectangular por medio de espejos. Las luces pueden ampliar los rincones que faltan, iluminando hacia el exterior para corregir la situación. (Véanse más detalles en páginas 24-25. Véase también Esquinas, página 233.)

PLANO DE LA CASA

El plano de tu casa es muy importante, sobre todo al practicar el feng shui de las Fórmulas de la Brújula.

Siempre que practiques el análisis de feng shui deberás disponer de un plano de la casa. Es el medio de estudio más eficaz, sobre todo en el feng shui de las Fórmulas de la Brújula, en el que es preciso aplicar mucha concentración para demarcar la casa en casillas y en sectores de la brújula para analizar la distribución del chi. (Véanse más detalles en páginas 42-43.)

PLANTA DEL DINERO

Estas plantas trepadoras simbolizan el éxito en el aumento de ingresos. La planta del dinero, que se encuentra en los trópicos, tiene hojas en forma de corazón, de color amarillo y verde. (Véase también Suerte del dinero, página 277.)

PLANTA DEL JADE

La crásula ovata o planta del jade, considerada una «planta de la riqueza», tiene hojas verdes crasas que parecen trozos de jade, un material precioso. El mejor lugar para estas plantas es en el rincón sudeste o en el escaparate de una tienda para atraer a los clientes. (Véase la suerte de la prosperidad en el sudeste en página 112.)

PLANTAS

Las plantas simbolizan la esencia del crecimiento del elemento madera. Si alrededor de tu casa hay muchas plantas que crecen, sobre todo al este y al sudeste, tu feng shui mejorará mucho. Es importante controlar las plantas podándolas y recortándolas con regularidad. Las plantas marchitas deben ser retiradas inmediatamente. (Véase también Jardines de flores, página 246.)

PLANTAS CRASAS

Las plantas crasas y las frutas carnosas son propicias porque tienen el aspecto de estar llenas de abundancia. Contienen el agua suficiente para mantenerse vivas y sanas. Los cactus crasos son unas réplicas excelentes de la piedra preciosa jade. (Véase también Cactus, página 210.)

PLANTAS ESPINOSAS

(Véase Cactus, página 210.)

PLATA

El plateado, como color, resulta especialmente propicio cuando está combinado con el morado. En el feng shui, el color plateado pertenece al elemento metal, y simboliza el oeste y el noroeste. (Véase también Morado, página 253.)

PORCHES

Los porches se consideran parte de la casa a efectos del análisis del feng shui; no obstante, el espacio del porche se desperdicia si no pasas allí algún tiempo. Los porches son un buen lugar para colgar carillones eólicos, ya que su tintineo al noroeste y al oeste hace entrar en la casa un chi excelente. (Véase también Carillones eólicos, página 212.)

PORTONES

El diseño y la orientación de los portones puede atraer el buen chi y la abundancia a la casa. Lo ideal es que los portones tengan dos hojas y que se abran hacia dentro, con el centro más alto que los lados como símbolo del logro de tus metas. Si el centro es más bajo que los lados, es símbolo de mala suerte en la carrera profesional. Advierte que el portón principal de tu terreno no es la puerta principal de tu casa; por ello, debes atender más bien a la orientación de la puerta principal. No es preciso que el portón y la puerta principal de la casa den frente a una misma orientación. (Véase también Entradas, página 231.)

POSICIÓN DE LA CAMA

La posición de tu cama es importante, pues cuando duermes estás en tu situación más vulnerable; además, es un tiempo que se dedica al crecimiento (físico en los niños, y mental y espiritual en los adultos).

Para colocar tu cama como es debido, aprovecha una de tus orientaciones propicias, que calcularás según la fórmula Kua (véanse páginas 114-121).

Al colocar tu cama, ten en cuenta las reglas siguientes:

* No duermas nunca con los pies directamente hacia la puerta.
* Asegúrate de que la cama no está frente a ninguna superficie reflectante, como un espejo o un televisor, ya que ésta haría aparecer a una tercera persona en conflicto con la pareja.
* Asegúrate de que el cabecero sea sólido y de que está apoyado en una pared, o al menos en un tablero o mueble. Una cama que «flota» en el centro de la habitación representa falta de apoyo, y provocará muchas noches de insomnio.
* Evita las camas de agua, que simbolizan falta de apoyo. Puede provocar graves problemas en tus relaciones personales, tanto en el trabajo como en la vida amorosa.
* No pongas el cabecero justo debajo de una ventana. Si no puedes evitar esa posición, ten la ventana cubierta con cortinas gruesas mientras duermes.
* Si quieres dormir en diagonal con respecto de las paredes de tu dormitorio, asegúrate de construir un tablero fuerte para apoyar en él la cabecera.

(Véanse más detalles en página 65.)

POSICIONES PARA DORMIR

Tu número Kua determina tus cuatro orientaciones mejores y peores. Duerme siempre con la cabeza hacia una de tus

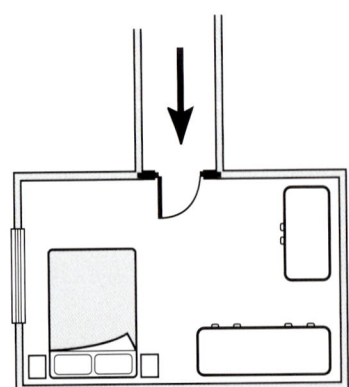

Duerme en una orientación propicia.

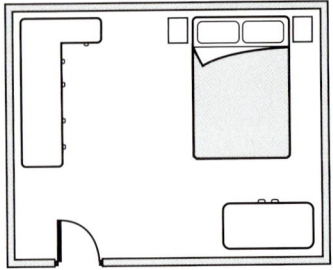

Las camas deben estar situadas en diagonal respecto de la puerta

orientaciones buenas. (Véanse más detalles en páginas 64-65. Véase también Posición de la cama en esta página y Dormitorios, página 227.)

PRIMAVERA

Es la más propicia de las estaciones, pues simboliza un tiempo de crecimiento. Es buen momento para poner en marcha un negocio; pero, para determinar la fecha exacta, consulta el Almanaque chino. (Véase también Almanaque, página 202, y Estaciones, página 233.)

PUENTES

Los puentes próximos a tu casa serán propicios si tienen tres, cinco o nueve ojos. Pueden ser rectos o curvos, con vigas o arcos, colgantes o flotantes. Pueden estar hechos de piedra, de madera o de cañas. En China, los puentes que se construyen para mejorar el feng shui de los jardines suelen ser de piedra, y el ojo suele tener forma de semicírculo. (Véase también Jardín, página 246.)

PUERTA DE LA LUNA

Se considera que en una puerta de entrada de forma circular se produce un equilibrio propicio del yin y el yang, y estas puertas eran populares antiguamente. (Véase también Símbolo yin yang, página 274.)

FENG SHUI ◐ DE LA A A LA Z   269

PUERTA PRINCIPAL
(Véase Entradas, página 231.)

PUERTAS

El tamaño, el número y la situación de las puertas tienen consecuencias importantes para el feng shui. La puerta principal tiene importancia especial. Asegúrate de que no haya estructuras hostiles del entorno exterior que dañen a esta puerta.

Ten presentes las prohibiciones siguientes:

* Las puertas no deben situarse una tras otra en línea recta.
* Las puertas no deben tropezar unas con otras al abrirse.
* Las puertas no deben estar situadas una directamente frente a otra.
* La puerta principal no debe ser menor que otras puertas.

(Véanse más detalles en páginas 30 y 38.)

PUNTOS CARDINALES

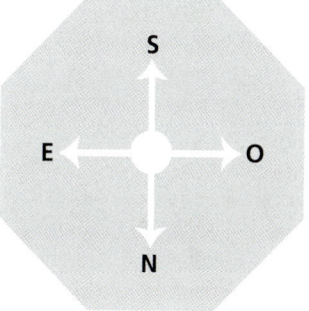

Cada uno de los puntos cardinales (norte, sur, este y oeste) cubre un ángulo de 90 grados. En el feng shui, los puntos cardinales se consideran yang, y por eso los números que les corresponden son todos impares: 1 para el norte, 9 para el sur, 3 para el este y 7 para el oeste.

Los puntos cardinales son importantísimos para el feng shui de las Fórmulas de la Brújula. (Véanse más detalles en páginas 42-43.)

Q
QUA

Este vestido de ceremonia rojo, decorado con hermosos bordados y cuentas, es el vestido tradicional de las novias en las

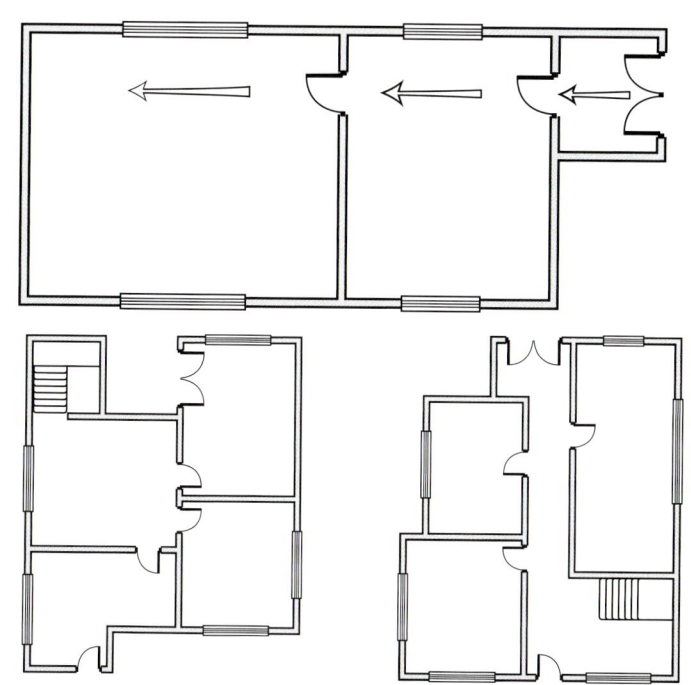

Arriba: *El chi entra en la casa con demasiada precipitación. Evítalo poniendo un biombo.*
Abajo, izquierda: *La puerta principal es mayor que las puertas principales, y el chi recorrerá esta distribución de manera sinuosa.*
Abajo, derecha: *Las puertas principal y trasera están en línea recta, lo que no es propicio.*

bodas chinas. Se considera propicio para las novias llevar el qua, y en tiempos pasados sólo tenía este honor la esposa primera o principal.

El qua puede ser un vestido largo de cuello alto, o puede estar compuesto de falda y blusa. Se usan cristales naturales y piedras preciosas en función de la categoría y la riqueza de la familia de la novia. Los bordados suelen representar el ave fénix y el dragón, con peonías y otros símbolos de la buena fortuna. La madre de la novia suele llevar también blusa roja con falda negra, asimismo con muchos bordados llenos de colorido.

Las novias chinas, por muy modernas que sean, deben casarse con el qua, pues resulta muy propicio hacerlo así. Si no quieres ponerte el qua, cásate de rojo, por lo menos. No vayas de negro, pues es un color demasiado yin para una ocasión tan yang. La novia tampoco debe ponerse ropa negra para la fiesta de la boda. Los invitados tampoco deben ir de negro para asistir a una boda, pues se considera muy descortés por su parte. Pero sí pueden ir de rojo, ya que este color potencia la energía yang.

La novia y el novio deben beber una mezcla de vino y miel de dos vasos unidos con cinta roja, intercambiar los vasos y volver a beber. Así se sella su compromiso mutuo. Después de esto, la novia ya se puede quitar el vestido formal de boda para ponerse un vestido de noche cheongsam más cómodo, que también debe ser rojo. (Véase los símbolos de buena suerte en páginas 168-171.)

R
RANAS
Las ranas y los sapos traen suerte propicia, y una familia de ranas que viva en tu jardín trasero puede protegerte de la mala suerte que llegue hacia ti. (Véanse detalles sobre el sapo de tres patas en página 169.)

REFRIGERADOR
La disposición de la nevera en la cocina debe tener en cuenta la situación del fogón, pues el agua (representado por el refrigerador, el lavaplatos y la pila) y el fuego (el fogón, el horno y las ollas eléctricas) son elementos que chocan entre sí y no deben mezclarse. Los dos elementos no se deben poner juntos ni uno frente a otro. Esta última disposición es más dañina que la primera, si bien ambas son malas. (Véase también Feng Shui de la cocina, página 236.)

REINA MADRE DEL CIELO
La Reina del Cielo legendaria del taoísmo es la diosa patrona de los marinos y de los navegantes. Se cree que les da buen tiempo y protección en sus viajes por alta mar. Se le llama Ma Tsu Po. (Véase también dioses y diosas, páginas 225-226.)

REINA MADRE DEL OESTE
Las alusiones a la reina también pueden referirse a la Reina Madre del Oeste, Hsi Wang Mu (o Xi Wang Mu). Se dice que su imagen trae una fortuna enorme en el hogar. Esta reina es la señora legendaria que se cree que reside en el reino paradisíaco que se encuentra en lo alto de las montañas Kun Lun. Se le representa sentada sobre un ave fénix y acompañada de dos doncellas. Una de éstas lleva un gran abanico mágico, y la otra porta una bandeja llena de melocotones de la inmortalidad, que crecen en sus jardines. Esta imagen trae la buena fortuna para muchos años. (Véase también Abanicos y ventiladores, página 200, y Melocotón, página 252.)

REINA PRECIOSA
La Reina Preciosa simboliza la esencia de la matriarca, y es un símbolo poderoso. Si expones retratos de cualquier reina que te resulte familiar, se creará buena energía para la madre y para los miembros femeninos de la familia.

La Reina Preciosa forma parte de la ofrenda del Mandala budista y, en este contexto, se puede considerar como el equivalente matriarcal del emperador. Activa el sector suroeste, pues es el lugar del trigrama Kun, que simboliza la esencia del espíritu matriarcal. (Véase también Trigrama Kun, página 281.)

RETRATOS
Los retratos familiares que se tienen expuestos en la casa o en la oficina no deben dar frente a las orientaciones personales no propicias. Calcula el número Kua de la persona que aparece en el retrato. Si son varias, haz que dé frente a la dirección propicia de la persona de más edad del grupo. Asegúrate de que el retrato no recibe flechas envenenadas, tales como las de los bordes agudos, y que no esté dando frente a una escalera ni a un retrete. Instala dos luces fuertes que iluminen el retrato día y noche, para que siga sano e inundado de energía yang. (Véase también Cuadros, páginas 221-222.)

RETRATOS DE LA FAMILIA
Un método eficaz para fomentar la unidad familiar es colgar un retrato de la familia en el cuarto de estar o en el cuarto de juegos. Deben aparecer todos los miembros de la familia, y todos deben estar sonriendo, como símbolo de felicidad.

Una distribución en triángulo, con el (o la) cabeza de familia (la persona que es el sostén económico principal de la familia) en el vértice superior, resulta especialmente eficaz cuando esta persona ha nacido en un año de fuego o de tierra. Esta disposición genera el elemento fuego, que simboliza una energía yang preciosa.

Una distribución ondulada, con las cabezas de los miembros de la familia a diversas alturas, genera el elemento agua. Es una forma yin, excelente cuando hay un exceso de energía yang en la casa (por ejemplo, cuando hay más hijos que hijas.)

La distribución rectangular sugiere el elemento madera, y es la más común. En esta distribución, todos los miembros de la familia posan para el retrato con las cabezas a una misma altura. Esta distribución indica también una forma equilibrada y regular, y resulta adecuada si el (o la) cabeza de familia nació en un año de madera o de fuego.

La disposición cuadrada es semejante a la rectangular, y es adecuada para las familias pequeñas. Esta forma da a entender el elemento tierra, que también simboliza a la familia. Resulta especialmente buena si el (o la) cabeza de familia nació en un año de metal, ya que en el ciclo de los elementos la tierra produce el metal. (Véase también Retratos, página 270.)

RETRETES

Los retretes se consideran dañinos para el feng shui. El retrete no se mejora a base de decorarlo con molduras, flores y otros adornos de fantasía. De hecho, esto sólo sirve para multiplicar la mala suerte y para empeorar sus malos efectos.

Los retretes deben ocupar una superficie lo más pequeña posible, con decoraciones mínimas. Ten siempre cerrada la puerta del retrete, y no tengas cerca de él los objetos propicios. (Véanse más detalles en páginas 61 y 73.)

REUNIONES

En las reuniones importantes, siéntate siempre dando el frente a alguna de tus cuatro orientaciones propicias, basándote en la fórmula de las Ocho Mansiones para asegurarte de que tienes la suerte de tu parte. Pero debes medir las orientaciones con precisión. El Feng Shui de las Orientaciones no se puede basar en suposiciones; por tanto, lleva contigo una brújula y apréndete de memoria tus orientaciones propicias (Véase también Números Kua, página 256.)

REYES CELESTES

Los Cuatro Reyes Celestes son los protectores celestiales de la moralidad y la ética. Nos ayudan a mantener actitudes honrosas en nuestra búsqueda del éxito.

Estos reyes son protectores sobrenaturales del Dharma o guardianes del Deva. Protegen las laderas del paraíso sagrado que está en el monte Meru, donde viven los dioses. Los reyes protegen el mundo de los espíritus malignos, que provocan desastres en las casas que no están protegidas.

EL GUARDIÁN DEL ESTE (MO LI CHING) tiene la cara blanca y el semblante feroz. Lleva una lanza y una espada mágica en la que están grabados los cuatro ideogramas que significan tierra, fuego, agua y viento. Cada vez que blande su espada, un viento negro produce diez mil lanzas

Mo Li Ching

que atraviesan los cuerpos de los espíritus malignos y los convierten en polvo. Al viento le sigue el fuego, que llena el aire de diez mil serpientes llameantes. Nadie puede escapar.

EL GUARDIÁN DEL OESTE (MO LI HAI) tiene la cara azul y lleva un laúd de cuatro cuerdas, cuyo sonido hace arder todas las criaturas del mundo y las moradas de sus enemigos. Protege de todo el mal chi que viene del oeste, y se asegura de que los habitantes de la casa no sucumben a las tentaciones asociadas a las ganancias materiales.

Mo Li Hai

Mo Li Hung

EL GUARDIAN DEL SUR (MO LI HUNG) tiene la cara roja y lleva una sombrilla. Cada vez que abre la sombrilla, se produce una oscuridad universal. Cuando invierte la sombrilla, sobrevienen terribles terremotos y tormentas que destruyen a sus enemigos.

Mo Li Shou

EL GUARDIÁN DEL NORTE (MO LI SHOU) tiene la cara negra. Lleva dos látigos y un saco de piel de pantera. Dentro del saco de piel hay una criatura feroz (suele ser una serpiente) que devora a los hombres. Lleva también una perla que le otorga el control de todas las criaturas terrenales.
(Véanse más detalles sobre todos los reyes en páginas 182-183.)

RÍOS

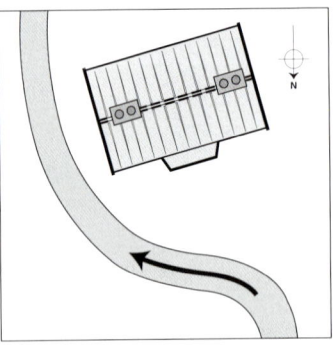

La presencia de un río de corriente lenta, visible desde tu casa, es un componente propicio para el feng shui. Los ríos proporcionan buen chi, sobre todo cuando el agua es sinuosa y limpia. Los ríos contaminados tienden a sufrir la aflicción del aliento venenoso.

* En las casas en que la puerta principal da frente al norte, al sur, al este o al oeste (a alguno de los puntos cardinales), es propicio que el río fluya de izquierda a derecha (según se ve el río desde la casa).
* En las casas en que la puerta principal da frente a una orientación secundaria (sudeste, suroeste, nordeste o noroeste), es propicio que el río fluya de derecha a izquierda.

(Véanse más detalles en páginas 164-165.)

ROJO

El rojo es el color yang por excelencia. Corresponde al trigrama Li, y representa el elemento fuego. El rojo refuerza y carga de energía a cualquier persona que esté adornada con él, y suele llevarse en todas las ocasiones felices y alegres. Resulta importante en el invierno, cuando decae la energía yang.

Pero el rojo, en exceso, puede causar problemas graves. Si no se tiene controlado, puede quemar y destruir. Por tanto, ten controlado el color rojo y haz que esté a tu servicio. (Véase también Energía yang, páginas 230-231.)

ROPA

Cuando tu ropa está equilibrada con tu chi y armoniza con él, atrae la buena suerte. Cerciórate de que los elementos de tus ropas no hacen daño a tu elemento personal.

Las ropas rasgadas (incluso los pantalones vaqueros rasgados intencionadamente para ir a la moda) atraen la energía de la pobreza, que se suele traducir en mala suerte. Las ropas que no sientan bien tienen ese mismo efecto; además, te hacen sentirte insatisfecho contigo mismo, agotando tu chi yang y haciendo que te sientas aletargado. Por la mañana no te quedes en pijama, y tira esa «ropa de casa» flácida e informe. (Véase también Buena suerte, página 209.)

RUIDO

El ruido manifiesta una energía yang intensa, y en tiempos pasados constituía una parte destacada de todas las celebraciones de Año Nuevo, frecuentemente en forma de petardos y fuegos artificiales. En nuestros tiempos se han reducido notablemente los niveles de ruido por la proximidad de los hogares en la mayoría de las zonas de las ciudades y en los barrios residenciales, y además porque los fuegos artificiales pueden ser peligrosos si no se utilizan correctamente. La música china de Año Nuevo, alegre y ruidosa, con sus platillos y sus tambores, puede tener el mismo efecto. Colgando petardos de imitación se simula la creación de energía yang.

(Véase también Año Nuevo chino, página 204.)

S
SALAS DE JUNTAS
La situación mejor para la sala de juntas de una empresa es en diagonal respecto de la entrada principal de las oficinas, en lo más profundo de éstas. No es recomendable que la sala de juntas esté en un último piso, ni que tenga demasiadas puertas, pues provocan falta de armonía. (Véanse detalles sobre las empresas en páginas 76-83.)

SALÓN BRILLANTE
Un parque cubierto de hierba, un campo de fútbol o un prado producen un «salón brillante» propicio (llamado *ming tang* en chino) que permite la entrada del buen chi.

El Sheng Chi empieza por acumularse y asentarse en el salón brillante antes de entrar en la casa. Si tienes un salón brillante delante de tu puerta principal, te traerá mucha fortuna y tus planes saldrán adelante con éxito y sin sobresaltos. Las escuelas y universidades que tienen un campo de deportes delante de la entrada principal suelen producir excelentes licenciados.

No intentes conseguir a toda costa el efecto del salón brillante. Si delante de la puerta principal hay una estatua o una estructura, es preferible renunciar al efecto del salón brillante que padecer la flecha envenenada. (Véanse más detalles en páginas 15 y 17.)

SAPO DE TRES PATAS
El sapo de tres patas es, probablemente, el símbolo más propicio para ganar dinero. Se suele representar a esta criatura sobre un lecho de monedas y lingotes, con tres monedas en la boca. El sapo de tres patas atraerá el oro a tu casa.

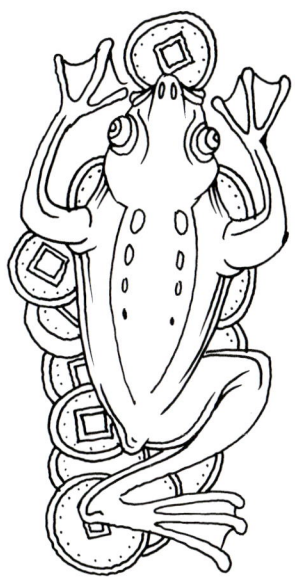

Sitúa al sapo de tres patas a poca altura, en diagonal con respecto a la puerta principal, mirando hacia la puerta como si diera la bienvenida al chi de la riqueza que llega. El sapo no debe dar la impresión de estar a punto de marcharse de un salto; por eso no es conveniente que esté directamente frente a la puerta.

Puedes tener en tu casa hasta nueve sapos. Los puedes tener en las zonas de uso común de la casa, como el cuarto de estar, el comedor y el jardín, pero nunca en los dormitorios, en las cocinas ni en los baños. También puedes ponerte joyas con la figura del sapo de tres patas para mejorar tu suerte de la carrera profesional. (Véanse más detalles en la página 169.)

SECTA DEL SOMBRERO NEGRO
La Secta del Sombrero Negro es una escuela popular de feng shui que utiliza el método del Pa Kua fijo para activar. En esta tradición se han incorporado enseñanzas de diversas escuelas, y la difundió mucho en Estados Unidos Lin Yun, catedrático que fue de la Universidad de Berkeley, en California. Es una síntesis del budismo tibetano y chino, del taoísmo y de la sabiduría popular. También aplica un sistema de curaciones trascendentales. (Véase también Pa Kua, página 262.)

SEIS MATANZAS
La orientación Lui Shar, o de las «Seis Matanzas», es una orientación desafortunada que se basa en la fórmula Kua. Toma nota de tu orientación de las Seis Matanzas y evita sentarte o dormir hacia ella. Esta orientación se basa en tu número Kua. Calcula tu número Kua y a partir de él conocerás tu orientación de las Seis Matanzas.

Kua 1	Noroeste
Kua 2	Sur
Kua 3	Nordeste
Kua 4	Oeste
Kua 5	Sur (varones)
Kua 5	Este (mujeres)
Kua 6	Norte
Kua 7	Sudeste
Kua 8	Este
Kua 9	Suroeste

(Véanse más detalles en páginas 119-121.)

SEMILLAS DE LOTO
La presencia en tu jardín de semillas de loto y sus vainas significa suerte propicia para los hijos. Si en la casa se tienen en lugar visible semillas de loto, se acelera la llegada de nietos. Los budistas aprecian los rosarios de oración hechos de

semillas de loto. (Véase también Jardín, página 246.)

SEÑORA DE LOS NUEVE CIELOS

La Señora de los Nueve Cielos entregó el Luo Pan, o brújula feng shui, al Emperador Amarillo, que se sirvió de él para derrotar a sus enemigos. (Véanse más detalles sobre las orientaciones de la brújula en página 42.)

SETOS

Poner un seto vivo para ocultar a la vista las estructuras feas de las proximidades puede servir para disolver el mal chi del suroeste o del nordeste. Los setos vivos pueden ser todo lo altos que quieras, pero no deben intimidar ni tener un aspecto amenazador por estar demasiado cerca de la casa. Elige para los setos plantas con hojas pequeñas y redondeadas, pues son las más propicias. (Véase también Jardín, página 246.)

SHAR CHI

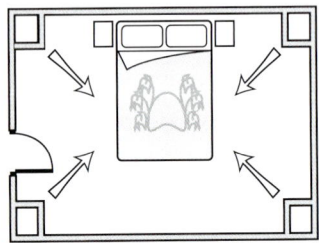

Evita los bordes agudos que apunten a la cama.

Shar Chi significa «energía mortal» en chino. Esta energía puede estar provocada por las flechas envenenadas, por el desajuste del yin y el yang, o por el paso del tiempo. Es la antítesis de la buena energía del crecimiento, el Sheng Chi, que se aspira a atraer con la práctica del feng shui. El Shar Chi trae desventuras graves. Disuelve, destruye o desvía el Shar Chi que llegue hasta ti. Las flechas envenenadas, las plantas marchitas, la comida en mal estado y una situación próxima a edificios relacionados con la muerte, la violencia o la infelicidad son factores que producen Shar Chi. Toma medidas para contrarrestrarlo utilizando el color rojo, luces fuertes, espejos y deflectores. (Véanse más detalles en páginas 30-31. Véase también Flechas envenenadas, página 238.)

SHENG CHI

El Sheng Chi es la energía benévola y benéfica que nos trae buena fortuna. Su nombre indica éxito y prosperidad. Las casas que tienen abundante Sheng Chi (véanse páginas 38-39) disfrutan de feng shui propicio y traen a sus habitantes el éxito, la paz y la salud, además de armonía y felicidad. La configuración del paisaje de los alrededores produce Sheng Chi (véanse páginas 16-17), pero la aplicación de las fórmulas del feng shui también resultan muy eficaces para crear espacios inundados de Sheng Chi.

El Sheng Chi es, además, la mejor orientación en tu fórmula Kua de las orientaciones propicias. Calcula tu número Kua, y a partir de él sabrás tu orientación Sheng Chi:

Kua 1	Sudeste
Kua 2	Sur
Kua 3	Sur
Kua 4	Norte
Kua 5	Nordeste (varones)
Kua 5	Suroeste (mujeres)
Kua 6	Oeste
Kua 7	Noroeste
Kua 8	Suroeste
Kua 9	Este

(Véanse más detalles en páginas 119-121.)

SIGNOS DE ANIMALES

(Véase Zodiaco, página 283, y Calendario chino, páginas 284-285.)

SILLA

Las formas y dimensiones de los muebles pueden plantear problemas de feng shui. Lo más importante es la silla en que te sientas para trabajar: asegúrate de que tiene el respaldo sólido para que te dé un buen apoyo. Una silla poco sólida en el trabajo puede causarte problemas con tu jefe y con tus compañeros. Para conseguir los mejores resultados, siéntate en una buena butaca de respaldo entero con apoyabrazos. En combinación con tus orientaciones Kua, te conducirá a ascensos, mejores perspectivas, aumentos de sueldo y el apoyo firme de tu jefe. (Véase también Muebles, página 253.)

SÍMBOLO YIN YANG

Este símbolo describe de manera muy expresiva cómo se complementan mutuamente las dos energías, opuestas pero no enfrentadas. El símbolo muestra el flujo y reflujo de la energía, e ilustra también que siempre está presente un poco de la otra energía. El yin siempre produce el yang, y viceversa. Las dos energías, en conjunto, dan forma al universo y constituyen un todo equilibrado llamado Tao («el Camino»), el principio eterno del cielo y la tierra en armonía. (Véanse más detalles sobre el yin y el yang en página 41.)

SÍMBOLOS

Al poner en la casa símbolos de buena suerte se activa el chi propicio. El feng shui simbólico enseña a ponerlos de manera correcta y en los sectores adecuados de la casa. (Véase símbolos de buena suerte en páginas 168-171.)

SISTEMA GANZHI

La astrología china se basa en el calendario del sistema Ganzhi. Sus símbolos cíclicos se asocian a los animales del Zodiaco chino y a los elementos. El Ganzhi tiene 22 caracteres divididos en dos conjuntos, diez Tallos Celestiales (o Celestes) y 12 Ramas Terrenales (o Terrestres). Cada uno de los Tallos Celestiales se refiere a uno de los cinco elementos, con aspecto duro (yang) o blando (yin). Las Ramas Terrenales se refieren a las fuerzas terrenales, y se representan por los doce animales del Zodiaco chino. Se manifiestan en cada hora, día, mes lunar y año. Puedes haber nacido un día del Tigre, un mes de la Rata, a una hora de la Serpiente y en un mes del Buey. Cada uno de estos períodos temporales también tienen su Tallos Celestiales manifiestos. La hora, el día, el mes y el año constituyen las Cuatro Columnas. Las combinaciones de las Cuatro Columnas expresan ocho caracteres, llamados Paht Chee. En astrología, estos datos sobre el nacimiento generan los ocho caracteres, que se pueden interpretar como un mapa para descubrir tu destino. (Véase también Almanaque, página 202, y Calendario chino, páginas 284-285.)

SOMBRA

La sombra tienen tanta importancia como la luz del sol, pues influye sobre el equilibrio del yin y el yang. En todo jardín o entorno debe haber sombra, además de sol. Los espacios de sombra equilibran la luz del sol, aunque un exceso de sombra se vuelve demasiado yin. (Véase también Luz solar, página 250.)

SOMBRILLA

La sombrilla o parasol simboliza refugio y protección contra el mal chi. El parasol es uno de los ocho objetos preciosos del budismo, y las sombrillas y los paraguas modernos son una variante de este símbolo. Nunca deben abrirse los paraguas dentro de casa, pues esto trae mala suerte. (Véase también los Ocho objetos preciosos, página 259.)

SÓTANO

El feng shui no recomienda vivir ni dormir por debajo del nivel de la calle; por lo tanto, no son propicios ni los dormitorios ni las viviendas en sótanos. Pero si no te queda otra opción, puedes mejorar el chi instalando luces fuertes en la entrada para aumentar la energía y para animar al chi a que entre en la casa. El feng shui mejora si la vivienda da a un jardín por la parte trasera. (Véanse, en página 15, más detalles sobre «levantar la energía».)

SUERTE DE LA CARRERA PROFESIONAL

La suerte de la carrera profesional viene representada por la orientación norte. Activa los rincones norte de tu casa u oficina con símbolos adecuados de buena suerte, o con el elemento propio de este sector. Dado que el norte pertenece al elemento agua, un acuario lleno de peces en movimiento servirá para cargar de energía este rincón.

Son buena elección los gupis llenos de color, sobre todo los que tienen la cola larga (símbolo de buen final) y colores fosforescentes en el cuerpo. Sus movimientos vigorosos producen la energía yang preciosa que se precisa para dar un empujón a tu carrera profesional.

La suerte en la carrera profesional se manifiesta en el éxito. Cuando actives la suerte en el trabajo, deberás estar preparado para hacer frente al mayor volumen de trabajo y a las mayores responsabilidades que acompañan a las nuevas oportunidades de ascenso. (Véanse más detalles en páginas 104-105. Véase también Mesas de trabajo, página 222.)

SUERTE DE LA FAMA

Esta es la suerte del reconocimiento, que conduce al éxito en el trabajo y en la política. Esta suerte beneficia también a las figuras públicas, como son los políticos y la gente del espectáculo.

La suerte de la fama se puede activar y cargar de energía en el rincón sur de tu casa u oficina. Pon luces fuertes en el lado sur de la casa. También es útil para ganar buena reputación una entrada que dé frente al sur. (Véanse más detalles en páginas 57-59.)

SUERTE DE LA HUMANIDAD

Este es el tercer tipo de suerte en lo que se llama la Trinidad de la suerte: Tien es la suerte que viene del cielo; Ti es la suerte que viene de la tierra, y Ren es la suerte que las personas se provocan a sí mismas. Podemos controlar dos de las tres, la suerte de la tierra y la suerte de la humanidad. La suerte de la tierra es el feng shui, y la suerte de la humanidad es lo que nos forjamos para nosotros mismos. (Véase también Buena suerte, página 209.)

SUERTE DE LA RIQUEZA

La suerte de la riqueza es uno de los ocho tipos principales de suerte que puede producir el feng shui para ti y para tu familia.

La prosperidad es una de las manifestaciones más interesantes y agradables de la práctica correcta del feng shui. En las técnicas para fomentar la riqueza se requiere siempre el conocimiento del feng shui simbólico.

Puedes cargar de energía para mejorar la riqueza exhibiendo el sapo de tres patas, o monedas chinas para atraer el chi del dinero. Además, carga de energía el sudeste con plantas, o construye un objeto de agua al norte. (Véanse más detalles en páginas 162-163.)

SUERTE DE LA SALUD

La suerte de la buena salud significa disfrutar de una vida robusta y vigorosa con la perspectiva de alcanzar una buena vejez. Es posible activar la suerte de la buena salud para cada persona por medio de la fórmula de las Ocho Mansiones. Una de las cuatro orientaciones personales propicias es la orientación de la salud, que recibe el nombre de dirección Tien Yi, es decir, del «médico del cielo». Dormir con la cabeza hacia tu orientación Tien Yi te resultará beneficioso para la salud física.

Calcula tu número Kua y, en función de éste, conocerás tu orientación Tien Yi.

Kua 1	Este
Kua 2	Oeste
Kua 3	Norte
Kua 4	Sur
Kua 5	Oeste (varones)
Kua 5	Noroeste (mujeres)
Kua 6	Nordeste
Kua 7	Suroeste
Kua 8	Noroeste
Kua 9	Sudeste

(Véanse más detalles en páginas 114-121.)

SUERTE DE LA TIERRA

La tierra es uno de los cinco elementos, según la teoría Wu Xing. La suerte de la tierra proviene de la práctica de la disposición espacial. La suerte de la tierra complementa a la suerte del cielo *(tien chai)*, además de a la suerte de la humanidad *(ren chai)*. Los sectores de la brújula que corresponden a la tierra son el suroeste (tierra grande) y el nordeste (tierra pequeña).

El centro de la casa representa también la energía de la tierra. Para que un hogar sea afortunado es importante que esté presente en dosis saludables el chi de la tierra.

El símbolo más eficaz de la tierra es el globo terráqueo. Cuando se pone al nordeste, capta la suerte para los hijos. En el suroeste de la casa y en el centro aumenta y mejora la suerte de la familia, mientras que en el oeste y en el noroeste conduce a la prosperidad captando el ciclo productivo, en que el elemento tierra produce oro en los sectores de los metales. (Véase también Wu Xing, página 282.)

SUERTE DE LOS DESCENDIENTES

Para activar la suerte de los descendientes en el hogar, es preciso activar el oeste, pero los hijos, sobre todo el hijo mayor, deben dormir al este. Utiliza la energía de la madera para dar vida con chi yang a esta parte del cuarto de estar. Las mejores representaciones de la madera son las plantas exuberantes. (Véanse más detalles en páginas 70-71. Véase también Hijos, página 244.)

SUERTE DE LOS ESTUDIOS

Esta es una de las Ocho Aspiraciones que se pueden activar para beneficiar el desarrollo personal. La suerte de los estudios se puede activar para favorecer tanto a los estudiantes universitarios como a los escolares. La técnica es sencilla: activar el elemento tierra poniendo símbolos significativos en el rincón nordeste del dormitorio o del cuarto de estar.

Pon un globo terráqueo de cristal para reforzar el elemento tierra del rincón nordeste. También es un buen cargador de energía tres peces en una bola de cristal. (Véanse más detalles en páginas 84-87.)

SUERTE DE LOS PROTECTORES (O PATROCINADORES)

Activando el noroeste de tu casa, o el de tu cuarto de estar si pasas allí mucho tiempo, ganarás el apoyo y la ayuda poderosa de personas influyentes. Para activar esta área genera la esencia de la energía del metal colgando un carillón eólico de seis barras, o poniendo seis monedas de oro propicias, al noroeste. (Véanse más detalles en página 111.)

SUERTE DEL AMOR

El suroeste es el sector del amor en cualquier casa. Entre los símbolos que representan el amor, las relaciones románticas y la pareja se cuentan los patos mandarines, el símbolo de la felicidad doble y los conglomerados de cristales naturales. Otros objetos que fomentan el chi del amor son la flor de la peonía y los farolillos rojos adornados con el símbolo de la doble felicidad. Estos farolillos rojos son poderosos, románticos y económicos. También puedes llevar el símbolo de la felicidad doble cerca del corazón, para que atraiga el amor a tu vida.

Las personas que han perdido a un ser amado por una separación, un divorcio o un fallecimiento, y que buscan un nuevo amor, pueden poner en el dormitorio una pareja de urracas simbólicas. Estas aves anuncian renovación y un nuevo comienzo en el amor. En cuanto a los colores, el mejor para atraer la suerte del amor es el amarillo, no el rojo…, de modo que ponte ropa amarilla y ¡sonríe! (Véanse más detalles en páginas 68-69.)

SUERTE DEL CIELO

La suerte del cielo, a la que también se suele llamar destino o karma, ejerce una gran influencia sobre tu destino. Puedes mejorar tu suerte del cielo dominando los poderes de la suerte de la tierra. Toda persona que consiga equilibrar el cielo con la tierra gozará de un feng shui excelente. (Véase también Buena suerte, página 209.)

SUERTE DEL DINERO

La suerte del dinero puede crearse por medio de símbolos y de feng shui del agua, y por la práctica del texto clásico del *Dragón del Agua*. Entre los símbolos del dinero se cuentan las monedas y las deidades de la riqueza. Otro método popular para activar la suerte del dinero es cargar de energía el sector sudeste de la casa con plantas exuberantes o con un objeto de agua. (Véanse más detalles en página 112.)

SUR

El trigrama del sur es el Li, que indica el fuego. El sur, que representa la estación del verano, es una de las orientaciones alegres de la brújula. Si orientas tu casa de manera que dé frente al sur, te dará buen feng shui. Ten bien iluminada la parte sur de tu cuarto de estar. El sur es el lugar del ave fénix; por ello, será propicia cualquier imagen que tengas allí de una criatura alada, que puede ser un gallo o un pavo real. (Véanse más detalles en páginas 102-103.)

SURESTE (SUDESTE)

El sudeste es el lugar del trigrama Sun, y también el que corresponde a la hija mayor. Es el rincón universal de la riqueza. Si quieres aumentar tu nivel de ingresos, pon un objeto de agua en el sudeste. Añade también al agua plantas y peces, que le aportan la vida de la energía yang. (Véanse más detalles en página 112.)

SUROESTE

Este es el rincón de la energía matriarcal. Su energía es completamente yin, y es el lugar donde se potencia o se reduce la suerte de las relaciones personales. (Véanse más detalles en página 110.)

T

TAI CHI

Este ejercicio, lento y elegante, se basa en cargar de energía el flujo del chi dentro del cuerpo. Aunque parece una danza a cámara lenta, la serie precisa de ejercicios que componen la práctica del Tai Chi ejercitan poco a poco y calientan todas las partes del cuerpo físico. Como el feng shui, el Tai Chi ha atraído y ha beneficiado a millones de practicantes en todo el mundo. (Véase también Feng Shui del cuerpo, página 237.)

TAI CHI GRANDE

Esta dimensión importante y vital del feng shui se refiere a los diversos tipos de espacios vitales. El Tai Chi grande se refiere al espacio ambiental que compone una casa o una finca entera. El Tai Chi pequeño corresponde a cada una de las habitaciones. Todo lo que se aplica al espacio grande se puede aplicar también al espacio pequeño. ¡Las consecuencias de entender este detalle son inmensas! (Véanse más detalles en páginas 34-35.)

TALLOS CELESTIALES

(Véase Sistema Ganzhi, página 275.)

TARJETAS DE VISITA PROFESIONALES

Las tarjetas de visita profesionales que contengan elementos de feng shui te atraerán la buena suerte en los negocios. Las combinaciones de colores también tienen consecuencias para el feng shui. Las tarjetas blancas con texto negro y azul son propicias, pero no lo son con texto rojo.

No pongas nada que apunte directamente a tu nombre o al nombre de tu empresa. Si pones tu nombre por encima de tu empresa, te pones a ti mismo en control. Cuando tu nombre está por debajo del nombre de la empresa, puedes convertirte en un adicto al trabajo, sin hacer otra cosa que trabajar para la empresa. (Véase la buena fortuna en los negocios en páginas 78-79.)

TECHOS

Los techos no deben tener menos de 2,43 m de altura; de lo contrario, los problemas te abrumarán con su peso. Lo ideal es que midan al menos 1,20 m más que la persona más alta de la casa.

Los techos no deben tener ángulos en los rincones ni molduras con diseños complicados que parezcan amenazadores. No son recomendables las vigas vistas, aunque hacen menos daño si forman parte de un diseño general que cubra todo el techo que si están solas como estructuras pesadas sobre las cabezas. Pinta el techo de blanco, o al menos de un color vivo. No pintes los techos de azul ni de negro. (Véase decoración de la casa en página 33.)

TEJADOS

La forma y el tamaño de los tejados puede influir sobre los habitantes de la casa y sobre sus vecinos. Siempre es recomendable tener en cuenta al vecino cuando se practique el feng shui. Las flechas envenenadas, tales como los bordes agudos o los objetos puntiagudos, enviarán Shar Chi hacia tu vecino. Atiende a si tu tejado afecta a tu vecino, además de a ti mismo.

Los mejores tejados son los que simulan colinas de los elementos tierra o madera. Tienden a volverse peligrosos cuando representan el fuego o el agua. Los tejados no deben ser demasiado apuntados. Son mejores los perfiles ondulados, que sugieren laderas suaves.

No es buena idea tener un objeto de agua en la azotea. Si tienes un jardín en la azotea y quieres cargar de energía el rincón norte con una pecera pequeña, asegúrate de que ésta no sea demasiada grande. No debes tener una piscina en la azotea, de ninguna manera. Otro componente dañino es el tejado de color azul, pues simboliza «agua sobre la montaña», lo que presagia peligro. (Véase también Tejas azules, abajo.)

TEJAS AZULES

El agua encima de la casa significa peligro relacionado con las inundaciones. Procura evitar poner tejas azules en el tejado de tu casa. Los mejores colores para las tejas son los tonos más habituales de rojo y marrón. (Véanse detalles sobre la renovación del tejado en página 137.)

TIEN TI RIEN

Este nombre alude a la Trinidad de la Suerte (del cielo, de la tierra y de la humanidad) que rige las venturas y las desventuras. La suerte del cielo es aquella con la que nacemos, mientras que la suerte de la humanidad nos la forjamos nosotros mismos. Podemos controlar la suerte de la tierra y la suerte de la humanidad, pero la suerte del cielo está fuera de nuestro control.

Se suele considerar que la suerte del cielo es un reflejo del karma anterior. La buena suerte del cielo suele conducirnos al feng shui, haciendo que nos orientemos bien de manera automática y exhibamos todos los símbolos correctos de la buena fortuna. La suerte de la tierra debe complementar a la suerte del cielo, y debe complementarse a su vez por la buena suerte de la humanidad. (Véase también Suerte de la tierra, página 276, y Suerte del cielo, página 277.)

TIEN YI

El Tien Yi es la orientación que fomenta la buena salud. Es una orientación personalizada, según la fórmula de las Ocho Mansiones. Consulta tu número Kua, y a partir de él conocerás tu orientación personal de la salud. Duerme con la cabeza hacia esta orientación para tener buena salud o si estás convaleciendo después de una enfermedad larga.

He aquí tu orientación Tien Yi en función de tu número Kua:

Kua 1	Este
Kua 2	Oeste
Kua 3	Norte
Kua 4	Sur
Kua 5	Oeste (varones)
Kua 5	Noroeste (mujeres)
Kua 6	Nordeste
Kua 7	Suroeste
Kua 8	Noroeste
Kua 9	Sudeste

(Véanse más detalles en páginas 118-121.)

TIGRE

El tigre es el tercer signo del Zodiaco chino, y su elemento propio es la madera. La hora del Tigre es entre las tres y las cinco de la madrugada. El sector de la brújula que corresponde al Tigre abarca entre los 37,5 y los 67,5 grados, hacia el este-nordeste. Este sector de la casa es un lugar afortunado para las personas que han nacido en los años del Tigre, y se puede cargar de energía con imágenes del tigre hechas con materiales del elemento madera. Son buenas en este sector las tallas o esculturas de madera, así como las pinturas que representan un tigre.

(Véase también Cuadros, página 221, y Esculturas, página 232.)

TIGRE BLANCO

Esta criatura celestial del oeste complementa al Dragón Verde. El Tigre Blanco es la criatura que protege la vivienda. Sin el tigre, el dragón no es un verdadero dragón.

Ten siempre controlado al tigre asegurándote de que el oeste no sea dominante. No consientas que el lado oeste de la casa, el del Tigre, esté más alto o sea mayor que el lado este. (Véanse más detalles en páginas 13-15 y 181.)

TINAJA DE ARROZ

La tinaja de arroz simboliza la ascensión y la caída de la suerte familiar, ya que el arroz es el alimento básico de los chinos.

Las tinajas de arroz que se heredan de generación en generación suelen conservarse con cuidado para asegurarse de que la familia conservará su riqueza hasta en las épocas turbulentas. La tinaja de arroz familiar, como el jarrón de la riqueza simbólico, deben tenerse ocultos, como símbolo de que la fortuna de la familia está a buen recaudo. Por debajo del arroz suele guardarse un paquete rojo, bien envuelto, que contiene monedas de oro, símbolo del dinero. Este dinero se renueva cada Año Nuevo lunar, lo que asegura la continuidad de la buena fortuna de año en año. Si el año pasado fue próspero, se conserva una de las monedas antiguas, pero deben añadirse otras nuevas todos los años como símbolo de que la riqueza crece regularmente. (Véase también Jarrones de la riqueza, página 247.)

TINAJAS

Estos recipientes tienen muchas aplicaciones de feng shui. Los motivos que tienen pintados les dan un significado propicio. Las tinajas anuncian longevidad y riqueza cuando se colocan debidamente. Utilízalas para poner plantas y flores, o pon dos a los lados de la puerta de entrada, en el interior de la casa. También puedes llenar las tinajas de agua yin para neutralizar las aflicciones del feng shui, como son las disputas o los malos vecinos. (Véase también Estanques, página 233.)

TINTA, TINTERO, PAPEL Y PINCEL

Éstos son los Cuatro Tesoros Preciosos que se exponen para atraer el éxito en los estudios. También se llaman «las gemas preciosas del terreno literario», y son la tinta, el papel, el pincel de escribir y el tintero. Simbolizan la presencia de eruditos estudiosos. Si los tienes visibles en tu casa, al menos uno de tus hijos llegará hasta lo más alto en los estudios. (Véanse más detalles sobre la suerte en los estudios en página 84.)

TOLDO

El toldo, como la sombrilla, es un símbolo de protección. Un toldo que da sombra a un balcón o terraza tiene un feng shui excelente, pues modera el exceso de energía yang del sol. (Véase también Energía yang, páginas 230-231.)

TORTUGA

(Véanse detalles en página 172. Véase también Tortuga Negra, página 280, y Galápagos, página 241.)

TORTUGA DRAGÓN

En este símbolo legendario se combinan los poderes imponentes y los atributos del dragón y de la tortuga, que son dos de las cuatro criaturas de dotes espirituales del simbolismo chino. La criatura tiene cuerpo de tortuga y cabeza de dragón, y se le representa sobre una base de monedas y lingotes de oro. Lleva en la boca la moneda simbólica de la prosperidad, y sobre el caparazón lleva una tortuga recién nacida. Como en el Chi Lin, en esta criatura imaginaria se manifiesta el empleo del simbolismo para mejorar el entorno físico. Su imagen tiene muchas facetas.

* La tortuga, a la que se considera capaz de vivir tres mil años sin comida ni aire, simboliza la longevidad.
* El dragón simboliza el éxito, el valor y la determinación. La conversión de la tortuga en dragón indica una buena fortuna venidera en la carrera profesional y en los negocios.
* La base de lingotes de oro indica enorme riqueza y prosperidad.
* La moneda que lleva en la boca simboliza el aumento de ingresos.
* La tortuga que lleva sobre el caparazón simboliza una suerte de los descendientes maravillosa.

Pon este símbolo sobre tu mesa de trabajo, en el sector norte o este, pero no justo delante de ti. Plantar cara a un símbolo poderoso equivale a buscarse problemas. O bien puedes poner este símbolo detrás de tu mesa de trabajo para simbolizar el apoyo del dragón y de la tortuga. (Véanse más detalles en página 172.)

TORTUGA NEGRA

La Tortuga Negra, una de las cuatro criaturas celestiales de la mitología del feng shui, trae apoyo, longevidad y protección.

Los galápagos, primos menores de la tortuga, también traen buena fortuna. Si quieres tener un galápago o una tortuga, ten solo una en el sector norte de tu casa. No temas que tu animal se sienta solo: las tortugas son animales solitarios por naturaleza. Si no puedes tener una tortuga auténtica, una figura de una tortuga en el rincón norte simbolizará de manera efectiva la energía de la tortuga.

En el sistema tibetano, la tortuga se considera el máximo símbolo protector. Las pinturas religiosas antiguas del Tíbet que representan todos los amuletos protectores suelen estar pintadas en el caparazón inferior de una tortuga.

La Tortuga Negra es, además, uno de los animales que constituyen la formación del «sillón» en el Feng Shui del Paisaje. (Véanse más detalles en páginas 13-15 y 181. Véase también Cuadrado Lo Shu, páginas 220-221.)

TRES (NÚMERO)

El tres es el número de la Trinidad, compuesta por el cielo, la tierra y el hombre. El nombre del número tres también puede sonar como la palabra «crecimiento», y por eso se considera propicio. Su color es el verde oscuro, y su elemento es la madera.

Es propicio atar tres monedas de I Ching con cordel rojo y llevarlas en la cartera, monedero o bolso, o pegarlas al teléfono, al ordenador o a los archivadores.

No obstante, en el Feng Shui de la Estrella Voladora el significado del número 3 se asocia a la Estrella de Jade Tres, que se considera una estrella maligna que trae disputas y riñas. Esta estrella debe evitarse, aunque a veces puede traer buena suerte cuando se interrelaciona bien con los elementos del espacio que ocupa. (Véase también Tres Matanzas en esta página.)

TRES DIOSES DE LAS ESTRELLAS

(Véase Fuk Luk Sau, página 240.)

TRES MATANZAS

Las Tres Matanzas, o Sarm Saat, es una característica anual no propicia de la Estrella Voladora. Las Tres Matanzas ocupan uno de los puntos cardinales cada año y abarcan 45 grados. Éstas son las directrices sobre cómo tratar las Tres Matanzas.

* No tengas nunca a tu espalda el Sarm Saat.
* Dale frente, pues plantar cara a las Tres Matanzas no te hará daño.
* No hagas reparaciones ni obras en la casa en el sector que alberga las Tres Matanzas en el año en curso.

La situación de las Tres Matanzas durante el año viene determinada por el Zodiaco, de la manera siguiente:

En los años del Buey, del Gallo y de la Serpiente: al este.

En los años de la Oveja, del Conejo y del Cerdo: al oeste.

En los años del Mono, de la Rata y del Dragón: al sur.

En los años del Perro, del Caballo y del Tigre: al norte.

(Véanse más detalles en páginas 144-145.)

TRIGRAMA KAN

Este trigrama está situado al norte; su elemento es el agua, y su estación es el invierno. Su imagen es de una única línea yang fuerte entre dos líneas yin. El Kan suele significar peligro y nos recuerda que el agua es una espada de doble filo. Puede traernos grandes riquezas, pero también puede descontrolarse. Cuando activas con agua el rincón norte de tus habitaciones, estás activando este trigrama. Si lo haces correctamente y con moderación, te aporta posibilidades de ascenso en tu carrera profesional. (Véanse más detalles en páginas 104-105.)

TRIGRAMA KEN

Este trigrama está situado al nordeste; su elemento es la tierra, y simboliza la montaña: fuerte y sólida, y que encierra en su seno secretos desconocidos. El trigrama representa la preparación por el silencio, la paciencia y el estudio. Para activar la esencia del chi de este trigrama, pon un objeto del elemento tierra (cristales naturales, globos terráqueos, arena o cantos rodados). El chi de la sabiduría resulta especialmente útil para los estudiantes. (Véanse más detalles en página 113.)

TRIGRAMA KUN

El Kun es el trigrama yin por excelencia. *Kun* significa «el receptivo», y está compuesto de tres líneas truncadas. El Kun representa el poder oscuro, flexible, primigenio del yin. El atributo de este importante trigrama es lo materno femenino, y su imagen es la Tierra Grande. El Kun simboliza la fertilidad, y poner este trigrama en el rincón de los niños puede ayudar a las pareja a concebir hijos. Al poner el Kun en el suroeste, aporta buena suerte en el amor, en la vida social, en la familia y en las relaciones de pareja. (Véanse más detalles en página 110.)

TRIGRAMA LI

Este trigrama está situado en el sur en la disposición del Cielo Posterior o Pa Kua yang, y representa el elemento fuego. *Li* significa «aferrarse», y el trigrama está formado por una línea truncada, débil, entre dos líneas yang enteras.

El Li es el fuego, el sol, la luz, el rayo y el calor. Dado que el sur es el rincón del elemento fuego, poner el trigrama Li en el sur es un modo eficaz de activar la suerte de la fama que puede aportar el sector sur. El trigrama Li también representa a la hija intermedia. (Véanse más detalles en página 102.)

TRIGRAMAS
(Véase Ocho Trigramas, página 260.)

TSAI SHEN YEH
Este poderoso Dios de la Riqueza suele tener el semblante fiero, y habitualmente se le representa vestido con túnica de dragón y sentado sobre un tigre. Tsai Shen Yeh suele llevar un lingote de oro simbólico, además de monedas atadas con cordel rojo en la mano derecha y un bastón adornado con símbolos preciosos en la izquierda. ¡Si conduce un Caballo del Tributo, es mejor todavía! (Véanse más detalles en página 82. Véase también Dioses de la Riqueza, página 226.)

TUMBAS
El buen feng shui de las tumbas y de los cementerios puede beneficiar a los descendientes. La orientación de las tumbas forma parte de la práctica del feng shui yin, que es una rama del feng shui difícil y potente, no adecuada para los practicantes aficionados. (Véase también Energía yin, página 231.)

T´UNG SHU
(Véase Almanaque, página 202.)

U
UNICORNIO
Se dice que el unicornio, llamado también caballo dragón, tiene delicadeza, buena voluntad y benevolencia para con todas las demás criaturas vivientes. Es un animal de consuelo, y sólo aparece cuando hay en el trono un gobernante especialmente benévolo, o cuando nace un gran sabio. (Véase también Chi Lin, página 215.)

V
VENTA DE LA CASA
Si te cuesta trabajo vender tu casa, puedes probar con tres ritos diferentes.

En primer lugar, pon una luz fuerte en la parte trasera de la casa. Pon la luz bien alta, sobre la pared trasera de la casa, y tenla encendida constantemente hasta que hayas vendido la casa.

En segundo lugar, pon un letrero de «Se vende» ante la puerta principal, con una imagen de un pájaro que lleva el letrero en el pico. Esto simboliza que el pájaro lleva tu deseo de encontrar personas nuevas que vivan en la casa.

El tercer rito consiste en escribir la dirección de la casa en un papel y plegarlo. Tira el papel al agua de un río que corra despacio y márchate sin volver la vista atrás. (Véase también Casa, página 213.)

VENTANAS
Las ventanas complementan a las puertas como lugares por donde entra y sale el chi de cualquier edificio. Más que frente a la puerta, es mejor ponerlas a ambos lados de la puerta principal. A las casas sin ventanas les faltan huecos para que entre el buen Shen Chi. Pero tampoco debe haber demasiadas ventanas en ninguna casa. La proporción ideal es de tres ventanas por cada puerta. Poniendo un árbol de gemas en el exterior de la ventana se «suaviza» el chi antes de que entre en la casa. (Véase también Sheng Chi, página 274.)

VENTANAS SALEDIZAS
Las ventanas saledizas no se suelen recomendar en el feng shui. Si bien la forma circular representa el cielo, en las ventanas saledizas el círculo está incompleto. A pesar de ello, una ventana saledizi situada en tu orientación propicia simboliza un saliente, que trae buena suerte. (Véanse más detalles en página 53.)

VESTÍBULOS

Los vestíbulos deben estar bien iluminados para atraer el Sheng Chi. Asegúrate de que la puerta da acceso a algo de espacio, y de que la entrada no sea estrecha ni abarrotada. Si es pequeña, instala una luz fuerte para aumentar el chi. (Véanse más detalles sobre cómo levantar la energía en página 15.)

VIDA SOCIAL

El feng shui puede servirte para mejorar tu vida social. La mejor manera de producir la suerte que trae una vida social activa es usando luces fuertes para impulsar la energía yang del rincón suroeste de tu casa. (Véase también Energía yang, páginas 230-231.)

VIENTO

El viento y el agua moldean el paisaje. En el feng shui, el viento puede traer una suerte maravillosa o se puede volver maligno.

Evita los lugares donde sople demasiado el viento. Cuando los vientos adquieren demasiada intensidad, se vuelven malévolos. Protege tu casa de los vientos fuertes, ya sean cálidos o fríos. (Véanse más detalles sobre las situaciones en páginas 12-18.)

VIGAS

Las vigas que sobresalen del techo provocan problemas en la casa y en la oficina. Dormir o trabajar justo debajo de una viga vista del techo constituye una aflicción grave. Desplaza la cama o la mesa de trabajo, o cuelga un carillón eólico de cinco barras, o dos tallos de bambú huecos atados con cordel rojo, para superar el chi negativo. (Véanse más detalles sobre las vigas en página 30. Véase también Techos, páginas 277-278.).

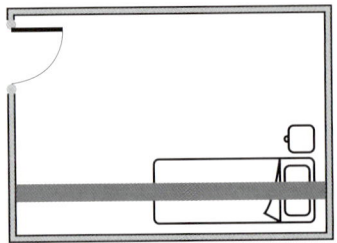

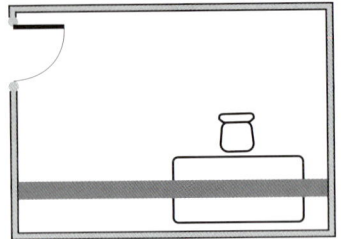

W
WU LUO

La calabaza Wu Luo es símbolo de buena salud y contiene el elixir de la inmortalidad. Cuando se pone junto a la cama o se lleva encima, el Wu Luo trae buena salud y larga vida.

A muchas deidades taoístas y a varios de los Inmortales se les representa portando el Wu Luo. A veces, la Diosa de la Misericordia, la hermosa y compasiva Kuan Yin, aparece con el Wu Luo en las manos, como recipiente que contiene *amrita*, el néctar precioso que es símbolo de sus bendiciones.

Se puede llevar un Wu Luo como símbolo de buena salud o como amuleto protector. (Véanse más detalles sobre la calabaza como recipiente en página 92.)

WU XING

Wu Xing es el nombre chino de los cinco elementos: madera, agua, fuego, metal y tierra. La palabra *Wu* significa «cinco», y *Xing* es un término que resume la idea de «cinco tipos de chi que dominan en diversos momentos», que traducimos abreviadamente como «elementos». Los chinos creen que todo lo que hay en el universo pertenece a uno de estos elementos, que constituyen la base de sus ciencias esotéricas.

El agua es el elemento del invierno; la madera, de la primavera; el fuego, del verano, y el metal, del otoño. Se dice que los meses entre las estaciones son del elemento tierra. Los nombres de los elementos (agua, madera, fuego, metal y tierra) se refieren a sustancias cuyas propiedades contienen la esencia del chi. Los elementos nos ayudan a comprender los atributos de los cinco tipos de chi. El chi del agua fluye hacia abajo y siempre hay peligro de inundación. El chi de la madera crece hacia arriba y es una representación excelente de la vida y del crecimiento (es el único elemento que tiene vida).

El chi del fuego se difunde en todas direcciones, es radiante, caliente, y es fácil que se descontrole. El chi del metal es penetrante hacia el interior, agudo, y puede ser mortal y poderoso.

El chi de la tierra atrae y nutre, y es estable, bienhechor y protector. (Véanse más detalles en página 40.)

Y
YONG LE

Yong Le fue el tercer emperador de la dinastía Ming. Empezó a construir en Pekín los palacios que acabarían constituyendo la Ciudad Prohibida. Yong Le terminó de construir los palacios en 1419, pero éstos se quemaron por completo poco después. (Véase también Ciudad Prohibida, páginas 217-218.)

Z
ZHONG KUEI (CHONG KWEI)

Zhong Kuei es el más célebre de los héroes chinos capaces de superar la magia negra, y a veces se le considera una deidad. Es, además, un exorcista muy dotado, pues, según se dice, tiene bajo su dominio a 84.000 espíritus demoníacos.

Su imagen, expuesta en el hogar, brinda una protección excelente contra los espíritus malignos y la magia negra. El mejor momento para invitarlo a entrar en el hogar (es decir, para poner su imagen) es el quinto día del quinto mes del calendario lunar.

Su situación mejor es cerca de la puerta principal, para que pueda ver a todos los que entran en la casa. O, si quieres, puedes ponerlo en la pared al pie de la escalera interior, para proteger del Cinco Amarillo y de los espíritus malignos los dormitorios del piso superior.

Se suele representar a Zhong Kuei con rostro negro y feo. A veces se le muestra rodeado de tinajas de vino, pues se dice que está casi siempre borracho. (Véanse más detalles en página 183. Véase también Cinco Amarillo, pagina 217.)

ZODIACO

Los doce animales del Zodiaco chino simbolizan las doce Ramas Terrenales del calendario lunar. Junto con los Diez Tallos Celestiales, constituyen el horóscopo chino. Los animales son la Rata, el Buey, el Tigre, el Conejo, el Dragón, la Serpiente, el Caballo, la Oveja, el Mono, el Gallo, el Perro y el Cerdo.

A cada animal le corresponde una orientación de la brújula, que tiene su importancia en el feng shui de las Fórmulas de la Brújula. Los practicantes experimentados son capaces de prever tendencias del destino en el entorno en función de la energía ying y yang y de las compatibilidades o conflictos entre estos signos. (Véanse más detalles en página 63. Véase también Calendario chino, páginas 284-285.)

ZONAS SILENCIOSAS

El dormitorio de la casa debe ser un lugar de relativo silencio. Esto será así cuando se deba preferir el yin a un exceso de chi yang. Sin embargo, cuando en toda la casa reine un silencio excesivo, la suerte se estanca. No permitas nunca que la energía de la casa se vuelva yin o se vicie: la energía te deprimiría. (Véase también Símbolo yin yang, página 274.)

CALENDARIO CHINO

ANIMAL (ELEMENTO)	FECHA AÑO NUEVO CHINO	RAMA TERRENAL	TALLO CELESTIAL
Rata (Agua)	Feb 5, 1924 – En 23, 1925	Agua	Madera
Buey (Tierra)	En 24, 1925 – Feb 12, 1926	Tierra	Madera
Tigre (Madera)	Feb 13, 1926 – Feb 1, 1927	Madera	Fuego
Conejo (Madera)	Feb 2, 1927 – En 22, 1928	Madera	Fuego
Dragón (Tierra)	En 23, 1928 – Feb 9, 1929	Tierra	Tierra
Serpiente (Fuego)	Feb 10, 1929 – En 29, 1930	Fuego	Tierra
Caballo (Fuego)	En 30, 1930 – Feb 16 1931	Fuego	Metal
Oveja (Tierra)	Feb 17, 1931 – Feb 5, 1932	Tierra	Metal
Mono (Metal)	Feb 6, 1932 – En 25, 1933	Metal	Agua
Gallo (Metal)	En 26, 1933 – Feb 13, 1934	Metal	Agua
Perro (Tierra)	Feb 14, 1934 – Feb 3, 1935	Tierra	Madera
Cerdo (Agua)	Feb 4, 1935 – En 23, 1936	Agua	Madera
Rata (Agua)	En 24, 1936 – Feb 10, 1937	Agua	Fuego
Buey (Tierra)	Feb 11, 1937 – En 30, 1938	Tierra	Fuego
Tigre (Madera)	En 31, 1938 – Feb 18, 1939	Madera	Tierra
Conejo (Madera)	Feb 19, 1939 – Feb 7, 1940	Madera	Tierra
Dragón (Tierra)	Feb 8, 1940 – En 26, 1941	Tierra	Metal
Serpiente (Fuego)	En 27, 1941 – Feb 14, 1942	Fuego	Metal
Caballo (Fuego)	Feb 15, 1942 – Feb 4, 1943	Fuego	Agua
Oveja (Tierra)	Feb 5, 1943 – En 24, 1944	Tierra	Agua
Mono (Metal)	En 25, 1944 – Feb 12 1945	Metal	Madera
Gallo (Metal)	Feb 13, 1945 – Feb 1, 1946	Metal	Madera
Perro (Tierra)	Feb 2, 1946 – En 21, 1947	Tierra	Fuego
Cerdo (Agua)	En 22, 1947 – Feb 9, 1948	Agua	Fuego
Rata (Agua)	Feb 10, 1948 – En 28, 1949	Agua	Tierra
Buey (Tierra)	En 29, 1949 – Feb 16, 1950	Tierra	Tierra
Tigre (Madera)	Feb 17, 1950 – Feb 5, 1951	Madera	Metal
Conejo (Madera)	Feb 6, 1951 – En 26 1952	Madera	Metal
Dragón (Tierra)	En 27, 1952 – Feb 13, 1953	Tierra	Agua
Serpiente (Fuego)	Feb 14, 1953 – Feb 2, 1954	Fuego	Agua
Caballo (Fuego)	Feb 3, 1954 – En 23, 1955	Fuego	Madera
Oveja (Tierra)	En 24, 1955 – Feb 11, 1956	Tierra	Madera
Mono (Metal)	Feb 12, 1956 – En 30, 1957	Metal	Fuego
Gallo (Metal)	En 31, 1957 – Feb 17, 1958	Metal	Fuego
Perro (Tierra)	Feb 18, 1958 – Feb 7, 1959	Tierra	Tierra
Cerdo (Agua)	Feb 8, 1959 – En 27, 1960	Agua	Tierra
Rata (Agua)	En 28, 1960 – Feb 14, 1961	Agua	Metal
Buey (Tierra)	Feb 15, 1961 – Feb 4, 1962	Tierra	Metal
Tigre (Madera)	Feb 5, 1962 – En 24, 1963	Madera	Agua
Conejo (Madera)	En 25, 1963 – Feb 12 1964	Madera	Agua
Dragón (Tierra)	Feb 13, 1964 – Feb 1, 1965	Tierra	Madera
Serpiente (Fuego)	Feb 2, 1965 – En 20, 1966	Fuego	Madera
Caballo (Fuego)	En 21, 1966 – Feb 8, 1967	Fuego	Fuego
Oveja (Tierra)	Feb 9, 1967 – En 29, 1968	Tierra	Fuego
Mono (Metal)	En 30, 1968 – Feb 16 1969	Metal	Tierra
Gallo (metal)	Feb 17, 1969 – Feb 5, 1970	Metal	Tierra
Perro (Tierra)	Feb 6, 1970 – En 26, 1971	Tierra	Metal
Cerdo (Agua)	En 27, 1971 – Feb 14, 1972	Agua	Metal
Rata (Agua)	Feb 15, 1972 – Feb 2, 1973	Agua	Agua
Buey (Tierra)	Feb 3, 1973 – En 22 1974	Tierra	Agua
Tigre (Madera)	En 23, 1974 – Feb 10, 1975	Madera	Madera
Conejo (Madera)	Feb 11, 1975 – En 30, 1976	Madera	Madera
Dragón (Tierra)	En 31, 1976 – Feb 17, 1977	Tierra	Fuego

ANIMAL (ELEMENTO)	FECHA AÑO NUEVO CHINO	RAMA TERRENAL	TALLO CELESTIAL
Serpiente (Fuego)	Feb 18, 1977 – Feb 6, 1978	Fuego	Fuego
Caballo (Fuego)	Feb 7, 1978 – En 27 1979	Fuego	Tierra
Oveja (Tierra)	En 28, 1979 – Feb 15, 1980	Tierra	Tierra
Mono (Metal)	Feb 16, 1980 – Feb 4, 1981	Metal	Metal
Gallo (Metal)	Feb 5, 1981 – En 24, 1982	Metal	Metal
Perro (Tierra)	En 25, 1982 – Feb12, 1983	Tierra	Agua
Cerdo (Agua)	Feb 13, 1983 – Feb 1 1984	Agua	Agua
Rata (Agua)	Feb 2, 1984 – Feb 19, 1985	Agua	Madera
Buey (Tierra)	Feb 20, 1985 – Feb 8, 1986	Tierra	Madera
Tigre (Madera)	Feb 9, 1986 – En 28, 1987	Madera	Fuego
Conejo (Madera)	En 29, 1987 – Feb 16, 1988	Madera	Fuego
Dragón (Tierra)	Feb 17, 1988 – Feb 5 1989	Tierra	Tierra
Serpiente (Fuego)	Feb 6, 1989 – En 26, 1990	Fuego	Tierra
Caballo (Fuego)	En 27, 1990 – Feb 14, 1991	Fuego	Metal
Oveja (Tierra)	Feb 15, 1991 – Feb 3, 1992	Tierra	Metal
Mono (Metal)	Feb 4, 1992 – En 22, 1993	Metal	Agua
Gallo (Metal)	En 23, 1993 – Feb 9, 1994	Metal	Agua
Perro (Tierra)	Feb 10, 1994 – En 30, 1995	Tierra	Madera
Cerdo (Agua)	En 31, 1995 – Feb 18, 1996	Agua	Madera
Rata (Agua)	Feb 19, 1996 – Feb 6, 1997	Agua	Fuego
Buey (Tierra)	Feb 7, 1997 – En 27, 1998	Tierra	Fuego
Tigre (Madera)	En 28, 1998 – Feb 15, 1999	Madera	Tierra
Conejo (Madera)	Feb 16, 1999 – Feb 4, 2000	Madera	Tierra
Dragón (Tierra)	Feb 5, 2000 – En 23, 2001	Tierra	Metal
Serpiente (Fuego)	En 24, 2001 – Feb 11, 2002	Fuego	Metal
Caballo (Fuego)	Feb 12, 2002 – En 31, 2003	Fuego	Agua
Oveja (Tierra)	Feb 1, 2003 – En 21, 2004	Tierra	Agua
Mono (Metal)	En 22, 2004 – Feb 8, 2005	Metal	Madera
Gallo (Metal)	Feb 9, 2005 – En 28, 2006	Metal	Madera
Perro (Tierra)	En 29, 2006 – Feb 17, 2007	Tierra	Fuego
Cerdo (Agua)	Feb 18, 2007 – Feb 6, 2008	Agua	Fuego
Rata (Agua)	Feb 7, 2008 – En 25, 2009	Agua	Tierra
Buey (Tierra)	En 26, 2009 – Feb 13, 2010	Tierra	Tierra
Tigre (Madera)	Feb 14, 2010 – Feb 2, 2011	Madera	Metal
Conejo (Madera)	Feb 3, 2011 – En 22, 2012	Madera	Metal
Dragón (Tierra)	En 23, 2012 – Feb 9, 2013	Tierra	Agua
Serpiente (Fuego)	Feb 10, 2013 – En 30, 2014	Fuego	Agua
Caballo (Fuego)	En 31, 2014 – Feb 18, 2015	Fuego	Madera
Oveja (Tierra)	Feb 19, 2015 – Feb 7, 2016	Tierra	Madera
Mono (Metal)	Feb 8, 2016 – En 27, 2017	Metal	Fuego
Gallo (Metal)	En 28, 2017 – Feb 15, 2018	Metal	Fuego
Perro (Tierra)	Feb 16, 2018 – Feb 4, 2019	Tierra	Tierra
Cerdo (Agua)	Feb 5, 2019 – En 24, 2020	Agua	Tierra
Rata (Agua)	En 25, 2020 – Feb 11, 2021	Agua	Metal
Buey (Tierra)	Feb 12, 2021 – En 31, 2022	Tierra	Metal
Tigre (Madera)	Feb 1, 2022 – En 21, 2023	Madera	Agua
Conejo (Madera)	En 22, 2023 – Feb 9, 2024	Madera	Agua
Dragón (Tierra)	Feb 10, 2024 – En 28, 2025	Tierra	Madera

ÍNDICE DE MATERIAS

A
ábaco 200
abanicos 187, 200
acuarios 54, 104, 200
aflicciones 150-157, 200-201
agua 28-29, 40, 157, 201
 véase también elementos; objetos de agua
agua del cinturón de jade 201
Agua Grande 54, 201
Agua Pequeña 201
aire (rito de limpieza del espacio) 188-189
altares 202
amatistas 69, 201
amor 68-69, 110, 203
amuletos 203
antenas 203
antigüedades 204
árbol de la riqueza 106-107
árboles 95, 205
 véase también árboles concretos
árboles de gemas 92, 171, 205
arcos 205
arowanas 205
arroz y sal, rito del 186
astrología 63, 206-207
atrios 207
ave fénix 31, 58, 59, 69, 103, 207
Ave Fénix Carmesí 13-15, 25, 181, 207
aves 58, 59, 68-69, 82, 103, 207
aves amorosas 69, 103
azucenas 207

B
balcones 33, 167, 207
bambú 172, 208
barbacoas 207
barco de vela 31, 55, 82, 168-169, 208
barcos 208
begonias 208
bolas de cristal 87, 113, 208
bonsáis 209
brújula 42, 209
Buda Grueso 209
buhardillas 209
búhos 103

C
Caballo de la Celebración 102
Caballo de la Victoria 57-59, 102
Caballo del Tributo 58, 59, 102, 170, 210
caballo dragón *(Chi Lin)* 155, 170, 210
caballos 57-59, 82, 210
cactus 210
caja registradora 210
calendarios 44, 210
calles sin salida 25, 211
camas 67, 211
caminos 211
caminos de acceso 211
campanillas 83, 111, 190, 211
cánticos 190, 193
cantos rodados 211
cañones 27, 212
carillones eólicos 91, 152, 157, 212
carrera profesional 55-56, 104-105
carreteras 16, 18, 22, 24, 41, 212
carreteras elevadas 24, 41
carta natal 212
casas 117, 118, 213
casas 21-25
 antigüedad de las 126-127
 cambiar el período 137-147
 centro de la 214
 forma 23
 del grupo del este y del oeste 117, 118
 nuevas 213
 orientaciones del frente 128, 129
 reformas y renovaciones 137
 reparaciones 151, 153, 154
 de varios pisos 214
cascadas 54-55, 112, 164-165, 177, 214
ciervos 173, 217
cigarra de jade 173
cinco (número) 217
Cinco Amarillo 150, 152-153, 217
Cinco Fantasmas 118, 119, 217
cisne 103
Ciudad Prohibida 217
cocinas 61, 123
colchones 73, 218
colina del tigre 13-15, 218
colinas 13-15, 22, 218
Color
 amarillo 103, 218
 azul 104, 208
 blanco 95, 218
 mejor para los edificios 28-29
 morado 104, 218
 negro 104, 218
 números Kua 116
 plateado 105, 218
 rojo 27-28, 61, 218
Columna de las horas 218
columnas 218
comedores 219
corazones 219
cortinas de abalorios 219
cosecha 219
cristales naturales 54, 55, 56, 57, 61, 67, 69, 74, 113 220
cristantemos 220
cruces 27, 41, 220
cuadros 221
 en oficinas 54-55
 retratos 75
cuarto de estar 61, 99, 222
cuartos de baño 61, 222
Cuatro Columnas 223
Cuatro Guardianes Celestiales 13-15, 181, 223
Cuatro Orientaciones No Propicias 223
Cuatro Orientaciones Propicias 223
Cuatro Reyes Celestes 182
cuchillos 223
cuenco y palillos dorados 171
cuencos 171, 223
cuencos cantarines 111, 191, 194-197, 223
chakras 214
Chang Kuo Lao 93, 215, 227
Chen, trigrama 106, 215
chi 7-9, 38-39, 215
chi cortante 215
Chi de los Cinco Demonios 184
Chi Kung 215
Chi Lin 155 170, 215
Chien 111, 216
Chu Yuan Chuan 216
Chueh Ming 118, 119, 184, 216

D
Deng Xiao Ping 224
desagües 94, 224
deudas 176
Diez Orientaciones 225
dimensiones 49, 225
dimensiones propicias/no propicias 49
Dios de la Longevidad 92, 172, 225
Dios de la Riqueza 82, 226
Dioses de la Puerta 226
Disposición del Cielo Anterior 226
Disposición del Cielo Posterior 227
dormir, orientaciones para 43, 120-121, 123
 para atraer el amor 69
 para la esterilidad 70, 71
 para los hijos 86
 para la enfermedad 90, 120-121
 en el matrimonio 62, 65, 73
dormir, posiciones para 75
dormitorios 62, 72-73, 86, 87, 227
dragón del agua 228
Dragón Verde 13-15, 181, 228
dragón y ave fénix 69, 75, 229
dragones 25, 106, 170

ÍNDICE DE MATERIAS

duplicación 229
Dzambhala 177, 229

E

edificios 26-27, 230
   véase también casas
   antigüedad 126-127
   colores y formas 28-29
   orientación de situación 28, 29
elefantes 109, 230
elementos (Wu Xing) 21, 22, 28-29, 40-41, 100-101, 230
empresas 76-83
   inmobiliarias 245
   orientaciones del frente 80, 81, 129
   salas de juntas 273
   tarjetas de visita 277
enfermedad 231
entrevistas 231
escaleras 232
escobas 232
esculturas 232
espejos 62, 73, 188-189, 232
espinas 233
estanques 233
estanterías 31, 86, 234
este 106-107, 234
esterilidad 70-71, 108-109, 234
Estrella de la Montaña 80-81, 136, 166-167, 234
   números 132, 133, 134-135
Estrella del Agua 57, 80, 132, 160-162
   números 134-135
Estrella Hostil 156-157
Estrella Morada, astrología de la - 206
Estrella Violenta 157

Estrella Voladora, feng shui de la 44, 45, 79, 80, 124-147, 148-157
Estrellas de la Enfermedad 88-90, 157
estudios 84-87, 113

F

feng shui del cuerpo 237
Feng Shui del Paisaje 12-18, 237
flautas 238
flechas envenenadas 22, 27, 72, 238
flor de ciruelo 238
flores 55, 62, 95, 238-239
   véase también nombres de flores concretas
formas redondas 239
Fórmulas, feng shui de las 237
fragancias 191
Fu Wei 85, 118, 119
Fu, perros 78, 183, 265
fuego 40, 240
fuentes 162, 240

G

galápagos 241
gallo 31, 59, 103
gansos 241
Ganzhi, sistema 275
gemas 241
geodas de cristal 83, 84
ginseng 241
globos terráqueos 87, 113, 241
Gran Duque Júpiter 150, 151, 242
granadas 70, 109, 242
grullas 103, 242
grupo del este 64-66, 115-116, 121, 242

grupo del oeste 64-66, 115, 116, 121, 242
casas 117, 118

H

hemisferio sur 243
herraduras 243
hexagramas 42, 243
hierba de la inmortalidad 244
hijos 84-87, 113, 244
Ho Hai 118, 119, 184, 244
Ho Tu, números 66
hojas, formas de 240
Hong Kong 21, 244
hospitales 244

I

I Ching 42, 245
iluminación 25, 57, 61, 69, 107, 110, 112
   ritos de limpieza del espacio 191
incienso 192-193, 245
infidelidad 74, 245
inmortalidad 245
invernaderos 246
jardines 166-167, 246
   interiores 112, 246

J

jarrón de la riqueza 111, 174-175, 247
jarrones 247
   véase también jarrones de la riqueza
joyas 247

K

Kan, trigrama 280
Ken, trigrama 84, 113, 280
Keng Hua 247
Kua, números 114-123, 256

en la empresa 80, 81
en las relaciones personales 64-66
Kun, trigrama (Madre Tierra) 110, 281
Kwan Kung 180, 247

L

laderas 22, 248
lagos 248
leones 27, 78, 248
Li, trigrama 281
librerías 31, 86, 248
limas (frutos) 176, 248
limoneros 249
limpieza del espacio personal, ritos 184-197
lingotes 111, 249
Lo Shu, números 42, 48, 148, 149, 220
logotipos 78, 249
longevidad 88-93, 103, 172-173, 249
loto 83, 238
Luo Pan 42, 48, 250
luz solar 189, 250

M

madera 28-29, 40, 250
   véase también elementos
maestros de Feng Shui 19, 251
magnolia 251
mangosta 169, 251
manzanas de cristal 67
mar, proximidad al 18
melocotoneros 92
melocotones 252
mesas de trabajo 53, 55, 252
metal 28-29, 40, 105
miradores 252
monedas 107, 109, 111, 153, 169, 252
mono sobre caballo 253

montañas 53, 84, 253
móviles, esculturas 253
muebles 39, 94, 253
   véase también camas; sillas, mesas; mesas de trabajo
muerte 191
murciélagos 170, 253
música 254

N

naranjas 254
narciso 254
nenúfares 254
Nien Yen 118, 254
niveles del terreno 16, 18, 254
nordeste 84, 113, 255
noroeste 111, 255
norte 54-66, 104-105, 177, 255
nudo místico 173, 255
nucvc (número) 255
números de estrellas anuales 256
objetos de agua 61, 83, 160-165
   véase también cascadas
   acuarios 54, 104, 200
   carrera profesional 54-55, 57, 80, 104, 105
   dormitorios 73
   fuentes 162, 240
   riqueza, 112, 160-163, 164-165, 177

O

Ocho Aspiraciones 257
Ocho Inmortales 93, 257-258
Ocho Mansiones, fórmula 17, 114-123, 259
Ocho Objetos Preciosos 259-260

ÍNDICE DE MATERIAS

Ocho Orientaciones 260
oeste 70, 108-109, 261
oficinas 30-31, 52-53, 79, 80-81
   cuadros en las 54-55, 57-59
   despacho del director 77, 79
   rincón norte 54-56
   rincón sur 57-59
ojo de tigre 261
onduladas, líneas 249
ordenadores 62, 73, 261
orientaciones 17, 261
orientaciones de la brújula 42-43, 209
Orientaciones de la Montaña 130-131
orientaciones de situación 120-121, 123
   edificios 29, 29
orientaciones del frente 262
   pisos y apartamentos 32, 33
   empresas 80, 81, 129
orientaciones para sentarse
   niños 85
   enfermedad 90, 120
   trabajo 31, 43, 52, 80, 120-121
orientaciones para trabajo 31, 43, 52, 80, 120-121
Oro 111, 171, 262
orquídeas 262

P

Pa Kua 35, 42, 46, 98-113, 262-263
Pa Kua, espejos 232
pagodas 152, 187
pasillos 30
patios exteriores 264
patos mandarines 69, 75, 103, 264
pavos reales 26, 264
peces 54, 104, 112, 163, 169, 264
   véase también nombres de peces concretos
peces de colores 104, 105, 169, 264
peonías 74-75, 264
Pérdida Total, orientación (Chueh Ming) 118, 119, 184, 265
Período Ocho 44, 45, 124, 137-147, 265
Período Siete 44, 45, 265
petardos 190
Pi Yao 151, 266
piedras 266
pinos 266
piscina 160, 266
pisos y apartamentos 32-35, 147, 162, 167, 266-267
planos de la casa 267
planta del jade 267
plantas 54, 106, 112, 177, 267
   véase también plantas concretas
porches 267-268
portones 268
puentes 268
puerta del dragón 87
puertas 30, 31, 53, 72, 269
   principales 123, 137, 269
puertas de la luna 268

R

ranas 169, 270
reformas 137
refrigeradores 270
regla 49
Reina Preciosa 270
relaciones personales 60-61
   números Ho Tu 66
   números Kua 64-66
retratos 75, 270-271
retratos de boda 75
retretes 73, 271
Rincones
   falta de 23, 110 que asoman 24
rincones que faltan 23
rinoceronte 137
ríos 272
riqueza 106-107, 111, 112, 132, 160-163, 164-165, 168-171, 177
ritos con la sal 176, 186
ropa 272
rueda del dharma 259

S

salud 88-93, 106-107, 157
sapo de tres patas 169, 273
Secta del Sombrero Negro 273
Seis Matanzas 118, 119, 184, 251, 273
setos vivos 274
Shar Chi 24, 40, 41, 274
Sheng Chi 38-39, 118, 119, 274
sillas 214, 274
sillón, formación del 13, 239
símbolo de la felicidad doble 69, 75, 110, 173
símbolos 21-22, 275
   de buena suerte 82-83
   de longevidad 172-173
   de protección 180-183
   de riqueza 168-171
situaciones 12-18, 22, 24-25, 165
   véase también cánticos, cuencos cantarines
suerte del cielo 277
sur 25, 57-59, 102-103, 277
sudeste 81, 112, 277
suroeste 60-61, 74, 110, 277

T

Tai Chi 34-35, 277
techos 277-278
tejados 137, 278
Tien Ti Rien 278
Tien Yi 90, 118, 119, 251, 278
tierra 28, 40
   véase también elementos
Tigre Blanco 13-15, 108, 181, 279
tinajas 279
toldos 279
tortuga dragón 53, 172, 279-280
Tortuga Negra 13-15, 181, 280
tortugas 112, 172
tráfico 18
trastos 94-95
tres (número) 280
Tres Matanzas 150, 154-155, 280
triangulares, formas 24, 239
trigramas 47, 281
tumbas 281

U

unicornio 281

V

velas 191
ventanas 52, 53, 188-189, 281
vestíbulos 282
viento 282
vigas 30, 62, 282

W

Wu Luo, calabazas 92, 282

Y

yin/yang 34, 35, 41, 180, 274

Z

Zhong Kuei 183, 283

Lillian Too

Para más información acerca del feng shui visita la web personal de Lillian, la web de World of Feng Shui o contacta por e-mail:

Websites:
www.wofs.com; www.lillian-too.com
Email:
ltoo@wofs.com